FICANDO PARA TRÁS

ORGANIZADO POR

FRANCIS FUKUYAMA

FICANDO PARA TRÁS

Explicando a crescente distância entre América Latina e Estados Unidos

TRADUÇÃO

Nivaldo Montingelli Jr.

Rocco

Título original
FALLING BEHIND
Explaining the Development Gap Between Latin America and the United States

EDITORA ROCCO LTDA.
Av. Presidente Wilson, 231 – 8º andar
20030-021 – Rio de Janeiro – RJ
Tel.: (21) 3525-2000 – Fax: (21) 3525-2001
rocco@rocco.com.br
www.rocco.com.br

Printed in Brazil/Impresso no Brasil

PREPARAÇÃO DE ORIGINAIS
Ryta Vinagre

PROJETO GRÁFICO E EDITORAÇÃO
Fatima Agra

CIP – Brasil. Catalogação na fonte.
Sindicato Nacional dos Editores de Livros, RJ.

F841f Fukuyama, Francis

Ficando para trás: explicando a crescente distância entre América Latina e Estados Unidos /organizado por Francis Fukuyama; tradução de Nivaldo Montingelli Jr. – Rio de Janeiro: Rocco, 2010.

Tradução de: Falling behind: explaining the development gap between Latin America and the United States
Trabalhos apresentados no Seminário internacional "Explicando a lacuna de desenvolvimento entre América Latina e Estados Unidos", realizado em novembro de 2005, em Buenos Aires
ISBN 978-85-325-2553-6

1. América Latina – Condições econômicas – Congressos. 2. Estados Unidos – Condições econômicas – Congressos. 3. América Latina – Relações econômicas exteriores – Estados Unidos – Congressos. 4. Estados Unidos – Relações econômicas exteriores – América Latina – Congressos. I. Fukuyama, Francis. II. Título

10-1288 CDD – 338.98
CDU – 338.1(8)

Prefácio

A literatura tende a preceder a história e a política, condensando-as e as revelando. A frase de Zavalita no famoso romance de Mario Vargas Llosa, "Em que exato momento o Peru tinha se ferrado?", tornou-se a dolorosa epígrafe da vida na América Latina.[1] Ao perguntar "quando", Llosa também estava perguntando quanto, como, para que, devido a quem e por quê. A pergunta buscava uma explicação e, secretamente, uma luz, uma saída. O personagem vivia em um país fraco, um país que não existe. Vivia em um país que tomou o caminho errado, perdeu oportunidades, vivia de sonhos, tolerava desigualdades agudas, destruía seu tecido social e sofreu muitas vezes sob regimes de tirania. Porém, ele também vivia em um país que tinha – e tem – um valioso tesouro histórico, artístico e cultural: suas raízes indígenas, aqueles "rios subterrâneos" aos quais se referia José María Arguedas, e esse milagre de convergência mestiça (comunhão) entre os indígenas e o espanhol que é a essência única de "O Inca", de Garcilaso de la Vega.

Então veio o tumultuado mas promissor século XIX, com seus liberalismos e positivismos mal digeridos, apesar de autênticos, seguidos por um fluxo inesgotável de *ismos* no século XX, alguns nobres (como os de José Carlos Mariátegui) e outros abomináveis (como o maoismo do Sendero Luminoso). O Peru foi e é uma terra emblemática de uma tensão não resolvida, e talvez insolúvel, entre a profunda presença do passado e a urgência do futuro inevitável, um paraíso mítico, mas também um inferno para os *conquistadores*, uma Babel de etnias e religiões.

A celebrada frase de Zavalita teve grande repercussão, uma vez que a menção do Peru por Vargas Llosa não se referia somente àquele país; seus leitores em todos os cantos do complexo e plural subcontinente chamado América Latina entenderam imediatamente que, ao falar do Peru, o narrador se referia a todos eles. Quando exatamente esta região – unida por uma língua, uma história, um conjunto de tradições e pela cultura, mas separada por fronteiras políticas, disputas incontáveis, barreiras geográficas e eventos aleatórios – havia se desviado em seu caminho de desenvolvimento?

O lamento de Zavalita a respeito do Peru e da América Latina indicava um contexto mais amplo. No centro desta questão está a sombra de uma outra: por que *esta* América, aquela que José Martí chamou orgulhosamente de "nossa América", acabou ficando tão diferente da *outra* América? Afinal, a presença europeia na América Latina teve início um século mais cedo, permitindo o estabelecimento de universidades e da imprensa, juntamente com a emergência, já no século XVI, de uma rica atividade cultural. Além disso, a América Latina era – e ainda é – dotada de recursos naturais aparentemente inesgotáveis. Uma região à qual nunca faltaram cidadãos ilustres e patriotas, ela alcançou a independência da Espanha e de Portugal há quase dois séculos. Por que então *esta* América entrou em um declínio prematuro enquanto a *outra* América florescia?

Esta pergunta, que também ecoa a questão do destino, tem deixado perplexas por mais de um século as pessoas interessadas pela região e provavelmente continuará confundindo outras pelas próximas gerações. Intelectuais de direita e de esquerda têm formulado esta questão por muitas lentes diferentes, expressando em geral as mais baixas das paixões: rancor, ressentimento, inveja. *Nós* temos menos sorte porque *eles* nos fizeram assim: o sucesso deles tem origem em nosso fracasso. *Eles* – os que assaltam, exploram, abusam – são, aos olhos de muitos, os Estados Unidos. E quando a culpa não é atribuída diretamente aos Estados Unidos, dá-se uma interpretação mais enganosa: em vez de negar a lacuna de desenvolvimento, é declarada uma reversão completa, substituindo o fracasso pelo sucesso. Este argumento se alinha com Rodó, Vasconcelos e vários profetas, armados e desarmados, da esquerda dogmática que afirmam que *eles* não são os vencedores, mas sim *nós* – os repositórios das verdades espirituais, "superiores" aos rudes desejos que envenenam o "império" – somos os vencedores.

Mas a realidade fala por si mesma. *Esta* América, a América Latina, pode ser imensamente rica em termos culturais, espirituais e artísticos, mas é atormentada por problemas econômicos e sociais. A *outra* América, os Estados Unidos, é a maior potência mundial. Assim, o termo há muito usado e irrefutável que caracteriza a condição que separa as duas Américas é uma só palavra: *lacuna*.

A trajetória que levou os Estados Unidos à sua posição privilegiada no mundo do século XXI é bem conhecida; contudo, é impressionante e merece ser delineada. Os Estados Unidos contribuem com um quinto do produto global bruto e geram 25% da produção industrial do mundo. São o maior produtor de alimentos e cinco das 12 maiores empresas industriais do mundo são americanas. A capacidade de refino de petróleo do país é de cerca de 15 milhões de barris por dia e suas reservas de carvão são praticamente inesgotáveis. Outros fatores que ajudam a fazer dos Estados Unidos a primeira potência econômica do planeta incluem uma multiplicidade de grandes portos, uma rede ferroviária ativa de mais de 275 mil quilômetros e uma rede rodoviária de quase 6 milhões de quilômetros. Seus mais de 14 mil bancos comerciais constituem o sistema financeiro mais extenso e complexo do mundo. Devido ao impressionante mercado interno, suas exportações, que representam 7% do produto interno bruto, são menos relevantes para a economia do que a de outros países desenvolvidos, como Japão ou Alemanha, e os Estados Unidos têm mantido um déficit comercial de magnitude variável desde 1976.

Os Estados Unidos também são o lar de algumas das mais influentes universidades e centros de pesquisa do mundo. Sem nenhum rival próximo em pesquisa e desenvolvimento científico e tecnológico, o país é o líder mundial em quase todos os campos científicos. Os Estados Unidos também são a potência militar hegemônica do mundo. Politicamente, os Estados Unidos se destacam como uma república federativa com um sistema eficaz de separação de poderes e o mais abrangente e arraigado sistema de liberdades civis. Em seus mais de 200 anos de história como país independente, os Estados Unidos sofreram, é verdade, uma sangrenta guerra civil (1861-1865), mas dela surgiu uma harmonia básica sustentada que permitiu ao país evitar qualquer mudança violenta de regime político e estrutura institucional.

O contraste entre a realidade dos EUA e a da América Latina é dolorosamente palpável. Com algumas exceções e levando em conta que existem claras diferenças entre os diferentes países, as condições gerais de vida da maioria dos latino-americanos são extremamente pobres. Algumas partes da região sofrem de pobreza aguda e os níveis de desigualdade econômica do subcontinente estão entre os mais elevados do mundo. Desemprego e subemprego são marcadamente elevados e crônicos. A América Latina poderia competir efetivamente na economia global mobilizando seus recursos humanos, mas a qualidade do ensino público é deficiente e os setores público e privado pouco contribuem para o desenvolvimento científico e tecnológico. A desnutrição é um problema tão grande quanto os serviços deficientes de saúde pública da região. Para piorar, desde meados dos anos 1980 os países latino-americanos têm testemunhado uma terrível pandemia de criminalidade, comandada por traficantes de drogas e gângsteres. A ameaça à segurança pessoal no Rio de Janeiro, em Medellín, San Salvador e na Cidade do México afasta investimentos e desencoraja a participação social, econômica e política. E, para culminar, nossas instituições políticas, nossas leis, nossas práticas cívicas e nossas democracias são frágeis.

Esses fatos suscitam várias perguntas fundamentais. Por exemplo, a América Latina é incapaz de competir no atual cenário internacional?

Ou, por que a América Latina permanece subdesenvolvida, enquanto países de outras regiões, que eram pobres há apenas algumas décadas, conseguiram sair da pobreza e continuam a se desenvolver? No centro dessas perguntas está outra, mais profunda, relativa ao lugar da América Latina na história: o que *é* realmente a América Latina? Fazendo referência ao México, Octavio Paz respondeu a esta pergunta com precisão poética: a América Latina é um "posto avançado excêntrico do Ocidente". A América Latina *é* o Ocidente, mas permanece à sua margem. Há épocas em que a região parece não querer fazer parte do Ocidente e dar as costas aos principais objetivos da civilização ocidental: liberdades individuais e bem-estar material. Quais são então os objetivos da região? Algumas vezes, parecem ser utopias ilusórias, outras parecem revoluções sangrentas; mas na maior parte dos casos não passam de esforços inúteis para revitalizar a história. Enquanto isso, a excentricidade da região continua a gerar confusão. Mas os fatos estão aí. As duas Américas existem e coexistem com dificuldade: não há uma ponte real entre elas, mas sim uma lacuna.

Este livro procura explicar a lacuna de desenvolvimento entre a América Latina e os Estados Unidos, tanto do ponto de vista histórico quanto de uma perspectiva político-institucional. As implicações para o futuro da América Latina são importantes. Embora hoje quase todos os países da região adotem valores e instituições democráticos, alguns líderes do passado e do presente têm defendido um rumo alternativo, menos democrático. Qual será o impacto sobre a lacuna entre as duas Américas caso esses líderes prevaleçam? Os atuais defensores de um rumo alternativo afirmam que a lacuna se estreitará: os altos preços do petróleo e do gás possibilitarão que implantem programas governamentais visando a uma melhor distribuição de renda e justiça social. Mas eles estão enganados. Mais uma vez, como nos tempos de Aristóteles, os demagogos iludem seu povo e, precipitando movimentos revolucionários, matam silenciosamente a democracia. O petróleo, ainda mais que a camada de ozônio e as geleiras do Ártico, tem data para acabar. O Ocidente não ficará inativo em face da sua própria destruição; em algum momento, novas fontes de energia serão descobertas. E o que farão os países dependentes do mercado do petróleo? Não há dúvida de que a lacuna se transformará em abismo.

O sucesso de um sistema realmente democrático depende do apoio de uma cidadania virtuosa, que por sua vez só pode existir dentro da estrutura de instituições livres, transparentes e que respeitam as leis. No início do século XXI, a maioria dos países da América Latina está seguindo firmemente um curso democrático, o verdadeiro curso republicano adotado na época da independência da Europa, e não sua caricatura ditatorial.

A lacuna de desenvolvimento entre América Latina e Estados Unidos não é uma condição fatal. Este país conseguiu construir um sistema político admirável que funciona como um relógio, apesar de manchado por vestígios de racismo e por uma política externa muitas vezes míope. A América Latina, por outro lado, herdou uma tradição cultural admirável, mas a dissipou numa sucessão de guerras civis, sublevações militares, episódios tirânicos atrozes e ilusões revolucionárias. Felizmente, em sua maioria os países da região se conscientizaram de seus fracassos históricos e da sua identidade ocidental. Não são mais frívolos a esse respeito, mas se tornaram participantes sérios que seguem regras claras no mais sério dos jogos: construir para as futuras gerações uma atmosfera social na qual a decência básica humana pode florescer.

ENRIQUE KRAUZE

Nota

1. Mario Vargas Llosa, *Conversation in the Cathedral* (Nova York: Harper & Row, 1974), p. 3 [ed. bras.: *Conversa na catedral.* São Paulo: Editora ARX, 2009].

Agradecimentos

Devo minha gratidão a todos que participaram da conclusão deste livro, em especial à Fundación Grupo Mayan, cujo apoio generoso possibilitou sua publicação. Há em particular duas pessoas que transformaram este projeto em realidade: Daniel J. Chávez Morán, criador da fundação, e Roberto Russell, seu presidente. Também gostaria de agradecer aos autores e a todos que participaram do seminário de novembro de 2005 em Buenos Aires – também intitulado "Explicando a Lacuna de Desenvolvimento entre América Latina e Estados Unidos" – por suas criteriosas contribuições. Além dos autores, participaram do seminário Hernando De Soto, John W. Diamond, Pablo Guidotti, Celso Lafer, Juan Pablo Nicolini, Andrés Reggiani, Fernando Rocchi, Julio María Sanguinetti, Catalina Smulovitz, Ernesto Zedillo e George Zodrow. Agradecimentos também a Valeria Sobrino, que ofereceu um apoio logístico vital, e Charles Roberts, que traduziu para o inglês todos os capítulos escritos originalmente em espanhol. Finalmente, um reconhecimento especial a Guadalupe Paz, diretora associada do Programa de Estudos Latino-Americanos da SAIS, pela ajuda na edição da versão em inglês deste volume e seu apoio a todo o projeto.

FRANCIS FUKUYAMA

Sumário

Capítulo 1

Introdução

Francis Fukuyama

Em 1492, pouco antes do início da colonização do Novo Mundo pelos europeus, Bolívia e Peru contavam com civilizações mais ricas e complexas que qualquer outra da América do Norte. Depois de dois séculos de colonização, em 1700, a renda *per capita* na América Latina continental era de US$521 e era pouco mais alta na região que viria a constituir os Estados Unidos: US$527.[1] Durante o século XVIII, a ilha de Cuba, produtora de açúcar, era muito mais rica do que as colônias americanas da Grã-Bretanha. Contudo, ao longo dos três séculos seguintes, os Estados Unidos saltaram à frente da América Latina em crescimento econômico de tal forma que a renda *per capita* nos Estados Unidos era cinco vezes maior que a média latino-americana no início do século XXI.

Pode ser que os Estados Unidos sejam simplesmente excepcionais em sua capacidade de sustentar um crescimento econômico de longo prazo; caso isto seja verdade, qualquer comparação com outras partes do mundo seria injusta. Contudo, a Ásia oriental conseguiu reduzir a diferença em um período de tempo relativamente curto. Por exemplo, a renda *per capita* na Ásia oriental era de US$746 em 1950, ou 8% da renda nos Estados Unidos; em 1998, havia crescido para 16% daquela dos EUA.[2] Já a renda *per capita* na América Latina em 1950 equivalia a 27% da renda americana e em 1998 caíra para apenas 21%. A diferença seria ainda maior se selecionássemos somente os países asiáticos de alto desempenho em vez de toda a região.

Como e quando surgiu esta diferença em desempenho econômico e por que a América Latina não tem conseguido superá-la, como fizeram muitos países na Ásia oriental, é o tema deste livro. Os diversos colaboradores – historiadores, cientistas políticos e economistas – exploram a questão a partir de vários pontos de vista, alguns examinando a ampla gama de tendências ao longo de cinco séculos e outros analisando questões mais limitadas.

É claro que o assunto do fraco desempenho da América Latina tem sido abordado extensivamente na literatura acadêmica e popular e não faltam teorias para explicar por que essa lacuna existe, nem faltam recomendações para soluções. Este estudo não espera dar conclusões definitivas sobre a origem da lacuna. Para começar, a América Latina é uma região enorme, variada e complexa; os problemas do Haiti são de uma ordem inteiramente diferente daqueles da Bolívia ou do Peru, para não mencionar Argentina ou Uruguai. Analogamente, a origem do desempenho econômico de longo prazo dos Estados Unidos é bastante complicada quando examinada por uma perspectiva de vários séculos. As interpretações das causas da lacuna precisam levar em conta a história, a cultura, as condições e os contextos específicos de cada sociedade.

Não obstante, há vantagens em se ter uma visão geral do problema. Por exemplo, apesar da diversidade da América Latina, está claro que existem alguns padrões abrangentes no seu desenvolvimento econômico e político que a distinguem da América do Norte e também de outras partes do mundo em desenvolvimento, como a Ásia oriental. Como já destacamos, havia uma tremenda variabilidade de riqueza na América Latina lá pelo ano 1800, mas nos anos seguintes toda a região retrocedeu – sem exceções. A crise de endividamento da década de 1980 emergiu não apenas em um país, mas em vários da região. Como muitas análises e prescrições sobre políticas tendem a ser comuns a várias regiões, faz sentido examinar os padrões amplos e as prescrições comuns que são aplicáveis a mais de um país.

A longa durabilidade da diferença de desempenho entre a América Latina e os Estados Unidos sugere que sua redução não será fácil. Nenhum leitor deste livro deverá esperar encontrar uma resposta simples para a pergunta de por que essa diferença existe, nem um conjunto de prescrições sobre políticas que irá, como que por mágica, elevar as taxas de crescimento econômico, resolver conflitos políticos profundamente arraigados ou dar a solução para problemas sociais. Por outro lado, o desempenho geral da América Latina em relação ao dos Estados Unidos tem melhorado de forma drástica em alguns períodos históricos, recuando de novo em outros. A compreensão das razões para essas mudanças nas taxas de crescimento relativo pode ajudar a isolar fatores que têm sido importantes para manter a diferença.

Há outra razão para se pensar que os padrões e divergências seculares talvez não persistam no futuro. Podemos dizer com segurança que em 1492 quase não havia contato entre as Américas do Norte e do Sul. Desde aquela época, tem havido um aumento constante no intercâmbio entre as regiões, pontuado por períodos de maior isolamento (como depois da Grande Depressão). Mas o fenômeno da globalização tem se acelerado muito no último meio século e não mostra sinais de ficar mais lento.

A globalização não é meramente a integração de mercados para bens, serviços e investimentos; ela também abrange o fluxo de pessoas e ideias. No Hemisfério Ocidental, a integração tem ocorrido no nível de populações, com a movimentação de milhões de pessoas da América Latina para os Estados Unidos (e, em menor extensão, para o Canadá e a Europa Ocidental). Isto tem resultado em um grande fluxo reverso não só de remessas de dinheiro, mas também de pessoas e ideias (como no caso da teoria da *dependência*). O grau de intercâmbio intelectual e fertilização cruzada vem crescendo com maior intensidade com a passagem do tempo e os custos de comunicações e viagens mais baixos servirão para continuar a tendência. Assim como tem havido uma crescente americanização das culturas da maior parte dos países latino-americanos, também está havendo uma latino-americanização crescente da cultura dos EUA. Nestas circunstâncias, as perspectivas para uma maior convergência parecem fortes.

Vários autores neste livro demonstram que a América Latina tem sido uma importadora constante de ideias da América do Norte e da Europa. Na época das guerras de independência, os Estados Unidos eram vistos como modelo de modernidade e democracia, cujas instituições políticas (como o presidencialismo e o federalismo) eram amplamente imitadas. Mas mesmo em períodos de grande prestígio americano, havia uma subcorrente de dor e ressentimento, devida em parte à falta de interesse dos americanos em retribuir a admiração ou em se voltar para a região de maneira apropriada. Quando os Estados Unidos se voltavam para a região, era para expandir seu território e sua influência, como no caso das guerras contra o México e a Espanha. O poder dos Estados Unidos sempre foi mais evidente para os latino-americanos do que para os outros, e seu domínio numa variedade de áreas provocou hostilidade sob várias formas, de versões antiamericanas de marxismo durante a Guerra Fria até o populismo contemporâneo de Hugo Chávez.

A lacuna de desenvolvimento: contexto histórico

Vários capítulos deste livro tratam das origens históricas da diferença em crescimento econômico entre a América Latina e os Estados Unidos. Os autores concordam sobre as linhas gerais da história. Antes da chegada dos europeus em 1492, muitas partes da América Latina eram mais ricas do que a América do Norte. A colonização, e isto é consenso geral, teve um efeito devastador sobre o bem-estar social das populações indígenas pré-colombianas do México e da região andina, pois os espanhóis montaram um império para extrair ouro, prata e outros produtos, da mesma forma que a colonização britânica e francesa arrasou quantidades menores de povos indígenas na América do Norte. Mas as condições iniciais não eram muito diferentes nas duas metades do Novo Mundo, em termos de renda *per capita* ou estrutura econômica. Ambas as regiões eram economias predominantemente agrícolas e exportavam *commodities* para as partes mais desenvolvidas do mundo. Esta situação persistiu mais ou menos até o final do século XVIII e a emergência dos Estados Unidos da América como nação independente.

A lacuna que é tema deste livro surgiu realmente nos primeiros dois terços do século XIX, um período subsequente às guerras de independência da América Latina da Espanha e de Portugal, durante as quais novos Estados estavam sendo formados. O período entre 1820 e 1870 foi particularmente desastroso para a América Latina: enquanto o PIB dos EUA crescia a uma taxa anual de 1,39% no período, na América Latina ele caiu 0,05% ao ano. A luta pela independência custou caro para os Estados Unidos e também para os países da América Latina, mas estes levaram em média muito mais tempo para conquistar sua independência e para consolidar novas instituições em seus territórios. A retirada dos espanhóis reduziu o acesso a alguns mercados e tecnologias e acabou com as uniões alfandegárias internas que tinham existido dentro do seu império, fato que custou muito caro para o crescimento.

Já o período de 1870 a 1970 foi de crescimento modesto para a maior parte da América Latina. Na primeira parte do período, até 1929, o crescimento do PIB *per capita* foi na verdade mais alto do que nos Estados Unidos, como também ocorreu entre 1950 e 1970. Em toda a região os regimes pós-independência lentamente se consolidaram e houve períodos prolongados nos quais os ambientes interno e externo eram relativamente favoráveis. É claro que o crescimento entre 1870 e 1970 foi interrompido de forma dramática pela Grande

Depressão, depois de 1929, e pelo início da Segunda Guerra Mundial. Embora esses eventos tenham tido consequências importantes para todos os países do Hemisfério Ocidental, seu impacto foi certamente menos severo na América Latina do que nos Estados Unidos.

A lacuna cresceu novamente nas três últimas décadas do século XX com a disseminação de regimes autoritários por toda a região. Além disso, muitos dos grandes países latino-americanos não conseguiram se adaptar ao ambiente externo, que mudava rapidamente em consequência dos dois choques do petróleo da década de 1970. Déficits fiscais crescentes, tentativas de monetarizar os déficits por aumento na oferta de dinheiro, hiperinflação e taxas cambiais excessivamente valorizadas no México, Brasil, Argentina e Peru, além de outros países, prepararam o cenário para a crise de endividamento dos anos 1980 e a subsequente queda nas taxas reais de crescimento em toda a América Latina. Os Estados Unidos, por seu lado, controlaram de modo relativamente rápido a espiral inflacionária provocada pela crise do petróleo no início dos anos 1980 e lançaram uma série de políticas econômicas liberalizantes que prepararam o terreno para duas décadas de crescimento quase ininterrupto na renda *per capita*. De fato, o crescimento na produtividade total, que estivera em declínio durante grande parte do pós-guerra, iniciou uma tendência ascendente no final dos anos 1990 à medida que uma série de inovações nas tecnologias de informação e comunicações começou a se consolidar.

Para a maior parte dos países latino-americanos, a década de 1990 e os primeiros anos do século XXI trouxeram uma volta à ortodoxia econômica e a indicadores macroeconômicos estáveis. Em vários países, isto preparou o cenário para um retorno ao crescimento, mas não suficiente para reduzir em muito a lacuna, devido em parte ao desempenho econômico relativamente bom daquele país. Além disso, os resultados foram visivelmente desiguais. México e Argentina passaram por severas crises cambiais e econômicas, respectivamente em 1994 e 2001. O crescimento, onde ocorreu, foi estável mas não espetacular. Embora tenham sido conseguidos progressos modestos no sentido da redução dos níveis de desigualdade econômica da região, em muitos países havia pouca vontade política para dividir os ganhos do crescimento. Esta situação provocou a emergência de líderes políticos populistas e de tendência esquerdista em vários países, entre eles Venezuela, Equador, Brasil, Uruguai e Argentina.

Confrontando a lacuna

Os capítulos deste livro podem somente prover o início de uma análise da lacuna de desenvolvimento entre a América Latina e os Estados Unidos. No mínimo, devem demonstrar a complexidade do problema. A lacuna em si tem variado ao longo do tempo, crescendo drasticamente em algumas décadas e se reduzindo em outras. As causas da lacuna também são variadas. Este livro afirma que as explicações concentradas em geografia, abundância de recursos naturais ou outras condições materiais, a cultura em sentido amplo ou uma relação de dependência com o mundo desenvolvido têm poucas probabilidades de identificar as verdadeiras razões para o fraco desempenho.

Porém, há outros fatores que os autores consideram importantes. A América Latina deve seguir políticas econômicas sensatas que produzam estabilidade monetária e fiscal, buscando ao mesmo tempo abrir as economias da região ao sistema comercial global. As instituições são críticas para formular, implantar e apoiar boas políticas. Entre essas instituições estão os direitos de propriedade e o domínio da lei, sistemas eleitorais, ramos executivos com poderes apropriados, legislativos representativos e eficientes, partidos políticos que incluem agentes sociais importantes da sociedade, sistemas judiciários independentes da autoridade política e eficazes na implantação da lei e uma distribuição adequada de poderes aos diferentes níveis de governo – nacional, estadual e municipal. A desigualdade social é a origem da falta de competitividade econômica da região, além de constituir uma fonte de instabilidade política. Isto sugere a necessidade de uma nova atitude em relação à política social, não por um retorno à política de direitos do passado, mas buscando maneiras inovadoras de resolver problemas sociais.

É importante não ser excessivamente pessimista com as perspectivas da América Latina e a probabilidade de redução da lacuna de desenvolvimento no futuro. Apesar de todo o tumulto econômico que engolfou a região na virada do século XXI, houve um grau notável de continuidade democrática em toda ela, mesmo nos países mais conturbados. Conflitos que em décadas anteriores haviam sido resolvidos por golpes militares ou pela violência tenderam a ser resolvidos mediante eleições ou procedimentos judiciais. Tem havido aprendizado institucional e de política, uma vez que experiências traumáticas como crises cambiais e hiperinflação criaram incentivos políticos para as reformas. E o processo de crescimento institucional e construção do Estado prosseguiu, não de forma tão rápida ou justa quanto seria de se esperar, mas de forma estável. Portanto, existem razões para se esperar que ao longo da próxima geração a história da lacuna será diferente daquela do passado.

Notas

1. Todas as cifras em dólares, a menos observação em contrário.
2. Esses números incluem o Japão e excluem a Índia. Fonte: OCDE.

PARTE I

O CONTEXTO HISTÓRICO

Capítulo 2

Dois séculos de reflexões sul-americanas sobre a lacuna de desenvolvimento entre os Estados Unidos e a América Latina

Tulio Halperin Donghi

O abismo que separa a história de outras disciplinas acadêmicas mais jovens é facilmente discernível quando a experiência no campo anterior se estende por tempo suficiente. Porém, não se deve esperar que historiadores com essa experiência realizem o feito impossível de superar este abismo através de dois milênios; eles devem lembrar aos praticantes dessas ciências nascidas ontem que o escopo de análise de um problema sempre pode ser visto por uma lente mais ampla. Pode-se dizer que a contribuição mais útil de um historiador é lembrar àqueles que estudam um problema que este tem uma história. É precisamente isto que este capítulo fará, provendo uma estrutura histórica para analisar a lacuna de desenvolvimento entre a América Latina e os Estados Unidos.[1]

Esta lacuna pode ser seguida por quase duzentos anos, até o período em que os Estados Unidos começaram a coexistir com outros Estados que procuravam preencher o vácuo criado pela dissolução do império espanhol no Hemisfério Ocidental.[2] Desde o início dessa coexistência era sabido, na antiga América britânica e na antiga América hispânica, que as relações entre os países do hemisfério seriam perturbadas por dificuldades. Pensadores em ambos os lados das Américas concordaram na análise de que as dificuldades previstas podiam ser atribuídas a outras, de caráter mais geral, que os países ibero-americanos enfrentavam para participar do complexo processo de profundas mudanças econômicas, sociais e políticas centradas no Atlântico Norte. Esta situação acabou levando a abordagens muito diferentes daquela que viria a ser chamada de "lacuna de desenvolvimento".

Nos Estados Unidos era evidente que a presença dessa lacuna tornaria mais difícil, para as novas repúblicas ibero-americanas, resistir às intervenções do Velho Mundo que, depois do catastrófico ciclo revolucionário iniciado em 1789, proclamou-se engajado no processo de restauração da ordem do Velho Mundo. As dificuldades enfrentadas pelos Estados recém-formados na América Latina se deviam não a qualquer resistência à reformulação de suas instituições, mas a um legado infeliz no qual o catolicismo e o absolutismo faziam parte da cultura, tornando aquelas sociedades totalmente incapazes de incorporar com sucesso o ideal institucional republicano. Mas logo ficou claro que o apoio concedido pelo Velho Mundo ao empreendimento de restauração era menos unânime do que parecia em 1815. Em 1823, quando o presidente James Monroe alertou as monarquias restauradas da Europa de que os Estados Unidos estavam determinados a impedir que estendessem sua cruzada legitimista ao hemisfério americano, ele estava ciente de que elas já enfrentavam um obstáculo muito mais sério: a oposição da Grã-Bretanha, a potência que, durante um quarto de século, havia mantido viva a luta contra a França revolucionária e imperial e que, depois da sua vitória, era mais do que nunca a rainha dos mares.

Desde então, como estava claro que a lacuna de desenvolvimento com a América Latina era simplesmente um fato e não um problema, nada impediu que os Estados Unidos voltassem sua atenção para outras partes, até que novas crises trouxessem a lacuna de volta à berlinda. Em meados do século XIX, depois da expansão territorial dos Estados Unidos, que incorporou um extenso território anteriormente de propriedade do México, a lacuna de desenvolvimento tornou-se mais uma vez objeto de debates, mas por pouco tempo, uma vez que o cenário em alteração no norte inspirava uma visão nova, mas ainda ambígua, do papel que os Estados Unidos desempenhariam em face dos vizinhos do sul.[3] Embora os Estados Unidos se sentissem solicitados a guiar o caminho da virtude republicana (pelo exemplo e talvez não só por ele) aos novos Estados que se mostravam cada vez menos capazes de descobrir por si mesmos como superar a lacuna entre norte e sul, também é compreensível que algumas vezes se sentissem tentados a tirar proveito da fraqueza daquelas tristes caricaturas de repúblicas com as quais dividiam o Novo Mundo.

De uma perspectiva latino-americana, os problemas de coexistir numa única massa continental com um vizinho dotado de uma temível capacidade de expansão foram percebidos há muito, assim como os problemas que se originavam dos persistentes atrasos enfrentados pela América Latina em suas tentativas de alcançar as metas centradas na Europa continental. A ausência desses atrasos na América britânica era invocada principalmente como evidência adicional de que o segredo para explicar a lacuna estava em determinadas características específicas da herança hispânica da região, assim como sugeria – talvez de forma mais convincente – que uma lacuna semelhante separava a antiga metrópole imperial de seus vizinhos europeus.

Para prosseguir com a análise pela qual o problema se originou de uma lacuna específica que separava a América Latina dos Estados Unidos, este país não deve ser visto como um discípulo mais próspero do modelo europeu do que seus vizinhos ao sul, nem como um promotor cada vez melhor do modelo britânico nas Américas. Isso só aconteceria no século XX, quando os Estados Unidos se tornaram muito mais do que isso. Porém, deve-se notar que embora os problemas em torno da lacuna de desenvolvimento entre as duas partes do Novo Mundo já estivessem presentes nas primeiras fases do desenvolvimento da América Latina, eles ainda não eram tão claramente definidos como são hoje.

Bolívar e os Estados Unidos: visões e distância

Em 1815 Simón Bolívar expôs, em sua "Carta da Jamaica", as dificuldades enfrentadas pela América espanhola para seguir o caminho definido por seu movimento de independência e se aprofundou mais no assunto em 1819, no seu discurso inaugural no Congresso de Angostura. Entretanto, outro século passaria antes que o conceito de desenvolvimento econômico fosse aceito. Talvez mais importante, os conceitos evocados pela noção de desenvolvimento econômico ocuparam um espaço marginal em comparação com aqueles exclusivamente políticos que dominaram a era das revoluções, um contexto no qual Bolívar havia esperado desempenhar um papel de liderança.

Os desafios enfrentados naquela época pela América espanhola pareciam agravados aos olhos de Bolívar porque, segundo ele, a região não estava passando por uma revolução como as dos Estados Unidos e da França, mas sim por uma catástrofe histórica ainda mais profunda do que aquela sofrida pelos romanos após a queda de seu império. Nas palavras do próprio Bolívar:

> Cada parte de Roma adotou um sistema político adequado aos seus interesses e sua situação, ou foi conduzida pelas ambições individuais de determinados chefes, dinastias ou associações (...). Na verdade, embora as partes dispersas tenham mais tarde restabelecido suas antigas nações, sujeitas às mudanças impostas por circunstâncias ou eventos (...) mal retemos um vestígio daquilo que um dia existiu; além disso, não somos índios nem europeus, mas uma espécie intermediária entre os legítimos donos desta terra e os usurpadores espanhóis. Em resumo, apesar de americanos por nascimento, derivamos nossos direitos da Europa e temos de afirmá-los contra os direitos dos nativos e, ao mesmo tempo, devemos nos defender dos invasores.[4]

Em retrospecto, é difícil entender por que o tema coletivo da revolução hispano-americana não seria composto pelos "legítimos proprietários" dos países em questão, mas sim por aqueles que se proclamaram herdeiros de certos direitos, cuja legitimidade eles foram os primeiros a questionar. Bolívar se absteve de fazer essa pergunta por duas razões. A primeira é o fato óbvio de ele mesmo pertencer à "espécie intermediária". E segunda, todos aqueles que sabiam algo da América espanhola teriam concordado que os três séculos de domínio colonial não foram em vão e, como se provou três décadas antes pela repressão da grande rebelião indígena que abalou o antigo império inca em suas bases, a outra espécie de revolução já havia se tornado impossível.

Como descendente direto da aristocracia crioula, Bolívar não poderia deixar de lamentar que tal alternativa não estivesse disponível, mas sua herança não o impediu de antever, pela marginalização dos "legítimos proprietários" da terra, o legado de uma experiência histórica que estava maculada desde seu início. De uma forma novelesca, ele procurou tornar a conquista espanhola um segundo pecado original em escala hemisférica que marcasse para sempre a linhagem dela surgida, a qual ele descreveria, escrevendo a Santander, como "a abominável descendência das bestas enraivecidas que vieram à América para derramar seu sangue e procriar com suas vítimas antes de sacrificá-las".[5]

No contexto de uma luta ainda inacabada, essa imagem poderosa veio meramente expressar a desesperança no curso da revolução inspirada naqueles que se sentiram responsáveis por levá-la a bom termo.[6] Portanto, não é de surpreender que Bolívar tenha se mostrado indiferente àquela herança maldita quando procurou superar o pessimismo paralisante que enfrentou em sua missão para garantir que a emancipação não se limitasse a provar que a América espanhola era completamente incapaz de se autogovernar. Seu discurso em Angostura procurou transmitir essa mensagem, primeiro evocando a "Carta da Jamaica", mas deixando-a de lado e invocando a "máxima humilhante (...) de que é mais difícil manter o equilíbrio da liberdade do que suportar o peso da tirania".[7]

Bolívar afirmou que os problemas enfrentados pela América espanhola não eram exclusivos da região, mas partilhados com toda a humanidade. Para resolvê-los, disse ele, todas as sociedades deveriam recorrer "aos ensinamentos da experiência" dados pelas "escolas da Grécia, de Roma, da França, Inglaterra e América do Norte para nos instruir na difícil ciência de criar e preservar nações através de leis que sejam adequadas, justas, legítimas e, acima de tudo, úteis".[8] A partir do momento em que incluiu o modelo proposto pelos Estados Unidos entre aqueles que a América espanhola deveria levar em conta, Bolívar tinha necessariamente de incluir em sua análise os que mais tarde viriam a fazer parte da literatura dedicada a explorar a lacuna entre as antigas Américas britânica e espanhola. Porém, seu julgamento foi afetado pelo clima de ideias dominante na época e, ainda mais, pela preocupação quase obsessiva com a qual contemplava o futuro do experimento político de que dependia o destino da região.

A razão mais imediata pela qual Bolívar não podia excluir a América britânica da sua análise era que as instituições federais americanas já haviam servido de modelo para a Venezuela e Nova Granada. Em ambos os casos, esse curso de ação contribuiu decisivamente para levar ao desastre as experiências revolucionárias de ambos os países. Ele insistiu muito nesse exemplo porque parecia refutar as lições da experiência, até então universal, que havia confirmado muitas vezes que "da liberdade absoluta sempre se desce para o poder absoluto".[9]

Bolívar não tinha escolha a não ser admitir que os Estados Unidos haviam gozado de absoluta liberdade por um terço de século. Embora entendesse plenamente "o que virtudes políticas podem realizar e a falta de importância relativa das instituições", ele não cessava de comemorar que, mesmo em "um povo que constitui um modelo notável de virtude política e retidão moral (...) um governo tão fraco e complicado como o sistema federal tem conseguido governá-lo nas circunstâncias difíceis do passado".[10] Contudo, comemorar isso como um feito notável é uma maneira de negar que ele poderia dar um exemplo válido para seus vizinhos, uma vez que nada seria mais perigoso do que ver, nesse inexplicavelmente bem-sucedido desafio a todas as leis da ciência política, algo mais do que a exceção que confirma a regra.

Não obstante, os esforços políticos no Velho Mundo para atingir esse ideal tão esclarecido forneceram as lições, positivas e negativas, que a América espanhola necessitava para encontrar seu caminho.[11] Além de dar a Bolívar um modelo revolucionário que havia ido mais longe do que ele estava disposto em seu esforço para manter a continuidade com o passado pré-revolucionário, a Inglaterra também forneceu uma justificativa doutrinária para a proposta dele de garantir o futuro da revolução hispano-americana, colocando-a sob a proteção britânica.[12] Mesmo depois de Ayacucho, quando "nada havia a temer e tudo a esperar da Europa", Bolívar continuou a acreditar que "se nos unirmos à Inglaterra [em uma aliança ofensiva e defensiva], poderemos existir – caso não a façamos, estaremos inevitavelmente condenados". Está claro que Bolívar não mais esperava da Grã-Bretanha proteção contra um perigo externo que aparentemente havia se dissipado, mas queria proteção contra um demônio interno que a América espanhola precisava exorcizar para sempre. Nas palavras do próprio Bolívar, "se permanecermos em nosso atual estado de isolamento pernicioso, iremos nos destruir em nossos esforços para buscar uma liberdade ilusória".[13]

A preferência de Bolívar era pela Grã-Bretanha no papel de árbitro entre o Velho Mundo e o Novo Mundo, associado à sua superioridade naval e à maior relevância da sua fórmula política para a América espanhola, razão esta que também levou Bolívar a se distanciar dos Estados Unidos. Durante a luta pela independência, o veto implícito britânico a qualquer ato de apoio ativo por parte das potências continentais tinha contribuído mais do que qualquer outro fator para o triunfo da insurgência. Ao mesmo tempo, a escrupulosa neutralidade adotada pelos Estados Unidos quase até a véspera da independência da região sugeriu uma ausência de solidariedade para com as repúblicas surgidas após a queda do império espanhol, um mau presságio para o futuro das relações EUA-América Latina.[14]

À sua maneira, Bolívar lançou a base para sua proposta, a qual visava estabelecer um regime de ordem e liberdade na América espanhola, evitando ao mesmo tempo a discussão das questões que, ele mesmo reconhecia, são mais exclusivas da história da América espanhola, evitando assim a atenção para a questão da culpa de origem. Quando foi forçado a considerar que a incorporação da América espanhola a um mundo liberal criava problemas específicos à região, Bolívar afirmou que os maiores impedimentos provinham da imaturidade de um Novo Mundo que, três séculos após sua conquista, ainda tinha características "da espécie humana em sua infância, impregnada de incerteza, ignorância e erro, como havia sido toda a humanidade no amanhecer da sua trajetória histórica".[15] Ele concluiu que seria demasiado arriscado fazer qualquer prognóstico para o futuro da região.

Ao eliminar da lista de problemas um fator essencial como a brutal origem histórica da América espanhola, Bolívar estava evitando um confronto dos desafios globais criados pelos limites internos daquele legado, que continuava a dividir os herdeiros entre conquistadores e conquistados. Fazendo isso, ele deu um passo inicial decisivo no debate sobre a lacuna de desenvolvimento que, no final das contas, definiria a própria lacuna. Somente quando se reconhece a natureza fundamental da conquista é que fica claro que, para a maior parte dos Estados sucessores do império espanhol – sobre os quais esse legado exerceu todo o seu peso – a capacidade para se autoafirmarem como Estados-nação não era nada fácil de atingir. Segue-se que, para se aferir o sucesso ou o fracasso da América espanhola em seu desenvolvimento posterior à independência, a região deve ser medida por um padrão diferente daquele empregado para medir o sucesso dos Estados Unidos.

Até que ponto as diferenças entre as propostas de Bolívar e aquelas que vieram pouco depois se originam de visões divergentes da questão hispano-americana? Será que elas se deviam à forte relação pessoal dele com uma revolução à qual dedicou a vida e através da qual esperava que o Novo Mundo desse a solução para "o grande problema do homem em liberdade"? Esta pergunta nunca foi abordada pela "civilização que veio do Leste", civilização na qual "toda forma de grandeza teve seu tipo e todas as misérias tiveram seu berço".[16] Foi essa dedicação completa ao projeto revolucionário que levou Bolívar a experimentar com trágica profundidade – do tipo buscado mais tarde em vão por seus sucessores – a constatação de que uma solução para a questão da América espanhola seria inatingível.[17]

As conclusões de Bolívar que o levaram a fazer essa amarga descoberta se assemelhavam àquelas que dominaram o discurso sul-americano ex-espanhol nas duas décadas seguintes à sua morte. Em 1830, surgiram muitas oportunidades para se redescobrir o fato por ele proclamado, com base na autoridade de Rousseau: "a liberdade (...) é um prato suculento, mas difícil de digerir" e "nossos fracos concidadãos terão de fortalecer muito seu espírito antes de poderem digerir a alimentação integral da liberdade".[18]

A Grã-Bretanha como exemplo: um meio-termo entre reação e revolução

Nas décadas subsequentes às guerras de independência hispano-americanas, uma nova geração de líderes passou a aceitar variações mais moderadas das visões de Bolívar. Que os movimentos revolucionários tinham deixado como legado mais calamidades do que bênçãos não foi para eles uma descoberta tardia. Embora o nascente liberalismo do início da década de 1820 tenha proclamado que os esforços revolucionários terminaram de forma prematura, também é verdade que sociedades inteiras tiveram suas fundações abaladas pelas tormentas das lutas e havia o risco de destruição, com a violência contínua, dos últimos laços que as mantinham precariamente unidas, correndo o risco de mergulhar numa anarquia extrema. Naquele ponto, a região enfrentava a perspectiva de um limbo prolongado, originário do colapso irreversível da velha ordem e da ausência de uma alternativa viável.

Em meio àquele período de grande incerteza, uma coisa ficou clara: a América espanhola emergente era um satélite em um sistema internacional centrado em Londres. Isto ficou claro com o impacto político e ideológico da crise financeira de 1825, a qual levou a um catastrófico fechamento do fluxo de investimentos britânicos na região e acabou com o otimismo que havia gerado a primeira onda do liberalismo hispano-americano. A Grã-Bretanha não só havia sido o árbitro dos destinos daqueles novos países, mas também seu exemplo provava a viabilidade de uma via intermediária entre reação e revolução, em especial para aqueles que aspiravam promover uma orientação conservadora em Estados cuja existência era considerada subversiva pelas potências dominantes na Europa continental. O uso da Grã-Bretanha como ponto de referência político por excelência viria a se tornar uma ocorrência natural em vez de uma seleção deliberada daquele modelo e não de outros.

Durante as duas décadas posteriores às guerras de independência, os experimentos políticos de maior sucesso ocorridos na América do Sul – no Chile de Diego Portales, que se tornou a república modelo do período, juntamente com Nova Granada e Venezuela – deveram seu sucesso em grande parte à opção de avançar "lentamente sobre as antigas estruturas espanholas, sempre considerando antes o que fazer", que havia sido a abordagem adotada por Bolívar.[19] Esta abordagem estava emergindo claramente como a mais apropriada para a era pós-revolucionária, não só devido à extrema fragilidade da região, mas também porque não havia incentivos nem ameaças para incitá-los a acelerar o ritmo de consolidação política.

A metade do século XIX trouxe consigo mudanças radicais. Uma mudança importante foi a de que o lugar ocupado pelos Estados Unidos no horizonte hispano-americano se expandiu de forma considerável, uma vez que o país começou a ser visto como a fonte de ameaças novas ou renovadas à região. Embora a expansão territorial dos Estados Unidos no coração do continente norte-americano já tivesse começado a inspirar alarme crescente, particularmente depois da compra do estado da Louisiana, sua nítida vitória sobre o México em 1848 deu um sinistro sentido de verdade às previsões sombrias de Bolívar. Depois dela, havia muito temor de que a República da América do Norte pusesse em risco a sobrevivência das frágeis nações ex-espanholas.

Os Estados Unidos também tiveram um papel importante numa transformação de longo alcance: a descoberta de ouro na Califórnia, que integrou a bacia do Pacífico numa rede de atividade comercial. O tumulto econômico resultante contribuiu de forma decisiva para uma nova fase de expansão nos Estados Unidos, caracterizada por uma vertiginosa transformação em seus sistemas de transporte e comunicação. O perigo representado pelo expansionismo americano para a região, um perigo que nem mesmo os países mais alarmistas acreditavam que tivesse peso igual em toda a América Latina, era uma ameaça muito diferente do ambíguo impacto do cenário mundial em rápida evolução econômica. Embora novas oportunidades econômicas estivessem surgindo em todo o mundo, o ritmo e também as consequências cada vez mais abrangentes das transformações econômicas em andamento provocaram o temor de que as nações latino-americanas fossem incapazes de acompanhar o ritmo, colocando assim em risco seu futuro e até mesmo sua própria existência.

A lacuna na visão de Sarmiento

As descrições de Domingo Faustino Sarmiento sobre os Estados Unidos refletem a resolução daquele momento em que o grande vizinho anglo-saxão veio a ocupar um papel vital na atitude das nações hispano-americanas. Sarmiento, um dos muitos argentinos que encontraram refúgio político no Chile, tornou-se conhecido como grande ideólogo político durante a consolidação pós-revolucionária dos Estados hispano-americanos; em 1847 já criara fama de promotor conflitivo de inovações ideológicas e culturais.

Durante uma missão para estudar instituições de ensino elementar no exterior, realizada entre 1847 e 1849, Sarmiento registrou suas experiências de viagem no livro *Viajes por Europa, África y América* (publicado em 1849), inclusive suas impressões dos Estados Unidos.[20] Alexis de Tocqueville já havia percebido – e mais tarde verificado *in loco* – que nenhum lugar era melhor do que os Estados Unidos para a exploração das questões levantadas pelo inexorável avanço da democracia. Não é de surpreender que Sarmiento, que com seu primeiro livro *Facundo* aspirava fazer pela América espanhola o que Tocqueville havia feito pela América anglo-saxônica, tenha se baseado em *La Démocracie en Amérique* como seu principal guia para a exploração do imenso experimento democrático que se desenrolava nos Estados Unidos.[21]

Contudo, embora em *Viajes* tenha identificado o surgimento da democracia como o problema central nos Estados Unidos, Sarmiento precisou abordar a questão em termos totalmente diferentes daqueles preferidos por Tocqueville. Para este, um regime que procura ao mesmo tempo atingir a igualdade anteriormente estimulada pelo absolutismo monarquista e estender o alcance de liberdades a toda a sociedade, muito além dos níveis desfrutados e defendidos pelos setores privilegiados sob o governo monárquico – um regime como aquele que surge de uma revolução democrática – incorpora uma contradição que ele considerava impossível de resolver plenamente.[22] Em sua análise, Sarmiento divergiu claramente da perspectiva de Tocqueville quando classificou a experiência americana como superior, afirmando que ela havia superado as tentativas europeias de alcançar igualdade total sem comprometer a liberdade.

Esta divergência não impediu Sarmiento de aprender com Tocqueville a ver os Estados Unidos muito mais como apenas o resultado da experiência de colonização por uma grande potência europeia. O caso dos EUA, quando comparado com a colonização das Américas portuguesa e espanhola pelas monarquias ibéricas, pode lançar uma nova luz sobre as circunstâncias sob as quais emergiram as novas repúblicas latino-americanas. Mas para Sarmiento a experiência dos EUA apontava para uma estrada nova e melhor para uma democracia plena, comparada com aquela indicada pela Revolução Francesa. Os trechos de *Viajes* dedicados à França ilustram que a importância das questões colocadas por Tocqueville teve claramente um impacto sobre Sarmiento e o ajudou a concluir que, na França e no resto da Europa, era iminente uma explosão de conflitos sociais ainda mais violentos do que aqueles do ciclo revolucionário anterior.

É preciso notar um acréscimo à conclusão de Sarmiento, que foi claramente influenciado pela obra de Tocqueville: uma descoberta anterior, de que o progresso material e intelectual, que havia impressionado tanto os observadores do outro lado do mar, tinha se fixado somente em locais isolados em um oceano de primitivismo rústico. A primeira lição ensinada a Sarmiento por esta nova perspectiva foi que, comparando os ganhos da Europa com os daquele "novo animal produzido por criação política" que eram os Estados Unidos, a Europa apresentava vários aspectos de um atraso que ele imaginara estar presente apenas na América espanhola. O que tornava os Estados Unidos únicos era que, enquanto "a aldeia francesa ou chilena se sobressai como uma negação da França ou do Chile, e ninguém diria que seus costumes locais, vestimentas ou ideias tradicionais representavam a identidade nacional", nos Estados Unidos a aldeia "é um Estado completo, com seu governo civil, imprensa, sistema escolar e bancário, prefeitura, censo, espírito e aparência próprios".[23]

Esta distinção, como a maior parte das outras feitas por Sarmiento durante sua curta visita de seis semanas aos Estados Unidos, havia sido salientada anteriormente por Tocqueville em seu retrato do sistema político americano e por outros viajantes cujos escritos também deixaram sua marca inconfundível na obra de Sarmiento.[24] Contudo, mesmo que a imagem fosse essencialmente a mesma, os fatores mais valorizados por Sarmiento sobre os Estados Unidos diferiam das razões de Tocqueville para considerar aquele país um modelo para o futuro desenvolvimento político da Europa. Sarmiento alertou seus leitores de que aqueles que buscam nos Estados Unidos "nossa república, liberdade, força, inteligência, beleza, a república de nossos sonhos" estão condenados a sofrer uma forte decepção, porque "embora a América do Norte tenha acabado com as piores feridas da raça humana, permanecem cicatrizes até mesmo entre algumas sociedades europeias, que aqui se tornariam cancerosas".[25]

Mesmo que a república ideal não fosse encontrada nos Estados Unidos, a existência da democracia era suficiente para impelir aquela nação norte-americana mais longe no sentido do progresso do que a maior parte das nações ilustres da Europa. Como concluiu Sarmiento, "Esses democratas são aqueles que hoje estão mais adiantados na descoberta das respostas que os povos cristãos buscam na escuridão, tropeçando em sistemas monárquicos, como na Europa, ou limitados por um despotismo brutal, como em nossa pobre pátria".[26] Mas isso não era tudo. Enquanto os observadores ponderavam essas questões, os Estados Unidos já cresciam a um ritmo impensável na Europa, e Sarmiento acreditava saber por quê.

Enquanto a Europa dedicava uma parcela desproporcional de seus recursos à garantia de estabilidade de uma sociedade hierárquica e fortemente desigual, os Estados Unidos eram a morada de um povo "livre como o ar, sem exército nem Bastilha", uma nação capaz de ser assim porque "não tinha reis, nobres, classes privilegiadas, homens nascidos para governar nem máquinas humanas nascidas para obedecer".[27] O resultado era uma terra onde "o bem-estar é distribuído de forma mais generalizada do que em qualquer outro país (...) a população cresce sob leis ainda desconhecidas em outras nações e a produção cresce a taxas notáveis".[28] Como salienta corretamente William Katra, o que Sarmiento ofereceu aos seus leitores era nada menos que uma utopia construída sobre uma imagem da experiência americana, na qual seu caráter excepcional foi apresentado com muito mais relevo do que teria sido por Cooper, Chevalier ou Tocqueville.[29] Katra afirma que Sarmiento tinha a tendência de "generalizar com base em suas observações" e que seu limitado contato com os Estados Unidos teve, neste caso, consequências particularmente problemáticas.[30]

Além da exatidão da imagem da sociedade americana apresentada por Sarmiento em 1849, o que é de particular interesse é a ausência, em seu texto, daquela outra excepcionalidade de natureza oposta e negativa que, a começar por Bolívar, tantos hispano-americanos acreditavam ser específica do seu canto do mundo. Para Sarmiento, quando França e Chile eram comparados com aquele país em que o futuro já está presente, eles não parecem estar separados por um abismo. Essa diferença é claramente ilustrada na última conclusão tirada por Sarmiento da sua experiência nos EUA. Enquanto seus predecessores tendiam a resumir a questão numa pergunta que era ao mesmo tempo um lamento – por que a América espanhola não pode ser mais como os Estados Unidos? —, Sarmiento ofereceu, como corolário, um persistente convite para que ela se transformasse em outros Estados Unidos.

Mas esta visão não foi a única razão para ele aderir ao otimismo demonstrado naquela ambição irrefreável. Sarmiento também foi influenciado pela consciência de que a estufa na qual o monopólio colonial havia fechado a América espanhola estava perto do colapso completo e, embora o ambiente colonial tivesse impedido qualquer progresso nas Índias espanholas, ele pelo menos abriu a porta para a alternativa da estagnação. Perdida esta alternativa, as nações hispano-americanas apostaram seu futuro e talvez sua própria sobrevivência numa luta na qual elas, como disse Sarmiento, deveriam ser os protagonistas e também corriam o risco de se tornarem as vítimas.[31]

Referindo-se ao Chile durante o exílio, mas igualmente aplicável à sua Argentina natal, Sarmiento afirmou em uma das suas últimas obras que, para países de clima temperado, a rápida consolidação de um genuíno mercado mundial tornava imperativa a entrada neste mercado "para a produção de excedentes de seus bens, em concorrência com a Europa e os Estados Unidos" ou "com toda a civilização cobrindo todos os períodos e todos os países".[32] Nesse texto, intitulado "A Influência da Instrução Primária sobre a Indústria e o Desenvolvimento Geral da Prosperidade da Nação", Sarmiento deu pela primeira vez uma definição explícita dos termos que mais tarde seriam usados para explicar a lacuna de desenvolvimento. É verdade que, muito antes de 1855, era comum comparar as realizações das antigas Américas inglesa e ibérica, mas elas examinavam invariavelmente os ganhos nas esferas cívica, cultural e social, consideradas intrinsecamente valiosas. Sarmiento havia feito isso na seção dedicada aos EUA da sua edição de *Viajes* de 1851; mas destacou mais que os viajantes anteriores o importante impacto que aqueles ganhos estavam tendo sobre a economia americana. Mais tarde ele atribuiu grande valor aos ganhos que proclamava urgentes e necessários em todas as esferas para atingir aquilo que havia se tornado indispensável para a sobrevivência das frágeis nações da América espanhola em busca de sua consolidação.

O tema da lacuna de desenvolvimento entre Estados Unidos e América Latina invadiu o discurso hispano-americano depois da descoberta de que, com a maior integração da economia mundial, tornar-se economicamente competitivo entre as nações que constituíam aquele mercado estava se tornando rapidamente uma questão de vida ou morte – no sentido mais literal. Portanto, não é de se surpreender que nas oito décadas seguintes – durante as quais essa descoberta preocupante só passou a ser digna de crédito em certas circunstâncias críticas que felizmente eram excepcionais – a lacuna de desenvolvimento ressurgiu com uma nova perspectiva, menos concentrada na dimensão econômica.

Assim, a avaliação negativa do progresso da Argentina feita por Sarmiento em 1883 reconhecia que aquela que em 1852 ainda era uma planície quase desértica, trinta anos depois era "um campo coberto de grãos dourados atravessando províncias inteiras".[33] Ele também reconheceu que os ganhos da Argentina em riqueza e população chegaram ao "ponto de a pessoa não saber, em Buenos Aires, se está na Europa ou na América".[34] Porém, na visão de Sarmiento, aqueles ganhos não eram suficientes para se comemorar o sucesso daquele estágio, quando a "república de nossos sonhos" permanecia mais distante do que nunca. Ele afirmou que a realidade da Argentina se parecia cada vez mais com a da Venezuela, onde o Senado acabara de aprovar a construção de uma nova estátua equestre do "ilustre americano" que a tinha governado por mais de uma década, acrescentando mais uma às "várias que já infestavam todas as suas praças públicas".[35]

Comparando modelos e o choque de linhagem

A queda de interesse pela dimensão econômica da lacuna de desenvolvimento coincidiu com um período em que o desempenho econômico dos países hispano-americanos era claramente inferior ao dos Estados Unidos. Em resumo, foi um período em que a lacuna econômica cresceu de forma considerável.[36] A razão mais óbvia para essa falta de preocupação com a lacuna foi que ela não impediu que a maioria dos países da América espanhola encontrasse um lugar seguro numa ordem econômica mundial cada vez mais estruturada, em especial como fornecedores de gêneros alimentícios e matérias-primas para seus parceiros do Atlântico Norte. Também é por esta razão que as questões que levaram Bolívar a conclusões sombrias desta vez não tiveram o mesmo efeito.

O legado mais conspícuo da conquista, que foi a presença, na maior parte da América espanhola, de todo um setor da população cuja linhagem derivava dos povos conquistados, não pesava mais como a herança de um segundo pecado original que puxaria todos para baixo eternamente. Essa característica estava mais estreitamente associada com os assuntos da monarquia esclarecida, que o via refletido em um conjunto de necessidades insatisfeitas e deficiências cuja superação seria difícil, mas não impossível.

Nem mesmo a crescente influência do positivismo conseguiu reintroduzir as visões fatalistas que dominaram o discurso de Bolívar em seus momentos mais desesperados.[37] Como destacou acertadamente Nancy Stepan, os latino-americanos, mesmo que se declarassem seguidores de Darwin, estavam inclinados na prática a seguir a versão de Lamarck da teoria da evolução, a qual admitia que era possível transmitir caracteres adquiridos aos descendentes.[38] O corolário dessa transferência espontânea pode ser visto mais uma vez em Sarmiento, que havia lido em algum lugar que um estudo de ossos em cemitérios de Paris possibilitara verificar que a capacidade craniana dos franceses crescera de forma estável desde a Idade Média. Se no mundo hispânico nada semelhante tinha sido descoberto e, ao contrário, a capacidade craniana não era maior do que aquela atingida séculos antes na França, este fato deve ser atribuído à influência negativa da Inquisição. E como esse obstáculo havia sido eliminado, nada impediria que os hispano-americanos tivessem uma capacidade craniana equivalente à dos franceses – e portanto seus dotes intelectuais – no decorrer de alguns séculos. Como é evidente, a preferência pelas visões de Lamarck sobre as de Darwin não provém de qualquer comparação crítica entre as duas; em vez disso, é provável que a maioria dos hispano-americanos que se proclamaram seguidores de Darwin não soubessem da oposição dele à ideia de que os caracteres adquiridos podiam ser transmitidos. Assim, a preferência pela visão de Lamarck parecia se originar na fé na capacidade de transformar realidades sociais, que precediam qualquer justificação teórica.

As nações mais adequadas para superar os crescentes desafios provindos dos avanços no mercado mundial eram consideravelmente menos pessimistas. A vaidade que era característica deste estágio na Argentina encontrou expressão no livro *Nuestra América*, escrito por Carlos Octavio Bunge em 1903, que fazia uma avaliação estreita da herança biológica e psicológica que os latino-americanos em geral, e os argentinos em particular, receberam de seus ancestrais indígenas, ibéricos e africanos. No prólogo, Bunge afirmou que, uma vez eliminadas as deficiências por ele citadas no livro, os argentinos não só alcançariam, mas também superariam, o nível atingido pela Europa e pelos Estados Unidos. Mais ou menos na mesma ocasião, no Uruguai, esta confiança maior no futuro encontrou uma expressão menos estridente, mas talvez mais ambiciosa, em *Ariel*, um ensaio no qual José Enrique Rodó comparou o modelo rudemente materialista que florescia nos Estados Unidos com o da Grécia clássica, muito mais equilibrado, que, de acordo com ele, tinha ressurgido na França. Não há dúvida de que Rodó achou mais fácil propor esse desafio a partir da modesta plataforma oferecida por um país pequeno como o Uruguai porque, em termos do progresso material que ele criticava abertamente, ele estava finalmente, em conjunto com a maior parte da América espanhola, avançando a um ritmo comparável àquele dos Estados Unidos.[39]

Esta é apenas uma das razões pelas quais a comparação anteriormente pessimista entre a América espanhola e os Estados Unidos, que normalmente focalizava o progresso político-institucional, tendia agora a ser mais otimista. Somando-se a esta nova perspectiva estava a maneira entusiástica pela qual, em 1884, o primeiro presidente da Argentina unificada – o general Bartolomeu Mitre – elogiou a república democrática como "a última forma racional e a última palavra em lógica humana, que responde à realidade e ao ideal de livre governo", mas que, a cada dia que passava, parecia estar perdendo impulso.[40] Também em ação havia a derrota francesa de 1871, confirmando a supremacia do império alemão dela surgido, juntamente com a supremacia naval do império britânico, sinalizando que a América ex-espanhola era ameaçada pela decadência.[41] Vista dessa perspectiva, a questão considerada específica da América espanhola – que Bolívar pensava ter encontrado no trauma da conquista, ao passo que seus seguidores positivistas pensavam ter encontrado na herança biológica e cultural das raças por ela postas em contato – encontrou uma nova explicação na rivalidade entre os ancestrais que combateram para dominar no Velho Mundo, como a invasão dos bárbaros, e se espalhou pelas terras conquistadas.

Essas circunstâncias forneceram o pano de fundo para dois livros publicados em Paris pelo escritor peruano Francisco García Calderón. Em *La creación de un continente*, ele estilizou a conquista espanhola como a obra titânica de uns poucos heróis cujos feitos, como aqueles do super-homem anunciado por Nietzsche, colocavam-nos além do bem e do mal.[42] Em *Les Démocracies latines d'Amérique*, García Calderón deu ao público francês uma análise não menos entusiasmada do progresso construtivo que as nações do subcontinente faziam sob a orientação de caudilhos e aristocracias que eram igualmente herdeiros das virtudes sobre-humanas daqueles ilustres ancestrais.[43] Este progresso se traduzia em experiências democráticas que, graças às suas origens latinas, não eram limitadas pelas receitas institucionais dos regimes representativos modernos, caracterizados pela pedante literalidade inerente a todos os regimes de origem anglo-saxônica.

Em prólogo para o texto de García Calderón, Raymond Poincaré – o futuro presidente durante a vitória com a qual a França se redimiria da humilhação sofrida em 1871 – dividia com seu autor a esperança de que uma América Latina em ascensão se mostraria capaz de restabelecer no Novo Mundo um equilíbrio menos preconceituoso entre as raças que disputavam seu domínio no Velho Mundo. Ele lamentou o fato de as nações latinas estarem ficando inexoravelmente para trás das germânicas em relação aos avanços econômicos e tecnológicos e das eslavas quanto aos avanços demográficos.

Esta visão do papel reservado à América espanhola no choque de linhagens que tanto o autor como o escritor de prólogo consideravam iminente – um choque entre aqueles que por mais de um milênio haviam disputado a primazia, primeiro na Europa e depois no mundo Atlântico – foi delineada numa narrativa histórica na qual a questão da lacuna não podia manter o caráter central que Bolívar e Sarmiento lhe haviam dado. Este caráter também não poderia ser mantido na dimensão econômica, por duas razões. Por um lado, no novo século as economias da América espanhola tinham crescido a um ritmo comparável ao dos Estados Unidos. Por outro, o choque decisivo previsto, no qual a primazia entre as duas linhagens rivais seria decidida, não teria como palco a economia, mas os campos de batalha militares mais tradicionais.

Além disso, na estrutura daquela visão do passado e do futuro, não era possível que a questão político-institucional que havia atraído a atenção de Bolívar mantivesse um papel central na explicação da questão da lacuna. A questão iminente era continuar com os conflitos cujos protagonistas tinham sido heróis militares, de Charles Martel a Napoleão. O duque de Wellington tinha um lugar nesses conflitos porque, juntamente com Blücher, havia consolidado a primazia da linhagem alemã em Waterloo, antes de se tornar o herói do conservadorismo extremo no Parlamento de Westminster, que atraíra a atenção de Portales. A visão do passado e do futuro possibilitou aferir até que ponto tinha havido, às vésperas da guerra que seria para eles o sopro da morte, um enfraquecimento do consenso político-ideológico do qual dependia o exame das questões relacionadas com a lacuna de desenvolvimento.

O legado da Primeira Guerra Mundial

A imensidão do conflito em que a Europa caiu cegamente em 1914 lançou dúvidas sobre a validade daquilo que a região vinha pregando ao resto do mundo a respeito da ciência e arte de governar. O outro legado da guerra – a instalação na Rússia, por revolução, de um regime político dedicado à imposição de uma alternativa ao modelo liberal e capitalista de organização social e política

– provou, contra qualquer que fosse a crença até então predominante, que um experimento socialista não estava inerentemente condenado a cair sob seu próprio peso em questão de semanas. O fim do conflito militar lançou ainda mais dúvidas quanto à capacidade de o constitucionalismo liberal conseguir tomar o monopólio de legitimidade, que parecia uma meta atingível no quarto de século anterior ao início da Primeira Guerra Mundial.[44]

Em 1923, ficou claro que já eram irreversíveis os fracassos dos movimentos que buscaram inspiração na triunfante Revolução Russa, no clima conturbado do período inicial do pós-guerra. Ao mesmo tempo, a reação provocada por aquelas iniciativas permitiu na Itália a vitória de um movimento que, apesar de apresentado como alternativa para o modelo russo, também aspirava preencher o vazio criado pelo fim de um período histórico marcado pela instalação generalizada de regimes democráticos representativos. E assim o Velho Mundo parecia estar a caminho de uma guerra secularizada de religiões que ameaçava alcançar dimensões apocalípticas.

No outro lado do Atlântico, um estado de espírito muito diferente caracterizou a primeira experiência do Novo Mundo no pós-guerra. Depois que a hegemonia da Europa sofreu um golpe fatal, os Estados Unidos – que conquistaram todo o terreno perdido pela Europa na arena econômica – recusaram-se a desempenhar o papel nos negócios mundiais que seu poder aumentado parecia assegurar.

Embora por um curto momento os Estados Unidos parecessem prontos para embarcar no projeto de moldar o mundo com base nos princípios que nortearam seu desenvolvimento desde suas origens revolucionárias, como o presidente Woodrow Wilson prometera à nação e ao mundo em 1917, no fim a fórmula "o negócio da América são os negócios" – proposta como alternativa implícita pelo presidente Calvin Coolidge – encontraria um eco de maior duração entre os americanos.

O espírito coletivo resoluto que dominou a América Latina durante a década que separou o fim da Primeira Guerra Mundial do início da devastadora crise econômica de 1929 também inspirou uma orientação regional voltada para dentro. Porém, esta reorientação para dentro tinha pouco em comum com aquela que ocorria nos Estados Unidos. Uma visão menos negativa do passado latino-americano, proposta em 1912 em *La creación de un continente*, estava então mais disseminada, mas o passado por ela evocado pouco tinha em comum com aquele que havia atribuído um papel de liderança para os conquistadores e seus herdeiros no livro de García Calderón.

A nova imagem do passado da América Latina implicou novos participantes coletivos no presente. À medida que o período pós-guerra descia sobre o mundo, o processo de incorporação das massas populares à vida pública já tinha ocorrido pacificamente na Argentina e no Uruguai. Contudo, não foi nesses dois países que os grupos indígenas sobreviventes, pequenos em número e limitados em termos de contribuição genética para uma população esmagadoramente hispânica, tinham sido decisivamente marginalizados em consequência das imensas ondas de imigração transatlântica. Foi no México que o movimento revolucionário trouxe consigo uma ideologia de Estado que celebrava a chegada da até então errática população indígena à sua terra prometida como o ponto de partida da história nacional do país. No México, a incorporação das massas populares acontecia por meio de um ciclo de guerra e revolução ainda mais intenso do que aquele que culminou na independência. Esta nova imagem do passado e do presente era menos uma rejeição nativa de toda a herança transatlântica e mais uma expressão de confiança crescente no lugar do México no mundo em apoio a um Estado que, pela primeira vez, aspirava seriamente a lançar suas fundações sobre a expressão política da nação.

O México adotou de forma decisiva, como momento de sua origem, o lendário encontro da águia com a serpente e também se orgulhava de ter escolhido, por iniciativa própria, seguir o caminho que a Europa depois tentaria durante os turbulentos e esperançosos anos do pós-guerra. De fato, podiam ser invocados sólidos argumentos em favor dessa opção. A constituição mexicana, proclamada em Querétaro em 1917 – dois anos antes de ter sido redigida a Constituição de Weimar – foi o primeiro exemplo de um novo constitucionalismo que colocava os direitos sociais ao lado dos direitos individuais. Contudo, o reconhecimento do chamado problema social não foi exclusivo do caso mexicano, mas encontrou expressão em toda a América Latina já na década de 1890 – não apenas como elemento que poderia levar a violentas perturbações da ordem política e social, mas como item a ser incluído na agenda política.

Além disso, esta visão se baseava numa avaliação menos pessimista da experiência histórica latino-americana e numa avaliação decididamente positiva das oportunidades abertas pelo momento histórico do pós-guerra, um otimismo que duraria mais na América Latina do que na Europa. O mais importante é que autoridades do governo procuraram ativamente avançar pelo caminho do reformismo social estabelecido pelo novo regime mexicano. Esta visão também estava expressa nos escritos do peruano José Carlos Mariátegui, de longe o mais notável intérprete da realidade latino-americana, para quem o exemplo dado pela Revolução Russa levou à adoção da versão leninista do marxismo adotada pelos seus líderes.

A complexa e ambígua mensagem de Mariátegui – celebrando a experiência leninista como o fruto mais importante do mesmo clima do pós-guerra sob o fascismo durante seus anos na Itália – era um testemunho de uma nova maneira de conceber a experiência histórica da América Latina no contexto de toda a espécie humana.[45] Sua obra *Siete ensayos de interpretación de la realidad peruana* destacava a experiência do seu Peru natal, de acordo com a qual a conquista espanhola pôs abaixo um sistema econômico desenvolvido no Peru e "brotou espontânea e livremente do solo e do povo peruanos", caracterizado pelo "trabalho coletivo e pelo esforço comum (...) empregado de forma proveitosa para fins sociais".[46]

Mariátegui estava perfeitamente consciente de que seu Peru, à beira de uma transformação radical juntamente com o resto do mundo, estava muito mal preparado para ela. A conquista espanhola havia reorganizado a sociedade do Peru ao longo de linhas feudais, as quais persistem até hoje, mal escondidas sob o aparato legal individualista e liberal surgido após a independência. Contudo, para Mariátegui, um seguidor do comunismo de Marx e Georges Sorel (mais do segundo que do primeiro), o passado do Peru também indicava um caminho válido para o futuro, incorporado àquela *Sierra* indígena e *camponesa* onde os "hábitos de cooperação e solidariedade" que haviam sobrevivido aos golpes sofridos nos tempos de colônia e república atestavam a persistente "vitalidade do comunismo indígena".[47]

A memória daquele comunismo original, viva na mente das massas rurais durante a maior parte do século XX no Peru, estava pronta para alimentar um mito com capacidade de mobilizar e orientar o potencial revolucionário das massas a quem Sorel passou a apreciar de forma mais positiva. No Peru, este mito se alinhava por trás de um projeto revolucionário de ambições tão radicais quanto aquele que, na Rússia, tentou aplicar os ensinamentos de Lenin. Consequentemente, o papel de protagonista político que as massas camponesas representaram durante sua mobilização revolucionária permitiu que um país como o Peru estivesse na vanguarda, apesar de ter ainda de sair de um período em que o avanço no ritmo do capitalismo em ascensão não tinha sido possível.

Não foi a proposta política de Mariátegui, que ele somente articulou perto de sua morte prematura em 1930 que, como salientou acertadamente Richard

Morse, garantiu-lhe um lugar tão central na história intelectual da América Latina quanto Bello e Sarmiento haviam ocupado no século XIX.[48] Sua proposta também não teve eco nos então incipientes partidos de linha soviética, nem nos partidos reformistas que viriam a conquistar uma base popular nas décadas subsequentes. A conquista daquele lugar foi de fato um prêmio à sua capacidade de integrar, numa convincente visão geral da experiência histórica da América Latina, as propostas isoladas que surgiam a cada passo do caminho na época de exploração febril de questões e perspectivas em constante renovação em que ele vivia. A mudança do foco para a América Latina foi claramente a maior contribuição de Mariátegui. Respondendo ao papel já em declínio da Europa na transição de uma história autenticamente universal que se aproximava do fim, a mensagem de Mariátegui ecoou amplamente entre seus contemporâneos, sem dúvida porque eles perceberam com a mesma clareza o que significava o declínio da Europa como ponto de referência.

Naquele novo contexto, era impossível examinar a experiência da América Latina a partir da lacuna de desenvolvimento. A região passou por um eclipse temporário, uma consequência inevitável quando a Europa, que até então havia lhes oferecido o ponto de comparação em relação à América Latina, saía-se cada vez pior. Aquele eclipse não pressupunha necessariamente uma avaliação mais positiva da situação corrente, nem das perspectivas futuras para a América Latina, mas durante os dez anos que separaram o fim da guerra do início da crise, prevaleceu uma visão decididamente otimista. Mariátegui baseou-se em sua convicção de que a ascensão de uma revolução socialista numa área marginal à Europa atlântica abriria caminho para uma história finalmente universal, na qual povos e continentes teriam a oportunidade de superar seus papéis marginais oferecendo seu apoio ao processo revolucionário iniciado em 1917. Ao mesmo tempo, as elites sociopolíticas latino-americanas acharam estimulante o retorno de um *boom* de exportações que, depois da pausa imposta pela guerra, superaram em vários setores o total exportado antes de 1914.

A ascensão dos Estados Unidos e uma ordem mundial em mudança

O novo foco nos problemas da América Latina, centrado na própria região, enfraqueceu as razões pelas quais aqueles que os analisavam consideravam os

Estados Unidos um padrão para aferição de realizações e fracassos. Porém, nenhuma abordagem poderia ignorar as consequências da ascensão dos Estados Unidos para a região. Por um lado, havia uma preocupação genuína com as implicações da emergência global acelerada, econômica e financeira, dos Estados Unidos no período entre guerras. Por outro lado, a América Latina tinha motivos para ficar preocupada com certos episódios ocorridos na América Central e no Caribe, isto é, a ocupação militar pelos EUA da Nicarágua, da República Dominicana e do Haiti por períodos prolongados.

Para os menores países do Hemisfério Ocidental, o temor de sofrer um destino semelhante ao desses vizinhos em pouco tempo acabou com o otimismo que caracterizara o período entre guerras. Para o resto da região, essas ocupações confirmaram a concepção coletiva de que a proximidade com os Estados Unidos estava longe de ser uma bênção. Embora a famosa frase atribuída a Porfirio Díaz – "pobre México, tão longe de Deus e tão perto dos Estados Unidos" – pudesse ser ouvida com maior frequência na América Latina, também se tornou cada vez mais comum para basear num argumento anti-imperialista o relacionamento problemático com os Estados Unidos. O anti-imperialismo continuaria a ter ressonância através da influência de Rodó e Lenin, sobre uma plataforma que seria tão instável quanto duradoura.

O otimismo que havia caracterizado o período entre guerras terminou de forma abrupta em 1929, quando eclodiu a mais grave crise econômica de toda a história do capitalismo. O período que veio a ser conhecido como a Grande Depressão teve efeitos devastadores, comparáveis aos de um desastre natural sobre todo o planeta.[49] O otimismo da América Latina foi abalado não pelo desempenho econômico da própria região, mas por aquele dos países que até então eram considerados seus modelos inatingíveis. Porém, a questão da lacuna de desenvolvimento só ressurgiu depois de 1933, quando um fim para a queda livre aparentemente indefinida da economia mundial ficou finalmente visível. Isto se deu porque a experiência daqueles anos demonstrara claramente que a crise havia sido menos desastrosa para os maiores países latino-americanos do que para os países industrializados que eles até então tentavam imitar. Assim, enquanto a economia brasileira recuperou seu nível de 1929 em 1935 e as economias argentina e chilena o fizeram em 1937 e 1938, respectivamente, os Estados Unidos somente se recuperaram de mais de dez anos de crise com a enorme mobilização provocada pela Segunda Guerra Mundial.

A era pós-Segunda Guerra mundial e o ressurgimento da lacuna de desenvolvimento

A era posterior à Segunda Guerra Mundial marcou um ponto de inflexão ainda mais decisivo que a crise de 1929 com relação a como resolver a lacuna de desenvolvimento. Este foi o momento em que as preocupações que haviam existido na América Latina desde suas origens encontraram expressão numa comparação entre as antigas Américas britânica e ibérica. Isto aconteceu por duas razões. Primeira, os efeitos combinados da enorme expansão da economia dos EUA e o impacto negativo dos anos de conflito sobre a Europa continental e o Japão acabaram tornando os Estados Unidos o único padrão lógico para uma avaliação do desempenho econômico da América Latina. Segunda, surgiu um forte consenso de que o incipiente período de reconstrução internacional representava uma oportunidade única para a América Latina provar sua capacidade de superar o atraso econômico que havia caracterizado os países da região desde o momento em que eles passaram a integrar o concerto de nações.

Embora o desafio se agravasse pela crença de que estava em jogo nada menos do que a emergência da América Latina do atraso, a premissa básica na qual ela se baseava era otimista: finalmente era possível superar a lacuna de desenvolvimento. Esse otimismo coincidiu com um período de contraste ambíguo no qual a região floresceria, tanto naquele que logo seria chamado de Primeiro Mundo quanto naquele que já era conhecido como o mundo socialista. Ficou cada vez mais claro que o período de reconstrução posterior à guerra, avançando de forma mais vigorosa do que aquele que se seguiu à Primeira Guerra Mundial, daria lugar a uma economia mundial em ascensão que iria superar, em duração e intensidade, todas as experiências anteriores.

A súbita popularidade do tema das economias em desenvolvimento na América Latina e do Primeiro Mundo sugere que o otimismo reinante naquelas áreas se baseava em suposições comuns sobre os requisitos que as economias nacionais deveriam satisfazer para que tivessem sucesso. Talvez a mais importante dessas suposições comuns fosse a premissa postulada por Rostow em seu modelo de crescimento em estágios, que afirmava que, para atingir o sucesso sustentado, uma economia deve avançar seguindo um caminho válido de crescimento pelos cinco estágios expostos em seu modelo.[50] Certamente o paralelismo desses avanços era mais bem percebido quando contemplado de uma distância suficiente para toldar os detalhes, e Alexander Gerschenkron sabia do que estava falando quando aludiu ao prazeroso *pressappochismo* [inexatidão] que caracterizava o manifesto de Rostow.[51] A descrição de Rostow dos estágios de crescimento, apesar de genérica e baseada em aproximações, não refletia nenhuma incapacidade dele de atingir precisão maior, como ficou provado por seus extraordinários estudos da economia da Grã-Bretanha no século XIX. Aquilo que Rostow propunha ao leitor em *The Stages of Economic Growth* estava mais perto do que um século e meio antes era proposto sob o título de filosofia da história do que de uma reconstrução histórica do estágio introduzido pela revolução industrial.

Assim, quando Rostow projetou um futuro no qual toda a humanidade iria gozar indefinidamente dos frutos cada vez mais abundantes da revolução industrial, ele meramente traduziu para uma terminologia de filosofia da história a convicção de que foi a revolução industrial que ofereceu o tema central da história presente. O amplo eco provocado por aquela visão profética refletia uma concordância geral com esta conclusão por parte daqueles que deixaram a América espanhola para explorar a questão do desenvolvimento. Mas isto não os impediu de considerar o processo conduzido pela revolução industrial, que parecia destinado a continuar até conquistar todo o planeta, de uma perspectiva essencialmente diferente daquela adotada pelos estudiosos da questão do ponto de vista do Atlântico Norte. E podemos entender por quê. As pessoas que viveram o segundo período de pós-guerra por essa perspectiva, tendo deixado para trás uma era de turbulências devastadoras, estavam preparadas para se deixar levar pela corrente e se permitiam ver o presente e o futuro com total otimismo. Por outro lado, aquelas pessoas que viveram o mesmo período numa região carente de progresso comparável descobriram que o progresso do centro rumo à prosperidade colocava na agenda imediata o velho problema do seu atraso regional, para o qual o estudo temático do desenvolvimento propunha novos instrumentos.

Embora nada justificasse concluir que até então todas as nações latino-americanas seguiram caminhos paralelos baseados em seu atraso comum, aqueles que se preocupavam com a lacuna de desenvolvimento da região estavam mais interessados em sua persistente incapacidade de superá-la do que naquilo que havia diferenciado sua história. Esta foi claramente a questão que alinhou a região com o argumento de Raúl Prebisch, apesar de sua análise se basear numa experiência tão inadequada para generalizações quanto o caso da Argentina.

Prebisch: auge e declínio do desafio do desenvolvimento

Entre 1930 e 1943, Raúl Prebisch teve papel de destaque em uma fase profundamente inovadora do desenvolvimento econômico da Argentina mediante a adoção de políticas que pretendiam improvisar respostas para os imensos desafios criados pela crise internacional. Quando aquela fase terminou abruptamente com o golpe militar que derrubou o regime político existente – também de legitimidade constitucional duvidosa – uma nova fase teve início para Prebisch. De 1950 a 1962, ele serviu como secretário-geral da Comissão Econômica das Nações Unidas para a América Latina e o Caribe (Cepal) e, a partir de 1965, serviu na Conferência das Nações Unidas sobre Comércio e Desenvolvimento (UNCTAD). A partir desses dois fóruns internacionais, Prebisch tornou-se o porta-voz da periferia latino-americana do mundo capitalista. A região estava infestada de dificuldades para reduzir sua distância até o centro, como Prebisch já havia aprendido em sua experiência na Argentina, experiência esta que ele estava pronto para projetar em um estágio que se expandia rapidamente ao ponto de atingir dimensões mundiais.

É útil salientar aqui uma das características de Prebisch que, como indicou Joseph Hodara, coloca-o entre figuras de autoridade cultural latino-americanas do calibre de Sarmiento e Mariátegui.[52] Como alguns de seus predecessores, Prebisch propôs um enigma teórico que serviu como base para o desenvolvimento de iniciativas práticas que fariam parte de um projeto de transformação para a América Latina. Porém, as políticas prescritas somente teriam a eficácia desejada se os responsáveis por sua implantação mantivessem uma posição adequada de poder ou influência para levá-las a cabo. Depois de satisfazer esse pré-requisito até 1943 sob o título de *grand commis d'État* em seu próprio país, Prebisch procurou fazê-lo como profeta da maioria marginalizada da humanidade.

Uma consequência da formação prática de Prebisch era a relação preconceituosa que manteve mais tarde com a economia como disciplina teórica. Enquanto inicialmente sua atenção estava mais voltada para o aqui e agora na busca de soluções *ad hoc* para problemas específicos, depois de 1943 ele se tornou cada vez mais profético e focalizado numa visão utópica que mais tarde viria a caracterizar suas intervenções. É preciso notar que Prebisch, como seus antecessores intelectuais, tinha uma tendência ao ecletismo de ideias e doutrinas; porém, em seu caso isso era mais evidente porque o profeta também era um representante internacional que precisava moderar sua mensagem para evitar alarmar qualquer pessoa entre os vários setores da sua diversificada audiência.

Inspirada por sua experiência anterior como criador de políticas, a preferência de Prebisch por atribuir ao Estado o papel principal na introdução de reformas que considerava imperativas era uma visão amplamente apoiada na América Latina e outros lugares durante o auge da economia desenvolvimentista. Esse ambiente claramente lhe dava a confiança – que hoje parece pouco justificável – para afirmar que o estabelecimento de uma ordem monetária e financeira mundial ainda mais sólida do que aquela existente antes de 1929 não deveria diminuir o papel central do Estado, já aumentado em resposta ao colapso econômico.

A despeito das visões contrastantes sobre o presente e o futuro que, da periferia, Prebisch defendia e, do centro do Primeiro Mundo, Rostow propunha, o otimismo predominante fazia com que ambos os lados considerassem os avanços do presente uma continuação do passado, por mais que o presente diferisse da era de crise anterior. Analogamente, os avanços do presente eram interpretados como uma indicação preliminar do que estava por vir por tempo indefinido no futuro. Essa extensão dupla percebida de um período de prosperidade, que tornava central a questão do desenvolvimento, era na verdade um período que durava apenas um momento. A brevidade deste período é salientada pelo fato de, não mais de vinte anos depois da publicação do *Non-Communist Manifesto*, de Rostow, Albert Hirschman – que tanto havia feito para introduzir a questão da economia desenvolvimentista – já estar lançando uma análise retrospectiva sobre o episódio.[53] Mas ele estava preservado na memória do público, como pode atestar o título deste livro.

Existe uma característica comum às várias teorias de desenvolvimento que pode explicar o rápido declínio da economia desenvolvimentista: como cada uma delas ocultava uma filosofia histórica que pressupunha inevitavelmente um jogo a respeito do futuro, era difícil para elas sobreviver à contestação deste futuro quando ele se torna o presente. Isso ocorreu no Primeiro Mundo quando a onda expansionista iniciada em 1945 foi prolongada por trinta anos, contrariando qualquer expectativa razoável, mas depois deu lugar a uma estagnação que só não se tornou uma recessão por recorrer a uma solução perigosamente inflacionária em doses cada vez menos prudentes. Por volta de 1980, quando essas medidas se tornaram insustentáveis e a inflação ameaçava escapar ao controle, ficou claro que a situação existente não era a apoteose final da civilização industrial prevista vinte anos antes por Rostow, mas o início de uma nova era que viria a ser conhecida como o período pós-industrial.

Enquanto no Primeiro Mundo a questão da economia desenvolvimentista desapareceu facilmente nos bastidores depois de avançar com pouca oposição durante quase três décadas de uma sorte econômica excepcional, sua trajetória latino-americana foi desde o início mais tumultuada. Talvez um elemento vital desta divergência seja explicado pela ideia de que, depois de cruzado o limiar do desenvolvimento econômico, este continuaria indefinidamente, protegido de calamidades às quais nenhuma economia era invulnerável, como provou a experiência recente. Esta característica, como acertadamente destacou Hirschman, parecia notável quando ainda era muito recente a experiência de países importantes, que haviam atingido um alto grau de desenvolvimento e posteriormente foram vitimados pelos mais calamitosos "descarrilamentos históricos".[54] Foi precisamente a convicção comum de que o processo de desenvolvimento, depois de cruzar um determinado limiar, tornou-se a causa de reações divergentes entre aqueles que observavam seus avanços do centro e da periferia. Essa visão do processo de desenvolvimento criou um corolário que Rostow procurou explicar quando deu ao conceito de "decolagem" seu momento decisivo: depois que o desenvolvimento econômico tivesse cruzado aquele limiar, a economia continuaria avançando indefinidamente.

Assim sendo, buscar um curso de desenvolvimento passava a ser um jogo de tudo ou nada que ocorria uma só vez, abordado de formas diferentes por aqueles que tinham certeza de já tê-lo enfrentado com sucesso e aqueles que, como no caso da América Latina, acreditavam na ideia de Prebisch de que qualquer atraso no confronto daquele desafio reduzia as chances de superá-lo. A consciência levou a leituras negativas de desempenhos econômicos que eram menos insatisfatórios do que costumamos nos lembrar. Por exemplo, durante aqueles anos, a Argentina era o epítome do fracasso latino-americano, apesar da sua taxa de crescimento após 1945 ser mais alta que a dos Estados Unidos. Até mesmo a economia do Brasil, que no final dos anos 1950 tinha a taxa de crescimento mais alta de todos os países não socialistas, não era reconhecida como um sucesso total porque seu progresso era considerado insuficiente para levar o país ao desenvolvimento sustentado.

Os anos 1960: uma década definida por opções

Uma característica-chave dos anos 1960, que diferenciava ainda mais as visões do centro sobre o desenvolvimento daquelas da periferia latino-americana, era a percepção que esta tinha do curso a seguir. O centro, depois de anos contemplando seus rápidos avanços econômicos apesar dos conflitos político-ideológicos que por várias ocasiões ameaçavam afundar o planeta numa catástrofe de proporções apocalípticas, começou a ver o confronto com o socialismo como uma rivalidade pacífica de dois competidores na corrida pelo desenvolvimento. Por outro lado, o Terceiro Mundo via o cenário do desenvolvimento por uma lente muito diferente, uma vez que ainda enfrentava conflitos internos havia muito superados no resto do mundo. A periferia era um espaço no qual visões contrastantes, claramente perigosas demais para enfrentar no nível global, ainda podiam ser consideradas, mesmo em escala muito menor. Portanto, quando se contemplava a questão do desenvolvimento da perspectiva do Terceiro Mundo, era difícil fazê-lo das alturas olímpicas que permitiam a analistas como Rostow integrar em um único processo o progresso feito pela Rússia imperial e pela URSS. O Terceiro Mundo, por sua vez, considerava as rotas capitalista e socialista duas opções diferentes e uma escolha ainda a ser feita.

Mesmo antes de a Revolução Cubana ter elevado essa opção a um nível de impacto potencial nunca antes imaginado na América Latina, a perspectiva da própria região sobre a lacuna de desenvolvimento foi mais bem articulada por Celso Furtado, do Brasil, e Aníbal Pinto, do Chile.[55] Em suas obras publicadas em 1959, Furtado e Pinto propuseram visões inspiradas por Prebisch, mais tarde adotadas pela Cepal na sua revisão da experiência histórica da América Latina. Esta perspectiva salientou a importância do desenvolvimento de uma base econômica industrial madura para que a região pudesse escapar às consequências cada vez piores da lacuna crescente entre os países agrícolas e de mineração da periferia e as economias plenamente industrializadas do centro.

A despeito de diferenças significativas de abordagem, as quais certamente se originaram das experiências históricas muito diferentes do Brasil e do Chile, Furtado e Pinto tinham em comum algo mais do que a meta de promover economias industriais fortes. Suas visões dividiam um otimismo implícito a respeito das perspectivas de progresso no sentido dessa meta. Seria um erro considerar esse otimismo excessivo depois de ser adotado como estratégia preferida pela Cepal quando, na realidade, refletia uma tendência latino-americana numa época em que o progresso econômico mundial parecia destinado a romper todas as barreiras. Esse humor positivo coletivo sobreviveu à era na qual a América Latina entrou na zona de combate da Guerra Fria e contribuiu para a opinião generalizada de que a Revolução Cubana, uma prova daquilo que até então era considerado impossível, mesmo no campo econômico, tinha misteriosamente deixado de sê-lo. Além disso, o triunfo da Revolução Cubana sugeriu que talvez o caminho da insurreição fosse uma opção mais viável do que acreditavam os líderes políticos de tendência parcialmente marxista – como aqueles do Peru e da Venezuela, que haviam adotado um caminho cauteloso de reformas e estavam firmemente alinhados com os Estados Unidos – e aqueles de inclinação comunista ao estilo soviético.

Como todos sabem, a introdução da escolha no cenário político da América Latina elevou ainda mais as tensões que, juntamente com as transformações econômicas e sociais em curso, já estavam se intensificando ao ponto de atingir níveis insuportáveis na década seguinte. A tentativa fracassada de Cuba em 1970 de colher 10 milhões de toneladas de açúcar, da qual a Revolução Cubana procurava fazer um marco para validar a opção socialista, podia ser vista como um sinal de que o impossível, mais uma vez, tornava-se impossível (ou talvez nunca tivesse deixado de sê-lo).

Foi assim que a década de escolha na América Latina chegou ao fim. Mesmo que na maior parte dos países aquela escolha nunca se tornasse realidade, o fato de a década ter terminado com um mau resultado sugeriu em que direção a região deveria seguir na fase seguinte da luta. Durante toda a década de 1960, parecia que a América Latina havia alcançado a evidência internacional prevista por Mariátegui na década de 1920. Um sinal disso foi que as vicissitudes pelas quais ela passou foram acompanhadas mais estreitamente do que nunca pelo Primeiro Mundo, ao ponto de terem sido dois observadores/participantes do Primeiro Mundo que ofereceram interpretações desse estágio, cujas conclusões teriam uma enorme influência na própria América Latina.

Cardoso: a teoria da dependência

Embora por razões muito diferentes, as vicissitudes enfrentadas pela América Latina nas convulsões dos anos 1960 também fizeram com que a opção reformista parecesse menos atraente. No início da década, esta opção havia obtido um consenso universalmente favorável, pois ficou evidente na repercussão causada pela proposta de Fidel Castro, feita em nome da vitoriosa Revolução Cubana, de que os Estados Unidos reservassem US$30 bilhões para programas visando ao progresso tecnológico e às reformas sociais na América Latina. Aceito imediatamente pelo presidente Juscelino Kubitschek sob o nome de Operação Pan-Americana, o conceito finalmente tornou-se realidade na Aliança para o Progresso, patrocinada pelos Estados Unidos por iniciativa do presidente John F. Kennedy. As propostas da ECLAC podiam ser claramente reconhecidas nas visões da aliança sobre as questões sociais e econômicas enfrentadas pela América Latina. Dois exemplos se destacavam: reforma agrária e fiscal, esta visando acabar com os sistemas de impostos concebidos para aliviar o ônus sobre os proprietários rurais e, na realidade, condenando os tesouros nacionais a déficits perpétuos. Como era de se esperar, o apoio dos EUA não facilitou a adesão dos setores progressistas da América Latina ao programa da aliança. Por um lado, o papel atribuído à aliança na estratégia da Guerra Fria teve o efeito de afastar determinados setores. Por outro, causou mal-estar, em termos da participação dos EUA no programa, o fato de as iniciativas planejadas e financiadas pelo Estado serem relegadas a um distante segundo plano. O custo total do projeto foi de US$20 bilhões – a quantia à qual Kubitschek havia reduzido aquela originalmente sugerida por Castro – da qual a metade viria dos países nos quais os programas da aliança seriam implantados, enquanto a outra metade viria dos Estados Unidos. Porém, 90% da contribuição dos EUA foram investimentos privados diretos. Não deveria surpreender ninguém que, para as pessoas com visão progressista, aquela era uma razão suficiente para rejeitar a proposta. Mesmo que esta incorporasse algumas de suas crenças mais arraigadas, elas estavam convencidas de que o processo de implantação proposto, em vez de abrir acesso ao desenvolvimento independente, asseguraria a perpetuação da dependência e, portanto, do subdesenvolvimento.

Nos anos 1960 houve mudanças suficientes para que parte dos diagnósticos e das previsões anteriormente comuns no consenso reformista ficasse desatualizada. Nessa ocasião, o brasileiro Fernando Henrique Cardoso fez uma avaliação das contribuições dessas mudanças e quais seriam suas prováveis consequências.[56] Cardoso afirmou que, ao examinar as transformações ocorridas durante a década de 1960, embora a situação de dependência não houvesse diminuído, estava claro que não era incompatível com a continuidade de um processo que só poderia ser chamado de desenvolvimento, mesmo que sua direção diferisse daquela apoiada pelo ECLAC. Neste processo, chamado por Cardoso de desenvolvimento associado-dependente, a industrialização – quase exclusivamente entregue a empresas multinacionais – reorientava seu foco para a produção de bens de consumo duráveis acessíveis somente aos setores de renda mais alta. Esta era a razão pela qual a economia podia continuar se desenvolvendo enquanto crescia a desigualdade social, desapontando aqueles que esperavam que o efeito negativo sobre a renda, sofrido pelas massas populares mobilizadas, e a resultante retração do consumo de bens industriais levariam a uma estagnação econômica crônica que, por sua vez, forçaria o governo a combater a desigualdade.[57]

Dois aspectos da argumentação de Cardoso são particularmente importantes quando se estuda a lacuna de desenvolvimento entre os Estados Unidos e a América Latina. Um é a tendência de perpetuar as características que vieram a definir o pensamento intelectual latino-americano. A mais importante delas é o esforço sistemático para garantir que a base teórica do argumento permanecesse flexível o suficiente para levar em conta uma realidade sociopolítica em constante transformação. O outro aspecto a ser salientado é a interpretação de Cardoso para essas mudanças. Apesar de tê-las julgado sob uma ótica negativa, ele as colocou em um contexto muito diferente daquele preferido pelos que ainda viam os anos 1960 como a década decisiva. Para ele, aquela década foi meramente um ponto de inflexão no curso de um processo histórico de longo prazo, no qual as relações de poder entre as classes já haviam passado por altos e baixos e sem dúvida assim continuariam no futuro.

A recusa de Cardoso de adotar qualquer conclusão desesperada era claramente influenciada pelo fato de o Brasil ter um papel central. Embora em 1964 as forças contrarrevolucionárias triunfantes tivessem substituído o regime constitucional por um semimilitar – que em 1968 atingiu o clímax de suas tendências repressivas – na década seguinte ficou ainda mais duvidoso se o caminho para a ditadura havia levado o país para um caminho sem volta. A partir de 1968 a economia brasileira retomou seu progresso ao longo da via do desenvolvimento associado-dependente a um ritmo ainda mais rápido do que nos anos de maior sucesso do período anterior à mudança de regime (nos quais, deve-se notar, havia progredido de forma considerável pela mesma mesma trilha, mas dentro de uma estrutura política de democracia representativa).

O curso seguido pelo Brasil desde que Cardoso deu seu diagnóstico e sua previsão confirmou até agora que ele conseguiu fazer justiça às características que distinguiam o processo de desenvolvimento do seu país no contexto latino-americano. Nenhuma outra economia latino-americana chegou perto do sucesso experimentado pelo Brasil naqueles anos. Infelizmente, as crises políticas cada vez mais agudas que continuaram a debilitar muitos países da região culminaram em alguns casos, em especial no Cone Sul, na ascensão do terrorismo de Estado, que atingiu níveis que ninguém considerava possíveis na Argentina, no Chile e no Uruguai.

É então compreensível que aqueles que viram esse período da perspectiva das nações atingidas pelo terrorismo de Estado se mostrassem menos inclinados a atribuir o problema da lacuna de desenvolvimento exclusivamente à sua dimensão econômica. Por exemplo, o chileno Claudio Véliz concentrou-se nas principais fontes da extrema degradação política da América Latina, que no início do século XX parecia destinada a recuperar seu lugar na vanguarda do desenvolvimento institucional.[58] Véliz declarou que a América Latina possuía um código genético que gravara de forma indelével na região uma tendência ao centralismo. Os países do Cone Sul, precisamente pelo fato de terem avançado mais na adoção de estruturas institucionais que eram estranhas a eles e a outros países da região, viram-se mais uma vez na vanguarda de um movimento oriundo do legado de uma década frustrada definida por escolha. Infelizmente, este movimento conduziu a uma recaída no barbarismo. Embora essa experiência tenha provado de forma inquestionável que é impossível construir qualquer coisa estável na América Latina se não for baseada na opção pelo centralismo, o México deu um exemplo convincente de como era possível construir uma ordem política dotada de grande estabilidade e muito mais tolerância sobre uma base como essa.

Contudo, o futuro nunca parecerá benevolente em um sistema que, como o de Véliz, buscava a constância em um mundo e numa região que passavam por mudanças drásticas. Não demorou muito para essa visão ser questionada, em especial depois que a história deu uma guinada inesperada no sentido da supremacia da democracia representativa, com base no princípio da soberania popular. No final do século XX, depois que a democracia representativa havia sido restaurada no Cone Sul e de ser concluída uma lenta transição no México, não foi difícil deduzir que Véliz desperdiçara seus conhecimentos e seu engenho no esforço para dar uma solução para um problema que no fim se resolveu sozinho.

O fim da Guerra Fria: novos parâmetros para interpretar a lacuna de desenvolvimento

Na era posterior à Guerra Fria, a dimensão econômica do desenvolvimento voltou a superar o componente político. Porém, à medida que a dimensão econômica recuperava sua predominância, logo ficou evidente que as transformações radicais que haviam tornado obsoletas as proposições de Véliz também tinham posto em questão, explícita e implicitamente, as hipóteses em que se baseou a questão da lacuna de desenvolvimento. Quando no período de 1989-1991 o colapso do mundo socialista levou a uma nova era histórica, o incerto desenrolar dos acontecimentos que se seguiram intensificou o ceticismo que já começara a inspirar as grandes narrativas históricas que propunham uma análise interpretativa unificada. A situação emergente inspirou novas dúvidas sobre a antiga ambição de se achar uma explicação, baseada na experiência histórica da América Latina, capaz de esclarecer os enigmas criados pela incapacidade recorrente da região para imitar o sucesso da antiga América britânica.

A questão da lacuna de desenvolvimento não saiu ilesa da ascensão de um novo clima de ideias e percepções características de uma mudança histórica radical. No quadro da modernidade, o estágio no qual o processo de desenvolvimento aconteceu não deixou de se expandir, desde o tempo em que Sarmiento identificou como protagonistas dois empreendimentos de colonização no Novo Mundo até que, um século depois, Prebisch expandiu esse estágio, abrangendo todo o globo. Do começo ao fim, o argumento central que dominou aquela fase em constante crescimento se baseou no confronto entre um sujeito coletivo (os Estados Unidos ou o Primeiro Mundo), que havia descoberto o segredo para o sucesso no desenvolvimento econômico e outro sujeito (inicialmente a América Latina e depois o Terceiro Mundo), que procurava desesperadamente participar dele. Por um curto instante, pareceu que a transição de 1989-1991 reforçara a relevância daquela perspectiva sobre a lacuna de desenvolvimento. Esta conclusão foi alcançada com facilidade, com base no inesperado colapso do movimento revolucionário que desde 1949 passara a dominar um terço do planeta e, em nome do socialismo, procurou abrir o caminho para um futuro diferente daquele que Sarmiento, depois de Tocqueville, vira incorporado aos Estados Unidos. Mas bastaram alguns anos para que a conclusão – então lógica – de que seguir os passos do vencedor da Guerra Fria levaria a um futuro dourado desse lugar a um prognóstico mais moderado.

Quando ocorreu esse histórico ponto de inflexão, a América Latina passava por um dos momentos mais decepcionantes em sua longa história de busca pelo segredo do desenvolvimento econômico. Essa motivação foi suficiente para que os problemas evocados nas discussões sobre a lacuna de desenvolvimento criassem um renovado senso de urgência. Ao mesmo tempo, as características daquele ponto de inflexão pareceram dissipar qualquer dúvida quanto à validade do modelo de desenvolvimento que havia acabado de receber o mais clamoroso veredicto favorável da história do mundo. Isso ajuda a explicar o entusiasmo com o qual os países latino-americanos, em sua maioria, decidiram resolver de uma vez por todas o antigo problema de adoção dos princípios do chamado Consenso de Washington.

Como se sabe, o modelo neoliberal prescrito pelo Consenso de Washington ficou longe de cumprir suas promessas iniciais, mas isto não impediu a colocação da questão da lacuna de desenvolvimento da América Latina em seus termos originais. A este respeito, foi mais influente o fato de que, terminada a Guerra Fria e, com ela, o contraste entre o desenvolvimento capitalista e a alternativa proposta pelo socialismo, passaram a dominar o debate as características específicas das diferentes experiências dentro do quadro do capitalismo. Esta análise começou a receber uma atenção crescente, mesmo antes de os Estados Unidos emergirem como vencedores da Guerra Fria; por exemplo, na década de 1980, havia uma ampla discussão sobre a probabilidade de o maior desafio à primazia econômica dos EUA não advir da competição com o bloco soviético, que estava cada vez mais atolado em estagnação, mas sim do Japão.

Do ponto de vista da maior potência política, militar e econômica do mundo, a descoberta da existência de mais de um caminho dentro do capitalismo teve o efeito de intensificar as dúvidas quanto ao futuro. Do ponto de vista da América Latina, a mesma descoberta despertou preocupações não menos perturbadoras, embora diferentes daquelas dos Estados Unidos. O corolário dessa descoberta, que parece da maior relevância do ponto de vista latino-americano, foi que as experiências da segunda metade do século XX demonstraram que a fronteira que separa a periferia do centro do mundo capitalista é superável.

Assim começou a surgir um novo cenário que ilustrava a lacuna de desenvolvimento, no qual a atenção não estava mais focalizada naquilo que a América Latina tinha em comum com o restante do chamado Terceiro Mundo, mas nas características que a distinguiam daquele grupo. A primeira destas características era uma distribuição de renda mais desigual até daquela da África Subsaariana. Também devemos observar que Coreia do Sul e Taiwan começaram a substituir os Estados Unidos como referência para o desenvolvimento e objeto de imitação para a América Latina. Contudo, não está certo que o novo cenário em torno dos debates sobre o fracasso do Consenso de Washington esteja destinado a atingir a maturidade, em especial numa época em que as vicissitudes econômicas dos chamados Tigres Asiáticos pesam muito menos que os vastos avanços da economia chinesa desde os anos 1980.[59]

Essas circunstâncias levantam uma pergunta: que lições a América Latina pode extrair dos sucessos de um experimento colossal que, sem repudiar sua meta original de construir uma ordem socialista, fez do antigo império do centro o núcleo mais dinâmico da ordem econômica capitalista? Seria prematuro tentar formular um prognóstico sólido que confirmasse que o conjunto de circunstâncias de 1989-1991 foi um ponto de inflexão na história mundial que não afetou somente o destino do experimento socialista. Consequentemente, com termos de referência que, por mais de um século, emolduraram a questão da lacuna de desenvolvimento mas agora desapareceram sem que nada os substituísse, as reflexões sobre a queda de impérios propostas, entre outros, por Paul Kennedy em 1987,[60] podem ser a melhor análise para a compreensão do mundo de hoje e do lugar da América Latina nele.

Notas

1. Eu me atreveria a dizer que, por muitas décadas, fiz o papel de historiador. Nos primeiros anos de minha carreira, o manifesto "não comunista" de W.W. Rostow, intitulado *The Stages of Economic Growth* (Cambridge: Cambridge University Press, 1960), ainda causava muito furor.
2. O diálogo estabelecido em 1814 entre os Estados Unidos, que acabavam de sair da segunda guerra da independência, e os insurgentes hispano-americanos, que ainda estavam longe de alcançar sua meta de independência, não teve a adesão do Brasil português por outras sete décadas, tempo que o país levou para fazer a transição da velha monarquia colonial para o novo regime republicano.
3. Essas reações eram ambíguas porque, embora fosse lamentável que a lacuna impedisse que o Hemisfério Ocidental se tornasse uma monolítica fortaleza republicana, ela certamente deu à América anglo-saxônica a oportunidade de olhar para si mesma em um espelho que refletisse a imagem de superioridade mais recompensadora.
4. "Contestación de um americano meridional a un caballero de esta isla" (Carta de Jamaica), em Simón Bolívar, *Doctrina del Libertador* (Caracas: Biblioteca Ayacucho, 1976), p. 62. Tradução para o inglês: F2235.3 B535, Columbus Memorial Library, Organization of American States (OAS), Washington, D.C.
5. Carta de Bolívar a Santander, 8 de julho de 1826, em *Obras completas de Simón Bolívar*, organizado por Vicente Lecuna (Havana: Lex, 1947), vol. 1, p. 1390. Tradução

para o inglês: *Selected Writings of Bolívar*, compilado por Vicente Lecuna, organizado por Harold A. Bierck, Jr., e traduzido por Lewis Bertrand (Nova York: Colonial Press, 1951), p. 624.

6. Esta imagem permaneceria gravada de forma indelével na memória histórica hispano-americana e no século seguinte inspiraria algumas das páginas mais lúcidas em *Radiografía de la Pampa*, de Ezequiel Martínez Estrada, e em *The Labyrinth of Solitude*, de Octavio Paz.

7. Bolívar, "Discurso de Angostura", em *Doctrina del Libertador*, p. 106. Tradução para o inglês: *Selected Writings of Bolívar*, compilado por Vicente Lecuna, organizado por Harold A. Bierck Jr. e traduzido por Lewis Bertrand (Nova York: Colonial Press, 1951), p. 178.

8. Idem, *Doctrina del Libertador*, p. 113; ibidem, *Selected Writings of Bolívar*, p. 184.

9. Ibidem, *Doctrina del Libertador*, p. 120.

10. Ibidem, *Doctrina del Libertador*, pp. 108 e 113; ibidem, *Selected Writings of Bolívar*, pp. 179 e 184.

11. Bolívar já havia definido os objetivos de seu ideal no juramento de Roma como "emancipação do espírito, a eliminação de cuidados, a exaltação do homem e a perfeição final da razão" e continuou considerando-os invioláveis. Simón Bolívar, *El Libertador: Writings of Simón Bolívar*, traduzido por Frederick H. Fornoff (Nova York: Oxford University Press, 2003), p. 113.

12. Naquele tempo, considerava-se a Inglaterra a nação destinada a guiar toda a humanidade na era de revoluções, iniciada esta pela própria Inglaterra um século antes da Revolução Francesa.

13. Carta de Bolívar a Santander, Cuzco, 28 de julho de 1825, em *Doctrina del Libertador*, p. 197, e *Selected Writings of Bolívar*, p. 513.

14. Carta de Bolívar a José Rafael Revenga, 25 de maio de 1820, em *Doctrina del Libertador*, pp. 147-149 ("nunca uma conduta foi mais terrível do que a dos americanos em relação a nós"); ao coronel Patricio Campbell, Encarregado de Negócios de Sua Majestade Britânica, 5 de agosto de 1829, idem, p. 295 ("os Estados Unidos parecem destinados pela Providência a assolar as Américas com misérias em nome da liberdade").

15. Bolívar, "Discurso de Angostura", em *Doctrina del Libertador*, pp. 60-61; em *Selected Writings of Bolívar*, p. 110.

16. O texto do "Juramento de Roma", transmitido em 1850 por Simón Rodríguez, diante de quem Bolívar o havia pronunciado em 1805, está na *Doctrina del Libertador*, pp. 3-4; e em *El Libertador: Writings of Simón Bolívar*, p. 113.

17. Assim escreveu ele em 12 de abril de 1828, em carta para José Antonio Páez: "Seria necessário que alterássemos nossas próprias naturezas para podermos viver sob um governo absolutamente livre. Teríamos de mudar nossos hábitos e costumes, nos

tornarmos austeros e nos libertarmos de nossas paixões desprezíveis, ou abrir mão da quimera que forma nossos planos. Eu era o mais iludido de todos e foram precisos quarenta anos de desilusão para que chegasse a esta conclusão pessimista." (*Doctrina del Libertador*, p. 266; e *Selected Writings of Bolívar*, p. 689).

18. Bolívar, *Doctrina del Libertador*, pp. 108, 105; *Selected Writings of Bolívar*, p. 177.
19. Carta de Bolívar a Andrés de Santa Cruz, 14 de outubro de 1826, em *Obras*, 1:1444n3.
20. Domingo Faustino Sarmiento, *Viajes por Europa, África y América* (Cidade do México: Fondo de Cultura Económica e Unesco, 1993).
21. Domingo Faustino Sarmiento, *Facundo*, organizado por Roberto Yahni (Madri: Cátedra, 1990), pp. 40-41.
22. Este aristocrata liberal, convencido de que o movimento pela igualdade não poderia ser detido, considerava irrelevante julgar a validade intrínseca do ideal igualitário. Ele se contentava com encontrar uma maneira pela qual seu inevitável triunfo não trouxesse um despotismo mais próximo da Roma imperial do que daquele do antigo regime, muito menos extremado.
23. Sarmiento, *Viajes*, p. 297.
24. A este respeito, Sarmiento parece dever mais a *Lettres sur les États Unis*, de Michel Chevalier (Paris: Gosselin, 1837), embora não cite a obra de forma explícita em seu texto, do que a *Notions of the Americans Picked Up by a Travelling Bachelor*, de James Fenimore Cooper (Albany: State University of New York Press, 1991 [1828]), o qual ele menciona.
25. Sarmiento, *Viajes*, p. 291n21.
26. Idem.
27. Como disse Sarmiento, "A França tem um rei, 400.000 soldados, fortificações de Paris que custaram dois bilhões de francos e um povo que morre de fome". Idem.
28. Ibidem, p. 313n17.
29. William H. Katra, "Sarmiento en los Estados Unidos", *Todo es historia* 22, nº 253 (1988): 8-45.
30. Idem.
31. Sarmiento, *Viajes*, p. 313.
32. Sarmiento, "Influencia de la instrucción primaria en la industria y en el desarrollo general de la prosperidad nacional", em *Proyecto y construcción de una nación, 1846-1889*, organizado por Tulio Halperin Donghi (Buenos Aires: Ariel, 1995), pp. 258, 262.
33. Sarmiento, "Carta-prólogo a 'Conflicto y armonías de las razas en América' à Sra. Horace Mann (1883)", em *Proyecto y construcción*, n. 23, pp. 588-660.
34. Idem.

35. Ibidem.

36. De acordo com estimativa de John Coatsworth e Alan Taylor, o produto interno bruto *per capita* das seis maiores economias latino-americanas caiu, entre 1850 e 1900, de 51 para 27% com relação ao dos Estados Unidos. Veja John H. Coatsworth e Alan M. Taylor (orgs.), *Latin America and the World Economy since 1800* (Cambridge, MA: Harvard University Press, 1998), p. 26.

37. Entre outras coisas, o positivismo exigia a transposição para uma linguagem de racismo de base biológica da denúncia esclarecida do respeito, pelos herdeiros da etnia conquistada, às suas visões ancestrais, coisa que era um sério obstáculo ao progresso com as reformas necessárias.

38. Nancy Stepan, *The Hour of Eugenics: Race, Gender and Nation in Latin America* (Ithaca, NY: Cornell University Press, 1991).

39. Isto foi sugerido por Victor Bulmer-Thomas em *The Economic History of Latin America since Independence* (Cambridge: Cambridge University Press, 1994), pp. 63-64.

40. Bartolomeu Mitre, *Historia de San Martín y de la emancipación sudamericana* (Buenos Aires: Anaconda, 1950 ([1884]), p. 53.

41. Isto ficou evidente na proposta de Rodó, que oferecia como alternativa ao modelo dos EUA aquele herdado pela França da antiga Grécia.

42. Francisco García Calderón, *La creación de un continente* (Paris: Ollendorf, 1912).

43. Francisco García Calderón, *Les Démocracies latines d'Amérique* (Paris: Flammarion, 1912).

44. O modelo constitucional liberal europeu que a América espanhola procurou imitar depois da queda dos impérios ibéricos.

45. O texto foi publicado inicialmente em 1925 e incluído por Mariátegui no volume que ele preparou para publicação perto da sua morte em 1929, o qual só viria a se tornar disponível em 1950: "La emoción de nuestro tiempo", em José Carlos Mariátegui, *El alma matinal y otras estaciones del hombre de hoy*, 2ª ed. (Lima: Amauta, 1959), pp. 13-23.

46. José Carlos Mariátegui, *Siete ensayos de interpretación de la realidad peruana* (Lima: Editorial Librería Peruana, 1934 [1928]), p. 7; traduzido como *Seven Interpretive Essays on Peruvian Reality* (Austin: University of Texas Press, 1971).

47. Mariátegui, *Siete ensayos*, p. 68n32.

48. Richard M. Morse, "La cultura política iberoamericana, de Sarmiento a Mariátegui", em *De historia e historiadores: Homenaje a José Luis Romero* (Cidade do México: Siglo XXI,1982), pp. 225-257.

49. Não é de se surpreender que, em 1933, um antigo ministro do Tesouro de um ditador militar ultraconservador argentino pudesse discutir abertamente, sem gerar alar-

me, se o sistema capitalista poderia sobreviver à Depressão. Veja Enrique Uriburu, "La crisis económica del mundo", *Revista de Economía Argentina*, nº 181 (julho de 1933). É preciso acrescentar que, seguindo Keynes, Uriburu concluiu que o fato de ele ainda não ter sucumbido indicava que iria sobreviver à crise, mas somente se se compreendesse suficientemente cedo que as mudanças eram inevitáveis.

50. Os cinco estágios de desenvolvimento postulados pelo modelo de decolagem de Rostow são (1) sociedade tradicional; (2) precondições para decolagem; (3) decolagem; (4) impulso para a maturidade; e (5) era de alto consumo de massa. Walt Whitman Rostow, *The Stages of Economic Growth: A Non-Communist Manifesto* (Cambridge: Cambridge University Press, 1960).

51. Alexander Gerschenkron, "The Early Phases of Industrialization in Russia – Afterthoughts and Counterthoughts", em *The Economics of Take-Off into Sustained Growth*, organizado por W.W. Rostow (Nova York: Macmillan/St. Martin's, 1965), p. 166.

52. Joseph Hodara, *Prebisch y la CEPAL: Sustancia, trayectoria y contexto institucional* (Cidade do México: El Colegio de México, 1987), p. 12.

53. Albert Hirschman, "The Rise and Decline of Development Economics", em Albert Hirschman, *Essays in Trespassing: Economics to Politics and Beyond* (Cambridge: Cambridge University Press, 1981).

54. Idem, p. 23.

55. Celso Furtado, *Formação econômica do Brasil* (Rio de Janeiro: Fundo de Cultura Econômica, 1959); e Aníbal Pinto Santa Cruz, *Chile, un caso de desarrollo frustrado* (Santiago, Chile: Editorial Universitaria, 1959).

56. Fernando Henrique Cardoso escreveu um conjunto de ensaios publicados de 1972 a 1979, que ele reuniu em 1980 no livro *As ideias e seu lugar: Ensaios sobre as teorias do desenvolvimento* (Petrópolis, Brasil: Vozes, 1980).

57. Fernando Henrique Cardoso, "L'originalité de la copie: La CEPAL et l'idée de développement", em *Les Idées à Leur Place*, pp. 19-69.

58. Veja Claudio Véliz, *The Centralist Tradition of Latin America* (Princeton, NJ: Princeton University Press, 1980).

59. Para saber mais sobre esta questão, veja John Coatsworth, "Structures, Endowments, and Institutions in the Economic History of Latin America", *Latin American Research Review* 40, nº 3 (2005): 126-144.

60. Paul Kennedy, *The Rise and Fall of the Great Powers: Economic Change and Military Conflict from 1500 to 2000* (Nova York: Random House, 1987).

Capítulo 3

OLHANDO PARA *ELES*

Uma Perspectiva Mexicana sobre a Lacuna em Relação aos Estados Unidos

Enrique Krauze

Em nenhum outro país a lacuna em relação aos Estados Unidos é mais palpável do que no México. Isto porque ela é muito mais profunda e larga do que apenas as disparidades econômicas entre os dois países. É uma lacuna moral que cresceu ao longo de dois séculos de incompreensão e desprezo por parte dos Estados Unidos e ignorância e ressentimento por parte do México. É claro que não há uma explicação única para essa alienação mútua, mas os dois países vizinhos se encontram numa situação paradoxal.

Uma das realidades de hoje na região é que uma parte do México, bem como da América Latina como um todo, mudou-se – literalmente – para os Estados Unidos. Ao risco de deixar de reconhecer a si mesmo, o vizinho ao norte do México não pode se dar ao luxo de ignorar a população mexicana e hispânica que hoje reside em suas cidades e áreas rurais, do Texas ao Alasca e de Nova York à Califórnia. Pelo mesmo raciocínio, os mexicanos e outros latino-americanos não podem sucumbir a visões simplistas e maniqueístas da história, nem se agarrar à noção de que os Estados Unidos são a origem de todos os males da região. Portanto, é importante estudar a lacuna entre os Estados Unidos e seus vizinhos do sul não só como um fenômeno econômico, social e político, mas também como a evolução de um complexo sentimento coletivo que os Estados Unidos têm em relação ao México e o restante da América Latina e vice-versa.

Superando uma lacuna maior: origens históricas e culturais do abismo entre México e Estados Unidos

Não é de surpreender que uma história das percepções americanas em relação ao México ainda não tenha sido escrita. Em termos geopolíticos, o México deixou de ser uma prioridade para os Estados Unidos há muito tempo. Contudo, a história das percepções mexicanas em relação aos Estados Unidos também não foi objeto de nenhuma análise extensa e rigorosa, embora, para o México, sempre teve muita importância viver ao lado do país mais rico e poderoso do século XX. Assim, vale a pena ter uma visão panorâmica da lacuna, entendida como uma posição coletiva ao longo do tempo.

O desenvolvimento mexicano de sua posição em relação aos Estados Unidos tem uma história única, diferente daquelas de outros países no Caribe, na América Central e na América do Sul. Porém, vale observar que a solidariedade mostrada por outros países latino-americanos em vários pontos do tempo moldaram decisivamente o espírito dos mexicanos com respeito a seu admirado e temido vizinho do norte. Para compreender melhor a visão que o México – e em particular as elites do país – tem dos Estados Unidos, é preciso rever como a posição coletiva da nação tem oscilado de admiração a desdém, de elogios a críticas, de alienação a colaboração. Esta visão geral é um exame breve, esquemático e parcial, cujo centro de gravidade é o México, mas pode ilustrar, por reflexão ou refração, atitudes comuns a outros países da América Latina que também foram afetados, em maior ou menor grau, pelas ações e pelo alcance do governo, da economia e da cultura dos EUA. Também vale a pena explorar propostas específicas – por mais modestas que possam ser – para reduzir a lacuna moral que separa o México dos Estados Unidos, a qual, segundo a maioria dos analistas, é exclusivamente prejudicial. Hoje esta lacuna já está sendo superada pelos árduos esforços de mexicanos que trabalham, como disse José Martí, "no ventre da fera".

Da admiração à rejeição

Numa frase que resume livros inteiros de história, Octavio Paz declarou que o México nasceu com as costas voltadas para seu passado indígena, para a tradição espanhola e para a Igreja Católica. Embora esteja correta, podemos acrescentar que o México nasceu olhando para *eles*, os Estados Unidos. Os grandes caudilhos insurgentes e seus sucessores, os liberais do século XIX, viam os Estados Unidos da mesma maneira que os marxistas do século XX viam a União Soviética: como uma terra de progresso e promessas futuras. Todos sabem que Miguel Hidalgo, o padre que iniciou a Guerra de Independência do México, buscou refúgio nos Estados Unidos quando fugiu para o norte com suas forças dizimadas, e que José María Morelos – outro grande insurgente e também padre – mandou seu filho Juan Nepomuceno fazer seus estudos em Nova Orleans.

Quando a independência mexicana foi conquistada e foram rompidos os laços com a Espanha, os Estados Unidos reconheceram a nova nação e designaram seu primeiro embaixador, Joel R. Poinsett. A missão de Poinsett concentrava-se na modificação do tratado de fronteiras com a Espanha (e portanto com a Nova Espanha, isto é, o México) através da compra – ou eventual anexação – de territórios fronteiriços. Sua nomeação coincidiu também com a declaração da Doutrina de Monroe (1823), proibindo qualquer europeu de se intrometer nas Américas. Naqueles entusiásticos primeiros dias da república mexicana, poucos anteviram que aquela doutrina defensiva se transformaria, dentro de poucos anos, no conceito agressivo e expansionista do "Destino Manifesto" (1839), de acordo com o qual o plano histórico dos Estados Unidos era expandir suas fronteiras e sua civilização até a Patagônia.

Em 1824, o México adotou uma constituição federal inspirada até certo ponto na Constituição dos EUA. Lorenzo de Zavala, um brilhante jornalista, político e historiador do estado de Yucatán, foi uma figura de destaque durante aquele período histórico. Sua admiração pelos Estados Unidos – que ele considerava mais notáveis que Grécia e Roma – e seu interesse por moldar o nascente México à imagem daquele país estão brilhantemente apresentados em suas memórias, *Journey to the United States of North America* (1830), publicado na mesma época de *La Démocracie en Amérique*, de Alexis de Tocqueville. Em seu prólogo, Zavala apresentou uma comparação cruel das duas culturas vizinhas:

> Os Estados Unidos têm um povo que é esforçado, ativo, pensativo, circunspeto, religioso em meio a uma multiplicidade de seitas, tolerante, econômico, livre, orgulhoso e perseverante. O mexicano é despreocupado, preguiçoso, intolerante, generoso, quase pródigo, fútil, beligerante, supersticioso, ignorante e inimigo de toda restrição. O norte-americano trabalha, o mexicano goza a vida; o primeiro gasta menos do que tem, o

segundo gasta até o que não tem; o primeiro leva os empreendimentos mais árduos a sua conclusão, o segundo os abandona nos estágios iniciais; aquele vive em sua casa, decora, mobília e a preserva contra o tempo inclemente; este passa seu tempo na rua, foge de casa e numa terra em que não há estações pouco se preocupa com um lugar para descansar. Nos Estados Unidos todos os homens possuem propriedades e tendem a aumentar sua fortuna; no México, aqueles que têm alguma coisa não cuidam dela e a dissipam.[1]

A comparação era uma sugestão tácita da única maneira para diminuir a lacuna, mas Zavala preferiu ser explícito e pregar o remédio aos seus compatriotas – ser como eles:

> Corrijam-se. Livrem-se dos 87 feriados anuais que vocês dedicam a brincadeiras, a beber e ao prazer. Poupem capital para um sustento decente de vocês e suas famílias para dar garantias da sua preocupação com a preservação da ordem social. Tolerem as opiniões de outras pessoas; sejam indulgentes com aqueles que não pensam como vocês; permitam que as pessoas do seu país exerçam livremente seu trabalho, qualquer que seja ele, e venerem o supremo Autor do Universo de acordo com suas consciências. Consertem suas estradas; construam casas para que possam viver como seres racionais; vistam seus filhos e suas esposas com decência; não incitem desordens para tomar aquilo que pertence a outra pessoa. E finalmente, vivam do fruto do seu trabalho; assim merecerão a liberdade e os elogios dos homens sensatos e imparciais.[2]

Anos depois, com a guerra pela separação do Texas do México, Zavala levou ao extremo sua rejeição ao centralismo autoritário e suas convicções federalistas e liberais tornando-se, no fim de seus dias em 1836, um dos fundadores da república do Texas e seu primeiro vice-presidente.

A facção centralista, igualmente obcecada pelos Estados Unidos, tinha um melhor senso de realidade que os liberais. Entendia não só a fraqueza econômica da nova nação mexicana, mas também que a aplicação ao pé da letra do federalismo poderia levar à desintegração do país ou dividi-lo em unidades ingovernáveis e desunidas. A facção centralista também ponderava os riscos territoriais da grande região norte do México – rica mas sem defesas e muito pouco populosa – além de sentir uma desconfiança de origem religiosa, talvez um eco remoto da Reforma protestante na Europa.

Lucas Alamán, fundador do Partido Conservador do México e historiador de renome, declarou em 1846 que o país estaria perdido se a Europa não viesse em seu auxílio e logo os fatos lhe deram razão quando ficou evidente que a salvação do México estava em se defender dos Estados Unidos. Em agosto de 1847, observando por um binóculo do telhado de sua casa o triste desfecho da batalha de Padierna, quando as tropas mexicanas capitularam diante do invasor americano, Alamán viu a bandeira estrangeira erguida entre nuvens de fumaça. Ele lembrou a queda das antigas civilizações pré-hispânicas e temeu que a guerra, injusta por qualquer critério, significasse o fim da nação mexicana. Embora o resultado não tenha sido tão grave, o México perdeu mais da metade do seu território: dois milhões de quilômetros quadrados, inclusive os depósitos de ouro da alta Califórnia, que estavam entre os mais ricos do mundo.

Para muitos liberais moderados do México, a guerra representou o colapso da sua fé no país vizinho e suas instituições. Porém, significativamente, os liberais "puros", os radicais, enamorados das doutrinas de progresso e ainda inimigos ferozes das ordens do vice-rei e da Igreja Católica, continuaram a acreditar na virtude das ideias e instituições sobre as quais os Estados Unidos haviam sido fundados. Alguns lembraram que a guerra tinha sido uma decisão do governo de James K. Polk, que enfrentou a oposição de intelectuais como William Prescott e Henry David Thoreau e de políticos como Abraham Lincoln.

O liberal Justo Sierra O'Reilly, nascido em Yucatán como Zavala e também um ardente federalista, viu a necessidade de viajar aos Estados Unidos para oferecer a anexação do seu estado que, deve ser lembrado, na época abrangia toda a península sudeste do México. Em troca, Sierra O'Reilly buscava proteção e apoio militar dos Estados Unidos durante a atroz guerra racial que, por volta de 1847, os maias travavam contra a população branca daquele estado remoto da frágil república mexicana. Na sua visão, não se tratava mais de uma questão de ter de *ser como* eles; não havia opção exceto *ser um* deles. Contudo, o Senado americano nunca levou a proposta em consideração.

De 1858 a 1861, o México passou pela chamada Guerra da Reforma, um conflito civil entre as elites políticas e pouco ligado às massas. Não obstante, a guerra civil era travada com impiedoso alistamento militar e financiada por contribuições de origem cada vez mais questionável – fornecidas em grande parte pelo alto escalão do clero – e com fortes conotações ideológicas. O que estava em jogo para os liberais (em todas as suas diferentes nuances) era a oportunidade para finalmente romper o controle da Igreja em questões nacionais e a consequente possibilidade de estabelecer de forma definitiva uma ordem republicana baseada no domínio da lei, nas liberdades civis e nas garantias individuais. Esses valores foram incluídos na Constituição de 1857, condenada expressamente pelo papa Pio IX, um dos primeiros a atear as chamas da Guerra da Reforma. Com a ajuda de várias nações europeias (França, Espanha e até mesmo a Inglaterra), os conservadores procuraram preservar a tradição monarquista e centralista ligada à Igreja, que sofria na Europa o ataque de ideologias seculares, não só do liberalismo, mas também do anarquismo, do socialismo e de um nascente comunismo materialista.

Os liberais, que com frequência conspiravam de Nova Orleans ou Nova York, voltaram-se mais uma vez para os Estados Unidos para obter o apoio *deles*, mesmo que o custo fosse alto. Para a facção liberal, o apoio econômico e militar dos Estados Unidos em episódios cruciais da guerra cruel e onerosa foi fundamental para seu triunfo (1861). Pressionados para garantir financiamento para sua causa, duas das grandes figuras liberais da história mexicana – Melchor Ocampo e Benito Juárez – abriram negociações para o Tratado McLane-Ocampo, de 1859, com os Estados Unidos, o qual, embora nunca tenha sido ratificado, teria concedido o direito perpétuo de trânsito aos militares e interesses comerciais americanos através de portos-chave no México em troca de uma determinada quantia. Caso o tratado tivesse sido aprovado pelo Congresso dos EUA, a relação do México com seu vizinho do norte teria sido transformada para sempre naquela de um protetorado. Como tem acontecido na história mexicana, a sorte estava do lado do México e a guerra civil que eclodiu nos Estados Unidos interrompeu essas possibilidades. Porém, a falta de sorte, ainda mais comum na experiência mexicana, logo interveio quando Napoleão III aproveitou a oportunidade da guerra civil dos EUA para tentar uma reconquista europeia do México.

Com os triunfos quase paralelos da União nos Estados Unidos e dos republicanos no México (1867), os liberais mexicanos estavam finalmente em condições de colocar em prática a república representativa, democrática e federal que desde 1824 tinha sido pouco mais do que um sonho. Porém, o governo dos EUA e várias organizações de opinião pública mostraram pouco interesse pela iniciativa democrática mexicana. Por sua vez, os liberais mexicanos começaram a se ressentir do desdém americano; a desconfiança em relação aos *ianques* era forte no México e estava presente na letra do hino nacional, encomendado pelo general Santa Anna e sua facção conservadora em 1854. Os americanos eram e sempre seriam o "inimigo estranho" que ousava "profanar com seus pés" o solo nacional. Talvez por isso o presidente liberal Sebastián Lerdo de Tejada (1872-1876) tenha definido seu julgamento nos seguintes termos: "entre força e fraqueza, o deserto", significando que o México precisava se distanciar dos Estados Unidos. Deve-se notar que, quando foi deposto por um golpe de Estado em 1876 pelo general Porfirio Díaz, Lerdo viveu como refugiado em Nova York até sua morte, em 1889.

Porém, a realidade apresentou um postulado diferente daquele de Lerdo: "entre força e fraqueza, a ferrovia". Ao concluir, às expensas do México, seu primeiro ciclo de expansão territorial e tendo eliminado a secessão com a vitória da União na Guerra Civil, os Estados Unidos iniciaram um novo estágio. Em 1883, o secretário de Estado James Blaine caracterizou o novo período como de "penetração pacífica", distribuindo "depósitos de vitalidade nacional em outros países" o que, na prática, significava concessões imediatas no caso de ferrovias e, mais tarde, incluiriam concessões de petróleo, terras e minas.

Porfirio Díaz, que teve o reconhecimento pelos Estados Unidos em 1878, dois anos depois do seu golpe de Estado, não hesitou em abrir as portas do México aos investimentos estrangeiros. Ele acreditava que somente com investimentos externos e dentro de um quadro de ordem e paz o país poderia engatar seu vagão no trem do progresso em que o Ocidente viajava havia no mínimo um século. O México não tinha outra maneira de crescer e se modernizar. Mas a despeito do que diz a lenda, Díaz efetivamente protegia os interesses mexicanos mediante uma diversificação diplomática e comercial que olhava para ambos os oceanos: sua estratégia dava invariavelmente prioridade à Europa (em particular Inglaterra, Alemanha e França) mas também chegava ao Japão. A nova posição sob Díaz era: trabalhe com *eles*, mas com cautela e a distância.

Em 1897, o mais destacado intelectual mexicano da época, Justo Sierra Méndez, historiador, jurista e educador, viajou para os Estados Unidos como haviam feito Zavala e seu pai, Sierra O'Reilly. Quando jovem, ele havia ouvido o presidente Benito Juárez afirmar, de acordo com as crenças liberais puras, que o México se beneficiaria muito com a imigração protestante; com isso as pessoas poderiam aprender hábitos de frugalidade e educação e desenvolver uma ética de trabalho positiva. Contudo, Sierra Méndez havia gradualmente abandonado a doutrina puramente liberal, não só para adotar o conceito evolucionista, mas também devido à sua desconfiança da presença cultural americana (baseado em um nacionalismo embrionário, que o aproximou da posição conservadora). Na verdade, ele se considerava um "liberal conservador".

Em seu diário de viagem "En tierra yanquee", Sierra Méndez examinou o pensamento liberal na virada do século com relação àquele país de duas cabeças, imperial e democrática. Numa reunião com alguns liberais cubanos exilados em Nova York, debateu a situação de Cuba, como a ilha estava envolvida numa guerra de independência infrutífera e extremamente sangrenta e se via dividida entre ser livre da Espanha e o temor – previsto por José Martí – de cair nas mãos dos Estados Unidos:

> O que temos aqui é uma avidez formidável; enfrentamos aqui o mesmo apetite cínico que levou o Congresso americano a anexar o Texas (...) a verdade é que Cuba é um grande negócio (...) a preparação estará concluída no decorrer de 1898; então a reprimenda amistosa à Espanha se transformará em intimidação dura e o colosso elevará sua voz formidável para formular um ultimato (...). Uma guerra por Cuba que comece a transformá-la em propriedade hipotecada será muito popular por aqui.[3]

A profecia de Sierra Méndez realizou-se no prazo exato que ele havia previsto. Mais tarde, em pé diante do Capitólio dos EUA, ele sofreu uma espécie de transfiguração:

> Pertenço a um povo fraco, que pode perdoar mas não deve esquecer a terrível injustiça cometida contra ele há meio século; e, como meu país, eu gostaria de manter perante os Estados Unidos – um produto extraordinário da natureza e do acaso – a resignação orgulhosa e silenciosa que permitiu que nos tornássemos proprietários dignos de nossos destinos. Não nego minha admiração, mas procuro explicá-la a mim mesmo, minha cabeça se curva mas não permanece nesta posição; fica ereta para ver melhor.[4]

A ambivalência desta figura liberal era extrema: por um lado, Sierra Méndez expressava uma clara desconfiança daquela máquina cega pela ambição e pela força; por outro, expressava admiração pela "tarefa sem rival do Capitólio (...) saturado de leis constitucionais até o último canto (...) como podemos não nos curvar diante dele, nós, pobres átomos sem nome, se a história o faz?"[5]

Como na consciência de Sierra, tudo mudou na América espanhola com a derrota da Espanha em 1898 – aquela "esplêndida guerrinha", como foi chamada pelo secretário de Estado John Hay, um dos primeiros grandes teóricos do imperialismo dos EUA. Liberais mexicanos e hispano-americanos como Justo Sierra Méndez deixaram de "se curvar". Aquele foi o ponto de ruptura na história do pensamento hispano-americano: tornou-se imperativo construir uma alternativa histórica e ser radicalmente diferente *deles*. Os latino-americanos não poderiam aceitar uma liberdade imposta pelas armas, nem uma independência transformada em protetorado. A situação de Cuba havia lançado luz sobre a importância de vários episódios ocorridos no século XIX: aquele era o mais recente capítulo de uma longa história que incluiu a anexação do Texas, a Guerra Mexicano-Americana, as táticas flibusteiras na América Central e até mesmo certos desígnios explícitos (por exemplo, de Henry Cabot Lodge) de ter a bandeira americana hasteada do rio Grande até a Terra do Fogo. Depois desse despertar coletivo, é natural que a admiração liberal pela democracia dos EUA tenha recuado para os bastidores; o que prevalecia então eram a condenação e o medo do próximo golpe do "grande bastão" em cada canto do Caribe e no continente. Foi então que os liberais da América Latina começaram a convergir com as antigas apreensões dos conservadores com relação aos Estados Unidos e com um novo nacionalismo regional, um hispano-americanismo formulado em termos explicitamente anti-EUA.

Na trilha de Ariel

Com o alvorecer do século XX e na esteira da derrota da Espanha em 1898, o escritor uruguaio José Enrique Rodó publicou um ensaio seminal intitulado *Ariel*. No contexto da história das ideias na América espanhola (veja o Capítulo 2, de Tulio Halperin Donghi, uma boa história dos pensadores sul-americanos), o celebrado ensaio de Rodó deveria ser considerado – juntamente com textos prescientes de Martí e o poema de Rubén Darío "To Roosevelt" – complemento da América Latina para a histórica crise da Espanha em 1898. O próprio lar da democracia e da liberdade, o mundo do progresso e da promessa do futuro, havia derrubado o tronco da árvore espanhola e ameaçava seus ramos americanos. Como resposta criativa, Rodó propôs que a América espanhola construísse uma cultura estética e espiritual oposta ao materialismo "rude e selvagem" de

Caliban, que em *Ariel* representava os Estados Unidos. Distingam-se *deles*, disse ele. Sua mensagem teve repercussão nos países da América Latina, ao ponto de preparar o terreno para um movimento denominado arielismo, sem o qual é impossível entender a história intelectual da região no século XX.

A juventude hispano-americana despertou para o século XX lendo *Ariel*. "Em suas luminosas páginas", escreveu o dominicano Pedro Henríquez Ureña em 1904, "começou, com uma gloriosa presciência, a visão das Américas".[6] Algum tempo depois, no próspero estado de Nuevo León, o governador Bernardo Reyes encomendou a primeira edição mexicana do livro de Rodó e edições semelhantes surgiram em toda a América Latina. A obra de José Vasconcelos na década de 1920, em particular *La raza cósmica* – uma profecia da América Latina como um caldeirão misturando raças e culturas – pode ser considerada uma variação do tema de Rodó. Todos esses escritores reconheceram o eco bolivariano no arielismo, o ideal de um país de nações unidas pelos "valores sublimes do espírito". Em resumo, o arielismo pregado por eles foi a primeira ideologia alternativa desenvolvida na América Latina em resposta ao (isto é, contra) liberalismo clássico e seus substitutos diretos (positivismo e evolucionismo). Com o passar do tempo, tornou-se um antecedente ou complemento (próximo ou remoto, tácito ou aberto) dos grandes e apaixonados *ismos* do século XX na América Latina: anarquismo, socialismo, indigenismo, nacionalismo *ibero-americanismo*, hispanicismo, populismo, fascismo, comunismo.

E enquanto esses fermentos ideológicos amadureciam seu explosivo conteúdo reacionário ou revolucionário, os Estados Unidos pareciam indiferentes ou cegos ao efeito da sua conduta internacional sobre os países das Américas. Para sermos justos, assim como em 1847, o alvorecer do século XX testemunhou a elevação de vozes internas, entre elas Andrew Carnegie e Mark Twain, que alertaram contra o custo moral de tais políticas. De qualquer forma, aquele momento da história testemunhou o nascimento de uma voz regional comum: contra os Estados Unidos.

Porfirio Díaz lidou com a relação EUA-México com muito cuidado, sabendo que um desacordo sério poderia levar facilmente a uma nova invasão. Mas o último presidente com motivos para temer uma guerra com os Estados Unidos foi Plutarco Elías Calles, em 1927. Contudo, em face da escalada imperial do presidente Theodore Roosevelt (1901-1908), o alarme se espalhou rapidamente, conforme revelado por uma anotação no diário do escritor mexicano Federico Gamboa, na época funcionário na embaixada mexicana em Washington. Foi feita em 17 de junho de 1904, quando Gamboa recebeu uma cópia de uma circular instruindo que as embaixadas, legações e consulados dos Estados Unidos usassem o termo "América" como sinônimo para "Estados Unidos": "O começo do fim! Agora é o roubo de um nome que pertence igualmente a todos nós. Amanhã será o roubo da terra!"[7] Este insulto a todo o continente foi aumentado com cada guerra de ilha em ilha empreendida pelos fuzileiros navais dos EUA nas duas primeiras décadas do século XX. Foi provavelmente então que Porfirio Díaz pronunciou a famosa frase a ele atribuída: "Pobre México, tão longe de Deus e tão perto dos Estados Unidos."

No exílio em Paris, para onde foi quando eclodiu a revolução de 1910, Díaz viveu para confirmar seus temores. Um evento distante, mas decisivo – tragicamente provocado pelos Estados Unidos – aumentou o ressentimento do México em relação ao seu vizinho do norte: o golpe de Estado de 1913 contra o presidente legítimo, Francisco I. Madero, talvez o mais puro liberal democrata da história latino-americana, conhecido em seu tempo como "o apóstolo da democracia". Henry Lane Wilson, então embaixador dos EUA no México, havia conspirado pelo assassinato do presidente Madero. O papel de Wilson neste episódio da história do México, embora mal seja lembrado em seu próprio país, não será perdoado pelos autores mexicanos de livros de história.

Uma semana depois do embaixador Wilson conduzir ao poder o general Victoriano Huerta, Woodrow Wilson entrou na Casa Branca. Indignado com o assassinato de Madero, o presidente Wilson declarou que não reconheceria um "governo de carniceiros", mas suas boas intenções não foram muito longe. Deve-se notar, porém, que o presidente Wilson mostrou ser paciente e prudente em seus tratos com o México. Caso tivesse dado ouvidos às empresas de petróleo, ameaçadas pela nova legislação nacionalista, ele teria invadido o México. Mas recusou-se a fazê-lo, exceto durante dois breves episódios, quando os fuzileiros navais dos EUA desembarcaram em Veracruz (1914) e durante a "expedição punitiva" contra Pancho Villa, comandada por John J. Pershing (1916-1917).

Convencido de que um bloqueio naval precipitaria a queda do "carniceiro" e melhoraria a posição dos Estados Unidos como guardião do processo de democratização do país, Wilson ordenou a ocupação temporária de Veracruz. A manobra, que incluiu a apreensão de um carregamento de armas alemãs para o exército federal de Huerta, durou pouco mais de cinco meses e apressou a queda de Huerta, mas em termos históricos foi um desastre. Provocou a ira generalizada não somente da população local (que armou uma defesa tenaz), mas também de todo o país, inclusive das forças constitucionalistas, aparentemente apoiadas pelo presidente dos EUA. Àquela altura, os mexicanos não podiam mais distinguir entre Wilson o bom sujeito e Wilson o mau sujeito. Emiliano Zapata, o protótipo de um líder revolucionário, detestava Venustiano Carranza, mas quando se tratava dos gringos, todos concordavam: "Não importa se eles enviarem milhões de soldados", disse Eufemio, irmão de Zapata, "lutaremos um contra duzentos (...). Não temos armas nem munição, mas temos peitos para receber balas." Com esses antecedentes, é compreensível que a Constituição de 1917 (ainda em vigor) tenha adotado o nacionalismo como ideologia do Estado, como sua fé secular.

A alternativa liberal democrata fora vedada ao México. Como no caso de um cometa, outros noventa anos se passariam antes que surgisse novamente. O nacionalismo passou a reinar, na forma de leis reclamando terras, indústrias e recursos naturais. A legislação quase fez com que o presidente Coolidge declarasse guerra ao "México soviético" em 1927 e o presidente Calles ameaçou explodir os poços de petróleo. Naquele ano, o famoso jornalista liberal Walter Lippmann escreveu que aquilo que as pessoas ignorantes chamavam de "bolchevismo" nos países latino-americanos era simplesmente nacionalismo e que nada colocaria mais em risco a segurança norte-americana do que "a compreensão, na América Latina, de que os Estados Unidos haviam adotado uma política, concebida no espírito de Metternich, tentando garantir os direitos investidos contra o progresso social na concepção dos povos latino-americanos".[8]

Em atenção ao conselho de Lippmann, os Estados Unidos tentaram no México uma nova diplomacia, baseada em prudência, colaboração e compreensão. Também em 1927 os EUA enviaram o embaixador Dwight D. Morrow, que tentou colocar em ordem as finanças públicas mexicanas, tornou-se amigo e protetor dos pintores muralistas mexicanos, entre os quais Diego Rivera, e chegou até a comprar uma casa em Cuernavaca. Josephus Daniels, seu sucessor, tinha sido secretário da Marinha durante a ocupação de Veracruz (na época, o secretário-assistente era Franklin D. Roosevelt), e talvez por isso entendesse as sensibilidades mexicanas. Imerso como Morrow na cultura mexicana – ao ponto de se vestir como um *charro* – o "embaixador em mangas de camisa" implantou a política de Boa Vizinhança, que resistiu a testes difíceis como a expropriação dos interesses em petróleo em 1938. Graças a esta nova diplomacia (e em oposição a um amplo setor da classe média mexicana, que simpatizava claramente com Adolf Hitler), o governo mexicano declarou guerra ao Eixo em

1942. Na realidade, toda a região (com exceção da Argentina) viveu um interlúdio de solidariedade pan-americana, marcado por crescimento econômico e produção cultural criativa (por exemplo, a indústria cinematográfica mexicana teve sua era de ouro). Foi um breve momento junto com *eles*.

Contudo, com a chegada da Guerra Fria, os governos latino-americanos (inclusive o do México) voltaram a sentir – como havia alertado Walter Lippmann – que os Estados Unidos estavam subordinando sua diplomacia aos interesses comerciais das grandes empresas. E embora esses governos se alinhassem diplomaticamente com os Estados Unidos, uma nova e mais radical onda de antiamericanismo – agora na forma de doutrina revolucionária radical (de inspiração marxista ou maoista) – começou a surgir na região.

Sobre um tema de Darío

Existe história suficiente para permitir uma perspectiva sobre os acontecimentos na região. No total, parece claro que os Estados Unidos cometeram pelo menos três erros imperdoáveis com respeito à América Latina. O primeiro foi ignorar (no sentido de desprezar, negligenciar, desdenhar) a história, as tradições, linguagens, a arte, a religião – em resumo, a identidade – da América espanhola. Em essência, a atitude americana foi caracterizada por uma indiferença irresponsável (não sem algum racismo) com relação à humilhação provocada pela sua presença física, econômica, política e especialmente militar nessas terras. Nas palavras de José Martí, "O desdém do nosso formidável vizinho, que não sabe disso, é o maior perigo para Nossa América".[9] Significativamente, Theodore Roosevelt (que ganhou notoriedade com a Guerra Hispano-Americana em Cuba) nunca mencionou Martí em seus volumosos escritos, o que equivale a não mencionar George Washington na história da independência dos Estados Unidos. Será que ele leu o poema que Rubén Darío lhe dedicou em 1904? Deveria, pois mostrava como a América Latina via os Estados Unidos como uma potência insensível e cega, como "os futuros invasores da América ingênua que tem sangue índio, ainda reza para Jesus Cristo e ainda fala espanhol".[10] Essa ignorância era – e, infelizmente, continua a ser – um aspecto-chave do sentimento antiamericano nesses países. Numa de suas últimas estrofes, Darío profetizou: "Tenha cuidado. Vida longa à América espanhola! Mil filhotes do leão espanhol vagam livres."[11] Anos depois de escrito o poema, aqueles "filhotes" ganharam vida, cresceram e se chamaram Augusto César Sandino, Che Guevara, Fidel Castro.

O segundo erro foi quase um pecado: aos olhos de seus simpatizantes democráticos latino-americanos, os Estados Unidos esqueceram e até mesmo traíram seus próprios princípios democráticos durante suas primeiras incursões imperiais, ou "guerrinhas esplêndidas", como as chamava o secretário de Estado John Hay. Em seu poema para Roosevelt, Darío caracterizou os Estados Unidos como "uma parte Washington, quatro partes Nemrod".[12] A imagem logo seria exibida no México, com o assassinato de Madero. Foi um paradoxo cruel: a maior democracia das Américas eliminou o primeiro líder democrático do México. Não seria o único caso, mas foi o primeiro. O governo dos EUA não só jogou fora seus ideais democráticos, mas também apoiou vários ditadores. Franklin Roosevelt dizia de Anastasio Somoza, o ditador da Nicarágua, "ele pode ser um filho da mãe, mas é nosso filho da mãe". Outra prática comum era ver os liberais latino-americanos com desprezo. Os patriotas cubanos, que pensavam contar com o apoio americano para a independência do seu país, foram postos de lado logo no início e forçados a aceitar uma situação de protetorado para sua nação. No final das contas os liberais latino-americanos, como muitos marxistas em 1989, estavam órfãos. Uns poucos continuaram no restrito território liberal, mas a maioria adotou uma série de ideologias cujo denominador comum era a aversão pela democracia liberal, desacreditada pelos próprios Estados Unidos: chauvinismo, fascismo, estatismo, populismo, militarismo, marxismo.

Darío também escreveu sobre os Estados Unidos: "Um país rico, que une o culto à riqueza ao culto a Hércules."[13] Nos Estados Unidos, a subordinação da diplomacia às grandes empresas (por exemplo, os setores do petróleo e do açúcar) era considerada normal, mas para muitos países e culturas era compreensivelmente interpretada como avidez repugnante. A presença dos fuzileiros navais como tropas de choque no Caribe ficou gravada na mente do público como uma afronta mitológica. Na imaginária Macondo de Gabriel García Márquez, a repressão da greve contra a United Fruit Company em 1928 assumiu a dimensão de uma praga bíblica. De fato, a equipe de "Boa Vizinhança" de Franklin D. Roosevelt incluía secretários de gabinete com interesses no açúcar de Cuba.

O resultado líquido foi tragicamente negativo, mesmo para os amigos leais dos Estados Unidos. Daniel Cosío Villegas, um liberal mexicano desencantado, anteviu o que iria acontecer na segunda metade do século XX, primeiro em Cuba e mais tarde em toda a região:

> A América Latina ferverá de insatisfação e rebeldia. Levadas pelo desespero absoluto e pelo ódio, suas nações, aparentemente abjetas em sua submissão, serão capazes de qualquer coisa: de abrigar e encorajar os adversários dos Estados Unidos, de se tornarem elas mesmas as inimigas mais ferozes. Então não haverá como subjugá-las, nem como assustá-las.[14]

Esta passagem antecipava a chegada de Fidel Castro e Hugo Chávez na guerra contra *eles*.

Em 1959, quase seis décadas depois de a primeira edição de *Ariel* ser publicada, uma professora de língua e literatura chamada Rosario María Gutiérrez Eskildsen pregou para seus alunos de nível médio na Cidade do México dois mandamentos quase religiosos. Primeiro, que eles deveriam ler o poema de Darío "To Roosevelt" e, segundo, ler *Ariel*, de Rodó. Ela os chamou de "evangelho" da "Nossa América". No mesmo ano, Fidel Castro assumiu o poder. Pouco tempo depois, numa reversão da guerra de 1898, Cuba alinhou-se com a União Soviética e adotou o sistema comunista. Contudo, na mente de seu companheiro de armas Ernesto "Che" Guevara, e cada vez mais também na de Castro, ressoava uma questão mais decisiva que o materialismo dialético: o idealismo latino-americano de *Ariel*. Esse nacionalismo coletivo – tão bem expresso no poema de Darío – deu seus melhores frutos nas áreas de literatura e arte, mas nas esferas da política e da economia ele seria definido por uma rejeição quase ontológica, puramente negativa, paralisante e estéril, do Nemrod [personagem bíblico descrito como o primeiro poderoso da Terra], do Mamon [ídolo pagão que na Bíblia descrevia o culto à riqueza e à avareza], do Calibã [personagem de Shakespeare que vivia nos esgotos e temia os humanos] do norte.

Reconciliação a distância: no sentido de uma nova era como vizinhos e parceiros

A partir de 1959, México e Estados Unidos embarcaram em um período prolongado de reconciliação a distância. Desempenhando um sutil papel diplomático, o México serviu por várias décadas como ponte de comunicação (e zona de segurança e amortecedora) entre Cuba e os Estados Unidos. Graças a esta diplomacia delicada e difícil, nem sempre compreendida pelas alas de direita americana ou mexicana, o México conseguiu atravessar a Guerra Fria sem sofrer as pragas continentais de guerrilheiros financiados e treinados pelos cubanos. Como os Estados Unidos investiram anos de preocupação e bilhões de dólares no combate aos movimentos de guerrilha na América Central, pode-se imaginar o alarme que movimentos semelhantes teriam causado no México. Porém, a despeito dessa judiciosa mediação, os Estados Unidos mantiveram um relacionamento distante com o México, habilmente descrito pelo jornalista Alan Riding em seu livro, com o título preciso de *Distant Neighbors* [*Vizinhos distantes*].[15] Apesar de unidos pela geografia, por fluxos migratórios e por um comércio significativo, os dois vizinhos viveram à distância um do outro, separados por uma imensa lacuna de desenvolvimento e por uma falta de compreensão mútua ainda maior. Embora na década de 1980 o México tivesse começado, de forma súbita e tímida, a mudar sua política econômica, reduzindo as tarifas e se abrindo parcialmente ao comércio internacional, os sinais de mudanças reais somente chegaram depois da queda do Muro de Berlim. Esta foi a oportunidade histórica que os dois países conseguiram ver: para benefício mútuo, México e Estados Unidos poderiam se tornar parceiros comerciais mais próximos. O governo mexicano de Carlos Salinas de Gortari (1988-1994) demonstrou coragem e audácia propondo à sociedade mexicana um pacto com os Estados Unidos. É verdade que a má vontade em relação aos Estados Unidos sempre foi menos evidente no México que no Caribe e nas antigas "repúblicas das bananas", onde a presença dos EUA tinha sido mais permanente e seu domínio político e militar muito mais direto. Cosío Villegas é conhecido por ter ouvido um jornalista cubano dizer, na década de 1920, que o ódio dos *ianques* deveria ser a religião dos cubanos, e essa expressão sempre ecoou na consciência daquele historiador e profeta, intrigado pela lacuna entre os Estados Unidos e a América Latina.

Contudo, Cosío Villegas notou que o caso mexicano era diferente. Talvez porque mais tempo tinha se passado desde a invasão de 1847. Ou porque afinal, aquela malfadada guerra – como Cosío Villegas a chamava – havia reduzido a limites administráveis o esforço histórico do México de se consolidar como nação. Talvez porque o México (uma nação maior, mais estável e mais bem-dotada que os países da América Central) podia se defender melhor dos Estados Unidos na arena diplomática. Ou talvez porque a divisão de uma fronteira tão longa e porosa tenha de fato criado uma cultura binacional. Por essas e outras razões, em média os mexicanos, de acordo com Cosío Villegas, não sentiam nenhuma animosidade especial pelos gringos, embora não se pudesse dizer que gostavam deles. Esta pode ser a razão – combinada com a liderança exibida pelo governo Salinas – pela qual o Acordo de Livre Comércio da América do Norte (Nafta) foi oficialmente aprovado e aceito pela sociedade em geral.

No encerramento do século XX, os mexicanos estavam empenhados em acalorado debate sobre as vantagens e desvantagens do Nafta. Mas o consenso tendeu a ser favorável, não só devido aos benefícios tangíveis de modernização do acordo para a indústria e a agricultura, mas também por seus inesperados efeitos políticos. Livrando o Estado de muitas de suas antigas, ineficientes e onerosas responsabilidades no gerenciamento da economia, o Nafta tem contribuído decisivamente para o processo de liberalização política. O advento da democracia era apenas uma questão de tempo, mas a viabilização dessa transição exigiu do presidente Ernesto Zedillo (1994-2000) ainda mais coragem do que do seu antecessor para levar o Nafta a bom termo. Em questão de meses, Zedillo consolidou o Instituto Federal Eleitoral, que finalmente conseguiu autonomia completa e livrou-se da interferência do regime que está no poder. Zedillo também deu total independência e autonomia ao judiciário; providenciou as condições para uma verdadeira separação dos poderes; recebeu bem um Congresso de oposição depois das eleições na metade do seu mandato; e, em julho de 2000, coroou uma transição democrática surpreendentemente pacífica, ordeira e limpa com o triunfo do candidato oposicionista Vicente Fox. O México entrou no novo século sob as circunstâncias mais auspiciosas e, pela primeira vez na sua história, constituiu uma sociedade aberta, econômica e politicamente, uma democracia liberal e um vizinho – os EUA – de igual posição.

Não foi por acaso que o presidente George W. Bush convidou o presidente Fox à Casa Branca em 6 de setembro de 2001. Durante a impressionante visita de Estado naquela semana (aplaudido quase que unanimemente no Congresso e na imprensa), Bush proclamou que a prioridade em sua agenda era consolidar de forma definitiva o relacionamento com o México, o melhor amigo dos Estados Unidos. Infelizmente para o México, os Estados Unidos e o mundo, a história – como costuma acontecer – tinha surpresas inimagináveis no horizonte. Cinco dias depois de acesos os fogos de artifício sobre o rio Potomac para homenagear o México, terroristas incendiaram as Torres Gêmeas, o Pentágono e o século XXI.

Ajustando o relacionamento

Numa omissão imperdoável – enquanto Nova York, Washington e todo o país debatiam como enfrentar a tragédia de 11 de setembro de 2001 – o governo Fox não fez nenhum gesto de simpatia por seu "melhor amigo". Contudo, é duvidoso que qualquer gesto teria modificado as novas prioridades dos Estados Unidos. Algum tempo depois, o desacordo sobre a guerra no Iraque esfriou ainda mais os laços diplomáticos. Hoje, porém, essas feridas parecem curadas. México e Estados Unidos são parceiros ativos, mas de novo algo distantes; mas como sempre, as forças reais – econômicas, demográficas – trabalham contra a distância. Os laços bilaterais nunca foram tão próximos, nem tão interligados como hoje. Em meio à incerteza sobre a nova ordem mundial, uma coisa permanece clara: a menos que um meteorito caia ao norte do rio Grande, os Estados Unidos continuarão a ser o país mais poderoso do mundo e o México continuará a ser seu vizinho esperançoso e ansioso. Por essas duas razões, o México precisa continuar a pensar em como ajustar seu relacionamento com os Estados Unidos.

Esta última declaração merece ser examinada com atenção. Antes de mais nada, trata-se de uma questão de "pensar", um empreendimento desafiador quando as emoções estão transbordando. Entre muitas outras coisas, o que está em jogo não é um problema de interesse acadêmico, mas o destino de 24 milhões de mexicanos que vivem "no outro lado" (9 milhões deles nascidos no México) e de 5 milhões de famílias que dependem das remessas de muitos milhões de dólares. Quase todos os 2.443 municípios e regiões que compõem o México possuem registros de emigrantes. Uma em cada três pessoas do estado de Zacatecas e uma em cada seis do estado de Jalisco vivem hoje nos Estados Unidos. Trata-se de uma das mais impressionantes ondas de migração da história. Na esfera econômica, os números básicos que descrevem os laços bilaterais são bem conhecidos: 90% do comércio do México, 90% do turismo e 70% dos investimentos estrangeiros provêm dos Estados Unidos. Mas no México esses números são rapidamente encobertos, apagando o fato de que eles representam, mais uma vez, as atividades de milhões de pessoas cuja vida depende da consolidação e expansão desse relacionamento, de uma interação mais cordial e fluida – ou de alguma coisa parecida com isso.

Embora seja costumeiro falar de *um* relacionamento, seria mais apropriado falar de relacionamentos, porque os laços bilaterais entre os dois países formam uma estrutura altamente complexa que requer uma análise sofisticada. Há relações políticas e diplomáticas, relações econômicas e de negócios, relações sociais e demográficas, entre outras. Por sua vez, cada categoria tem muitas subdivisões. O maior de todos os erros é identificar os Estados Unidos com o governo específico que ocupa a Casa Branca – isto é, que Bush é hoje o que Reagan ou Nixon foram ontem, e que todos eles são uma incorporação hegeliana diabólica denominada "os Estados Unidos" ou, de forma mais coloquial, os gringos. Isto constitui não só uma grosseira supersimplificação, mas também uma falsidade. O mexicano projeta neles a concepção internalizada do antigo sistema político do México, um mundo em que todas as coisas humanas e divinas começavam e terminavam na mesa de *el señor presidente*. O México era então, como é agora, mais que uma mera biografia de poder, mas o mau hábito de transferir essa subordinação coletiva para a arena internacional permaneceu, com resultados desastrosos, porque nos Estados Unidos as coisas não funcionam assim. Os Estados Unidos, como deveria ser óbvio, não são uma fantástica nação histórica, nem um agregado homogêneo: são uma democracia. E o são há mais de dois séculos.

Mas os Estados Unidos também são um império. Nas palavras de Octavio Paz:

> Desconcertados diante da sua dupla natureza histórica, os Estados Unidos não sabem hoje para onde se voltar. O dilema é fatal. Se escolherem um destino imperial, deixarão de ser uma democracia e perderão assim a razão de ser como nação. Mas como renunciar ao poder sem ser imediatamente destruído pelo seu rival, o Império Russo?[16]

Paz escreveu essas linhas em 1984, sem suspeitar de que, poucos anos depois, numa implosão inesperada dos tempos modernos, a União Soviética resolveria sozinha o dilema. Mas com essa surpresa histórica veio outra, talvez maior: o retorno militante do Islã. Com a guerra no Iraque, os Estados Unidos parecem ter feito uma escolha na encruzilhada observada por Paz, quando decidiram por um destino imperial no Oriente Médio, e essa escolha poderá levá-los a "perder a razão de ser como nação".

Por outro lado, os mesmos argumentos sobre o império podem ser aplicados, ao menos potencialmente, ao fundamentalismo islâmico, um poder internacional implacável e sem precedentes cujas diferenças com os Estados Unidos (e com o Ocidente como um todo) não são só geopolíticas e ideológicas, mas religiosas e, portanto, talvez inconciliáveis. E para complicar ainda mais o horizonte, para torná-lo ainda mais incerto, a história preparou outra novidade: a moderna ascensão do antigo dragão chinês. Neste ponto de convergência, surgem várias perguntas. Os Estados Unidos acabarão fracassando em seu objetivo de democratizar o Oriente Médio pela força? Qual será a posição dos EUA se a China continuar seu irresistível avanço comercial e acabar se tornando uma força militar esmagadora? Enquanto a história ou o acaso descobre as respostas para essas sérias questões, qual deve ser a política do México? Uma coisa está clara: o México continuará a coexistir com os Estados Unidos, com todas as suas contradições. Portanto, o México deve perguntar não só como será seu relacionamento com os Estados Unidos, mas também como gostaria que ele fosse no futuro. Um exemplo: nas duas áreas mais sensíveis do relacionamento – imigração e comércio – o que pode ou deve acontecer com a parte itinerante do México que se estabeleceu nos Estados Unidos? Qual será sua influência na política nacional, tanto no México como nos Estados Unidos? E se os benefícios do Nafta diminuírem à medida que outros países venham a estabelecer acordos semelhantes ou aplicarem melhor suas vantagens comparativas – a enorme diferença nos custos de mão de obra no caso da China, por exemplo – persistirá o México no caminho aberto pelo Nafta? O México irá finalmente modernizar sua legislação trabalhista e sua infraestrutura e realmente fortalecer o domínio da lei e suas instituições políticas? Ou sucumbirá a seus antigos e autárquicos instintos de defesa?

A fronteira entre México e Estados Unidos é uma linha de demarcação; não deve ser um muro: na história sempre houve outros países vizinhos com relacionamentos mais conflitantes. Contudo, é verdade que a fronteira EUA-México não é caracterizada pela harmonia. É uma área fluida, uma ponte cruzada como nenhuma outra no planeta, uma ponte onde bens e serviços são comprados e vendidos, pela qual valores, frustrações, esperanças e especialmente pessoas passam e são transformadas entra dia, sai dia. Deixando de lado as afrontas históricas, hoje aquela famosa expressão atribuída a Porfirio Díaz parece mais deslocada do que nunca. A pobreza do México, grande como é, não se deve à sua proximidade com os Estados Unidos. O oposto parece ser verdade: a pobreza do México é em grande parte mitigada por sua proximidade com os Estados Unidos, e não a despeito dela. De qualquer maneira, poucas questões são mais urgentes para o México do que decidir, de uma vez por todas e sem hesitação, que espécie de relacionamento a longo prazo ele quer, deve e pode estabelecer com os Estados Unidos.

Uma proposta cultural

No México, passado é presente. As injustiças e afrontas são reais e sua lembrança ainda pesa muito na vida diária. É aquilo que os hindus chamam de karma. Contudo, este é um peso ideológico limitado à classe média política e intelectual e, acima de tudo, está ligado a apenas metade da história. A outra metade, ignorada por muitos antiamericanistas profissionais, está na responsabilidade do próprio México por seus terríveis problemas e nos inegáveis erros históricos do país; em seus políticos autoritários, demagogos e corruptos; na sua economia ineficiente; em seu sistema de ensino caro e burocratizado; nas suas universidades autocomplacentes e fanatizadas. Culpar o grande lobo mau – os Estados Unidos – pelos males do México é lançar uma cortina de fumaça sobre a realidade. E ainda há outra parte da história – que, por mesquinharia, raramente é mencionada – que exige a ponderação dos benefícios econômicos reais (investimentos, indústrias, créditos, importações, tecnologia, informações, equipamentos, empregos) que o México tem obtido e continua a obter em consequência da sua proximidade dos Estados Unidos.

"Nosso ódio dos Estados Unidos também pode ser uma doença. Afinal, sou mexicano para alguma coisa", diz um personagem do livro *A fronteira de cristal*, de Carlos Fuentes.[17] Este deveria ter limitado sua afirmação, referindo-se não a todos os mexicanos, mas àquele setor da classe média (particularmente políticos, ideólogos e intelectuais) para quem a convicção de que nada de bom se pode esperar do vizinho ao norte do México tornou-se, há algum tempo, um truísmo. Pela mesma razão, o personagem está correto quando fala de doença – que se chama esquizofrenia. Somente um esquizofrênico, que não está em contato com a realidade, pode ficar preso às afrontas do passado e criar a noção de que a fronteira entre México e Estados Unidos tem sido a mais conflituosa da história. Basta olhar os mapas da Europa, do Oriente Médio ou da Ásia para saber que ela não é verdadeira.

É verdade que o rio Grande separa dois países com uma assimetria possivelmente sem precedentes, mas para se entender sua natureza, ela precisa ser abordada de perspectivas diferentes. O mexicano que emigra não vê a fronteira como uma cicatriz, mas como uma oportunidade para uma vida melhor que, infelizmente, não espera ter em seu próprio país. Esse mexicano não é guiado pelos traumas, justificados ou não, provocados pela história, e em sua vida diária não tem tempo nem uso para mitos. Muitos mexicanos que não são ideologicamente influenciados pensam da mesma maneira: o exportador de abacates, o *camponês* idoso que aguarda as remessas dos filhos, a mulher que teme que, se as *maquiladoras* forem fechadas, ela perderá seu emprego, os empreendedores globalizados. Nenhuma dessas pessoas concorda com o persistente antiamericanismo adotado pela classe média intelectual e política, vociferando contra os gringos em todas as oportunidades, mas frequentando as universidades, cidades e shopping centers da *gringolândia*. É interessante notar que o guru desta classe não é outro senão Noam Chomsky, um gringo irascível.

O que então deve fazer o México? Superar a esquizofrenia e entender a complexa realidade das relações EUA-México. Ir em frente com o projeto da convergência inteligente. Não *ser* eles, mas estar *com* eles sem deixar de ser ele mesmo. Aprender a fazer lobby junto ao governo americano, nos níveis estadual e federal. Usar a crescente influência hispânica na imprensa e na mídia. Depois de fazer sua transição para a democracia, o México é obrigado a reformular seu nacionalismo em termos positivos, como fazem muitos exportadores e empresas globalizadas.

Basta um exemplo de nacionalismo negativo: apesar de possuir vastos depósitos de gás natural para satisfazer a demanda interna e as necessidades de exportação, o México importa US$2 bilhões anuais de gás. A razão: "nos defender de investidores estrangeiros, para proteger nosso nacionalismo". Esses investidores, devidamente regulados por um regime fiscal moderno, não seriam exatamente proprietários mas concessionários, e seus investimentos, projetos e tecnologias seriam um incentivo para a economia nacional. Contudo, o setor permanece fechado ao investimento externo. Em nome do sacrossanto nacionalismo, o gás natural dorme no subsolo, como as gigantescas siderúrgicas dormem em Moscou. Enquanto isso, quem paga aqueles milhões? Está na hora de reconhecer que o nacionalismo, mesmo que tenha dado coesão política ao país, mostrou-se muito dispendioso.

O que devem fazer os Estados Unidos? No domínio político e diplomático, a relação EUA-México tem sido acidentada. Na arena econômica, a convergência continua a progredir. Mas há um aspecto da relação no qual os americanos têm sido particularmente sensíveis, atentos e generosos, sem se dar conta: cultura. No século XX, centenas de filmes usando temas mexicanos foram produzidos nos Estados Unidos. Embora muitos se baseassem em estereótipos, outros demonstraram um esforço genuíno para compreender a realidade social e a história do México; alguns foram verdadeiras obras de arte. Muitos viajantes, atraídos pela Revolução Mexicana, na qual muitas vezes veem refletidos seus próprios ideais anarquistas ou socialistas, visitaram o México e em alguns casos se envolveram de fato na vida mexicana, com todas as suas glórias e misérias. Por muitas décadas, viajando por suas áreas rurais e cidades e muitas vezes se estabelecendo nelas, os viajantes deixaram atrás de si ricos testemunhos por meio de suas histórias, romances, artigos jornalísticos, ensaios, fotos, pinturas, poemas, histórias locais, ensaios antropológicos, estudos arqueológicos e obras musicais.

A lista de escritores americanos que escreveram obras sérias sobre o México é impressionante e inclui John Reed, Hart Crane, Jack London, Katherine Ann Porter, John dos Passos, Bruno Traven, Wallace Stevens, John Steinbeck, Tennessee Williams, Kenneth Rexroth, William Carlos Williams, Robert Lowell, Allen Ginsberg, Jack Kerouac e muitos, muitos outros. De William Prescott em diante, cada período da história mexicana tem tido um historiador proeminente nos Estados Unidos. Na genealogia literária, o trabalho das mulheres tem sido especialmente sensível, variado e terno, como mostrou há algumas décadas o romance *Stones for Ibarra*, de Harriet Doerr. A indústria cinematográfica americana também produziu um tesouro de centenas de obras sobre o México – através do trabalho de atores, diretores, fotógrafos, roteiristas – filmes, romances, poemas, diários de viagens, cartas, livros de história – que foram esquecidos nos Estados Unidos e no México.

Seria muito benéfico explorar a possibilidade de promover projetos de documentários e editoriais visando a recuperação da grande história de cordialidade cultural entre os Estados Unidos e seus vizinhos latino-americanos, porque ela certamente ecoa na região, em especial em Cuba com Ernest Hemingway. O público leitor e a audiência refinada da televisão nos Estados Unidos ficariam surpresos com essa enorme riqueza cultural. Existem muitos trabalhos e autores americanos que foram marcados pelo México, assim como eles deixaram sua marca naquele país. E para concluir o projeto como esforço recíproco, valeria a pena republicar os trabalhos e testemunhos, não menos ricos, de artistas e escritores mexicanos e latino-americanos que viveram temporária ou permanentemente nos Estados Unidos ao longo de dois séculos. Eles ofereceriam ao público dos EUA uma notável imagem de si mesmo.

Devemos nos conhecer uns aos outros antes de nos condenar uns aos outros. Os anglo-americanos têm feito algum progresso neste terreno (a imprensa séria cobre a América Latina melhor do que há dez ou vinte anos), mas a ignorância do americano médio em relação aos nossos países continua profunda. Quanto à América Latina, os pensamentos de Daniel Cosío Villegas em 1968, referindo-se aos mexicanos, continuam a valer, mas para toda a região:

> Um dos traços desconcertantes do mexicano (...) é seu desdém olímpico pelos Estados Unidos: o país o enche de insultos, ele lhe atribui a culpa de todos os seus males, alegra-se com seus fracassos e anseia pelo seu desaparecimento deste planeta; mas ele certamente nunca tentou estudar o país, nem compreendê-lo. O mexicano tem preconceitos mas não tem julgamento, isto é, opiniões baseadas em pesquisa e reflexão.[18]

Foi o próprio Cosío Villegas o primeiro a notar que a solução era trabalhar no sentido da compreensão mútua: "pesquisar assuntos atuais ou a história do outro país talvez seja o melhor caminho para uma melhor compreensão".[19] Ele estava certo, como está certo hoje: existe uma necessidade urgente de projetos que promovam a compreensão mútua. A bibliografia acadêmica, literária e intelectual referente às relações entre os dois países de fato é vasta, mas não está incorporada ao debate vivo. Sua apresentação ao público em geral beneficiaria mais a relação bilateral do que todos os encontros presidenciais ou as reuniões interparlamentares juntos. A loucura nacional por pesquisas, bem como a cobertura da mídia, deveria encorajar essa investigação. Para citar apenas um exemplo: precisamos saber (por estratos, regiões, profissões, idade, sexo) o que os mexicanos pensam dos americanos e vice-versa, com respeito às suas respectivas histórias, culturas, posições políticas e valores.

A compreensão mútua por meio da cultura seria um complemento natural para a integração que de fato está ocorrendo devido à pressão de 35 milhões de "hispânicos" em todos os Estados Unidos. Pode parecer utópico, mas não é. Isto pode ser feito com criatividade e senso prático: *eles*, os Estados Unidos, poderiam estar olhando para *nós*, o México. Apesar de parecer utópico, para o México – e, por extensão, para o resto da América Latina – seria uma lição e o melhor antídoto para o sentimento antiamericano. Para os Estados

Unidos, seria uma revelação: a evidência de que os americanos podem compreender o mundo e contribuir enormemente para torná-lo mais habitável, caso se disponham a isso.

Notas

1. Lorenzo de Zavala, *Journey to the United States of North America*, traduzido por Wallace Woolssey, organizado por John-Michael Rivera (Houston, TX: Arte Público Press, 2005), pp. 2-3.
2. Idem, p. 3.
3. Justo Sierra Méndez, "En tierra yanquee", em *Obras completas del maestro Justo Sierra*, vol. 6, organizado por José Luis Martínez (Cidade do México: Universidad Nacional Autónoma de México, 1948), p. 107. Tradução do organizador.
4. Idem, p. 119. Tradução do organizador.
5. Ibidem, p. 120. Tradução do organizador.
6. Pedro Henríquez Ureña, *Selección de Ensayos*, organizado por José Rodríguez Feo (Havana: Casa de las Américas, 1965), p. 22.
7. Federico Gamboa, *Diario de Federico Gamboa (1892-1939)*, organizado por José Emilio Pacheco (Cidade do México: Siglo XXI, 1977), p. 117.
8. Ronald Steel, *Walter Lippmann and the American Century* (Boston: Little, Brown, 1980), p. 238.
9. José Martí, "Nuestra América", ensaio publicado na *New York Illustrated Magazine* (10 de janeiro de 1891) e no jornal mexicano *El Partido Liberal* (30 de janeiro de 1891).
10. Rubén Darío, "To Roosevelt", em Darío, *Cantos de vida y esperanza: Los cisnes y otros poemas* (Madri: Tipografía de la Revista de Archivos, Bibliotecas Y Museos, 1905), p. 640.
11. Idem.
12. Ibidem. Nemrod como o caçador lendário do Gênesis, o rei pagão que ousou matar, antes de Deus, suas criaturas: Gênesis 10:8-10.
13. Darío, "To Roosevelt".
14. Daniel Cosío Villegas, *Problemas de América: Rusia, Estados Unidos y la América Latina* (Cidade do México: El Colegio Nacional, 1997), p. 77.
15. Alan Riding, *Distant Neighbors: A Portrait of the Mexicans* (Nova York: Knopf, 1985).
16. Octavio Paz, *One Earth, Four or Five Worlds: Reflections on Contemporary History*, traduzido por Helen R. Lane (Nova York: Harcourt Brace Jovanovich, 1985), p. 34.

17. Carlos Fuentes, *Where the Air Is Clear* (Champaign, IL: Dalkey Archive Press, 2004), p. 218. [Ed. bras.: *A fronteira de cristal*. Rio de Janeiro: Rocco, 1999.]
18. Cosío Villegas, *Problemas de América*, p. 365. Tradução do organizador.
19. Idem. Tradução do organizador.

Capítulo 4

EXPLICANDO O LENTO DESENVOLVIMENTO DA AMÉRICA LATINA NA SEGUNDA METADE DO SÉCULO XX

Estratégias de Crescimento, Desigualdade e Crises Econômicas

Jorge I. Domínguez

Uma vergonha que o século XX latino-americano tenha sido tão magro! A lacuna no ritmo de desenvolvimento econômico entre a América Latina e os Estados Unidos, em termos de produto interno bruto *per capita* (PIB) começou no século XVII, aumentou no século XVIII e tornou-se extrema no século XIX. Em particular, o meio século subsequente à independência na América Latina foi, nesses termos, desastroso para o México e ruim para as Américas Central e do Sul. O "século XX mais ou menos" que evoco começou com a consolidação dos Estados latino-americanos por volta de 1870 e durou aproximadamente até a década de 1970. De 1870 até 1950, o crescimento do PIB *per capita* na América Latina era semelhante ou um pouco menor do que os Estados Unidos. De 1950 até a década de 1970, a taxa de crescimento do PIB *per capita* na América Latina foi ligeiramente maior que aquela dos Estados Unidos, porém depois, mais uma vez, caiu abruptamente.[1] O período entre 1870 e 1970 foi o único em que o crescimento na América Latina foi bom – apesar de ainda insuficiente.

Esta semelhança de curta duração na taxa de crescimento *per capita* entre Estados Unidos e América Latina significa que a diferença relativa entre os dois se manteve mais ou menos constante ao longo daquele período. De acordo com John Coatsworth e Alan Taylor, desde 1900 o PIB *per capita* na América Latina foi quase invariavelmente – e é até hoje – pouco superior a um quarto daquele dos Estados Unidos.[2] A partir de 1950, a lacuna entre os Estados Unidos e os maiores países da América Latina, como seria de se esperar pela observação de Coatsworth, também experimentou poucas mudanças. Houve um crescimento generalizado do PIB *per capita* dos países latino-americanos de 1950 até 2000, mas a um ritmo insuficiente para fechar a lacuna com os Estados Unidos. Como indicam as informações na Tabela 4.1, o Brasil reduziu a diferença até certo ponto, Colômbia e Chile ficaram um pouco para trás e o México permanece quase imutável em termos da sua lacuna com os Estados Unidos. Uma exceção notável é a Argentina, que sofreu uma queda relativa de 1950 a 2000 (veja a Tabela 4.1). Há duas outras exceções (não incluídas na Tabela 4.1) onde o PIB *per capita* caiu não só em termos relativos, comparado com o dos Estados Unidos: Nicarágua e Haiti. O PIB *per capita* da Nicarágua caiu de 17 para 6% em comparação com os Estados Unidos, enquanto o do Haiti caiu de 11 para 3%.

A dificuldade enfrentada pelo crescimento econômico latino-americano é mais chocante quando observamos as experiências de alguns países de fora da região. Como também indica a Tabela 4.1, Coreia do Sul e Taiwan eliminaram boa parte da sua diferença com os Estados Unidos e, ao mesmo tempo, abriram uma nova lacuna com a América Latina. Em 1950, o PIB *per capita* da Coreia do Sul era um terço daquele do México, ao passo que em 2000 era duas vezes maior do que o PIB daquele país. Em 1950, o PIB *per capita* de Taiwan era inferior a um quinto daquele da Argentina e em 2000 era o dobro do PIB argentino.

TABELA 4.1
Produto Interno Bruto (PIB) *per capita* de alguns
países em relação ao PIB *per capita* dos Estados Unidos

	1950	2000
Argentina	52	30
Brasil	17	20
Chile	40	35
Colômbia	23	18
México	25	26
Coreia do Sul	8	51
Taiwan	10	59

Fonte: Os cálculos usaram dados de Angus Madison, *The World Economy: Historical Statistics* (Londres: Development Centre, OCDE, 2003), tabelas 2c, 4c e 5c.

Existe porém uma segunda lacuna entre os Estados Unidos e a América Latina e entre países das Américas e alguns países asiáticos. Os países latino-americanos são caracterizados por desigualdades na distribuição de renda muito maiores que nos Estados Unidos. A Tabela 4.2 apresenta informações sobre a magnitude desta segunda lacuna, isto é, um indicador de desigualdade de renda de vários países em relação ao indicador de desigualdade de renda nos Estados Unidos. A Tabela 4.2 indica a alta desigualdade nos principais países latino-americanos e a desigualdade muito menor que prevalece no Japão e na Coreia do Sul, em ambos os casos em comparação com os Estados Unidos.

Assim como a diferença em crescimento econômico entre a América Latina e os Estados Unidos tem sido relativamente constante ao longo do tempo, o mesmo se deu com a desigualdade de renda na América Latina em comparação com os Estados Unidos. Por exemplo, em 1956-1957, a desigualdade de renda no México representava 136% daquela nos Estados Unidos, quase igual àquela que seria mais de quarenta anos depois. Além disso, a falta de variação na distribuição de renda também pode ser observada comparando cada país com sua própria história. Por exemplo, o índice de desigualdade do México (coeficiente Gini) era de 54,0 em meados dos anos 1950 e 54,6 em 2000.[3] De acordo com Werner Baer, o índice de desigualdade no Brasil em 1981 – o último ano do seu "milagre" econômico – era de 57,9; então, em consequência da crise econômica de 1982-1983, subiu para 59,7, caindo ligeiramente para 59,1 em 1998.[4] Em outras palavras, a distribuição de renda, tanto dentro dos países ao longo do tempo quanto em comparação com os Estados Unidos, tem sido relativamente estável apesar das crises econômicas, das mudanças nos modelos macroeconômicos e dos resultantes ajustes na política econômica.

TABELA 4.2

Desigualdade de renda em alguns países em relação à desigualdade de renda nos Estados Unidos, c. 2000

Argentina	Brasil	Chile	Colômbia	Japão	México	Coreia do Sul
128	145	140	141	61	134	77

Notas: Medições pelo indicador de desigualdade de renda conhecido como coeficiente Gini. Estados Unidos = 100.

Fonte: Cálculos baseados em dados do Banco Mundial, *World Development Indicators 2004* (Washington, D.C.: World Bank, 2004), tabela 2.7.

Ambas as diferenças com os Estados Unidos se originaram antes do período coberto neste capítulo, isto é, apareceram muito antes de 1950. Surgiram de fatores particulares do período colonial e especialmente no meio século subsequente às guerras de independência. Outros capítulos deste livro abordam as origens dessas lacunas e expõem as possíveis explicações. Porém, a combinação das duas lacunas implica que grande parte da população latino-americana sofreu e continua a sofrer o golpe duplo do crescimento econômico insuficiente e limitações importantes na renda pessoal. Em resumo, muitos latino-americanos permanecem na pobreza enquanto os países em que vivem não estão crescendo suficientemente depressa para gerar prosperidade para toda a sociedade.

Este capítulo analisa dois momentos distintos e mais recentes na história econômica latino-americana: o crescimento durante as décadas de 1950 e 1960 e as crises que se seguiram, com lembretes das variações importantes entre os países durante este meio século. Salienta a importância das políticas adotadas por vários governos latino-americanos, comparadas a outras que poderiam ter adotado ou que foram adotadas em outros países. Todos os argumentos expostos coincidem em um fator importante: os eventos ocorridos poderiam ter sido evitados. Não existe nenhum mal genético ou cultural que impeça o desenvolvimento econômico latino-americano. Não há nenhum fator estrutural que, de forma inevitável, resista a mudanças fundamentais na política de desenvolvimento e as impeça.

Em particular, este capítulo enfatiza os seguintes aspectos comparativos internacionais:

- a relação geral entre a economia interna e a economia internacional
- políticas específicas de comércio internacional e taxa de câmbio
- negligência em relação à desigualdade econômica e à pobreza
- investimento insuficiente em recursos humanos
- instabilidade institucional e falta de segurança jurídica

Os argumentos gerais apresentados são os seguintes:

1. As economias internas que conseguiram se inserir na economia internacional têm experimentado crescimento econômico mais rápido, tanto durante a grande expansão internacional do meio século anterior à Pri-

meira Guerra Mundial quanto em décadas recentes, como no caso dos países do leste da Ásia.

2. Os países que adotaram políticas comerciais e monetárias concebidas para estimular o comércio internacional cresceram mais.
3. Os países que estimularam o crescimento do seu mercado interno reduzindo a pobreza ligada ao crescimento econômico cresceram mais.
4. Os países que apoiaram e promoveram o treinamento e a saúde dos seus cidadãos, contribuindo assim para maior produtividade e eficiência, bem como para um melhor padrão de vida, cresceram mais.
5. Os países que forneceram garantias para poupança e investimentos e mantiveram mecanismos confiáveis para resolver litígios e conflitos políticos cresceram mais.

A América Latina tem tido mau desempenho quando analisada sob o prisma desses cinco argumentos. Em ocasiões críticas, a região procurou se isolar da economia internacional, adotando com frequência políticas adversas ao comércio internacional (algumas vezes até mesmo reprimindo as exportações). Alguns líderes políticos têm confundido retórica populista com uma redução muito limitada na pobreza e fizeram esforços insuficientes para educar seu povo. Em momentos vitais da história da região, repetidas intervenções militares têm levado a rupturas da ordem internacional e ao desmantelamento dos sistemas judiciários.

Em alguns casos, os cinco argumentos aqui mencionados são apresentados em debates acadêmicos como contraditórios, ou pelo menos fundamentalmente diferentes. Este capítulo reconhece que é útil especificar se a explicação dos resultados econômicos na América Latina se deve principalmente a fatores institucionais, pouco investimento em recursos humanos ou à desigualdade econômica. Este é um debate intelectualmente crucial, ativo e atrativo. Mas para os fins deste capítulo basta propor que esses argumentos são convergentes. A América Latina tem investido de forma insuficiente em recursos humanos, é caracterizada por uma desigualdade marcante que não muda e tem sofrido com uma estrutura institucional adversa ao crescimento econômico. A acumulação e a convergência desses fatores explicam a diferença entre a América Latina e os Estados Unidos e entre a América Latina e os países asiáticos em rápido crescimento no final do século XX.

A grande onda de crescimento mundial e latino-americano dos anos 1950 e 1960

Um fator importante que explica o crescimento econômico da América Latina nos anos 1950 e 1960 foi o contexto benevolente da economia mundial. O crescimento extraordinariamente rápido do Japão e o notável crescimento das economias da Europa Ocidental moldaram o cenário econômico internacional naqueles anos. O crescimento do PIB *per capita* do Japão foi mais de três vezes maior que o dos Estados Unidos, e Alemanha e Itália cresceram ao dobro do ritmo americano. Na Coreia do Sul e em Taiwan o crescimento do PIB *per capita*, apesar de inferior ao do Japão, foi mais rápido do que o crescimento na Alemanha, nos Estados Unidos e em todos os países latino-americanos. Porém, a taxa de crescimento nos Estados Unidos não foi insignificante: o PIB *per capita* cresceu mais rápido do que em praticamente qualquer outra época da sua história.[5] Portanto, naqueles anos as economias dos países já industrializados tiveram o melhor momento da sua história econômica conjunta, com o seu comércio internacional crescendo quase duas vezes mais do que a taxa de crescimento do PIB.

Na América Latina, três grupos abrangendo diferentes tipos de crescimento podem ser distinguidos dentro de um quadro generalizado de crescimento econômico. O primeiro inclui os pequenos países da América Central e do Caribe. Apesar de dificuldades durante a segunda metade dos anos 1950, esses países conseguiram se ligar ao crescimento econômico mundial e acelerar seu próprio desenvolvimento econômico e começar a diversificar sua base produtiva, em especial na década de 1960. Do fim da Segunda Guerra Mundial até a eclosão da crise econômica mundial no início dos anos 1970, o ritmo de crescimento do PIB na América Central foi consideravelmente maior do que 5% ao ano.[6] Para aqueles pequenos países com mercados internos limitados, o grande crescimento da economia mundial foi a explicação fundamental para o dinamismo econômico naquele período. Dentro deste grupo, o campeão do crescimento em PIB *per capita* foi um pequeno país exportador, o único da região cuja taxa de aumento da prosperidade excedeu a de Hong Kong e chegou perto daquela da Coreia do Sul. Esse país foi Porto Rico, que tinha livre acesso ao mercado dos EUA e que, em termos de distribuição de renda e de crescimento, superou Argentina e México nos anos 1950.[7]

Um segundo grupo de países dominou os resultados estatísticos gerais para a América Latina devido ao tamanho desproporcional de suas economias e, naqueles anos, seus sólidos padrões de crescimento econômico: Brasil e México. Em ambos os países, o crescimento sustentado do PIB em mais de 6% anuais durante a maior parte de um quarto de século superou o da Alemanha e da Itália no mesmo período, foi muito mais rápido que o dos Estados Unidos e provocou transformações importantes em suas estruturas econômicas internas.[8] Porém, tanto o Brasil como o México tiveram menos sucesso na geração de prosperidade do que os países europeus e do leste da Ásia, apesar de apresentarem resultados melhores do que os dos Estados Unidos, devido às taxas mais altas de crescimento populacional no Brasil e no México.

Um terceiro grupo de países – Argentina e Chile – permaneceu abaixo da média latino-americana, com taxas de crescimento inferiores àquelas dos dois outros grupos, bem como das de Colômbia e Peru. Não obstante, os membros deste terceiro grupo tiveram algum crescimento. As experiências de Argentina e Chile dominaram amplamente o debate econômico da América Latina, graças em grande parte ao renomado economista argentino Raúl Prebisch, o mais importante intelectual do pensamento econômico em toda a região e líder por muito tempo da Comissão Econômica para a América Latina e o Caribe (Cepal), sediada em Santiago.

Brasil e México de 1950 até os anos 1970

Brasil e México merecem atenção especial para o período de 1950 até os anos 1970 por duas razões: sua capacidade de crescer mais rápido durante aquelas décadas e o fato de contarem com uma sólida maioria da população da América Latina. Brasil e México se destacam de muitas maneiras quando comparados com seus vizinhos centro-americanos; porém, sua taxa de crescimento econômico não é um fator de distinção. De 1950 até 1970, tanto as economias da América Central quanto as economias do Brasil e do México cresceram mais rápido que a economia dos EUA, mas conseguiram isso de maneiras diferentes. A América Central manteve um modelo de crescimento ligado à economia mundial. Já Brasil e México desenvolveram um modelo baseado na industrialização para substituição de importações (ISI) e no fomento da produção interna, especialmente no setor industrial.

O processo de industrialização no Brasil e no México começou no final do século XIX, quando as duas economias estavam abertas ao comércio internacional. Este processo se aprofundou e consolidou em resposta à grande depressão econômica mundial na década de 1930, atingindo seu ponto alto no Brasil e no México, bem como em outros países sul-americanos, no quarto de século subsequente à Segunda Guerra Mundial. As taxas de crescimento eram visivelmente altas, mesmo quando comparadas com as economias de crescimento mais rápido. Por exemplo, de 1950 a 1960, o PIB *per capita* na Coreia do Sul aumentou por um fator de 1,44, no Brasil por 1,40 e no México por 1,33. (Na Argentina, para comparar, o aumento foi de somente 1,11.)[9] As diferenças entre Coreia do Sul, de um lado, e Brasil e México do outro foram consideráveis somente nas décadas subsequentes.

O crescimento anual da produção industrial foi o fator fundamental nesta estratégia de desenvolvimento econômico. De acordo com Ricardo Ffrench-Davis, Oscar Muñoz e José Gabriel Palma, o crescimento industrial anual no Brasil foi superior a 9% na década de 1950 e 8,5% de 1960 até 1973. No México, foi superior a 6% nos anos 1950 e 8,8% de 1960 a 1973.[10] Esta experiência positiva também motivou os pequenos países centro-americanos a tentar a industrialização por substituição de importações através da formação do Mercado Comum Centro-americano, um processo cujo sucesso se limitou aos anos 1960.

É preciso lembrar que a estratégia de substituição de importações não foi inventada pelo Brasil ou pelo México para grandes economias, nem teve início em meados do século XX. No início da Primeira Guerra Mundial, os Estados Unidos impuseram uma tarifa sobre suas importações industriais semelhante àquela do México, pouco menor do que a do Brasil e muito maior do que a da Argentina. Nas décadas de 1950 e 1960, como observa Dani Rodrik, havia pouca liberalização de importações na Coreia do Sul e em Taiwan.[11] A inovação latino-americana depois de 1950 foi a imposição de barreiras muito elevadas, atrapalhando o comércio internacional. No Brasil, por exemplo, como nos lembra Werner Baer, a combinação de barreiras tarifárias e não tarifárias resultou em um nível de proteção nos anos 1950 equivalente a um imposto de 250% sobre as importações de bens manufaturados, ao mesmo tempo em que as exportações eram negligenciadas. Nos anos 1960, a taxa efetiva de proteção para as importações de bens de consumo duráveis era superior a 100% na Argentina, no Chile e no México e era de 200% no Brasil.[12] A longo prazo, esse exagero do modelo resultou na criação de empresas latino-americanas ineficientes, produtos de baixa qualidade e atendimento pior aos consumidores; além disso, as empresas eram cada vez mais dependentes de subsídios governamentais diretos ou indiretos.

Negligenciar as exportações não era um problema exclusivamente latino-americano, embora não houvesse dúvidas de que isso era um problema. De 1950 a 1960 a Coreia do Sul, que na época também seguia o modelo de substituição de importações, elevava suas exportações a um ritmo mais lento que o do Brasil (2,1%) e do México (3,1%). De 1960 a 1965, as exportações como parcela do PIB eram praticamente as mesmas para Brasil, México e Coreia do Sul, que estavam ligeiramente abaixo do valor para Taiwan. Na época, nenhuma dessas economias era exportadora.

O papel do Estado na definição da direção para a economia foi outro fator fundamental da experiência que se tornou generalizada na América Latina a partir dos anos 1930. Este foi especialmente o caso no Brasil e no México, embora o papel do Estado como promotor central do desenvolvimento econômico em países "atrasados" também não fosse uma inovação latino-americana. Esse papel já havia sido um componente importante do desenvolvimento industrial europeu no final do século XIX, como salientou há algum tempo Alexander Gerschenkron.[13] A experiência japonesa também destaca o papel do Estado como coordenador e fonte de capital e até mesmo de promotor e acelerador das exportações – tarefa executada depois da Segunda Guerra Mundial pelo Ministério de Comércio Internacional e Indústria do Japão.[14] Uma diferença que com o passar do tempo assumiria maior importância é o fato de o papel do Estado na América Latina ter sido, em muitos casos, improvisado, mal coordenado e incompetente. Em resumo, a ação ineficaz e a incapacidade do Estado latino-americano foram mais importantes que seu tamanho total em relação à economia.

Outro elemento importante das experiências brasileira e mexicana foi a criação de empresas estatais. Com isso eles meramente imitaram as experiências de muitos países europeus (Coreia do Sul e Taiwan também criaram muitas empresas estatais nos anos 1950 e 1960). No final da década de 1970, de acordo com estudos patrocinados pelo Fundo Monetário Internacional, as empresas estatais respondiam por 25 a 32% dos investimentos internos totais na Coreia do Sul e em Taiwan, porcentagem comparável aos 23 e 29% respectivamente no Brasil e no México. A contribuição dessas estatais para o déficit como porcentagem do PIB era maior na Coreia do Sul e em Taiwan do que no Brasil e no México. Deve-se notar que, nos quatro países, as estatais foram criadas naqueles anos muitas vezes em resposta a situações *ad hoc*, não como parte de estratégias coerentes de desenvolvimento.[15] De modo geral, as estatais deficitárias deram origem a problemas em países muito diferentes, com a peculiaridade na América Latina de que eles só foram resolvidos quando era tarde demais.

É verdade que o papel do Estado distingue as economias dos Estados Unidos, do Brasil e do México – e de outros países na América Latina e na Ásia – mas é falso que um papel importante para o Estado impeça, por si só, o crescimento econômico rápido. Tem sido uma experiência histórica normal em vários países, mais recentemente na Ásia oriental, o papel econômico fundamental do Estado. De 1950 até a década de 1970, o Estado no Brasil e no México – e no leste da Ásia – facilitou a mobilização de recursos públicos e privados. O objetivo era de crescer, a qualquer custo, o mais rápido possível e contra todo obstáculo. Outra diferença entre o papel do Estado na América Latina e no leste da Ásia, além daquelas já indicadas, é que o primeiro, em comparação com o segundo, negligenciou a desigualdade econômica entre seus cidadãos e também o investimento em recursos humanos, como veremos.

Origens contemporâneas do atraso latino-americano

Como já foi indicado, as origens da lacuna de desenvolvimento entre os Estados Unidos e a América Latina vão muito mais longe do que as últimas décadas. Não obstante, ainda é importante analisar as deficiências no desempenho econômico da América Latina no período contemporâneo, mais uma vez com atenção especial aos países maiores, Brasil e México.

Quando a onda de crescimento de 25 anos subsequente à Segunda Guerra Mundial chegou ao fim, surgiram quatro problemas que também faziam parte da experiência dos anos 1950 e 1960, mas cujos resultados danosos somente viriam a aparecer algum tempo depois: falta de exportações, supervalorização da taxa cambial, negligência em relação ao problema da desigualdade econômica e investimentos escandalosamente inadequados em capital humano. A grande divergência entre as estratégias econômicas da Ásia oriental e da América Latina, como afirma Alice Amsden, originou-se do papel das exportações como motor de desenvolvimento.[16] Brasil e México exportavam pouco e, em contraste com os países da Ásia oriental, não mudaram suas estratégias com o passar do tempo para se ajustarem às mudanças na economia global. Em 1980, por exemplo, as exportações já representavam 34% do PIB da Coreia do Sul, 53% de Taiwan e

24% da Tailândia – uma mudança extraordinária em desempenho comparada com os dados citados dos anos 1950. Contudo, no Brasil, as exportações representavam somente 9%. Comparando dois países exportadores de petróleo e também de outros bens, ambos com grandes populações e territórios extensos, em 1980 as exportações representavam 33% do PIB na Indonésia, mas apenas 11% no México.

Numa comparação criteriosa das experiências dos grandes países da América Latina e da Ásia oriental, Jeffrey Sachs observa que os países asiáticos evitaram persistentemente a supervalorização das suas taxas cambiais e, portanto, não puniram seu setor exportador.[17] Porém, os países latino-americanos tiveram uma experiência muito mais volátil, permitindo em alguns casos uma supervalorização extraordinária de suas taxas cambiais, o que exigia, de tempos em tempos, desvalorizações drásticas de suas moedas. Em vários países latino-americanos, a supervalorização cambial subsidiava indiretamente o consumo da classe média.

Não era imposssível corrigir essas duas deficiências da política econômica no Brasil e no México. Na década de 1950, o perfil econômico da Coreia do Sul era hostil a exportações. Acadêmicos dentro e fora da Coreia estavam preocupados com a possibilidade dos valores culturais coreanos serem um obstáculo insuperável que impediria o crescimento econômico. Mas a Coreia do Sul, como Taiwan, conseguiu modificar sua estratégia econômica depois dos anos 1950, assim como os Estados Unidos fizeram depois da Segunda Guerra Mundial estabelecendo um sistema internacional para a liberalização do comércio. Enquanto alguns países realizaram as reformas estruturais necessárias à liberalização do comércio, os países latino-americanos optaram por não fazê-las.

Porém, houve duas outras áreas importantes nas quais a América Latina e a Ásia oriental divergiram: reforma agrária e desenvolvimento do capital humano. No final da Segunda Guerra Mundial, os Estados Unidos impuseram uma reforma agrária drástica ao Japão e à sua antiga colônia, a Coreia do Sul; o governo do Partido Nacionalista de Taiwan também realizou uma grande reforma agrária. Nesses três países, a ruptura do antigo sistema de direitos de propriedade imposta do exterior promoveu igualdade e serviu como vacina para o futuro; a questão da desigualdade foi removida da agenda política nacional. Como indica a Tabela 4.2, hoje a desigualdade de renda na Coreia do Sul e no Japão é muito menor do que nos Estados Unidos e na América Latina.

Em comparação, Stanley Engerman e Kenneth Sokoloff indicam que, por volta de 1900, três quartos das famílias nos Estados Unidos e uma parcela ainda maior no Canadá possuíam suas terras em áreas rurais. Na mesma época, a parcela de famílias proprietárias de terras nos pampas argentinos era inferior a 10% e nas áreas rurais do México, menos de 3%.[18] Enquanto nos Estados Unidos foi implantado um processo de aquisição generalizada de propriedades rurais, isso não ocorreu na América Latina. Na maior parte dos países latino-americanos não houve reforma agrária e, onde houve, o processo foi parcialmente dissociado de um quadro de economia de mercado (em contraste com os países da Ásia oriental). Por exemplo, a reforma agrária mexicana impediu a plena participação do sistema de *ejidos* [fazendas comunitárias] na economia de mercado, condenando os *ejidatarios* à pobreza. No Brasil e no México, assim como em outros países latino-americanos, persistiu a demanda pela redistribuição de terras em violação dos direitos de propriedade.

A negligência na correção da desigualdade econômica tem outro componente: a discriminação racial ou étnica. Países diferentes como Cuba, Estados Unidos, Índia e África do Sul têm mostrado que a política oficial pode mudar a desigualdade entre grupos raciais ou étnicos, mas é claro que é preciso desenvolver uma política eficaz. Até muito recentemente, os governos latino-americanos em geral davam pouca atenção a esta questão e, em muitos casos, chegaram a negar a existência do problema. Porém, a pesquisa do Banco Mundial indica que – controlando estatisticamente fatores individuais como educação, ocupação e renda – a discriminação racial ou étnica pode explicar um quarto das diferenças de renda entre indígenas e não indígenas na Bolívia; a metade na Guatemala, no México e no Peru; e a metade no Brasil, entre brancos e não brancos.

Finalmente, os países latino-americanos em geral e não apenas o Brasil e o México têm investido muito menos no desenvolvimento de recursos humanos do que os países da Ásia oriental. Na América Latina, comparados com outros países, os índices de matrículas de estudantes em escolas primárias e secundárias permaneceram baixos e a qualidade do sistema de ensino em geral é inferior. A Tabela 4.3 resume as informações sobre matrículas em escolas secundárias. As matrículas no México representam aproximadamente metade daquelas registradas na Coreia do Sul, Espanha e nos Estados Unidos. Os resultados do Brasil são especialmente fracos: as matrículas do grupo etário adequado no ensino secundário equivalem a um quarto do número encontrado na Coreia, Espanha e nos Estados Unidos.

TABELA 4.3
Matrículas no ensino secundário e salários de professores em escolas primárias públicas, 1995-1998

	% de Matrículas Líquidas no Ensino Secundário, 1995	Salários de Professores de Escolas Primárias Públicas (US$), 1998
Coreia do Sul	96	39.921
Espanha	94	29.590
Estados Unidos	89	33.973
OCDE	nd	28.441
Tailândia	nd	15.759
Argentina	59	9.442
Chile	55	15.233
Malásia	nd	10.876
Colômbia	50	nd
México	46	12.450
Brasil	19	6.451

Notas: nd = não disponível

Salário para um professor com 15 anos de experiência, em dólares, expresso pela paridade do poder de compra (mais conhecido por seu acrônimo em inglês, PPP).

O número de matrículas mostra as matrículas como porcentagem da população em idade para frequentar uma escola secundária.

OCDE = Organização para Cooperação e Desenvolvimento Econômico.

Fonte: Partnership for Educational Revitalization in the Americas, *Lagging Behind: A Report Card on Education in Latin America, 2001* (Washington, DC: Inter-American Dialogue, 2001), pp. 29, 42, baseado em dados da Unesco e da OCDE.

Além disso, como indica a Tabela 4.3, os professores com 15 anos de experiência em escolas primárias no Brasil recebem salários equivalentes a menos da metade do que recebem seus pares na Tailândia. No México, os salários dos professores de escolas primárias não chegam à metade da média dos países da OCDE, da qual aquele país é membro. Portanto, não deve ser surpresa que a qualidade do ensino seja deficiente. Veja o exemplo do Chile. O país lidera a América Latina em termos de remuneração aos professores e está em segundo lugar em matrículas no ensino secundário. Contudo, o Chile apresenta mau desempenho na qualidade de ensino, quando comparado com os padrões internacionais. A Tabela 4.4 apresenta cálculos derivados de um teste internacional feito em 1999 em dezenas de países sobre conhecimentos de matemática de estudantes da 8ª série. Os resultados nos Estados Unidos estão pouco acima da média mundial. Os resultados da Coreia do Sul são melhores que os dos Estados Unidos nas tabelas 4.3 e 4.4. O Chile, país com melhor desempenho na América Latina, está muito atrás em relação ao resto do mundo: seu desempenho é superado pela Tailândia nas tabelas 4.3 e 4.4 e, em desempenho acadêmico, até mesmo pela Malásia, onde os salários dos professores são inferiores aos do Chile. Se a qualidade do investimento chileno em desenvolvimento humano é baixo em termos internacionais, segue-se que a fraqueza geral da competitividade da América Latina não deve constituir surpresa.

O baixo investimento e a má qualidade dos recursos humanos na América Latina impedem o desenvolvimento de mecanismos alternativos de mobilidade social, maior prosperidade e a total eliminação da pobreza. O crescimento da região desde o fim da Segunda Guerra Mundial até a década de 1970 se deveu mais ao aumento da população, que alimentou o mercado de mão de obra, e à injeção de capital (em grande parte estrangeiro) e não a ganhos de produtividade. Não é surpresa que o crescimento anual de produtividade na América Latina, de acordo com estudos do Banco Mundial e do Banco Interamericano para o Desenvolvimento, tenha sido menor do que o aumento anual de produtividade nos países da Ásia oriental nas três décadas desde 1970 e, nas duas décadas a partir de 1980, ainda menor do que os ganhos anuais de produtividade nos países do sul da Ásia.

TABELA 4.4

Desempenho acadêmico em matemática de alunos da oitava série como porcentagem do desempenho nos Estados Unidos, 1999

Coreia do Sul	Malásia	Estados Unidos	Média Internacional	Tailândia	Chile
117	103	100	97	93	78

Fonte: Cálculos baseados em dados de Partnership for Educational Revitalization in the Americas, *Lagging Behind: A Report Card on Education in Latin America, 2001* (Washington, DC: Inter-American Dialogue, 2001), p. 32.

A pobreza impede a plena participação na economia e na sociedade. No fim do século XX, a proporção da população com renda inferior a US$2 por dia era de 22% no Brasil e 26% no México, mas era inferior a 2% na Coreia do Sul e 9% na Malásia, de acordo com números do Banco Mundial.[19]

A cesta de instituições

Um objetivo para o desenvolvimento de instituições de economia política é reduzir a incerteza de forma a facilitar investimentos, inovações e a eficiência. Para Douglass North, entre outros, regimes políticos democráticos e economias de mercado descentralizadas, com garantias claras e bem protegidas para direitos de propriedade, são as instituições preferidas para a geração de uma estrutura institucional com capacidade efetiva de adaptação.[20]

As economias mais desenvolvidas do mundo estão em países com regimes democráticos. Contudo, o crescimento econômico ocorre em ditaduras e em democracias. Por exemplo, nos anos cobertos por este capítulo houve um crescimento econômico considerável nas democracias europeias e no Japão, bem como na China, Coreia do Sul e Taiwan, sendo que as duas últimas eram governadas por ditaduras até o início da década de 1990. Além disso, havia crescimento econômico há cem anos tanto nos Estados Unidos quanto na Rússia czarista.

Os países latino-americanos que mais cresceram entre 1950 e o início dos anos 1970 foram o Brasil, a Costa Rica e o México. Durante aqueles anos, houve uma alta taxa de crescimento no PIB *per capita* tanto na Costa Rica democrática quanto na Nicarágua sob a ditadura da família Somoza – maior na Costa Rica nos anos 1950 e maior na Nicarágua nos anos 1960.[21] O México mantinha um regime político autoritário e o Brasil tinha um regime democrático (com grandes deficiências) até 1964 e um autoritário de 1964 em diante. Da crise mundial de 1973 até o fim do século XX, o melhor crescimento no PIB *per capita* ocorreu na Colômbia (democrática) e no Paraguai (autoritário até o fim da década de 1980).[22]

É útil pensar em termos de uma cesta de regras, ou instituições, que em diferentes combinações geram crescimento econômico, apesar de outras diferenças entre países e regimes políticos. Este conceito de uma cesta de instituições também ajuda a explicar casos aparentemente anômalos. Por exemplo, uma instituição particularmente preferida por Douglass North e muitos outros é a garantia de direitos de propriedade, fundamental para reduzir a incerteza, uma vez que garante o futuro para muitos agentes econômicos. Porém, quando os Estados Unidos conquistaram sua independência em 1783, houve uma drástica redistribuição de imóveis – expropriações não compensadas – através de emigração, em muitos casos forçada, para a América do Norte britânica (hoje Canadá) de muitas pessoas leais ao regime colonial. Houve uma segunda grande violação de direitos de propriedade nos Estados Unidos na esteira da Guerra Civil na década de 1860. As reformas agrárias na Coreia do Sul, no Japão e em Taiwan pouco depois da Segunda Guerra Mundial já haviam sido mencionadas. No caso da Coreia do Sul, a ditadura iniciada em 1961 instituiu, entre suas medidas iniciais, a prisão de grandes empresários, além do confisco de suas propriedades. Fica claro então que o crescimento econômico é possível em países em que os direitos de propriedade foram violados. Uma resposta é que os direitos de propriedade podem ser violados apenas uma vez, mas os exemplos anteriores mostram duas violações nos Estados Unidos e duas na Coreia do Sul durante a mesma década. Nesses vários exemplos, as violações de direitos de propriedade ocorreram em conexão com guerras ou eventos semelhantes. Na Europa ocidental, América do Norte e na Ásia Oriental, os direitos de propriedade normalmente têm sido protegidos em tempos de paz e esta é uma diferença vital em relação à América Latina.

Uma característica distintiva na América Latina tem sido a longa persistência de violações dos direitos de propriedade, mesmo na ausência de guerras internacionais ou guerras civis prolongadas. Essa persistência, que em vários casos dura até hoje, cria condições de insegurança permanente para poupança e investimentos e estimula a fuga de capitais em busca do domínio da lei. Portanto, os países latino-americanos, em sua maioria, carecem de instituições capazes de criar confiança na existência de uma estrutura legal que proteja os investimentos a longo prazo, os quais por sua vez geram o crescimento econômico sustentado.

A democracia também é uma instituição que garante a estabilidade futura, uma vez que regula a alternância do presidente ou do primeiro-ministro, dependendo dos arranjos constitucionais. A substituição de um chefe de governo por outro, mesmo que seja um político da oposição, é um procedimento normal sob regras estabelecidas e conhecidas em um regime democrático. Essa alternância não representa um risco para a estabilidade; ao contrário, ela a consolida.

Esta análise sugere uma maneira de distinguir ditaduras capazes de assumir compromissos que afetam o futuro daqueles que não possuem essa capacidade. Por exemplo, as antigas monarquias absolutistas tinham um mecanismo para garantir compromissos para o futuro: a sucessão dinástica. Algumas das ditaduras com melhores resultados econômicos também eram dinásticas, como no caso de Taiwan. O crescimento econômico da Nicarágua se acelerou depois do assassinato de Anastasio Somoza García porque houve uma transição bem-sucedida do poder de uma só pessoa para seus dois filhos. É claro que a sucessão dinástica não substitui a necessidade de adoção de medidas econômicas eficazes e esse sistema é vulnerável, dependendo da qualidade dos herdeiros. A experiência econômica da Espanha no século XVII, do Haiti sob a família Duvalier da década de 1950 até a de 1980 e da Coreia do Norte desde os anos 1980 são exemplos de sistemas dinásticos que enfrentaram esses problemas. Portanto, a sucessão dinástica não é uma solução confiável, nem deve ser recomendada.

Mais eficazes têm sido as instituições de regimes autoritários que adotaram mecanismos organizados de sucessão, em muitos casos escritos na constituição. Mario Vargas Llosa caracterizou o antigo sistema político mexicano como uma "ditadura perfeita" por várias razões, mas uma delas era a capacidade de garantir uma transferência pacífica de poder de um presidente para outro, conforme programado, a cada seis anos.[23] O regime militar que subiu ao poder no Brasil em 1964 também adotou procedimentos sucessórios ao estilo mexicano. Como já foi observado, tanto o Brasil quanto o México tiveram resultados excelentes em termos de crescimento econômico do final de Segunda Guerra Mundial até o início dos anos 1970.

A China comunista não teve resultados significativos em termos de crescimento econômico durante seu período de regime autoritário de uma só pessoa, cujos caprichos provocaram grandes desastres humanos e econômicos. O subsequente crescimento econômico da China ocorreu por várias razões, mas uma delas é uma grande mudança no sistema político do país, que deixou de ser uma ditadura de uma só pessoa. Mecanismos sucessórios relativamente estáveis foram instalados, permitindo que o governo assuma compromissos no futuro em nome de instituições do partido e do Estado.

Sozinhas, as instituições do regime político não geram crescimento econômico. São necessárias políticas econômicas adequadas para se conseguir o crescimento, mas as estruturas institucionais políticas dão garantias razoáveis de que as políticas adotadas serão duráveis, encorajando assim os agentes econômicos – tanto em democracias quanto em regimes autoritários com mecanismos sucessórios sujeitos a um regime constitucional – a assumir compromissos de investir mais e inovar em um futuro mais previsível.

A relação entre a alternância do chefe de Estado ou de governo e a capacidade de garantir direitos de propriedade é crucial. Em um regime político sem procedimentos institucionalizados para a alternância presidencial, um presidente e seu ministro das Finanças podem assumir um compromisso com as regras fundamentais que garantem os direitos de propriedade e regem a conduta da economia somente até o momento de suas mortes ou sua deposição. Um regime político com procedimentos institucionalizados para a alternância do chefe de Estado, seja autoritário ou democrático, dispõe de meios para garantir direitos econômicos fundamentais a longo prazo. O respeito a essas regras econômicas não depende de uma só pessoa, mas da constituição do regime.

Portanto, na América Latina, os excelentes desempenhos econômicos de 1950 a 1973 do Brasil, da Costa Rica e do México têm um importante fator em comum: os três regimes políticos, muito diferentes, contavam com instituições que regiam a transferência pacífica e constitucional da presidência (com exceção do golpe militar no Brasil em 1964). O sólido crescimento econômico dos países centro-americanos nas décadas de 1950 e 1960, mencionado aqui, também foi acompanhado por mecanismos relativamente estáveis para a alternância da presidência por meio de seleções internas nas Forças Armadas. Entre as maiores economias da América Latina, aquela que evitou um grande revés econômico de 1981 a 1983 foi a Colômbia, que tinha mecanismos constitucionais eficazes para gerenciar sua política macroeconômica, apesar de sofrer terríveis problemas de violência pública.

Como indica a Tabela 4.1, o pior resultado foi o da Argentina, o único país latino-americano com golpes militares triunfantes nas décadas de 1950, 1960 e 1970 e levantes militares ou tentativas de golpe durante a década de 1980 e até 1990. Além disso, os regimes militares argentinos sofriam de outra deficiência: geraram sua própria instabilidade, uma vez que o país sofreu golpes militares sob cada um dos regimes militares estabelecidos em 1962, 1966 e 1976.[24]

A exceção da Argentina em termos do seu fraco desempenho econômico tem outra característica institucional que foi identificada na pesquisa de Gretchen Helmke: a criação de insegurança jurídica mediante a destruição sistemática da capacidade de ação autônoma na Suprema Corte.[25] Uma função crucial da Suprema Corte é a de prover uma garantia coletiva e institucional das regras estabelecidas, inclusive a garantia de direitos de propriedade, necessários ao crescimento econômico. Essa garantia do domínio da lei deve necessariamente ser independente das filiações políticas dos membros da Suprema Corte. Esta deve ser uma garantia do Estado e não dos indivíduos que exercem funções públicas.

Um momento de transição no caminho para a insegurança jurídica na Argentina foi a remoção de três dos cinco membros da Suprema Corte e a demissão forçada do quarto membro em 1947. Essa decisão teve repercussões duradouras. Depois do golpe militar de 1955, quase todos os membros da Suprema Corte eram substituídos a cada mudança de regime político até 1983. No governo militar, eles eram afastados por decreto; em governos democráticos, por demissão forçada. O resultado foi uma notável politização da Suprema Corte, a qual, de maneiras diferentes, persiste até hoje porque uma coisa semelhante aconteceu na transição da presidência de Raúl Alfonsín para as presidências de Carlos Menem e Néstor Kirchner. Na Argentina, a Suprema Corte somente pode garantir os direitos de interesse para o presidente no poder, seja ele quem for. Essa garantia só é útil enquanto aquele presidente está no cargo; em outras palavras, não se trata realmente de uma garantia do Estado. Assim, é compreensível que as crises tenham interrompido os momentos de crescimento econômico.

Um mau começo para o século XXI na América Latina

A crise econômica mundial do início dos anos 1970 combinou a desvalorização do dólar, um aumento abrupto nos preços do petróleo, um aumento na inflação nos países mais e menos desenvolvidos do mundo e uma recessão mundial que caracterizou boa parte daquela década, deixando a América Latina mal posicionada para iniciar o século XXI. Os antigos padrões de estabilidade na economia internacional se romperam de repente, exigindo que os países se tornassem mais ágeis em sua capacidade de manobrar. Não é difícil entender por que a América Latina enfrentou dificuldades econômicas depois dos anos 1970, como o resto do mundo. Porém, lá pelos anos 1980 a América do Norte, a Europa ocidental e, em particular, a Ásia oriental, estavam saindo dessas dificuldades; mas a América Latina não.

A pergunta-chave é: o que aconteceu na América Latina durante os anos 1970 quando América do Norte, Europa ocidental e Ásia oriental estavam reorganizando suas economias? Em vários países centro-americanos – Guatemala, El Salvador e Nicarágua – romperam guerras internas e internacionais, afetando indiretamente Honduras e Costa Rica. Os governos constitucionais foram derrubados na Argentina, no Equador, no Chile e no Uruguai; os dois últimos esperaram décadas por sua estabilidade institucional. Os governos militares do Cone Sul, em nome da proteção da "civilização ocidental", assassinaram milhares de compatriotas sem o menor respeito pela legalidade e pelos direitos humanos. Além disso, a instabilidade institucional dos regimes militares autoritários, já notada no caso extremo da Argentina, também foi observada nos regimes militares da Bolívia e do Peru, isto é, houve golpes militares até mesmo contra governos militares. Nestes casos, as "forças da ordem" foram as maiores geradoras de desordem. Em meados da década de 1970 os regimes autoritários, quase todos militares, prevaleciam na América Latina, exceto na Costa Rica, Colômbia e Venezuela.

Foram esses governos autoritários que tomaram a decisão de fazer dívidas, em vez de ajustar as estruturas econômicas da América Latina para enfrentar a crise econômica mundial. Foram eles que mantiveram a supervalorização cambial e a exageraram no fim da década de 1970. Foram eles (com exceção do Chile) que ignoraram a necessidade de modificar de forma fundamental a orientação antiexportações de grande parte das suas economias nacionais. Também podemos lembrar que eles pouco investiram em recursos humanos e negligenciaram as questões da desigualdade e da pobreza. Adiando o ajuste, como em qualquer caso de manutenção retardada, eles elevaram o custo posterior do ajuste que veio na década seguinte.

A fatal decisão dos governos de contrair dívidas em vez de fazer ajustes – tomar dinheiro emprestado para consumo do Estado em vez de usar esses recursos para estimular a produção e promover as exportações – ficou particularmente evidente pouco antes da catástrofe econômica latino-americana conhecida como crise do endividamento, como mostra a Tabela 4.5. Aumentar de forma abrupta os pagamentos dos juros da dívida em um contexto de exportações insuficientes foi um ato irresponsável e era impossível usar os novos e vastos recursos financeiros de forma eficiente e produtiva em tão pouco tempo. Embora o comportamento financeiro mais preocupante tenha sido do governo militar argentino, a conduta do governo do general Augusto Pinochet no Chile também não merece elogios.

TABELA 4.5
Proporção dos juros totais pagos para exportações de bens e serviços (%)

	1978	1982
Argentina	9,6	54,6
Brasil	24,5	57,1
Chile	17,0	49,5
México	24,0	39,9

Fonte: Comissão Econômica das Nações Unidas para a América Latina e o Caribe, *Balance preliminar de la economía latinoamericana durante 1984*, LC/G.1336 (Santiago, Chile, 1984), tabela 14.

Depois da erupção da crise econômica de 1982-1983, a América Latina não cresceu no restante da década de 1980. Naquela década o PIB *per capita* coletivo da região caiu mais de 7%, enquanto só três países latino-americanos conseguiram um crescimento positivo do PIB: Colômbia, Chile e Paraguai, nesta ordem. O crescimento do Paraguai foi insignificante e nenhum dos três países chegou perto de um crescimento de 2%.[26] É preciso enfatizar que a taxa de crescimento econômico no Chile no governo do general Pinochet nos anos 1980 não foi miraculosa: o milagre estava em um sucesso de relações públicas que consistia em convencer muitas pessoas de que o Chile tivera um crescimento econômico.

De 1973 até 2000 o PIB *per capita* da economia mundial cresceu ao ritmo de 1,3% ao ano. A economia dos EUA, com base nesta medida, cresceu quase 2%, comparada com o crescimento de quase 1% da América Latina.[27] Neste período, a lacuna entre os Estados Unidos e a América Latina aumentou mais uma vez e, quando comparada com sua própria história, a taxa de crescimento da América Latina foi a pior desde a década de 1870. Na Ásia oriental, apesar da crise financeira de 1997 (e de outras crises financeiras menores no quarto de século anterior), o crescimento de vários países foi excelente. O crescimento do PIB *per capita* naqueles anos foi mais de duas vezes maior que o dos Estados Unidos na China, Malásia, Cingapura, Coreia do Sul, Taiwan e Tailândia. A taxa de crescimento anual também subiu na Índia e no Sri Lanka, excedendo a taxa de crescimento da economia dos EUA.

Como explicar esta interrupção no crescimento do PIB latino-americano? A América Latina foi capaz de crescer durante as décadas anteriores, de crescimento da economia mundial – as de 1950 e 1960 – com vários modelos econômicos, apesar de sofrer os problemas de projeto institucional, econômico e social, já mencionados. Quando o crescimento generalizado da economia mundial foi interrompido na década de 1970, aquele quadro internacional benéfico também foi interrompido. O ônus do crescimento econômico em consequência das más decisões adotadas na América Latina e pelas decisões possivelmente boas que foram adiadas, como já vimos, ficou claramente evidente.

Com um ajuste adiado graças ao endividamento externo nos anos 1970, obstáculos impressionantes e persistentes ao comércio internacional, a supervalorização cambial, investimentos medíocres em recursos humanos, um mercado interno punido pela desigualdade e pela pobreza e, finalmente, por uma ruptura institucional da magnitude observada nos anos 1970, o modelo econômico das décadas de 1950 e 1960 acabou entrando em colapso na década de 1980.

Na década de 1970, a América Latina enfrentava uma economia mundial que exigia maior participação no comércio internacional para crescer. Com datas de início que iam dos anos 1980 aos anos 1990, os países da América Latina liberalizaram seu comércio exterior, mas com grandes atrasos, se comparados com as experiências dos países já desenvolvidos ou dos países em rápido desenvolvimento da Ásia oriental. Os governos latino-americanos adotaram reformas em seus sistemas bancários e modificaram suas políticas fiscais e taxas de câmbio, mas com a óbvia inexperiência de iniciantes.

Na década de 1980, governos tão diversos quanto os da Argentina, do Brasil, da Venezuela e do Peru adotaram medidas fiscais e cambiais tão ineptas que garantiram resultados desastrosos. Os esforços desses países pela estabilização monetária sem uma redução apropriada do déficit fiscal nos programas econômicos chamados heterodoxos levaram a fracassos no cumprimento das políticas econômicas dos governos, ao crescimento dos setores informais da economia, à substituição dos ministros encarregados da política econômica e, em especial na Argentina, no Brasil e no Peru, a altas taxas de inflação. Nesses países, lá por 1989-1990, a inflação superava 1.000% anuais, fato que por sua vez provocou profunda desilusão com os governos, em vez de alegria dos cidadãos com o progresso democrático.[28]

As duas últimas décadas do século XX foram marcadas por repetidas crises financeiras na América Latina. Depois da crise de endividamento de 1982, pelo menos outro grande desastre ocorreu na Argentina, no Brasil, na Bolívia, na República Dominicana, Equador, México, Peru e Uruguai, além da continuação das guerras centro-americanas até o início dos anos 1990.

O custo do adiamento dos ajustes e da implantação de reformas econômicas estruturais pela América Latina atrasou o potencial da região para colher os benefícios do grande crescimento econômico provocado pelo crescimento ocorrido na América do Norte, Europa ocidental e Ásia oriental nos anos 1980 e 1990. Sob a tutela do Fundo Monetário Internacional, o processo de ajuste e as reformas estruturais na América Latina nessas duas décadas tiveram, em geral, um efeito recessivo na região, enfraquecendo a recuperação do crescimento econômico. A América Latina talvez estivesse à beira de sua decolagem econômica em meados da década de 1990, mas mais uma vez foi abalada quando as economias dos países desenvolvidos e, de forma mais ampla, a economia internacional sofreram outro revés. A crise econômica dos países da Ásia oriental em 1997, a estagnação da economia japonesa nos anos 1990, a desaceleração do crescimento econômico na Europa oriental no final daqueles anos e a recessão na América do Norte no início do século XXI reduziram drasticamente o financiamento externo na América Latina. Os investimentos europeus foram direcionados para os antigos países comunistas da Europa central e oriental e os investimentos internacionais do Japão e dos Estados Unidos declinaram. Em consequência das novas pressões econômicas internacionais, em 1999 irrompeu uma crise financeira no Brasil e a economia argentina entrou em colapso na virada do século XXI. Bolívia, Equador e, em menor grau, o Uruguai, sofreram problemas igualmente sérios, incluindo graves crises sociais e políticas na Bolívia e no Equador.

Apesar dos vários programas de reformas implantados na América Latina, resta muito a ser feito. Considere, por exemplo, um indicador institucional simples: o número de dias exigidos para se iniciar uma nova empresa. Como indica a Tabela 4.6, iniciar uma nova empresa é relativamente simples em países como Austrália, Estados Unidos e Porto Rico. O Chile modificou sua regulamentação para competir com os países da Ásia oriental. É interessante – e, ao mesmo tempo, irônico – saber que é mais fácil abrir uma nova empresa na República Popular da China do que no México ou na Argentina, e três vezes mais fácil do que no Brasil. Não deve ser surpresa para ninguém o fato de que crescem mais os países que facilitam a criação de novos negócios, que geram empregos e renda.

TABELA 4.6
Número de dias exigidos para se iniciar uma nova empresa, 2003

Austrália	2
Estados Unidos	4
Porto Rico	6
Chile	28
Japão	31
Coreia do Sul	33
Tailândia	42
República Popular da China	46
México	51
Argentina	68
Brasil	152

Fonte: *World Development Indicators 2004* (Washington, DC: World Bank, 2004).

Mas existem alguns casos positivos na América Latina. O programa de liberalização do comércio do México, que permitiu sua subsequente entrada no Nafta, gerou rápido crescimento nos setores ligados à economia internacional. Apesar de manter um regime cambial contraproducente e de outros problemas, a revolução do México no comércio internacional na década de 1990 salvou o país do seu pânico financeiro de 1994-1995, permitiu que crescesse a um ritmo acelerado na segunda metade dos anos 1990 pela primeira vez em duas décadas e lhe permitiu sobreviver à recessão econômica dos Estados Unidos nos primeiros anos do século XXI.

Porém, a própria experiência do México destacou os legados das decisões tomadas anteriormente pela América Latina. Hoje o México e o resto da América Latina podem competir com a promissora economia chinesa reduzindo os salários dos trabalhadores, que já não são altos, ou investindo em recursos humanos para elevar a produtividade. Ninguém quer seguir a primeira opção, e o segundo caso requer anos para gerar frutos. A Argentina – um país há muito acostumado com um alto nível de consumo – também enfrenta esse dilema. A América Latina poderia crescer mais se o seu mercado interno fosse maior e seus cidadãos pudessem contribuir mais com seu crescimento econômico. Porém, a desigualdade de renda (sempre negligenciada) e a pobreza (cuja redução só recebeu atenção recentemente e somente em alguns países) reduzem o porte real de cada economia interna e estruturas institucionais fracas impedem a coordenação de esforços para promover o crescimento econômico.

Conclusão

As origens da lacuna entre os Estados Unidos e a América Latina datam de séculos atrás. Porém, o desempenho econômico da América Latina melhorou no período entre 1870 e o início dos anos 1970. Entretanto, mesmo durante aquele século de melhor crescimento do PIB *per capita* na América Latina, a região deixou de investir em recursos humanos e na redução da desigualdade de renda e da pobreza quando comparada com os ganhos obtidos nos Estados Unidos e em outros países que desenvolveram suas economias com sucesso. Com o avanço do século XX, havia na América Latina uma marcada preferência por estratégias econômicas autárquicas, levadas a extremos nunca vistos nos países da América do Norte ou da Ásia oriental, os quais tiveram um desenvolvimento econômico mais acelerado. Além disso, instituições deficientes na América Latina – um problema persistente – pioraram ainda mais nos anos 1970. Terrível para a região, a década de 1970 testemunhou endividamento improdutivo, oscilante e irresponsável pelos governos, bem como o assassinato de milhares de cidadãos, em vez de uma reorganização das estruturas econômicas que permitiria uma prosperidade comum mais feliz.

A combinação de negligência generalizada em relação aos investimentos necessários em recursos humanos, instituições deficientes e medidas econômicas mal concebidas e mal implantadas, juntamente com a conduta suicida de muitos governos da região nos anos 1970, explica a interrupção na taxa de crescimento do PIB *per capita* da América Latina e a gravidade de sua depressão econômica nos anos 1980. O tão adiado processo de ajuste e de reformas estruturais – ainda incompleto, como mostra a Tabela 4.6 – impediu que a América Latina se beneficiasse do crescimento da economia mundial nos anos 1980 e 1990. O crescimento da região foi ainda mais retardado pelas crises internacionais ocorridas na virada do século XXI.

Não existe varinha mágica que faça desaparecer a lacuna de desenvolvimento entre Estados Unidos e América Latina. Os instrumentos para fazê-lo não são novos. Não são necessários nenhuma injeção genética e nenhum experimento cultural. Além disso, os governos militares provaram sua colossal incapacidade, levando a América Latina para a beira do precipício nas décadas de 1970 e 1980.

Olhando para o futuro, vê-se uma clara necessidade de a América Latina elevar os investimentos em recursos humanos. Também são necessárias uma população mais forte e capaz de construir seu próprio futuro e instituições confiáveis sob uma estrutura política democrática que possa garantir o domínio da lei. Promover o desenvolvimento humano mediante políticas econômicas sensatas dentro de uma economia de mercado faz todo sentido. Está na hora de a América Latina deixar de ignorar os próximos e óbvios próximos passos que deve dar.

Notas

1. As fontes para estas e outras estatísticas são Angus Maddison, *The World Economy: Historical Statistics* (Londres: Development Centre, OECD, 2003); e Angus Maddison, *The World Economy: A Millennial Perspective* (Londres: Development Centre, OECD, 2001).
2. John H. Coatsworth e Alan M. Taylor, *Latin America and the World Economy since 1800* (Cambridge, MA: Harvard University, David Rockefeller Center for Latin American Studies, 1998).
3. World Bank, *World Development Indicators 2004* (Washington, DC: World Bank, 2004), p. 61.
4. Werner Baer, *The Brazilian Economy: Growth and Development*, 5ª ed. (Wesport, CT: Praeger, 2001).
5. Cálculos baseados em Maddison, *The World Economy: Historical Statistics*, tabelas 4b, 4c, 5b, 8c.
6. As fontes sobre a América Central são Victor Bulmer-Thomas, *The Political Economy of Central America since 1920* (Cambridge: Cambridge University Press, 1987); e Marc Lindenberg, "World Economic Cycles and Central American Political Instability", *World Politics* 42 (1990):397-421.
7. Richard Weisskoff, "Income Distribution and Economic Growth in Puerto Rico, Argentina, and Mexico", *Review of Income and Wealth* 16, nº 4 (1970): 303-332.
8. Ricardo Ffrench-Davis, Oscar Muñoz e José Gabriel Palma, "The Latin American Economies, 1950-1990", em *The Cambridge History of Latin America: 1930 to the Present*, vol. 6, parte 1 (Cambridge: Cambridge University Press, 1994), tabela 4.3.

9. Cálculos baseados em Maddison, *The World Economy: Historical Statistics*, tabelas 4c, 5c.
10. Ffrench-Davis, Muñoz e Palma, "The Latin American Economies", tabela 4.6.
11. Dani Rodrik, "Understanding Economic Policy Reform", *Journal of Economic Perspectives* 34 (março de 1996): 9-41.
12. Baer, *The Brazilian Economy*; e Alan M. Taylor, "On the Costs of Inward Looking Development: Price Distortions, Divergence, and Growth in Latin America", *Journal of Economic History* 58 (março de 1998): 1-28.
13. Alexander Gerschenkron, *Economic Backwardness in Historical Perspective* (Cambridge, MA: Harvard University Press, 1962).
14. Chalmers A. Johnson, *MITI and the Japanese Miracle: The Growth of Industrial Policy, 1925-1975* (Stanford, CA: Stanford University Press, 1982).
15. Robert Floyd, Clive Gray e R. P. Short, *Public Enterprise in Mixed Economies* (Washington, DC: Fundo Monetário Internacional, 1984).
16. Alice H. Amsden, *The Rise of "the Rest": Challenges to the West from Late Industrializing Economies* (Oxford: Oxford University Press, 2001).
17. Jeffrey D. Sachs, "External Debt and Macroeconomic Performance in Latin America and East Asia", *Brookings Papers on Economic Activity 2* (1985): 523-573.
18. Stanley L. Engerman e Kenneth L. Sokoloff, *Factor Endowments, Inequality, and Paths of Development among New World Economies*, Working Paper 9259 (Cambridge, MA: National Bureau of Economic Research, 2002).
19. Todos os valores em dólares americanos, a menos observação em contrário. Banco Mundial, *World Development Indicators 2004*, p. 54.
20. Douglass C. North, *Institutions, Institutional Change, and Economic Performance* (Cambridge: Cambridge University Press, 1990).
21. Cálculos baseados em Bulmer-Thomas, *The Political Economy of Central America since 1920*, tabela A.3.
22. Maddison, *The World Economy: Historical Statistics*.
23. Citado por Jorge Chabat, "Mexico's Foreign Policy in 1990: Electoral Sovereignty and Integration with the United States", *Journal of Interamerican Studies and World Affairs* 33, nº 4 (1991):12.
24. A posição excepcional da Argentina é evidente numa comparação internacional sobre democracia e desenvolvimento. Veja Adam Przeworski, Michael Alvarez, José Antonio Cheibub e Fernando Limongi, *Democracy and Development: Political Institutions and Well-Being in the World, 1950-1990* (Cambridge: Cambridge University Press, 2000).
25. Gretchen Helmke, *Courts under Constraints: Judges, Generals, and Presidents in Argentina* (Cambridge: Cambridge University Press, 2005).

26. Comissão Econômica das Nações Unidas para a América Latina e o Caribe (ECLAC), *Preliminary Overview of the Economy of Latin America and the Caribbean, 1990*, LC/G.1646 (Washington, DC: ECLAC, 1990), tabela 3.

27. Maddison, *The World Economy: Historical Statistics*, tabela 8b.

28. ECLAC, *Preliminary Overview of the Economy 1990*, tabela 5.

PARTE II

A POLÍTICA DE SUBDESENVOLVIMENTO NA AMÉRICA LATINA

Capítulo 5

A POLÍTICA EXPLICA A LACUNA ECONÔMICA ENTRE OS ESTADOS UNIDOS E A AMÉRICA LATINA?

Adam Przeworski e Carolina Curvale

Este capítulo analisa se e de que maneiras instituições e acontecimentos políticos foram responsáveis pela lacuna econômica existente entre Estados Unidos e América Latina.[1] No processo da redação, ficou evidente que este esforço era mais pioneiro que o previsto. Embora a teoria da dependência enfatizasse corretamente a importância dos conflitos políticos e o possível papel do Estado, no fim encontrou a chave para o atraso econômico na inserção inicial de determinados países na economia mundial. Contudo, como argumentou Stephen Haggard, a dependência não é uma condição, mas uma estratégia.[2] Devido à visão incorreta de abertura econômica, a teoria da dependência não conseguiu elucidar os fatores políticos que podem explicar por que os países latino-americanos ficaram para trás enquanto os países da Ásia oriental os superaram.

Por sua vez, o novo institucionalismo é uma imagem especular da teoria da dependência, onde as instituições constituem a chave para o desenvolvimento.[3] A afirmação central do novo institucionalismo é de que as instituições constituem o principal direcionador do desenvolvimento econômico, mais do que características do ambiente natural, geografia, oferta de fatores e tecnologias para seu uso.[4] Estudos mostram a importância da *qualidade* das instituições, mas apesar de o uso do termo "qualidade" estar em moda, ele continua sendo enormemente vago. As instituições que têm importância provavelmente incluem não só aquelas que protegem os direitos de propriedade, mas também as que mobilizam poupanças e investimentos coordenados e as que submetem os membros do governo à aprovação dos governados.[5] Contudo, as respostas institucionalistas para o motivo do atraso da América Latina muitas vezes são afogadas em invocações ritualistas da abordagem institucionalista.[6] Por exemplo, na mais recente coletânea de Stephen Haber, o culpado é o "capitalismo amigo" latino-americano, como se o capitalismo nos Estados Unidos pudesse ser categorizado de maneira diferente.[7]

Embora obras recentes resultantes de um interesse renovado pelo atraso no desenvolvimento da América Latina ofereçam estudos criteriosos de casos,[8] a análise deste capítulo é feita no nível transnacional. Além disso, até onde permitem as limitações de dados, este estudo se atém rigorosamente aos fatos. As advertências devem ser óbvias: a reconstrução de dados históricos é um empreendimento arriscado e os dados estão repletos de erros e omissões. O atraso da América Latina para atingir a independência em comparação com os Estados Unidos, bem como o tumulto que se seguiu à independência, são dois fatores que tiveram repercussões econômicas significativas na região. Embora a magnitude de seus efeitos possa ser estimada, não está claro por que a independência tardia retardou o desenvolvimento. O longo período de tumultos políticos após a independência da América Latina resultou do colapso das instituições coloniais, que deixou a região sem meios para administrar conflitos. Assim, a reconstrução das instituições dependeu da vitória militar de uma força política viável ou de acordos entre elites armadas. E isso não se consegue da noite para o dia.

Uma vez fundadas, as instituições tenderam a ser altamente exclusivas e oligárquicas. Contudo, enquanto as elites resolveram pacificamente seus conflitos – em geral relacionados com centralização, tarifas ou o papel da religião (conservadores contra liberais)[9] – as economias latino-americanas se desenvolveram. Embora a desigualdade política coexistisse com a econômica, a desigualdade em geral prejudicava de forma recorrente a estabilidade institucional. Graças à desigualdade econômica, a incorporação política dos pobres, dos trabalhadores urbanos e rurais e agricultores arrendatários não pôde ser alcançada pacificamente e a instabilidade política é economicamente onerosa. Mesmo hoje as democracias latino-americanas estão repletas de conflitos políticos e sociais, tornando suas economias excepcionalmente voláteis.[10]

Este capítulo argumenta que as economias crescem quando o poder político protege o poder econômico – o que é conhecido como a "segurança da propriedade" – desde que as instituições políticas administrem os conflitos dentro de uma estrutura legal.[11] Porém, instituições políticas desiguais perpetuaram a desigualdade econômica e geraram conflitos – por terras (ou salários dos trabalhadores rurais) e remuneração e condições de trabalho na indústria – politicamente desestabilizadores e economicamente dispendiosos. Assim, embora a desigualdade política possa ser estaticamente eficiente, ela é dinamicamente ineficiente.

Baseado em evidências históricas, este capítulo começa ilustrando as origens da lacuna econômica entre os Estados Unidos e a América Latina. A seção seguinte se concentra nos momentos de independência e suas consequências, analisando por que a lacuna econômica já era visível em 1820 e havia se aprofundado muito em 1870. A seguir a análise se volta para o período pós-independência, quando países latino-americanos haviam alcançado alguma estabilidade política, concentrando-se nas instituições políticas e em seu impacto sobre o desenvolvimento. Depois o capítulo examina a hipótese de a América Latina ter ficado economicamente para trás porque não conseguiu estender os direitos políticos à maioria de seus cidadãos.[12] Uma seção final se volta para o pluralismo político, a instabilidade política e as consequências econômicas da debilidade política.

As origens e o *timing* da lacuna econômica

A primeira pergunta óbvia é se existe uma lacuna econômica que justifique uma análise. Quando consideramos que, no ano 2000, a renda média *per capita* nos Estados Unidos era de US$28.129, comparada com uma renda média *per capita* nos 19 países da América Latina de somente US$5.844, não há dúvida de que existe uma lacuna significativa.[13] Mas a questão é se ela é o resultado de algo que aconteceu na vida de cada um desses países ou de condições herdadas da época da colonização ou da independência. Abhijit Banerjee e Lakshmi Iyer justapõem essas duas possibilidades:

> Na nova visão institucionalista, a história é importante porque dá forma às instituições e estas dão forma à economia. Já no que se poderia chamar de visão de "retornos crescentes", acidentes históricos colocam um país à frente em termos de riqueza agregada ou capital humano (...) e isto se transforma em diferenças cada vez maiores com o passar do tempo, devido aos retornos crescentes.[14]

FIGURA 5.1
Lacuna em renda *per capita* entre os Estados Unidos
e a América Latina, 1700-2000

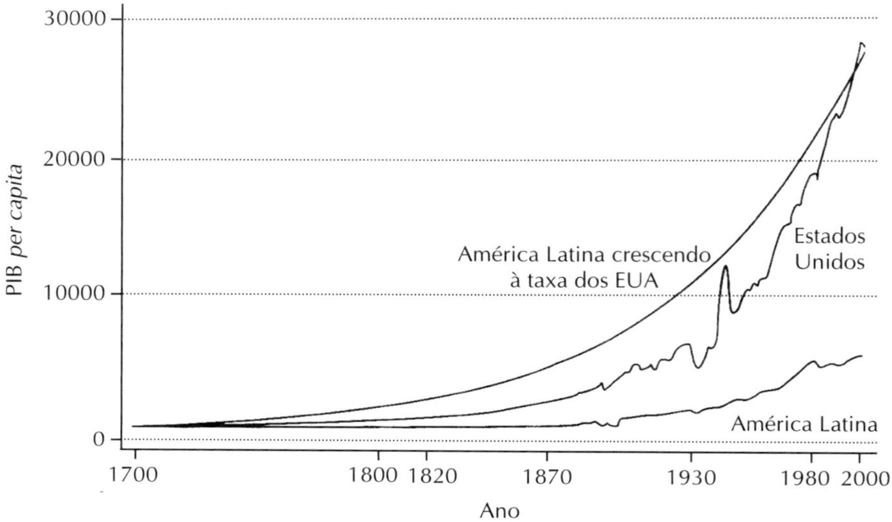

Fonte: Angus Maddison, *The World Economy: Historical Statistics* (Paris: OCDE, 2003).

Se a lacuna fosse apenas o resultado do crescimento de países à mesma taxa a partir de condições iniciais diferentes, a política não poderia ter importância em sua geração.

A esta altura, seria útil um exame dos dados. As linhas interrompidas na Figura 5.1 ilustram a renda *per capita* nos Estados Unidos e na América Latina entre 1700 e 2000. A linha contínua indica qual *teria sido* a renda na América Latina caso esta tivesse crescido à mesma taxa dos Estados Unidos a partir das condições iniciais em 1700. De acordo com Angus Maddison, em 1700 a renda média *per capita* na América Latina continental era de US$521 e nos Estados Unidos era de US$527.[15] Se todas as rendas tivessem crescido à mesma taxa dos Estados Unidos, a diferença em 2000 seria de somente US$364. Assim, a diferença em 2000 se deve quase inteiramente ao crescimento mais lento da América Latina e não às condições em 1700.

Outra abordagem interessante é uma comparação entre a renda *per capita* dos países latino-americanos em 2000 com a dos Estados Unidos ao longo do tempo. Como mostra a Figura 5.2, as datas em que os Estados Unidos atingiram

FIGURA 5.2
Diferença em renda *per capita* entre os Estados Unidos e a América Latina: comparações com Nicarágua, Paraguai, Colômbia, México, Chile

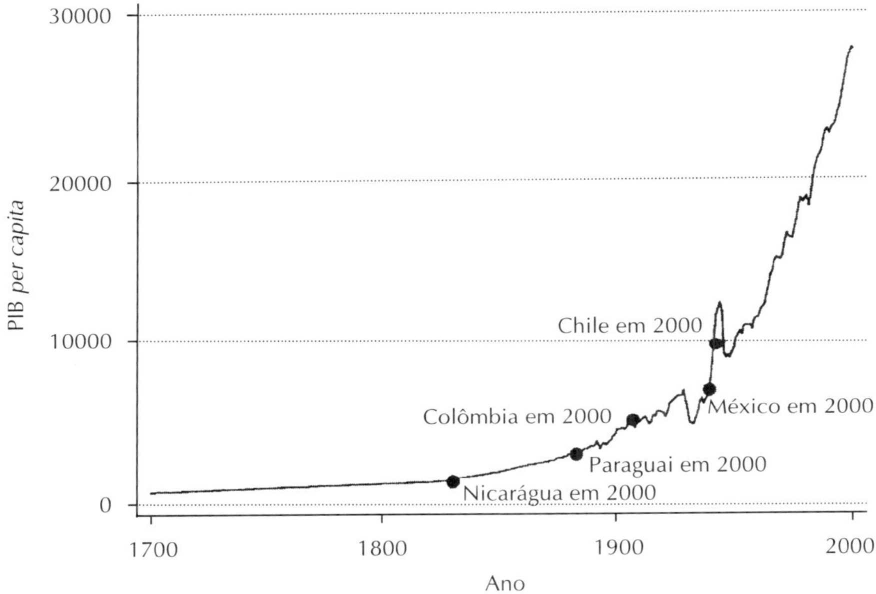

Fonte: Angus Maddison, *The World Economy: Historical Statistics* (Paris: OCDE, 2003).

o equivalente à renda *per capita* em 2000 de países selecionados são por volta de 1950 para o Chile, 1900 para a Colômbia e 1880 para o Paraguai.

Este quadro levanta um problema metodológico que ficará evidente em toda esta análise. Em 2000 o Chile, o país latino-americano mais desenvolvido, estava cinquenta anos atrás dos Estados Unidos. Isto significa que é possível agrupar toda a América Latina quando se pergunta por que a região ficou para trás em relação aos Estados Unidos. Contudo, esta formulação suscita duas observações: os Estados Unidos (ou a América do Norte, se incluirmos o Canadá) e a América Latina; e com somente duas observações nenhuma causa pode ser identificada. Podemos aprender mais observando que, quando comparados entre si, os países latino-americanos têm tido características diferentes. Por mais comum que seja generalizar para toda a região, os países da América, tomados individualmente, sempre apresentaram uma ampla gama de características econômicas, culturais e políticas que os distinguem. Por exemplo, Coatsworth observou que "a variação na produtividade das economias coloniais latino-americanas em 1800 era quase tão grande quanto para o mundo inteiro".[16] Mais recentemente, pode-se notar que a renda *per capita* do Chile em 2000 era seis vezes maior do que a da Nicarágua.

Porém, considerar as variações entre países latino-americanos não basta: afinal, toda a região ficou para trás. Contudo, a América Latina não está só; o resto do mundo, inclusive a Europa ocidental, também ficou para trás em relação aos Estados Unidos.[17] Assim, talvez a pergunta deva ser formulada de outra maneira: por que os Estados Unidos se desenvolveram mais rápido que qualquer outro país do mundo? A principal pergunta é por que alguns países se desenvolveram e outros não, mas mesmo quando consideramos todos os dados disponíveis para todo o mundo, as causas específicas para a América Latina nem sempre são identificáveis. Como salienta Leandro Prados de la Escosura, é importante examinar quais são os contrafatuais viáveis.[18] Tudo o que podemos dizer agora é que voltaremos a este problema sempre que for relevante.

Além das origens da lacuna econômica entre os Estados Unidos e a América Latina, é preciso resolver a questão do tempo. Como já vimos, em 1820 a diferença já era perceptível e por volta de 1870 era enorme (veja a Tabela 5.1). É interessante notar que entre 1871 (a data depois da qual as séries contínuas de tempo estão disponíveis) e 1930, a renda *per capita* cresceu um pouco mais depressa na América Latina do que nos Estados Unidos, mas então já era demasiado tarde – compostas à mesma taxa, as rendas divergiram ainda mais. Depois de 1930, o crescimento da renda *per capita* desacelerou muito na América Latina, ao mesmo tempo em que acelerou nos Estados Unidos. Assim, por volta do ano 2000, a renda média naquele país era 4,8 vezes maior que nos países ao sul do rio Grande.

Antes de prosseguir, seria pertinente examinar a evolução da renda *per capita* examinando o crescimento do produto interno bruto (PIB) e da população (veja a Tabela 5.2). Note que o período de 1820 a 1870 foi desastroso para a América Latina.[19] Por outro lado, entre 1871 e 1980, o crescimento do PIB total na América Latina foi ligeiramente mais alto que nos Estados Unidos.[20] O crescimento mais rápido do PIB nos Estados Unidos entre 1700 e 1870 foi acompanhado por um crescimento muito mais acelerado da população, em grande parte devido à imigração.[21] A partir de 1930 o crescimento da população foi maior na América Latina, mas o crescimento da renda *per capita* foi mais lento que nos EUA, indicando que a produtividade por trabalhador na América Latina deve ter permanecido baixa.[22]

TABELA 5.1

Rendas *per capita*, 1700-2000

	1700	1820	1870	1930	2000
Brasil	459	646	713	1048	5556
México	568	759	674	1618	7218
América Latina*	521	701	756	1873	5844
Estados Unidos	527	1257	2445	6123	28129
América Latina/ Estados Unidos	0,99	0,56	0,31	0,31	0,21

* Médias ponderadas de população para países para os quais há dados disponíveis: 17 países em 1700 e 1820 (exceto Cuba e República Dominicana); Brasil, México, Argentina, Uruguai e Venezuela em 1870; 13 países em 1930; 18 em 2000.

Fonte: Angus Maddison, *The World Economy: Historical Statistics* (Paris: OCDE, 2003), p. 114 e conjunto de dados.

TABELA 5.2

Taxas de crescimento do PIB total, da população e do PIB *per capita*, por período (1700-2000)

	PIB América Latina	PIB Estados Unidos	População América Latina	População Estados Unidos	PIB *per capita* América Latina	PIB *per capita* Estados Unidos
1700-1870	0,84	3,12	0,68	2,20	0,14	0,92
1700-1820	0,77	2,67	0,55	1,94	0,22	0,73
1820-1870	1,02	4,21	1,07	2,83	– 0,05	1,38
1871-2000	3,76	3,52	2,22	1,51	1,54	2,02
1871-1929	3,91	3,77	1,89	1,90	2,02	1,87
1930-2000	3,73	3,32	2,31	1,18	1,42	2,14
1930-1980	4,34	3,43	2,45	1,23	1,89	2,20
1981-2000	2,34	3,06	1,99	1,07	0,36	1,98

Nota: Até 1870, médias ponderadas de taxas exponenciais de crescimento da população. Depois de 1870, médias não ponderadas das taxas de crescimento do país.

Fonte: Angus Maddison, *The World Economy: Historical Statistics* (Paris: OCDE, 2003), p. 114 e conjunto de dados.

Para resumir esses padrões, é útil pensar em termos de três períodos: 1700-1820, 1820-1870 e 1870-2000. Já por volta de 1820, a diferença entre os Estados Unidos e a América Latina era grande o suficiente para garantir que a diferença em 2000 teria sido grande, mesmo que a região tivesse crescido à mesma taxa desde então. Entre 1820 e 1870, a diferença cresceu mais porque a produção total teve um crescimento muito lento na América Latina. Depois de 1870, a produção total na América Latina cresceu um pouco mais rápido que nos Estados Unidos, mas também a população. Finalmente, o crescimento da produção total desacelerou fortemente depois de 1980, mas não exploraremos este período.

FIGURA 5.3

Decompondo a diferença de renda por período

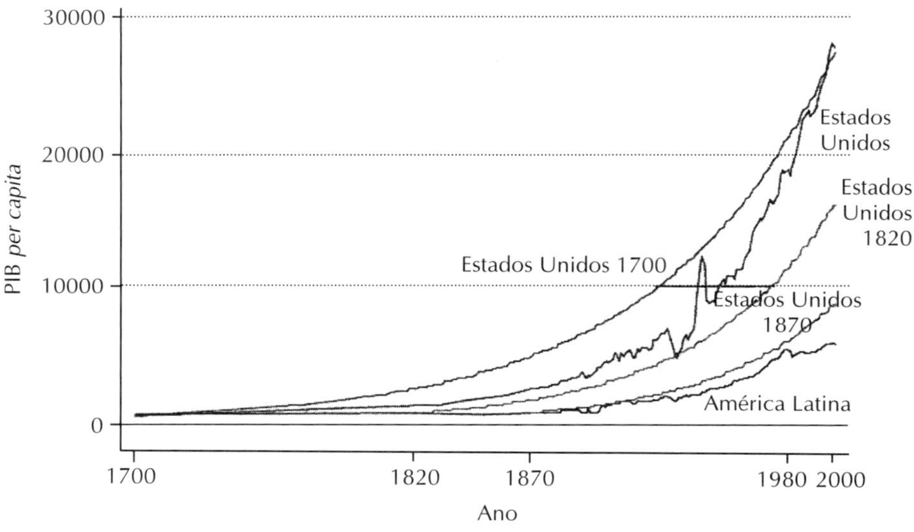

Fonte: Angus Maddison, *The World Economy: Historical Statistics* (Paris: OCDE, 2003).

Na Figura 5.3, as linhas contínuas representam as rendas *per capita* contrafatuais da América Latina, sendo o contrafatual o que a região teria crescido à mesma taxa que os Estados Unidos a partir das condições iniciais nos diferentes períodos.[23] A linha superior interrompida é o caminho da renda real dos Estados Unidos, ao passo que a inferior é a renda média *per capita* na América Latina.[24] Se olharmos verticalmente para 2000, o último ano representado, a distância entre a renda real da América Latina e as linhas contínuas que se originaram em 1700, 1820 e 1870 podem ser interpretadas como a diferença de renda devida exclusivamente à queda das taxas de crescimento em relação àquelas dos Estados Unidos depois dessas datas. Como se pode notar, a lacuna em relação a 1700 é muito grande: a diferença entre a renda que a América Latina teria tido caso tivesse crescido à mesma taxa dos Estados Unidos desde 1700 e a renda real que teve em 2000 é de US$23.123. A lacuna em 2000 relativa às condições iniciais em 1820 – US$10.040 – apesar de menor, ainda é muito grande. Por sua vez, a lacuna relativa às condições em 1870 é relativamente pequena: US$2.780. Na verdade, a lacuna pós-1870 se deve quase exclusivamente à desaceleração do crescimento na América Latina depois de 1980.[25] Assim, enquanto a América Latina ficou cada vez mais para trás em cada período, está claro que a lacuna atual se deve principalmente ao período anterior a 1870 e em particular anterior a 1820, com uma tendência para baixo depois de 1980.

A independência e suas consequências

Há muito poucos dados sistêmicos para o período inicial e esta carência torna difícil datar a origem da lacuna com mais precisão. De acordo com Maddison, como vimos na Tabela 5.1, a renda dos Estados Unidos em 1700 era apenas ligeiramente mais alta que a média latino-americana, com a renda do México mais alta e a do Brasil mais baixa do que a dos EUA.[26] Segundo Coatsworth, a renda do México em 1700 é de 89% daquela dos Estados Unidos; ele não tem dados para o Brasil, mas mostra que Cuba era muito mais rica que os Estados Unidos.[27] Em um estudo mais recente, Coatsworth conclui que "as áreas da América Latina sob controle efetivo espanhol e português tinham provavelmente rendas *per capita* equivalentes às da Europa ocidental e pelo menos iguais às das colônias britânicas que vieram a formar os Estados Unidos até o século XVIII".[28]

A pergunta que não podemos responder é se a lacuna se abriu durante o século XVIII ou somente durante as guerras de independência latino-americanas. Victor Bulmer-Thomas cita estimativas de acordo com as quais a renda *per capita* da América Latina era no mínimo igual à dos Estados Unidos ainda em 1800.[29] Porém, Coatsworth considera exageradas essas estimativas latino-americanas; segundo afirma, a relação entre a média não ponderada dos países latino-americanos e a renda dos Estados Unidos é de 66% em 1800.[30] Se as rendas fossem idênticas em 1700, esta relação implicaria que os Estados Unidos cresceram à taxa de 0,4%, ao passo que a América Latina estagnou durante todo o século. Na verdade, as estimativas padrão do crescimento da renda *per capita* nos Estados Unidos durante o século XVIII variam entre 0,3 e 0,6%. Porém, Peter Mancall e Thomas Weiss estimam que entre 1700 e 1800 as rendas dos colonos e seus escravos cresceram à taxa de apenas 0,04%; assim, o crescimento da renda média nos Estados Unidos se deveu ao fato de os nativos americanos, que tinham rendas menores, estarem se tornando uma parcela menor da população total.[31] Por seu lado, Bulmer-Thomas afirma que as reformas dos Bourbon geraram crescimento na América Latina na segunda metade do século XVIII.[32] Assim, não há como saber por que as rendas teriam divergido durante o século XVIII.

Porém, está claro que as guerras de independência e suas consequências custaram caro em termos de crescimento. A renda *per capita* nos Estados Unidos caiu cerca de 7% entre 1775 e 1800, principalmente devido ao declínio das exportações agrícolas.[33] Por seu lado, Bulmer-Thomas concluiu, "Pode-se certamente assumir que as dificuldades econômicas enfrentadas nas duas primeiras décadas do século XIX reduziram de forma considerável a renda *per capita* na América Latina", mais uma vez devido à interrupção do comércio, mas também ao declínio da mineração.[34] Prados de la Escosura, por sua vez, observou que "a independência foi seguida por um forte declínio na atividade econômica: a renda *per capita* só voltou aos níveis coloniais em meados do século XIX".[35]

É útil examinar como a época da independência e a duração do tumulto subsequente afetaram a diferença das rendas em 2000. Como data da independência tomamos o ano em que o último soldado metropolitano deixou um território. E medimos a duração do subsequente tumulto político como a extensão do período entre a independência e a primeira conclusão de um mandato constitucionalmente especificado por um chefe executivo. Quando a data da independência coincide com a duração do tumulto político, ambos reduzem as rendas em 2000: cada ano de atraso na independência custa US$165 ($t = -3.05$; $p = 0{,}007$) em 2000 e cada ano de tumulto um adicional de US$70 ($t = -1{,}89$; $p = 0{,}076$).[36] Dados esses números, pode-se calcular que a espera pela independência por um ano a mais tinha um custo de oportunidade de US$4,50, ao passo que a espera pela solução dos conflitos políticos tinha um custo de US$6,61.[37] À medida que esses custos se somavam, a Bolívia, independente em 1825 e tendo esperado 59 anos pela conclusão do primeiro mandato, sofreu uma perda de US$11.225 em relação aos Estados Unidos, que eram efetivamente independentes em 1782, com o primeiro mandato concluído em 1793. O impacto dessas datas sobre as rendas em 2000 aparece na Tabela 5.3.

TABELA 5.3

Custos do adiamento da independência e de tumulto subsequente

País	Ano da independência[a]	Tumulto[b]	Custo[c]	Lacuna em 2000[d]	Relação[e]
Argentina	1816	44	8.690	19.585	0,4437
Bolívia	1825	59	11.225	25.554	0,4393
Brasil	1822	80	12.200	22.573	0,5405
Chile	1818	18	7.200	18.288	0,3937
Colômbia	1819	18	7.365	23.033	0,3198
Costa Rica	1821	8	6.995	21.955	0,3186
Cuba	1898	8	19.700	25.715	0,7661
El Salvador	1821	29	8.465	25.413	0,3331
Equador	1822	12	7.440	25.028	0,2973
Est. Unidos	1782	11	770	0	0
Guatemala	1821	14	7.415	24.733	0,2998
Honduras	1821	23	8.045	26.172	0,3074
México	1821	8	6.995	20.911	0,3345
Nicarágua	1821	96	13.155	26.571	0,4951
Panamá	1821	87	12.525	22.347	0,5605
Paraguai	1811	75	10.035	25.115	0,3396
Peru	1824	52	10.570	24.443	0,4324
Rep. Dom.	1821	32	8.675	24.466	0,3546
Uruguai	1815	20	6.845	20.270	0,3377
Venezuela	1821	14	7.415	19.714	0,3761

[a] Ano da independência = ano da efetiva independência do poder colonial.

[b] Tumulto = número de anos entre a independência e a conclusão do primeiro mandato constitucional previamente especificado.

[c] Custo = custo em 2000 do adiamento da independência e do tumulto.

[d] Lacuna em 2000 = diferença entre a renda *per capita* de cada país e a dos Estados Unidos em 2000.

[e] Relação = Custo/Lacuna em 2000.

Dadas as limitadas informações disponíveis, não é possível determinar por que o adiamento da independência custou tão caro. Uma possibilidade é que o controle colonial tenha retardado o crescimento, principalmente mediante restrições sobre o comércio. A hipótese alternativa requer a ocasião da independência. Os Estados Unidos conseguiram a independência exatamente a tempo de colher os frutos da revolução tecnológica que abalou a Inglaterra depois de 1750, ao passo que os países continentais latino-americanos se tornaram independentes cerca de 35 a 50 anos mais tarde.[38] Assim, a lacuna surgida em 1820 pode se dever ao fato de os Estados Unidos estarem crescendo em silêncio à taxa de 0,3% entre 1800 e 1820, enquanto os latino-americanos lutavam por sua independência. Se as guerras pela independência houvessem ocorrido quarenta anos antes na América Latina, poderia não haver nenhuma lacuna em 1820. De acordo com Maddison, o Canadá, que permaneceu como colônia britânica, tinha uma renda *per capita* de US$430 em 1700 e US$904 em 1820, superando assim o México.[39] Cuba, como observou Coatsworth, que permaneceu colônia espanhola, tinha uma renda mais alta do que a dos Estados Unidos até 1830.[40]

Infelizmente, só podemos chegar até aqui na análise do impacto do período inicial. Além disso, a época da independência pode ser endógena com relação às possibilidades de desenvolvimento[41] ou pode ter estado relacionada com características não observadas do país que também influenciaram o desenvolvimento. Assim, embora essas descobertas sejam significativas, é preciso tratá-las com reservas. Está claro que a lacuna estava presente quando terminaram as guerras de independência no continente. Acumuladas por cerca de 180 anos, as diferenças na época da independência explicam grande parte da lacuna em 2000.

Por que os efeitos da independência foram tão diferentes entre os Estados Unidos e a América Latina? Uma resposta pode ser o efeito da independência sobre o comércio intrarregional. Embora houvesse pouco comércio entre o Sul e o Norte nos Estados Unidos, a independência removeu todas as barreiras ao comércio interno. Já na América Latina, a independência destruiu aquela que era de fato uma união aduaneira durante o período colonial.[42]

Do ponto de vista político, a diferença impressionante é o tempo que os países latino-americanos levaram para acertar suas fronteiras e estabelecer instituições estatais. O período posterior à independência não foi completamente pacífico nos Estados Unidos e a eleição de 1800 levou o país ao limiar da violência.[43] Como vimos, a renda *per capita* declinou neste período. Mas a intranquilidade política nos Estados Unidos foi pequena em comparação com a maior parte dos países latino-americanos, onde as guerras de independência foram, em grande parte, guerras civis prolongadas que continuaram até muito depois de conseguida a independência. Embora haja muitas explicações,[44] existem poucos testes sistemáticos.[45]

Segundo uma versão, os conflitos foram mais agudos na América Latina, porque a desigualdade gerava mais pressões pela redistribuição, ou devido à competição entre peninsulares e *creoles* pelos benefícios provenientes do poder político.[46] Note, porém, que a questão de se e até que ponto as guerras de independência resultaram em transformações sociais também é conhecida dos estudantes dos Estados Unidos (Charles A. Beard *versus* J. Franklin Jameson).[47] Mas mesmo que os conflitos políticos e econômicos fossem igualmente intensos, havia uma crucial diferença institucional. O fato de as colônias norte-americanas terem instituições que se autogovernavam é crucial, pois permitiu que os Estados Unidos conquistassem a independência sem uma quebra de continuidade institucional. As colônias se tornaram estados da União, com as mesmas fronteiras,[48] e as instituições federais recém-fundadas emanaram de instituições autogovernadas estabelecidas sob a lei britânica. Já a administração colonial espanhola era muito mais direta e muito mais centralizada, deixando pouco espaço para o autogoverno. Ninguém nascido nas colônias – os *creoles* – podia deter altos postos na administração colonial espanhola. A única instituição que exigia um pouco de autogoverno na América espanhola – o *cabildo* – era um órgão estatal, com escritórios que podiam ser comprados e mantidos perpetuamente a partir de 1556, e havia alguns postos eletivos sob um sufrágio altamente restrito e sujeitos a confirmação pela Coroa. Os poderes fiscais do *cabildo* eram mínimos. Essa instituição funcionava tão mal que, em 1789, intendentes nomeados pela Coroa assumiram a maior parte das suas funções. Resumindo sua evolução, Haring concluiu que "o *cabildo* praticamente desaparecera no fim da era colonial".[49]

Assim, quando a administração colonial espanhola se desintegrou – e ruiu não devido a qualquer pressão pela independência nas Américas, mas a eventos na Europa – os conflitos que se seguiram, fosse entre unidades territoriais ou entre proprietários de terras e camponeses por causa de terras ou entre *creoles* e peninsulares por poder político, ou apenas entre milícias diferentes por nada, não podiam ser resolvidos dentro de uma estrutura institucional preexistente. Até que uma das forças estabelecesse seu domínio militar ou as forças em confronto concordassem em processar os conflitos de acordo com algumas regras, estes somente poderiam assumir formas violentas. E demorou algum tempo até que fosse estabelecida alguma espécie de instituição estável.

O período pós-consolidação

Quando se tornavam independentes, os países podiam desenvolver instituições políticas – e por fim o faziam. Examinaremos em primeiro lugar os argumentos de que instituições políticas desiguais, que restringem os direitos políticos e limitam a participação política, retardam o desenvolvimento e perpetuam a desigualdade econômica. Não encontramos apoio para nenhuma dessas hipóteses na América Latina, mas observamos que, por mecanismos para nós incompreensíveis, a desigualdade era altamente persistente e acreditamos que tenha gerado instabilidade política recorrente, prejudicando o crescimento. Constatamos, porém, que o pluralismo político – situações nas quais aqueles que gozavam de direitos políticos processavam seus conflitos de forma pacífica seguindo determinadas regras, mesmo que altamente preconceituosas – conduzia ao crescimento.

Direitos políticos, desenvolvimento e desigualdade

Muitos argumentam que os direitos políticos na forma de direito de voto promovem o desenvolvimento protegendo os direitos de propriedade e com isso induzindo investimentos ou estimulando a demanda por bens públicos, inclusive bens públicos produtivos.[50] Contudo, o efeito dos direitos políticos sobre o desenvolvimento econômico está sujeito a opiniões muito divergentes. Numa visão dominante durante a primeira metade do século XIX, representada na economia contemporânea pelo modelo do voto mediano, por extensões do direito de voto ou pela redução da renda relativa do eleitor decisivo, deveria haver maior demanda por redistribuição, impostos mais altos e menor crescimento.[51] Kenneth Sokoloff considera ambas as possibilidades:

> Nos lugares onde uma elite econômica detém um poder político altamente desproporcional (...), a ampliação da influência política mediante uma extensão dos privilégios poderá reduzir os retornos para os membros da elite e desestimular suas taxas de investimento. Por outro lado, poderá haver vantagens para o crescimento numa distribuição mais equilibrada de influência política. Por exemplo, muitas pessoas esperariam por um maior apoio de infraestrutura e por outros bens e serviços públicos (...), por uma redução nos níveis de corrupção e talvez por mais concorrência em toda a economia.[52]

Como ambas as visões podem estar corretas, só podemos observar os efeitos negativos, e eles podem ser positivos ou negativos. As restrições ao direito de voto prevaleciam nos Estados Unidos e também na América Latina. As restrições formais para pessoas livres do sexo masculino foram gradualmente eliminadas nos Estados Unidos por volta de 1830, e os antigos escravos libertados adquiriram legalmente esse direito em 1869, mas como a regulamentação de eleições era prerrogativa dos governos estaduais e a lei americana sempre exigia registro voluntário, as restrições de fato sempre estiveram presentes. As mulheres, por sua vez, obtiveram o direito de voto em 1919. Na América Latina, o voto masculino em geral era restrito primeiro por exigência de posse de imóveis ou de renda, e subsequentemente pela exigência de alfabetização, visando a excluir especificamente os trabalhadores rurais e agricultores arrendatários. O direito a voto das mulheres chegou relativamente tarde. A proporção da população com direito a voto aparece na Figura 5.4.[53]

FIGURA 5.4

Porcentagem de população com direito a voto nas Américas, I

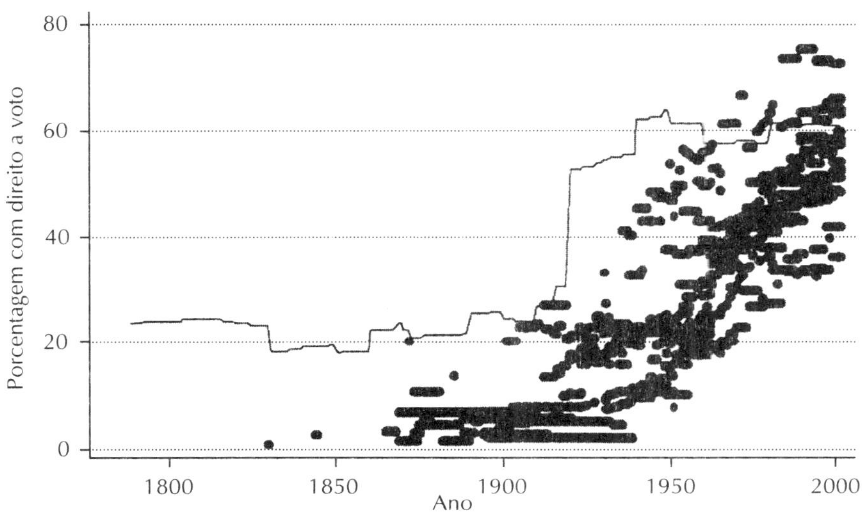

Nota: Linha para os Estados Unidos, dispersão para a América Latina. Somente se o legislativo é eleito e a oposição é permitida.

Fonte: Dados do autor.

FIGURA 5.5
Porcentagem de pessoas com direito a voto nas Américas, II

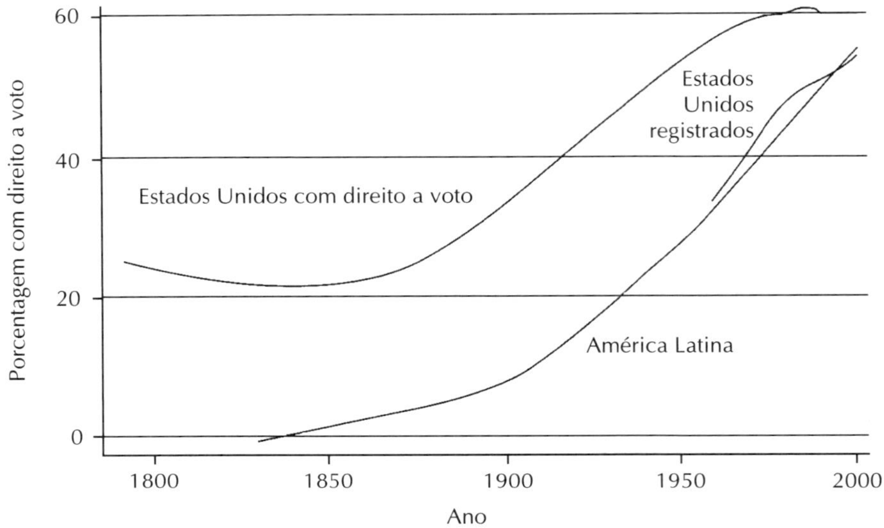

Nota: Suavizador Lowess.
Fonte: Dados do autor.

As tendências gerais podem ser vistas com maior clareza na Figura 5.5, na qual os dados latino-americanos são médios e as séries são aplainadas. Note porém que a série dos qualificados nos EUA reflete a porcentagem da população habilitada para votar, dados somente os requisitos baseados em sexo, idade e escravidão e não a porcentagem que estava registrada para votar.[54] Esta última série está disponível somente depois de 1960 e durante este período acompanha de perto a série latino-americana, que mistura pessoas com direito a voto e pessoas registradas (nem sempre é possível saber a que os números se referem). Assim, a diferença pode ter sido muito menor do que indica a série de pessoas com direito a voto nos EUA. Além disso, ter o direito de votar não é o mesmo que votar. Como o comparecimento eleitoral nos Estados Unidos tem tendido a ser baixo, em particular nos anos sem eleições presidenciais, a diferença em participação eleitoral é menor do que em direito a voto. Mas durante a maior parte do século XIX houve uma diferença.

Com essas preliminares descritivas, podemos abordar a pergunta analítica: a diferença de renda é explicada pela diferença em direito a voto ou em participação eleitoral? Aqui enfrentamos o problema metodológico anteriormente mencionado. Nos países da OCDE, o direito a voto mais generalizado e a participação mais ampla em eleições para o legislativo aceleraram o crescimento. Contudo isto não era verdade na América Latina, onde o direito a voto mais amplo e a participação maior quase não tiveram efeito sobre o crescimento (veja figuras 5.6 e 5.7).[55]

FIGURA 5.6
Porcentagem da população votando em eleições legislativas nas Américas

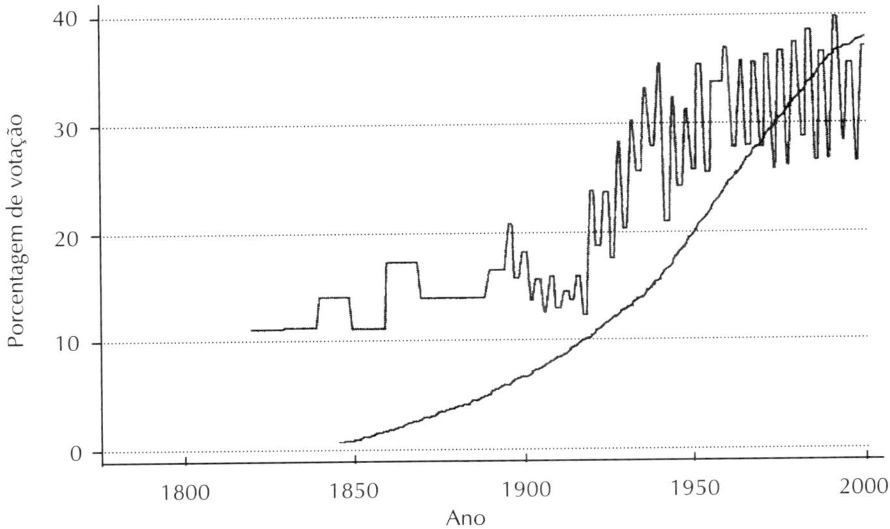

Nota: Linha para Estados Unidos, suavizador Lowess para a América Latina.
Fonte: Dados do autor.

FIGURA 5.7

Crescimento e direito de voto em países latino-americanos e da OCDE. Áreas sombreadas: intervalo de confiança de 95%

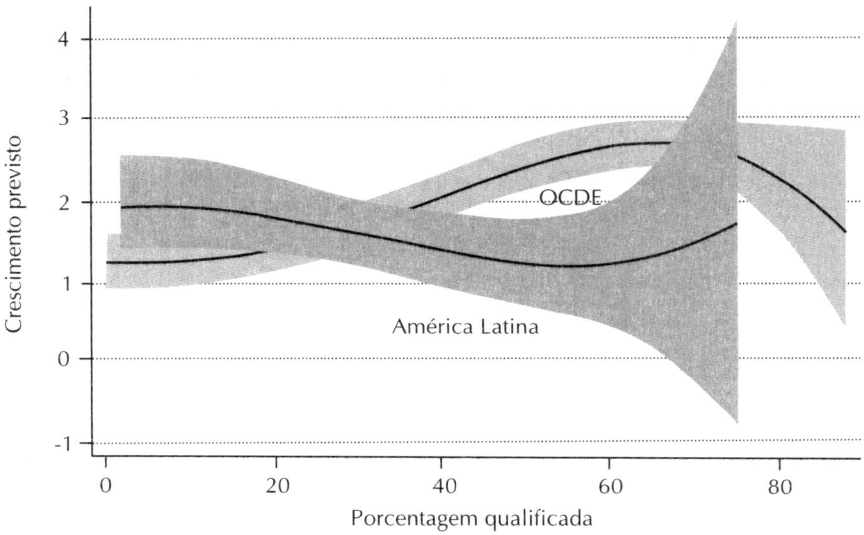

Nota: A área sombreada representa um intervalo de confiança de 95%.
Fonte: Dados do autor e Angus Maddison, *The World Economy: Historical Statistics* (Paris: OCDE, 2003).

Sem nos aprofundarmos mais, só podemos concluir que, embora nos países atualmente desenvolvidos os efeitos positivos do direito a voto tenham dominado os negativos, na América Latina eles se cancelaram mutuamente ou a extensão do direito a voto foi simplesmente irrelevante. Túlio Halperin Donghi afirmou: "A fraqueza do voto tornou sua natureza irrelevante: como os eleitores foram convocados acima de tudo para legitimar uma situação preexistente e já haviam aprendido que era aconselhável fazê-lo, em última análise não fazia diferença que parte da população tinha este duvidoso privilégio."[56] Por que isto é assim, se é uma questão de oportunidade ou das rendas mínimas para que o direito a voto fosse estendido a determinados grupos ou qualquer outra coisa, são perguntas fascinantes que infelizmente devemos deixar de lado. Não é óbvio qual é o contrafatual adequado: devemos perguntar o que teria acontecido caso a América Latina generalizasse mais cedo o direito de voto, em níveis de renda mais altos, em níveis mais baixos de desigualdade, ou a grupos diferentes? Tudo que sabemos é que na América Latina a ampliação do direito de voto e da participação eleitoral não afetou o crescimento. Os direitos políticos restritos perpetuaram a desigualdade econômica? Numa série de estudos, Stanley Engerman e Kenneth Sokoloff propuseram a seguinte explicação para o subdesenvolvimento latino-americano:

1. Os recursos naturais encontrados pelos colonizadores europeus na América Latina somente podiam ser explorados com trabalho escravo, e a desigualdade legal, por sua vez, deixou um legado de desigualdade econômica mesmo depois de ser abolida. De acordo com Sokoloff, "Uma extrema desigualdade surgiu nas colônias do Caribe e no Brasil, porque seus solos e climas lhes davam uma vantagem comparativa no cultivo de cana-de-açúcar e outras lavouras cultivadas ao menor custo possível em grandes plantações que usavam trabalho escravo (...). A desigualdade extrema em riqueza e em capital humano também caracterizou grande parte da América espanhola".[57]
2. As instituições políticas reproduziam a desigualdade econômica: "Não só era difícil mudar certas características fundamentais das economias do Novo Mundo e seus recursos naturais, como também as políticas governamentais e outras instituições tendiam a reproduzir as condições que lhes davam origem."[58] Entre os instrumentos pelos quais a desigualdade era mantida estava o direito restrito de voto.
3. A desigualdade era adversa ao desenvolvimento, porque os pobres não tinham acesso a recursos produtivos: "a maior desigualdade em riqueza contribuiu para a evolução de instituições que em geral protegiam os privilégios [das elites] e restringiam as oportunidades para que o grosso da população participasse plenamente da economia comercial, mesmo depois da abolição da escravidão".[59] Engerman e Sokoloff, por sua vez, tendo em mente os Estados Unidos, afirmam que "a maior igualdade provê apoio, senão ímpeto, para processos autossustentáveis pelos quais os mercados em expansão induzem e são por sua vez induzidos pelo uso mais eficaz e intensificado dos recursos, pela realização de economias de escala, por taxas mais altas de atividade inventiva e por outras formas de acumulação de capital humano, bem como de maior especialização pelos fatores de produção".[60] Em resumo, a desigualdade política levou

> à criação de instituições que retardaram o desenvolvimento, perpetuando a desigualdade econômica e restringindo as oportunidades produtivas para a maior parte da população.

Coatsworth considera esta história "plausível, mas quase certamente errada".[61] Ele afirma que "a propriedade de terras (e de riquezas de modo geral) não era mais concentrada na América Latina do que nas 13 colônias britânicas (ou na própria Grã-Bretanha que se industrializava)", salientando que (1) a maior parte das colônias espanholas não tinha economias com escravidão; (2) na América Central e nos Andes, as populações indígenas ocupavam a maior parte das terras aráveis; e (3) mesmo onde havia grandes propriedades, a terra era abundante e seu valor pouco contribuía para a concentração de riqueza. Tanto Coatsworth como Prados de la Escosura afirmam que a desigualdade aumentou na América Latina somente durante a segunda metade do século XIX, quando melhores meios de transporte e a expansão do comércio valorizaram as terras.[62] Jeffrey Williamson demonstra que, se em 1913 a proporção entre salários reais e o valor das terras fosse 1,0, na Argentina ela caiu de 6,9 em 1880-1884 para 0,7 em 1930, e no Uruguai de 11,1 em 1870-1874 para 1,1 em 1930.[63]

No final, não está claro se a desigualdade era um pecado original da América Latina ou se ela foi gerada somente quando o continente adotou uma estratégia de desenvolvimento orientada para exportações durante a segunda metade do século XIX. Três lições importantes a respeito da desigualdade podem ser extraídas dos dados disponíveis, os quais incluem a porcentagem de propriedades rurais familiares entre 1850 e 1970[64] e informações dispersas sobre a distribuição da renda familiar para o período posterior à Segunda Guerra Mundial:

1. À luz dos números de Vanhanen, em 1850 a diferença em propriedade de terras entre a América do Norte e a América Latina era chocante: a porcentagem de propriedades rurais familiares na América Latina era de 7,2, com um mínimo de 1% e um máximo de 25%.[65] Na mesma época, nos Estados Unidos, 60% das propriedades rurais estavam nas mãos de famílias e, no Canadá, 17 anos depois, 63%. Porém, não está claro se a distribuição de terras era um ingrediente importante da distribuição total de riqueza em 1850 (veja as figuras 5.8 e 5.9).
2. A porcentagem de propriedades rurais familiares em 1970 refletia as condições de 1850, mas a distribuição das terras tornou-se mais igual

em todos os países latino-americanos. Entre 1850 e 1970, a proporção de propriedades familiares aumentou 16,5% em um país latino-americano médio, com uma variação de 2 a 40%.

3. A distribuição de renda familiar nas décadas de 1960 e 1970 traz a marca da distribuição de terras até 1850. Como a parcela da agricultura nas rendas nacionais já era baixa na década de 1960, o que vemos é a reprodução da desigualdade depois de 1850, em vez de uma contribuição da propriedade de terras para a atual desigualdade de rendas familiares. Assim, parece que a desigualdade persistiu mesmo com a mudança dos ativos que causaram sua ascensão. Após a década de 1930 o crescimento latino-americano foi intensivo de mão de obra e trouxe pouca melhoria em produtividade da mão de obra; esta pode ser a razão para a persistência da desigualdade.

FIGURA 5.8

Proporção de propriedades rurais familiares em 1850 e 1970

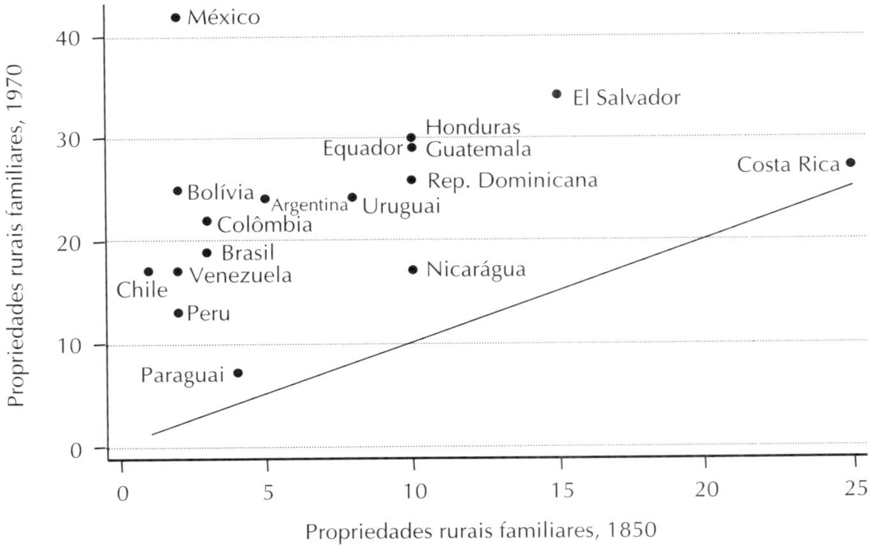

Fonte: Tatu Vanhanen, *Prospects of Democracy: A Study of 172 Countries* (Londres: Routledge, 1997).

FIGURA 5.9

Gini antes de 1982 como função de propriedades rurais familiares em 1850

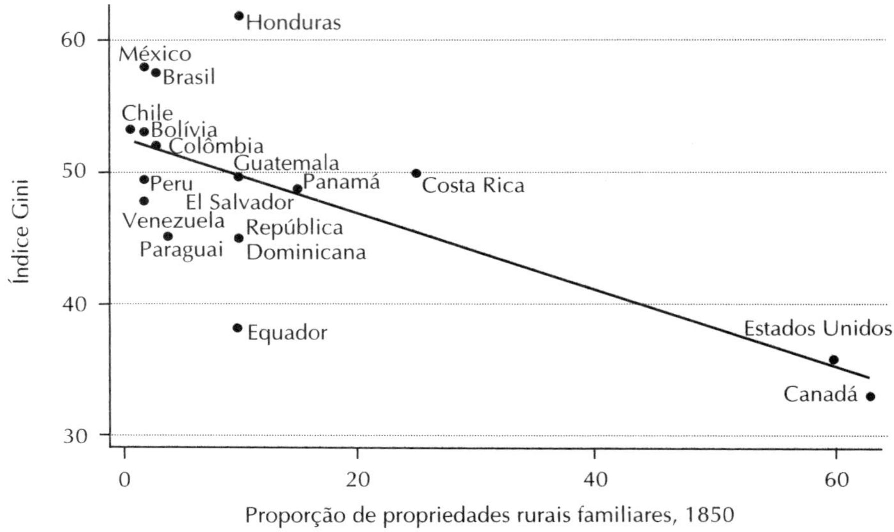

Nota: A linha reta é regressão linear.

Fonte: Tatu Vanhanen, *Prospects of Democracy: A Study of 172 Countries* (Londres: Routledge, 1997); e Klaus Deininger e Lyn Squire, "A New Data Set Measuring Income Inequality", *The World Bank Economic Review* 10, nº 3 (1996): 565-591.

É importante notar que, até o ponto em que ocorreu a redistribuição de terras na América Latina, ela não se deveu ao fato de os pobres terem adquirido direitos políticos e os terem usado votando: não foi encontrada nenhuma relação entre direito a voto ou participação nas eleições e redistribuição de terras. Por sua vez, os países latino-americanos que tinham mais propriedades rurais familiares em 1850 tenderam a redistribuir mais terras.[66] Assim, os mecanismos pelos quais a desigualdade foi perpetuada ainda são obscuros.

Em conclusão, a desigualdade de direitos políticos – a extensão do direito a voto e a participação nas votações – não afetou diretamente o crescimento na América Latina. Além disso, há motivos para duvidar que o direito a voto restrito tenha sido o mecanismo que perpetuou a desigualdade, ao menos na distribuição de terras.

A desigualdade é a culpada pelo lento desenvolvimento da América Latina? A relação entre desigualdade e crescimento é notoriamente difícil de decifrar. Tendo feito a pergunta "Desigualdade e Crescimento: O Que Podem Dizer os Dados?" Banerjee e Duflo só podiam responder "Não muito".[67] O centro da questão diz respeito aos mecanismos pelos quais a desigualdade afeta o desenvolvimento. Engerman e Sokoloff afirmam repetidamente que esses mecanismos eram institucionais.[68] Outros enfatizaram o papel dos conflitos causados pela desigualdade.

Para salientar o contraste, temos duas hipóteses políticas rivais.[69] A proposição neoinstitucionalista diz que a América Latina tinha instituições "ruins", isto é, instituições que protegiam o poder dos já poderosos sem educar as massas, limitando os direitos políticos, evitando que as massas se beneficiassem de oportunidades econômicas, mantendo pequenos os mercados internos e, como consequência, retardando o crescimento e perpetuando a desigualdade. A teoria do conflito diz que a desigualdade intensifica os conflitos sobre a distribuição, que resultam no desvio de recursos que iriam para a produção para impedir e combater as ações coletivas orientadas para o fornecimento de bens públicos.[70] Além disso, as perspectivas de futura distribuição reduzem os investimentos correntes.

Vimos que as instituições políticas desiguais não evitaram o desenvolvimento. O importante, como veremos a seguir, é se os conflitos foram processados de acordo com regras, sem violência, mesmo que as instituições que os processaram não fossem igualitárias e as regras altamente preconceituosas. Os conflitos entre elites na América Latina do século XIX diziam respeito à organização do Estado, ao papel da religião ou, de forma mais ampla, à oposição conservadorismo/liberalismo, e à localização da infraestrutura financiada pelo Estado. Desde que as instituições políticas pudessem absorver esses conflitos e processá-los de forma relativamente pacífica, as economias se desenvolviam. Contudo persistia a desigualdade e também a instabilidade política. Por sua vez, a instabilidade custava caro em termos de desenvolvimento.

As eleições regulares, a cada quatro anos para presidente e a cada dois anos para a câmara baixa, começaram em 1788 nos Estados Unidos e desde então ocorreram regularmente. Na América Latina, a ocorrência de eleições era frequente mas muito menos regular e, em períodos variáveis após a independência, os países eram governados sem presidentes ou legislaturas eleitos.[71] Infelizmente, ainda não estão disponíveis dados sistemáticos a respeito da ocorrência de eleições, e são difíceis de compilar.[72] Porém, podemos julgar se as políticas eram pluralistas se observarmos o primeiro mandato constitucional concluído em um país.

Por políticas pluralistas entendemos algo muito fraco: somente que uma legislatura é eleita e que existe alguma oposição eleitoral.[73] Muitas eleições consideradas pluralistas foram manipuladas, a compra de votos era generalizada e os resultados frequentemente eram fraudulentos.[74] Na verdade, até onde sabemos, em toda a história da América Latina somente perderam dois presidentes no poder que concorreram à reeleição: Hipólito Mejía, da República Dominicana em 2004, e Daniel Ortega da Nicarágua, em 1990.[75] Como observou Halperin Donghi, "Entre as muitas maneiras de derrubar o governo praticadas na América espanhola após a independência, a derrota nas apurações dos votos estava visivelmente ausente".[76] Contudo, não excluímos a manipulação ou fraude em nossa definição de pluralismo, porque achamos que elas são evidências óbvias de competição política. Mesmo quando era molestada, a oposição era legalmente tolerada e lhe era permitido conquistar alguns lugares no legislativo e algumas vezes até uma parcela do poder. E esses incentivos eram suficientes para que ela participasse. Assim, os conflitos entre elites eram processados de acordo com algumas regras e, apesar de rebeliões esporádicas, eram resolvidos de forma pacífica. Acompanhando o Chile depois de 1831, vários países latino-americanos estabeleceram sistemas estáveis de competição política nos quais o presidente no poder, obedecendo fielmente aos limites do mandato, escolhia seu sucessor e, por meio de vários dispositivos, assegurava sua vitória nas apurações.[77] A estabilidade desses sistemas de competição oligárquica – no Chile entre 1831 e 1891 e novamente até 1924, no Brasil entre 1894 e 1930, na Argentina entre 1864 e 1892 e de novo até 1916, no México entre 1934 e 2000 – foi digna de nota. Na verdade, o último destes sistemas morreu no México somente em 2000.

Como mostra a Figura 5.10, quando foram instituídas durante o século XIX, as eleições tendiam a ser pluralistas. Contudo, no século XX, os governantes aprenderam que poderiam realizar rituais denominados "eleições" sem permitir nenhuma oposição. Mais tarde, quando os militares entraram na política como uma instituição, decidiram, em sua maioria, que não necessitavam de legislaturas nem de eleições. Somente a onda de redemocratização posterior a 1980 restaurou as eleições competitivas na América Latina.

Assim definido, o pluralismo do processo político teve um efeito positivo sobre o crescimento. Na América Latina, a taxa média de crescimento durante os 1.219 anos em que a política era pluralista foi de 1,67%, ao passo que nos 267 anos em que não havia nem legislaturas nem oposição, a taxa foi de 0,52%. Análises de regressão nos levam a acreditar que o pluralismo político teve um efeito positivo sobre o crescimento.[78]

FIGURA 5.10
Políticas competitivas na América Latina depois de concluído o primeiro mandato

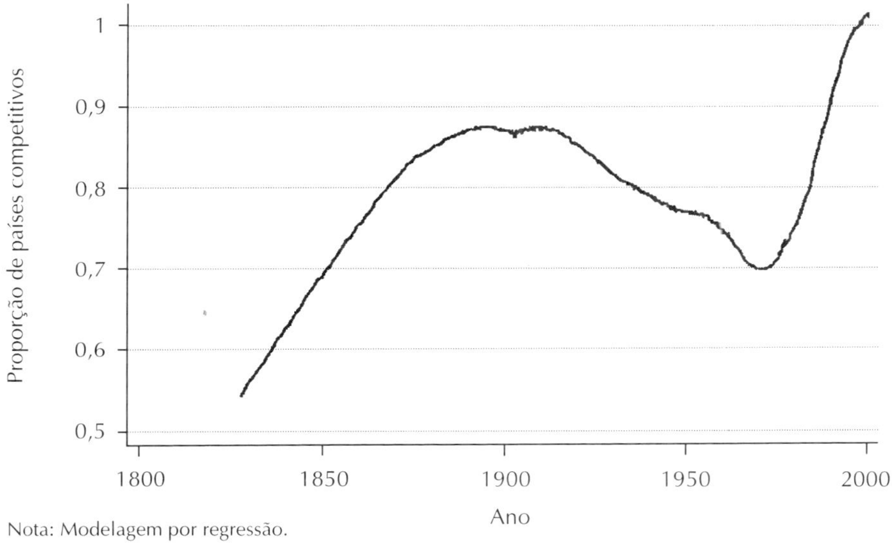

Nota: Modelagem por regressão.
Fonte: Dados do autor.

Porém, o processamento pacífico de conflitos de acordo com algumas regras somente será possível se a distribuição resultante de renda (ou dos ativos que a geram) for aceitável para todas as forças políticas que possuem o poder militar para se engajar em conflitos que visam a estabelecer seu monopólio político.[79] Sempre que o grau de redistribuição resultante do processamento de conflitos de acordo com regras for excessivo para alguns ou insuficiente para outros, estes poderão tentar estabelecer seu monopólio de poder. O resultado é a instabilidade política. Há muitos modos de pensar a instabilidade política. Um deles é se o chefe do executivo concluiu um mandato constitucional previamente especificado, diferente de períodos em que não havia nenhuma constituição eficaz ou em que o chefe do executivo foi deposto de forma inconstitucional, ou empregou uma estratégia de autogolpe para estender seu mandato. Outro modo de pensar a instabilidade é contar o número de chefes de executivo durante um determinado ano ou uma média móvel deste número ao longo de alguns anos (neste capítulo, tomamos cinco).[80] Contudo, outra maneira de pensar na instabilidade é focalizar a frequência de golpes ou transferências irregulares de poder. Talvez a melhor maneira de resumir essas medidas seja computar o número de anos consecutivos durante os quais chefes de executivo concluíram seus mandatos. Como na América Latina houve 157 casos em que o chefe do executivo mudou por ocasião do término do mandato do seu antecessor, ao longo de 708 anos (dos 1.527 para os quais dispomos de dados), nos quais a alternância de poder ocorreu dentro do quadro das normas constitucionais, esta medida indica estabilidade constitucional, sem levar em consideração quem ocupava os postos de governo. Neste sentido, o número de anos consecutivos durante os quais os chefes do executivo concluíram seus mandatos é um indicador do domínio da lei, mesmo que muitas vezes esta fosse manipulada em favor da oligarquia governante.

Como mostram as figuras 5.11, 5.12 e 5.13, a poeira política da independência assentou por volta de 1870 e, às vésperas da Primeira Guerra Mundial, reinava a estabilidade. Porém, uma nova onda de desestabilização ocorreu depois de 1924, quando vários países experimentaram os primeiros golpes militares de sua história.[81] Somente depois de 1980 foi restaurada a estabilidade política, apesar de a alternância dos presidentes ter voltado a se acelerar nos últimos anos.[82]

Embora o que dissemos aqui caracterize o padrão geral de toda a América Latina, alguns países passaram por trajetórias divergentes. Por exemplo, a alternância de chefes do executivo aumentou em períodos e níveis diferentes no Brasil, Chile e México.[83] E mais uma vez a frequência dos golpes diferiu muito entre países: em 2000 o Uruguai passou por oito, ao passo que a Bolívia teve 36.

Nenhuma dessas abordagens analíticas apreende plenamente a importância da instabilidade, uma vez que o que provavelmente importa mais para o desenvolvimento são as expectativas de conflitos futuros e não das desordens correntes.[84] Contudo, as desordens correntes desviam recursos da produção para o combate e impedem ações coletivas concebidas para a produção de bens públicos. Assim, é de se esperar que a instabilidade política corrente retarde o crescimento. Os números corroboram esta asserção óbvia. Durante 997 anos de mandatos concluídos, a renda cresceu à taxa média de 1,93, ao passo que durante 631 anos de mandatos interrompidos cresceu à taxa de 0,94.[85] A taxa média de crescimento durante os 1.412 anos em que houve um único chefe do executivo foi de 1,88; durante os 366 anos em que houve dois, ela foi de 1,01; e durante os 96 anos com mais de dois chefes, foi de −0,55. A taxa média de crescimento durante os 1.468 anos sem golpes foi de 1,59, enquanto durante os 95 anos em que ocorreu pelo menos um golpe, foi de 0,78. Nossa medida do número de anos consecutivos de mandatos concluídos mostra, mais uma vez, que a estabilidade política assim definida teve efeitos positivos sobre o crescimento.[86]

FIGURA 5.11

Proporção de países com mandatos concluídos

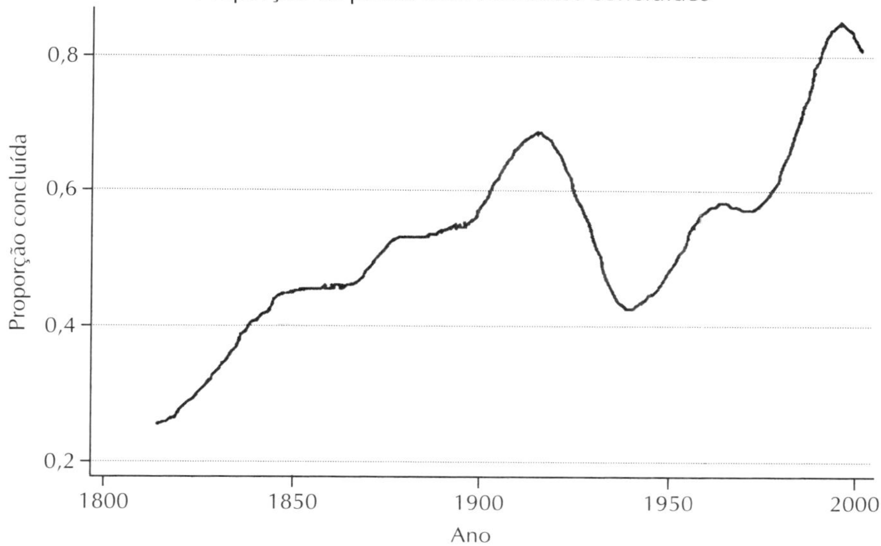

Nota: Modelagem por regressão.

Fonte: Dados do autor.

FIGURA 5.12

Número médio de chefes do executivo por ano nos Estados Unidos e na América Latina

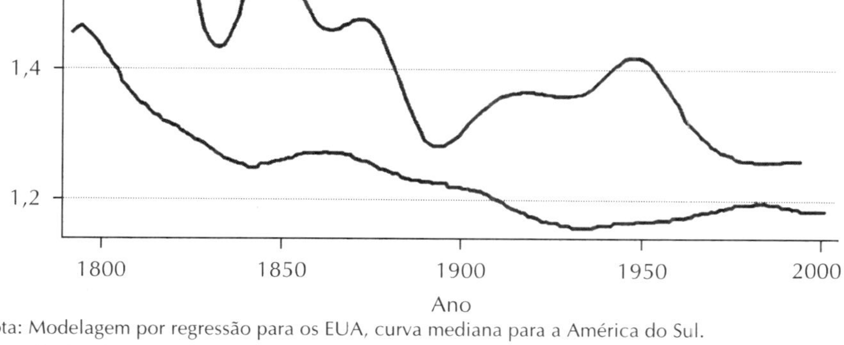

Nota: Modelagem por regressão para os EUA, curva mediana para a América do Sul.

Fonte: Dados do autor.

FIGURA 5.13
Número médio de golpes por país na América Latina

Nota: Curva mediana.
Fonte: Dados do autor.

Os mandatos concluídos foram mais frequentes com níveis mais altos de direito de voto, ao passo que as trocas de executivos e os golpes foram mais frequentes com níveis mais baixos: assim, a desigualdade política parece ter um impacto direto sobre a instabilidade política. Porém, não podemos mostrar estatisticamente que a instabilidade política foi causada pela desigualdade econômica.[87] A razão talvez seja o fato de a única medida de desigualdade que temos ser a proporção de propriedades rurais familiares, e esta medida muda de importância na medida em que outros ativos além da terra se tornam importantes para a distribuição de renda. Mas há amplas evidências históricas de que os conflitos desestabilizadores foram distributivos.

O desenvolvimento da América Latina durante a segunda metade do século XIX levou à emergência de dois grandes conflitos distribucionais: sobre terras ou salários na agricultura e sobre salários e condições de trabalho na indústria.[88] A distribuição de terras era um problema perene na América Latina e continuou a sê-lo na segunda metade do século XX, quando 12 países latino-americanos instituíram 27 reformas que incluíam alguma redistribuição de terras.[89] Em vários países, regimes militares se seguiram ao rompimento daquele

FIGURA 5.14
Taxa de crescimento da renda *per capita* como função dos anos consecutivos de mandatos concluídos

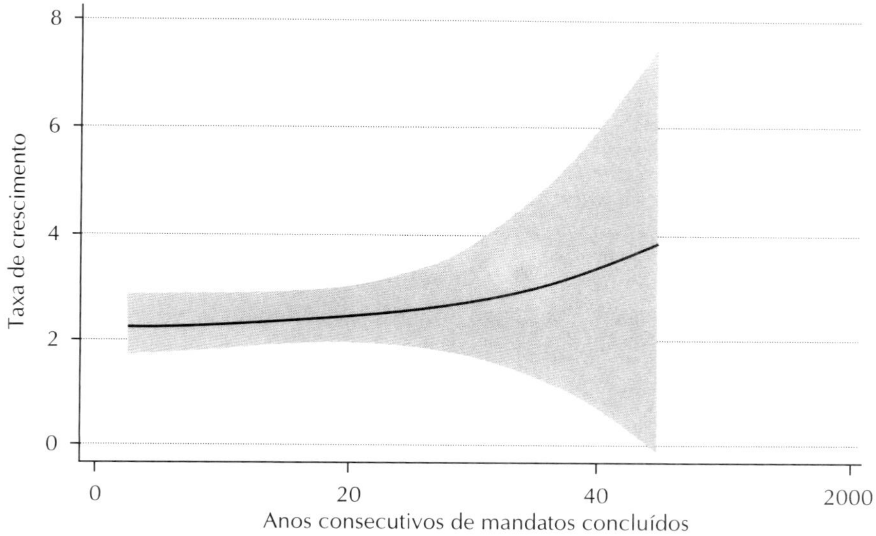

Nota: Curva mediana. A área sombreada representa o intervalo de confiança de 95%. Só anterior a 1979.
Fonte: Angus Maddison, *The World Economy: Historical Statistics* (Paris: OCDE, 2003) e dados do autor.

que foi um dia chamado de pacto urbano: o consentimento tácito da burguesia urbana e dos sindicatos industriais para a exploração de arrendatários e trabalhadores rurais pelos donos das terras. Por sua vez, a ascensão dos movimentos das classes trabalhadoras – da militância sindical industrial e do espectro do comunismo – foi um fator importante na desestabilização de regimes políticos. Como registram Collier e Collier, "a incorporação da experiência das classes trabalhadoras produziu uma forte reação política e, na maior parte dos países, esta reação culminou com a queda do regime político nacional sob o qual as políticas de incorporação haviam sido implantadas".[90] Na verdade, acreditamos que as extensões dos direitos políticos eram ameaçadoras não porque poderiam ter gerado uma redistribuição por meio de mecanismos fiscais (impostos e transferências), mas devido aos direitos de organização e de promoção de greves.

Em resumo, sempre que as instituições políticas absorveram os conflitos e os processaram de acordo com regras, as economias se desenvolveram, apesar de instituições políticas desiguais promoverem a instabilidade política. Além disso, como a desigualdade de renda persistiu, os conflitos distributivos provocavam instabilidade e a instabilidade política interrompia o desenvolvimento de forma recorrente.

Conclusão

Este capítulo destacou a dinâmica institucional na América Latina e suas consequências para o desenvolvimento. As economias latino-americanas se desenvolveram sempre que os conflitos foram processados de acordo com algumas regras que permitissem o pluralismo político, mesmo quando o direito a voto era extremamente restrito. O importante não era se as instituições eram amplas ou restritas, igualitárias ou não, mas se podiam se estruturar e absorver os conflitos à medida que surgiam. As repúblicas oligárquicas bem arraigadas, nas quais as massas eram impedidas de participar na política mas as elites achavam um *modus vivendi*, não eram hostis ao desenvolvimento.

As economias cresceram quando o poder político protegia o poder econômico.[91] Assim, concordamos com Coatsworth que "aquilo que Engerman e Solokoff viam como obstáculos ao crescimento econômico – o poder das elites e a desigualdade econômica – na verdade facilitou a transição da região para o crescimento econômico sustentado, apesar de instável".[92] Contudo, como o desenvolvimento reproduziu ou talvez tenha aumentado a desigualdade econômica, as perspectivas de incorporação política, em particular o direito dos trabalhadores e camponeses de se organizar, ameaçaram as propriedades. Esta ameaça não era de os novos eleitores exigirem uma redistribuição pelo sistema fiscal,[93] mas de eles usarem seus direitos políticos para se organizar e fazer greve e assim redistribuir as rendas privadas ou até mesmo os ativos produtivos. Em consequência disso, seguiu-se uma nova onda de violentos conflitos.

Portanto, a desigualdade política parece ser estaticamente eficiente. Mas como perpetua a desigualdade econômica, ela transforma em mau presságio a perspectiva de redistribuição que poderá resultar da incorporação política das massas. E como a expectativa de instabilidade política é economicamente onerosa – provavelmente mais do que a própria ocorrência da instabilidade – a desigualdade política é dinamicamente ineficiente.

Notas

1. Este trabalho foi em parte financiado por uma doação da National Science Foundation. Por seus comentários sobre os rascunhos iniciais, agradecemos a John Coatsworth, Bill Easterly, John Ferejohn, Raquel Fernandez, Russell Hardin, Stephen Holmes, Fernando Limongi, Norman Loayaza, Bernard Manin, Pasquale Pasquino e aos participantes dos seminários realizados na Universidad de San Andrés e na Universidad Torcuato Di Tella.
2. Veja Stephen Haggard, *Pathways from Periphery: The Politics of Growth in the Newly Industrializing Countries* (Ithaca, NY: Cornell University Press, 1990). Veja também *Encuentros y desencuentros de los primos lejanos: Un ensayo de historia económica comparada de Argentina y Australia*, Working Paper 006 (Buenos Aires: Fundación Pent, 2005), em que Pablo Gerchunoff e Pablo Fajgelbaum fazem uma análise clara de como dois países com recursos semelhantes – Argentina e Austrália – diferiram em suas estratégias econômicas.
3. Adam Przeworski, "The Last Instance: Are Institutions a Deeper Cause of Economic Development?". *European Achives of Sociology* 45, nº 2 (2004): 165-188.
4. O programa teórico foi delineado por North: "Para extrair sentido de evidências históricas e contemporâneas, precisamos repensar todo o processo de crescimento econômico (...). A *principal fonte* de crescimento econômico é a estrutura institucional/organizacional de uma economia política." Veja Douglass C. North, "Some Fundamental Puzzles in Economic History/Development", em *The Economy as an Evolving Complex System*, organizado por W. Brian Arthur, Steven N. Durlauf e David A. Lane (Reading, MA: Addison-Wesley, 1997), vol. 2, p. 224. Especificamente, "Os países do Terceiro Mundo são pobres porque as restrições institucionais definem um conjunto de retornos para a atividade político-econômica que não encoraja a atividade produtiva". Veja North, *Institutions, Institutional Change, and Economic Performance* (Cambridge: Cambridge University Press, 1990), p. 110.
5. Sobre a importância de sistemas judiciários, veja Rafael La Porta, Florencio López de Silanes, Andrei Shleifer e Robert M. Vishny, "Law and Finance", *Journal of Political Economy* 106 (1998): 1113-1155. John H. Coatsworth e Gabriel Tortella Casares analisam o efeito do sistema judiciário espanhol sobre o desenvolvimento da Espanha e do México em seus períodos iniciais; veja John H. Coatsworth e Gabriel T. Casares, *Institutions and Long-Run Economic Performance in Mexico and Spain, 1800-2000*, Estudo 02/03-1 (Cambridge, MA: David Rockefeller Center for Latin American Studies, Harvard University, 2003). Veja também Pranab Bardhan, "History, Institutions and Underdevelopment", texto inédito, Department of Economics, University of California, Berkeley, 2004; Michael D. Bordo e Roberto Cortés Conde, "Introduction", em *Transferring Wealth and Power from the Old to the New World*, organizado por M. D. Bordo e R. Cortés Conde (Cambridge: Cambridge University Press, 2001); e Philip Keefer, "From Settler Mortality to Patrimonialism: Weaving

the Dynamics of Political Competition into the Political Economy of Development", *Political Economist* 12, nº 3 (2005), pp. 1, 5, 8, 10 e 13.

6. Veja, por exemplo, Stephen Haber, org., *How Latin America Fell Behind: Essays on the Economic Histories of Brazil and Mexico, 1800-1914* (Stanford CA: Stanford University Press, 1997); e Stephen Haber, org., *Political Institutions and Economic Growth in Latin America* (Stanford, CA: Hoover Institution Press, 2000).

7. De acordo com Haber, capitalismo amigo "é geralmente considerado um sistema no qual as pessoas próximas às autoridades políticas que criam e executam as políticas recebem favores de grande valor econômico". Ele podia ter em mente as restrições sobre as importações de açúcar ou os contratos da Halliburton no Iraque, ou o subsídio de US$14 bilhões para a indústria petrolífera. Mas nada disso é possível, porque nos Estados Unidos o governo é "limitado". Stephen Haber, *Crony Capitalism and Economic Growth in Latin America: Theory and Evidence* (Stanford, CA: Hoover Institution Press, 2002), pp. 12, 13.

8. Veja, por exemplo, Leandro Prados de La Escosura e Samuel Amaral, orgs., *La independencia americana: Consecuencias económicas* (Madri: Alianza, 1993); John H. Coatsworth e Alan M. Taylor, *Latin America and the World Economy since 1800* (Cambridge, MA: Harvard University Press, 1998); e Haber, *How Latin America Fell Behind, Political Institutions and Economic Growth*, e *Crony Capitalism*.

9. Veja Roberto Gargarella, *Los fundamentos legales de la desigualidad: El constitucionalismo en América (1776-1860)* (Madri: Siglo XXI, 2005).

10. José Luis Machinea e Cecilia Vera, "Comercio, inversión directa y políticas productivas", apresentado no seminário "Una nueva agenda de desarrollo para América Latina", Salamanca, 7-8 de outubro de 2005.

11. Isto é contrário àquilo que afirmaram alguns estudiosos. Veja, por exemplo, Stanley L. Engerman e Kenneth L. Sokoloff, "Inequality, Institutions, and Differential Paths of Growth among New World Economies", estudo apresentado no encontro da MacArthur Research Network on Inequality and Economic Performance, Boston, 2001. Veja também Daron Acemoglu, Simon Johnson e James A. Robinson, "The Colonial Origins of Comparative Development", *American Economic Review* 91 (2001): 1369-1401. Este não é o lugar para discussões teóricas, mas note que "segurança dos direitos de propriedade" é um conceito notadamente vago. Em primeiro lugar, em um mundo schumpeteriano de destruição criativa, a propriedade somente estaria segura se fosse defendida por barreiras à entrada (veja Daron Acemoglu, "The Form of Property Rights: Oligarchic vs. Democratic Societies", Estudo, Department of Economics [Cambridge, Massachusetts Institute of Technology, 2005]). Em segundo, a propriedade pode ser tornada segura não por direito, mas pela força: na América Latina, as terras muitas vezes eram protegidas por milícias privadas (veja Fernando López-Alves, *State Formation and Democracy in Latin America*, 1810-1900 [Durham: Duke University Press,

2000]). Mas é importante notar que os direitos de propriedade têm significados diferentes para quem a possui e para quem não a tem. Na presença de barreiras à entrada e de restrições ao crédito – ambas predominantes na América Latina – os direitos de propriedade são exclusivos.

12. Veja Elisa Mariscal e Kenneth L. Sokoloff, "Schooling, Suffrage, and the Persistence of Inequality in the Americas, 1800-1945", em *Political Institutions and Economic Growth in Latin America*, organizado por Stephen Haber (Stanford: Hoover Institution Press, 2000), pp. 159-218; Kenneth L. Sokoloff, "The Evolution of Suffrage Institutions in the New World: A Preliminary Look", em *Crony Capitalism and Economic Growth in Latin America: Theory and Evidence*, organizado por Stephen Haber (Stanford: Hoover Institution Press, 2002), pp. 75-107.

13. Angus Maddison, *The World Economy: Historical Statistics* (Paris: OCDE, 2003). A menos observação em contrário, todas as cifras são em dólares americanos com valores de 1990 (índice Geary-Khamis). Embora esta seja a série de renda mais abrangente de que dispomos, as cifras de Maddison não são universalmente aceitas pelos historiadores. Em alguns casos, constituem somente estimativas grosseiras.

14. Abhijit Banerjee e Lakshmi Iyer, "History, Institutions, and Economic Performance: The Legacy of Colonial Land Tenure Systems in India", texto inédito, Department of Economics, M.I.T., Cambridge, 2002, p. 1.

15. Quando em 1969 Kuznets levantou a questão de se a Europa era mais rica que o resto do mundo em 1750, sua estimativa foi de que a relação entre a menor e a maior renda *per capita* do mundo era de 1:2, talvez 1:2,5. Estimativas mais recentes reduzem esta diferença. Bairoch afirma que os países menos desenvolvidos daquele tempo não eram mais pobres do que a Europa (Paul Bairoch, *Economics and World History: Myths and Paradoxes* [Chicago: University of Chicago Press, 1993]), assim como Pomeranz (Kenneth Pomeranz, *The Great Divergence: China, Europe, and the Making of the Modern World Economy* [Princeton, NJ: Princeton University Press, 2000]). Maddison acredita que a relação era de cerca de 1 para 1,5 (veja Maddison, *The World Economy*, p. 114).

16. John H. Coatsworth, "Economic and Institutional Trajectories in Nineteenth Century Latin America", em Coatsworth e Taylor, *Latin America and the World Economy*, p. 26.

17. Pode-se fazer a mesma pergunta com relação a todas as regiões do mundo e encontrar algumas razões idiossincráticas pelas quais ela ficou para trás. Veja, por exemplo, Pomeranz, *The Great Divergence*, sobre a China; e, sobre o Oriente Médio, veja Timur Kuran, "Why the Middle East Is Economically Underdeveloped: Historical Mechanisms of Institutional Stagnation", *Journal of Economic Perspectives* 18 (2004): 71-90.

18. Leandro Prados de La Escosura, *Assessing the Economic Effects of Latin American Independence*, Memorando 03-12 (Madri: Universidad Carlos III, 2003), p. 11.

19. Coatsworth se refere a este período como "o catastrófico segundo quarto do século XIX". John H. Coatsworth, "Structures, Endowments, and Institutions in the Economic History of Latin America", *Latin American Research Review* 40 (2005): 137.

20. Coatsworth afirma que "todos os obstáculos significativos ao crescimento econômico em quase todos os países da América Latina desapareceram no final do século XIX". John H. Coatsworth, "Notes on the Comparative Economic History of Latin America and the United States", em *Development and Underdevelopment in America: Contrasts of Economic Growth in North and Latin America in Historical Perspective*, organizado por Walther L. Bernecker e Hans Werner Tobler (Berlim: de Gruyter, 1993), p. 10.

21. De acordo com Cortés Conde, o crescimento nos Estados Unidos entre 1774 e 1905 se deveu principalmente a um aumento nos fatores produtivos e não em produtividade. Roberto Cortés Conde, *Historia económica mundial* (Buenos Aires: Ariel, 2003), p. 143.

22. Cole, Ohanian e Schmitz também atribuem o atraso econômico da América Latina a partir de 1950 à estagnação da produtividade da mão de obra. Veja Harold L. Cole, Lee E. Ohanian e James A. Schmitz, Jr., *Latin America in the Rearview Mirror*, Memorando 11008 (Cambridge, MA: National Bureau of Economic Research, 2004).

23. Não há nada de especial em usar a mesma taxa de crescimento como referência. Na verdade, à luz das teorias de convergência (veja, por exemplo, Robert Lucas, "Some Macroeconomics for the 21st Century", *Journal of Economic Perspectives* 14 (2000): 159-168), seria de se esperar que países que estão atrás do líder em tecnologia cresçam mais depressa. Usamos a mesma taxa de crescimento meramente como um dispositivo contábil.

24. Lembre-se de que isto não é muito exato, uma vez que os dados para países diferentes só estão disponíveis para determinadas datas.

25. Em 1980, esta diferença era de US$528; em 2000, era de US$2.858.

26. Maddison, *The World Economy*, p. 114.

27. John H. Coatsworth, "Economic and Institutional Trajectories in Nineteenth-Century Latin America", em Coatsworth e Taylor, *Latin America and the World Economy*.

28. Coatsworth, "Structures, Endowments, and Institutions", p. 128.

29. Victor Bulmer-Thomas, *The Economic History of Latin America since Independence*, 2ª ed. (Cambridge: Cambridge University Press, 2003), p. 27.

30. Coatsworth fornece relações entre as rendas *per capita* de alguns países latino-americanos e a dos Estados Unidos. Supondo que a renda nos Estados Unidos tenha sido de US$1.000 (extrapolação dos números de Maddison para 1820-1830) e usando essas relações, a renda na Argentina em 1800 deveria ter sido de US$1.020; no Brasil, US$360 (a quantia de Maddison para 1820 é US$646); Chile, US$460; Cuba,

US$1.120; México, US$500 (a quantia de Maddison é US$759); e Peru, US$410. Veja Maddison, *The World Economy*, e Coatsworth, "Structures, Endowments, and Institutions".

31. Veja Peter C. Mancall e Thomas Weiss, "Was Economic Growth Likely in Colonial British North America?" *Journal of Economic History* 56 (1999): 17-40.

32. Bulmer-Thomas, *The Economic History of Latin America*, p. 27.

33. Veja Mancall e Weiss, "Was Economic Growth Likely in Colonial British North America?", p. 26, Tabela 2.

34. Idem.

35. Prados de La Escosura, *Assessing the Economic Effects of Latin American Independence*, p. 4.

36. Esses resultados se baseiam numa regressão que inclui os 19 países latino-americanos e os Estados Unidos. Se deixarmos de lado os EUA, ambos os números diminuem, mas as estimativas ainda são estatisticamente significativas. Assim, essas relações se mantêm dentro da América Latina.

37. Aqui está como raciocinamos. A regressão mostra que o custo, em 2000, do adiamento da independência por um ano é de US$165. Portanto, deve ser verdade que $y_t(1+r)^{2000-t} - y_{t+1}(1+r)^{2000-(t+1)} = 165$. Solucionando, $y_{t+1} - y_t = ry_t - 165(1+r)^{-(2000-(t+1))}$. Considerando $t = 1820$, usando a taxa de crescimento americano para r, e supondo que $y_{1820} = 700$, temos os números do texto. O mesmo é válido para o tumulto.

38. Sobre os custos de esperar pela independência, veja Coatsworth, que estima que se o México tivesse conquistado a independência em 1800 em vez de em 1821, seu PIB na ocasião em que este livro foi escrito seria 7,2% mais alto. Coatsworth, "Notes on the Comparative Economic History", p. 16.

39. Maddison, *The World Economy*, p. 76.

40. John H. Coatsworth, "Economic and Institutional Trajectories in Nineteenth-Century Latin America", em Coatsworth e Taylor, *Latin America and the World Economy*, p. 25.

41. Por exemplo, Amaral afirma que a independência argentina resultou de pressões locais sobre instituições que não conseguiam atender às necessidades do comércio e da produção. Veja Samuel Amaral, "Del mercantilismo a la libertad: Las consecuencias económicas de la independencia argentina", em Prados de La Escosura e Amaral, *La independencia americana*, pp. 202-203.

42. Veja Bulmer-Thomas, *The Economic History of Latin America*.

43. Veja Susan Dunn, *Jefferson's Second Revolution: The Election Crisis of 1800 and the Triumph of Republicanism* (Boston: Houghton-Mifflin, 2005); e Bernard A. Weisberger, *America Afire: Jefferson, Adams, and the First Contested Election* (Nova York: Perennial, 2001).

44. Veja, por exemplo, Fernando López-Alves, *State Formation and Democracy in Latin America, 1810-1900*.

45. Para uma explicação sobre as dificuldades para atingir a unidade nacional na Argentina, particularmente em contraste com os Estados Unidos, veja Julio Saguir, "Entre el Conflicto y la Organización Institucional: Los Procesos Constituyentes de Estados Unidos (1776-1787) y Argentina (1810-1860)", *Agora*, nº 8 (1998): 123-144.

46. Sobre as controvérsias se as guerras latino-americanas pela independência foram revoluções sociais e até que ponto o foram, veja os ensaios em Lewis Hanke, org., *History of Latin American Civilization: Sources and Interpretations*, vol. 2: *The Modern Era* (Boston: Little, Brown, 1967), pp. 1-59.

47. Veja J. Franklin Jameson, *The American Revolution Considered as a Social Movement* (Princeton, NJ: Princeton University Press, 1973), publicado originalmente em 1926, e Charles A. Beard, *An Economic Interpretation of the Constitution of the United States* (Nova York: Houghton Mifflin, 1913).

48. A consolidação territorial na América Latina exigiu algumas tentativas nacionais fracassadas (Cundinamarca, Gran Colômbia, República Centro-Americana) e tentativas, também fracassadas, de algumas províncias para se tornarem independentes. Porém, as guerras entre Estados foram raras na América Latina.

49. Clarence Henry Haring, *The Spanish Empire in America* (Nova York: Harcourt, Brace, 1947), p. 165.

50. Veja Douglass C. North e Barry Weingast, "The Evolution of Institutions Governing Public Choice in 17th Century England", *Journal of Economic History* 49 (1989): 803-832; Acemoglu, Johnson e Robinson, "The Colonial Origins of Comparative Development", pp. 1369-1401; e Alessandro Lizzeri e Nicola Persico, "Why Did the Elites Extend the Suffrage? Democracy and the Scope of Government, with an Application to Britain's 'Age of Reform'", *Quarterly Journal of Economics* 119 (2004):707-765.

51. Veja Allan Meltzer e Scott F. Richards, "A Rational Theory of the Size of Government", *Journal of Political Economy* 89, nº 5 (1981): 914-927.

52. Kenneth L. Sokoloff, "The Evolution of Suffrage Institutions in the New World: A Preliminary Look", em Haber, *Crony Capitalism*, p. 76.

53. Note que a relação de eleitores em relação à população total é sensível à composição etária. Parte da tendência dos dados para cima se deve ao envelhecimento das populações e a diferença entre os Estados Unidos e a América Latina se deve somente à estrutura etária.

54. Veja Jerrold G. Rusk, A *Statistical History of the American Electorate* (Washington, D.C.: CQ Press, 2001).

55. Os resultados do efeito positivo do direito a voto sobre o crescimento no mundo e a inexistência de efeito na América Latina são sólidos para diferentes avaliadores (2SLS com efeitos fixos, 3SLS, SURE) e diferentes especificações de variáveis de controle. Os resultados são quase idênticos para a participação eleitoral.

56. De acordo com Halperin Donghi, as eleições indiretas favoreceram a nomeação de dignitários locais; assim, mesmo quando o direito ao voto era disseminado, o resultado equivalia ao cenário em que os muito ricos poderiam votar. Tulio Halperin Donghi, *The Aftermath of Revolution in Latin America* (Nova York: Harper & Row, 1973), p. 116.

57. Kenneth L. Sokoloff, "Institutions, Factor Endowments, and Paths of Development in the New World", Villa Borsig Workshop Series 2000, sobre as Bases Institucionais de uma Economia de Mercado, pp. 78, 79 [versão resumida disponível online em http:/www.inwent.org/ef-texte/instn/sokoloff.htm]. Terry Karl concorda com a visão predominante: "Na América Latina, desde o início as riquezas minerais e agrícolas foram uma bênção duvidosa; no contexto de uma forma específica de regra colonial eles produziram aluguéis concentrados que centralizaram os poderes econômico e político e estabeleceram os padrões de desigualdade da região." Terry L. Karl, *The Vicious Circle of Inequality in Latin America*, Memorando 2002/177 (Madri: Centro de Estudios Avanzados en Ciencias Sociales, Instituto Juan March, 2002), pp. 7, 8.

58. Sokoloff, "The Institutional Foundations of a Market Economy", p. 5.

59. Idem, p. 4.

60. Engerman e Sokoloff, "Inequality, Institutions, and Differential Paths of Growth", p. 35.

61. Coatsworth, "Structures, Endowments, and Institutions", pp. 139-140.

62. Veja John H. Coatsworth, "Economic and Institutional Trajectories in Nineteenth-Century Latin America", em Coatsworth e Taylor, *Latin America and the World Economy*, p. 39; Coatsworth, "Structures, Endowments, and Institutions", p. 30; e Prados de La Escosura, *Assessing the Economic Effects of Latin American Independence*.

63. Jeffrey G. Williamson, "Real Wages, Inequality and Globalization in Latin America before 1940", *Revista de la Historia Económica* 17 (2004): 101-142, tabela 7.

64. Note que esta variável é um indicador muito imperfeito de desigualdade de renda, uma vez que não leva em conta o valor relativo mutável da terra. Além disso, não sabemos com clareza como Vanhanen tratou as terras comunitárias.

65. Veja Tatu Vanhanen, *Prospects of Democracy: A Study of 172 Countries* (Londres: Routledge, 1997).

66. A regressão de efeitos fixos com autocorrelação de primeira ordem e com a proporção corrente de propriedades rurais familiares como controle mostra um efeito negativo sobre a elegibilidade, tanto na América Latina como no resto do mundo. O coeficiente de persistência (sobre a proporção corrente) é, por sua vez, positivo e alto. Note porém que esses resultados são muito sensíveis à escolha do avaliador.

67. Veja Abhijit V. Banerjee e Esther Duflo "Inequality and Growth: What Can The Data Say?", *Journal of Economic Growth* 8 (2003): 267-299.

68. Engerman e Sokoloff, "Inequality, Institutions, and Differential Paths of Growth".

69. Também existe uma terceira teoria sobre imperfeições do mercado e restrições de crédito. Veja Abhijit V. Banerjee e Andrew F. Newman, "Poverty, Incentives, and Development", *American Economic Review* 84 (1994): 211-215.

70. Veja Banerjee e Iyer, "History, Institutions, and Economic Performance"; e Pranab Bardhan, *Scarcity, Conflicts, and Cooperation* (Cambridge, MA: MIT Press, 2005), capítulo 10.

71. Como salientam Jonathan Hartlyn e Arturo Valenzuela, "os princípios liberais tiveram uma aceitação tênue na América Latina antes de ganhar raízes em grande parte da Europa". Hartlyn e Valenzuela, "Democracy in Latin America since 1930", em *The Cambridge History of Latin America*, vol. 6, parte 2, organizado por Leslie Bethell (Cambridge: Cambridge University Press, 1994), p. 108. Antonio Annino salienta que, em muitos países latino-americanos, as eleições locais tinham lugar muito antes que na Europa. Entre 1809 e 1814, houve um período de muitas eleições. De acordo com Eduardo Posada-Carbó, "em sua maioria, as províncias passaram por ciclos de agitação política motivados por sucessivas eleições, inclusive para as juntas, as Cortes Espanholas, para departamentos e órgãos municipais e *diputaciones* provinciais". Posada-Carbó, "Electoral Juggling: A Comparative Study of the Corruption of Suffrage in Latin America, 1830-1930", *Journal of Latin American Studies* 32 (2000): 621. Porém, deve-se notar que a maior parte dessas eleições era local, dando aos governos locais uma legitimidade não gozada pelos governos nacionais e assim fortalecendo as tendências centrífugas. Veja Antonio Annino, *Historia de las elecciones en Iberoamérica, siglo XXI* (Cidade do México: Fondo de Cultura Económica, 1995), p. 10.

72. Sabemos quando ocorreram algumas eleições, mas não temos certeza de que não houve eleições durante períodos sobre os quais não temos nenhuma informação.

73. Em termos específicos, a política é considerada pluralista se existe uma legislação eleitoral e alguma oposição legal, mesmo que seja mínima. Portanto, os anos não pluralistas são aqueles sem um legislativo eleito ou aqueles com somente um partido ou nos quais um partido (ou candidato presidencial) não tem oposição.

74. É muito difícil definir fraude eleitoral. A respeito da ambiguidade deste conceito na América Latina do século XIX, veja Annino, *Historia de las elecciones en Iberoamérica*, pp. 15-18.

75. Outra exceção é o costarriquenho Braulio Carrillo, eleito pela primeira vez em 1835 para concluir o mandato de um político que foi obrigado a renunciar. Braulio Carrillo perdeu a reeleição em 1837, mas um ano depois derrubou o vencedor da eleição e promulgou uma constituição que o declarava presidente vitalício. Ele foi deposto em 1843.

76. Halperin Donghi, *The Aftermath of Revolution*, p. 116.

77. Veja Samuel J. Valenzuela, *The Origins and Transformation of the Chilean Party System*, Memorando 215 (Notre Dame, IN: Helen Kellogg Institute for International Studies, Universidade de Notre Dame, 1995). Para um resumo dos dispositivos usados por governos para controlar os resultados eleitorais, veja Posada-Carbó, "Electoral Juggling".

78. Explicamos a competitividade pela renda *per capita* atrasada, pelas despesas militares atrasadas, pela proporção de propriedades rurais familiares e pela inquietação atrasada. A equação do crescimento tem somente competitividade, taxa de crescimento da população e a taxa média de crescimento do PIB *per capita* no mundo em determinado ano. Os avaliadores que usamos incluem diversas formas de comparação, Heckit, 2SLS com efeitos fixos e efeitos fixos com AR1. Sempre que o coeficiente de competitividade é significativo, ele sobe ligeiramente acima de 1. Os resultados não dependem da inclusão dos Estados Unidos.

79. Note que não afirmamos que os conflitos foram resolvidos pacificamente quando as instituições conseguiram impor a ordem, mas sim quando grupos politicamente relevantes tiveram incentivos para seguir o processo institucional. Em outras palavras, consideramos as instituições endógenas. Veja Jess Benhabib e Adam Przeworski, "The Political Economy of Redistribution under Democracy", *Journal of Economic Theory* 29, nº 2 (2005): 271-290; e Adam Przeworski. "Democracy as an Equilibrium", *Public Choice* 123 (2005): 253-273.

80. Note que, se o mandato constitucional do chefe do executivo é de quatro anos não renováveis e se esta norma sempre é observada, podemos esperar que a média móvel para cinco anos seja de 1,25 chefes por ano, ao passo que, para um mandato de seis anos, a média móvel para cinco anos seria de 1,1666. Ditaduras prolongadas ou reeleições repetidas gerariam números menores, enquanto golpes e outras lutas pelo poder seriam vistos como alternância mais frequente. Durante o período posterior à Segunda Guerra Mundial, os mandatos na América Latina variavam entre quatro e seis anos, com uma média de 4,64. Não temos dados sistemáticos para o período anterior, mas havia alguns mandatos de dois anos. Os limites dos mandatos eram ubíquos e, surpreendentemente, quase sempre eram observados.

81. O primeiro de uma série de golpes ocorreu no Chile em 1924. De acordo com Alain Rouquié:

> Entre fevereiro e dezembro de 1930, os militares estiveram envolvidos na derrubada de governos em seis casos, diferindo amplamente de outras nações latino-americanas – Argentina, Brasil, República Dominicana, Bolívia, Peru e Guatemala. No mesmo ano também houve quatro tentativas malsucedidas de tomar o poder pela força em outros países latino-americanos. Equador e El Salvador em 1931 e o Chile em 1932 juntaram-se à lista de países nos quais houve mudanças políticas e trocas não programadas provocadas no poder executivo por militares.

Alain Rouquié, "The Military in Latin American Politics since 1930", in Bethell, Cambridge History of Latin America, vol. 6, parte 2, p. 223.

82. Mais de dez presidentes latino-americanos deixaram seus mandatos de forma precipitada desde meados dos anos 1990. Porém, deve-se notar que, contrariando o passado, na maior parte dos casos a sucessão ocorreu com estrita observância das regras constitucionais.

83. Coatsworth e Tortella Casares, *Institutions and Long-Run Economic Performance* (2003), p. 18, relatam, por exemplo, que o México mudou de presidente 48 vezes entre 1825 e 1855.

84. Adam Przeworski, Michael E. Alvarez, Jose Antonio Cheibub e Fernando Limongi, *Democracy and Development. Political Institutions and Well-Being in the World, 1950-1990* (Nova York: Cambridge University Press, 2000), pp. 187-215.

85. O efeito positivo de mandatos concluídos sobre o crescimento se defende numa regressão de efeitos fixos com controles para as taxas de crescimento, bem como estimativas variáveis instrumentais de efeitos fixos com a história dos golpes passados e uma média móvel da alternância de executivos como instrumentos.

86. A análise de regressão (com efeitos fixos por país) com vários controles e uma variável de fachada para o período posterior a 1978 mostra que este efeito é considerável e estatisticamente significativo. O mesmo se dá quando instrumentamos anos de mandatos concluídos.

87. Embora os sinais de propriedades rurais familiares que tomam como variável dependente os três indicadores de instabilidade estejam sempre corretos, os coeficientes raramente são significativos.

88. De acordo com os dados coletados por Julio Godio, as razões para greves na Argentina se tornaram cada vez mais heterogêneas com o tempo. Veja Godio, *Historia del movimiento obrero argentino: Inmigrantes, asalariados y lucha de clases, 1880-1910* (Buenos Aires: Tiempo Contemporáneo, 1972).

89. Baseado em dados gentilmente fornecidos por Anjali Thomas.

90. Ruth Berins Collier e David Collier, *Shaping the Political Arena* (Princeton, NJ: Princeton University Press, 1995), p. 8.

91. Roland Bénabou apresenta um argumento formal para esse fim. Veja Bénabou, "Inequality and Growth", em *NBER Macro-Economics Annual*, organizado por Ben Bernanke e Julio Rotemberg (Cambridge, MA: National Bureau of Economic Research, 1996), pp. 11-74.

92. Coatsworth, "Structures, Endowments, and Institutions", p. 140.

93. Veja Daron Acemoglu e James Robinson, "Why Did the West Extend the Franchise? Democracy, Inequality, and Growth in Historical Perspective", *Quarterly Journal of Economics* (2000): 1167-1199; e Acemoglu, Johnson e Robinson, "The Colonial Origins of Comparative Development".

Capítulo 6

O PAPEL DA POLÍTICA DE ALTAS APOSTAS NA LACUNA DE DESENVOLVIMENTO DA AMÉRICA LATINA

Riordan Roett e Francisco E. González

O século XX foi um período de turbulência institucional imprevisível para a América Latina: modelos de desenvolvimento econômico fracassaram, conflitos entre elites e massas, uma "maldição" sobre os recursos naturais (a dependência de exportações de minerais e *commodities* tradicionais e a incapacidade de agregar valor às exportações e copiar o modelo de desenvolvimento industrial dos países do sudeste da Ásia, os chamados Tigres Asiáticos), quedas de regimes, grave desigualdade social e pobreza aterradora e a emergência, no final do século e no início do século XXI, de novas formas de populismo. Em geral, o histórico de crescimento da América Latina tem sido caracterizado por progresso, pobreza e exclusão[1] e, como concordam muitos observadores, tem havido relativamente pouco progresso e muita pobreza e exclusão. O que explica, em primeiro lugar, o fracasso na eliminação da desigualdade social e na adoção de modelos econômicos considerados falhos em termos de emprego, renda e status? E segundo, o que explica a incapacidade dos líderes e das elites de compreender que a instabilidade política está diretamente relacionada com sua incapacidade e/ou falta de disposição de eliminar o subdesenvolvimento econômico e o sofrimento social?

O fracasso no desenvolvimento, quando comparado com os Estados Unidos, é óbvio.[2] Igualmente notável é o contraste agudo entre a América Latina e os Tigres Asiáticos. No início dos anos 1960, os Tigres e a América Latina estavam em fases equivalentes de desenvolvimento econômico e social. Rapidamente, de forma quase inexorável, os regimes asiáticos negociaram um contrato social com suas populações, o qual enfatizava qualidade primária e secundária, educação, programas públicos de saúde e habitação. O contrato forneceu uma força de trabalho treinada e competitiva para o modelo industrial adotado na região e ela levou à redução da pobreza e da exclusão social em menos de 25 anos.

Os Tigres desenvolveram um "Estado inteligente" quando iniciaram sua jornada rumo a níveis mais altos de crescimento e desenvolvimento. O contrato social era a espinha dorsal do Estado, mas os bons resultados vieram de decisões inteligentes em políticas públicas. E isso se tornou cada vez mais verdadeiro devido ao desafio da competitividade no mercado internacional. A Ásia competia e a América Latina ia atrás, mas muito devagar e, perto do final do século, com resistência cada vez maior aos ditos modelos econômicos liberais incorporados no Consenso de Washington.[3] No fim da década de 1990, havia se desenvolvido uma forte resistência ao programa de reformas em muitos países, deixando o Consenso de Washington em frangalhos. O desafio do século XXI é desfazer ou neutralizar os erros e lapsos de julgamento do século anterior. Isto exigirá uma grande reavaliação dos recursos e também da liderança para reduzir a lacuna em relação aos Estados Unidos e à Ásia em desenvolvimento.

Neste capítulo abordaremos quatro questões que, em nossa opinião, ajudam a explicar a lacuna de desenvolvimento entre a América Latina e os Estados Unidos. A primeira trata daquilo que alguns autores têm chamado de políticas de altas apostas – quando a luta por participação aumenta e existe um impasse, ou mesmo uma forte polarização, entre diferentes grupos sociais de uma sociedade. A segunda é o surgimento, em alguns países, de um processo de entendimentos, ou "pactos", com a elite governante. Esses arranjos ou entendimentos políticos têm conseguido produzir uma relativa paz social e certa estabilidade política, mas não conseguiram resolver os problemas da pobreza e da desigualdade. Em terceiro lugar, examinamos o desafio de desenvolver um Estado inteligente no século XXI naquela região. Finalmente, abordamos o desafio da negociação de um contrato social entre governos e governados, que tem iludido a América Latina, mas precisa ser resolvido para aliviar a pobreza e a desigualdade, e para institucionalizar alguma estabilidade política.

O conflito distributivo na América Latina e os Estados Unidos

Não existe contraste mais agudo entre Estados Unidos e América Latina do que a maneira pela qual foi resolvida a luta por fatias do bolo econômico. Uma forma de considerar este aspecto do desenvolvimento nas duas Américas é pelo conceito de "políticas de altas apostas".[4] Em poucas palavras, aqueles que detêm o poder são extremamente relutantes em dividi-lo e com frequência não se dispõem a usar o poder do Estado para distribuir ou redistribuir recursos econômicos, e portanto o poder. Para ambos os grupos – os que têm e os que não têm poder – as apostas são de fato muito altas. Na verdade, esta luta muitas vezes é vista como uma luta pela sobrevivência. Os detentores do poder procuram assegurar que continuem a dividi-lo, a governar e prosperar; os outros buscam estratégias para reestruturar a velha ordem a seu favor, de forma pacífica ou não, à medida que a polarização se aprofunda.

A Grande Depressão e a Segunda Guerra Mundial foram dois eventos críticos que colocaram o Estado no centro do palco no processo de desenvolvimento econômico, tanto nos Estados Unidos como na América Latina. Uma importante característica desses dois eventos mundiais foi a ascensão de um conflito distributivo entre capital e trabalho – os que têm contra os que não têm. Como afirmaram Collier e Collier, a maneira pela qual o conflito foi institucionalizado tanto nos EUA como na América Latina teve consequências duradouras para a extensão e a intensidade do conflito político e econômico.[5] As duas áreas experimentaram formas diferentes de institucionalização política da luta pelas parcelas. Isto por sua vez resultou em apostas políticas mais altas ou mais baixas para ambos os grupos. O resultado deste processo alimentou ou neutralizou conflitos políticos e econômicos.

Os Collier têm uma abordagem útil para examinar este processo na América Latina. Eles argumentam, de forma convincente, que as elites latino-americanas abordaram a questão dos movimentos trabalhistas, que passaram a exigir cada vez mais inclusão por ocasião da Primeira Guerra Mundial, de duas maneiras diferentes. A primeira era por um processo liderado pelo governo de ligar a mão de obra urbana ao Estado mediante um elaborado conjunto de mecanismos institucionais. Isto basicamente terminou, durante décadas, com a autonomia da mão de obra como agente político coerente. Os melhores exemplos na América Latina foram o Chile (1920-1931) e o Brasil (1930-1945).

Em outros países foi seguida uma segunda estratégia: as elites optaram por usar um partido político como mecanismo para tentar neutralizar e controlar a mão de obra. Partidos políticos tradicionais no Uruguai (1903-1916) e na Colômbia (1930-1945) conseguiram ligar a mão de obra e as elites econômicas dominantes. Este processo de incorporação resultou em mobilização política limitada, em geral somente para fins eleitorais. Alguns países da região passaram por um processo de populismo radical, ou por uma ampla e profunda mobilização da mão de obra e de outros agentes sociais, como os camponeses e a classe média emergente. Venezuela (1935-1948) e México (1917-1940) são exemplos clássicos desta abordagem na América Latina. Finalmente, Argentina (1943-1955) e Peru (1939-1945) são bons exemplos de populismo das classes trabalhadoras no qual o partido político dominante, os Peronistas na Argentina e os Apristas no Peru, formaram um movimento ferozmente antioligárquico. Isto resultou na politização da mão de obra e no monopólio de representação da mão de obra organizada através dos dois partidos.

Essas duas estratégias latino-americanas contrastam fortemente com a experiência dos EUA. Os dois partidos dominantes – Democrata e Republicano – tendem a ser caracterizados pelo pragmatismo ideológico, por dissidências internas e pelo recrutamento relativamente aberto de novos membros.[6] Estas características (juntamente com o distrito congressional de um só membro e o sistema de pluralidade simples) reduzem o potencial para outros partidos, de direita ou de esquerda. É verdade que a mão de obra organizada nos Estados Unidos tem tentado com frequência prover alternativas eleitorais para a classe trabalhadora, inclusive o Movimento Progressista (décadas de 1880 a 1910), o Partido do Povo (décadas de 1880 a 1890) e os partidos Socialista e Comunista nos primeiros anos do século XX. Mas um dos dois partidos tradicionais – o Democrata – absorveu, neutralizou ou anulou os esforços desses partidos através de legislação e do apoio à classe trabalhadora. O exemplo clássico foi Franklin Delano Roosevelt (1930-1945), que capturou a mão de obra e a incorporou sob a "grande tenda" democrata. As lideranças trabalhistas concluíram, no final do período Roosevelt, que embora não estivessem satisfeitas com tudo que os democratas faziam pelos trabalhadores, eles eram preferíveis aos governos republicanos, considerados intimamente ligados ao setor privado.

O modelo americano se assemelha mais àquele adotado no Uruguai e na Colômbia. A paz trabalhista resultou em apoio eleitoral e em um crescimento razoável do PIB *per capita* anual na segunda metade do século XX. Isto não aconteceu nos países em que a incorporação se deu através de partidos populistas ou de um populismo radical (veja a Figura 6.1).

O resultado foi razoavelmente direto. Nos países em que o conflito distributivo foi resolvido pela incorporação através de sistemas tradicionais de dois partidos, o resultado foi uma política de apostas mais baixas. Os partidos tradicionais no Uruguai (Colorado) e na Colômbia (Liberal) eram organizações de classes e setores múltiplos. Em ambos os países, havia alternância no poder entre dois partidos, os quais asseguravam que agentes de diferentes posições

FIGURA 6.1
Crescimento econômico sustentado e altos e baixos na América Latina e nos Estados Unidos

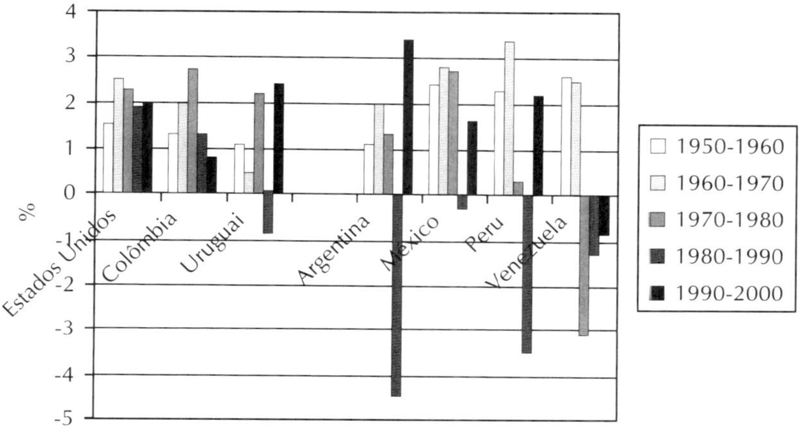

Fonte: Dados elaborados a partir da Penn World Table, http://pwt.econ.upenn.edu/php_site/pwt_index.php.

políticas participassem de um jogo de soma positiva. Nenhum grupo isolado era capaz de impor todas as suas preferências políticas ao resto da sociedade. Um resultado importante em ambos os países foi menor polarização social e uma menor probabilidade de queda do regime.

Em forte contraste, as apostas políticas eram mais altas nos países em que a mão de obra organizada era um pilar do partido ou movimento incorporador: Argentina (PJ), México (PRI), Peru (APRA) e Venezuela (AD). Essas altas apostas eram alimentadas por esses partidos em seus esforços de se tornar a força política dominante. Os agentes não identificados com o partido pró-classe trabalhadora ou que não se sentiam à vontade com ele sentiam-se excluídos e passaram a ver a política como um jogo de soma zero: eles ganham, nós perdemos.

Como a luta pelas parcelas afetava a política? Se considerarmos a inflação como substituto da intensidade do conflito distributivo, os países que tiveram a classe trabalhadora incorporada por partidos populistas (Argentina e Peru) sofreram as taxas mais altas. Os países com partidos populistas radicais (México, Venezuela e aqueles com sistemas tradicionais de dois partidos, mas não o Uruguai) tiveram as mais baixas taxas de inflação (veja a Figura 6.2).

FIGURA 6.2

Taxas de inflação na incorporação tradicional e populista da classe trabalhadora. As taxas de inflação acima de 100% são representadas como 100%

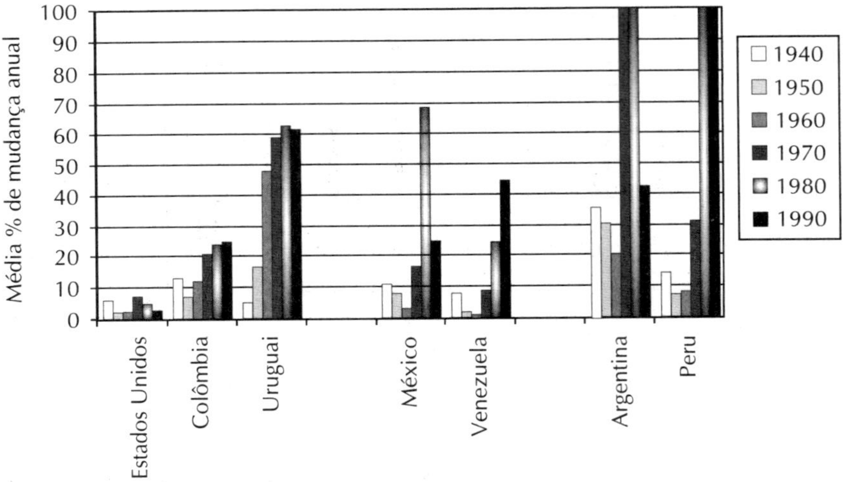

Nota: A década de 1990 cobre de 1990 a 1995.

Fontes: U.S. Department of Labor, Bureau of Labor Statistics, http://bls.gov/cpi/home.htm#overview; Rosemary Thorp, *Progress, Poverty and Exclusion: An Economic History of Latin America in the 20th Century* (Washington, DC: Inter-American Development Bank, 1998), apêndice V, p. 332.

A política de apostas altas – uma abordagem de tudo ou nada – na Argentina e no Peru resultou em um conflito intransigente entre os partidos antioligárquicos e as elites social e econômica, ou em intensos conflitos distribucionais. Talvez o caso mais drástico tenha sido o da Argentina. Juan Domingo Perón subiu ao poder democraticamente em 1946 e governou de forma cada vez menos democrática até ser deposto em 1955. O período viu uma acirrada disputa entre trabalho e capital, com o trabalho vencendo sempre. Depois de sua saída, todos os esforços de ambos os grupos para reduzir as apostas na política fracassaram e frequentes intervenções militares (1955-1983) eram usadas como forma de tentar neutralizar a acrimônia na vida pública entre os dois grupos. A volta à democracia em 1983 pouco fez para resolver o impasse, e uma rodada final de hiperinflação levou a uma apressada mudança de governo através de eleições democráticas (1989), quando finalmente começaram a ser solucionadas as altas apostas políticas das décadas anteriores.

Em contraste, os governos conservadores do Peru – militares e civis – de 1939 a 1968, implantaram políticas macroeconômicas ortodoxas. Um regime militar reformista governou de 1968 a 1980, e os dois regimes civis subsequentes executaram políticas expansionistas que também resultaram numa alta inflação e um episódio hiperinflacionário. Em ambos os países, o PIB real *per capita* em 2000 era ligeiramente inferior ao de 1980.

Nos países que passaram por uma incorporação radical populista da classe trabalhadora – México e Venezuela – a luta pelas parcelas ou o conflito distributivo foi menos divisivo e ambos buscaram a mobilização e a incorporação de todos os agentes sociais. Isto deu à liderança política uma vantagem sobre a influência de qualquer setor ou grupo de interesse isolado da economia. No México, o PRI se baseava no forte controle vertical das demandas dos vários setores. Na Venezuela, o conflito distributivo era estruturado por um amplo acordo entre elites, o que levava a um forte controle sobre o sucesso do processo de políticas.

A lenta agonia do PRI no México e o colapso do sistema de pacto entre as elites AD/COPEI na Venezuela começaram em consequência da crise de endividamento de 1982. Ambos os processos podem ser vistos como uma função da elevação das apostas políticas. Os recursos estavam cada vez mais escassos e a luta por parcelas sofreu uma escalada. Novos agentes emergiram – o setor privado no México e as forças armadas na Venezuela – e exigiram um modelo diferente.

Mas a polarização ainda ocorria até nos dois países em que os partidos políticos tradicionais haviam feito o trabalho pesado da incorporação da classe trabalhadora. O impasse no Uruguai conduziu ao colapso da democracia em 1973 e a um golpe conservador na Colômbia em 1953. Assim, a incorporação da classe trabalhadora por um partido tradicional pode ter efeitos opostos na América Latina. Ela amenizou o efeito do conflito distributivo sobre o Estado, mas ao mesmo tempo tornou-se mais propensa a escapar ao controle dos partidos tradicionais, o que resultou em sérias crises no regime.

Em resumo, nos partidos tradicionais multiclasses e multissetoriais nos Estados Unidos e em algumas das maiores economias da América Latina, houve menor variação no crescimento do PIB *per capita* e menor inflação na segunda metade do século XX. Embora tenha havido exceções (México e Uruguai), instituições semelhantes àquelas dos Estados Unidos se mostraram incapazes de conter a política de altas apostas. O legado histórico na América Latina havia produzido altos níveis de renda e desigualdade de riqueza, além de conflitos sociais. Nessas circunstâncias, a vantagem de um grupo tendia a ser uma perda para o outro. Como ilustra a próxima seção, os conflitos políticos de soma zero resultaram em repetidas quedas de regimes na América Latina. Mas alguns conseguiram baixar as apostas políticas no processo político e, ao fazê-lo, estabeleceram as bases para períodos relativamente longos de estabilidade institucional.

Reduzindo as apostas políticas: pactos entre elites e mudanças de regime na América Latina

A instabilidade política e as mudanças de regime na América Latina constituem outro exemplo de como as altas apostas políticas prejudicaram o desenvolvimento político e econômico da região. Enquanto a arquitetura institucional dos EUA conseguiu permanecer a mesma durante toda a segunda metade do século XX apesar de sujeita a constantes revisões, muitos países latino-americanos caíram vitimados pela instabilidade política e por transtornos institucionais. Isto, por sua vez, prejudicou as perspectivas de crescimento econômico em meio à crescente incerteza e ao risco de investimento.[7]

Contrastes semelhantes com os Estados Unidos ficam evidentes quando a América Latina é comparada aos Tigres Asiáticos. Por exemplo, num estudo focalizando a América Latina e o sudeste da Ásia entre meados dos anos 1940 e o início dos anos 1980, Dani Rodrik observou que a diferença mais chocante entre as regiões naquele período era a distribuição de renda e riqueza. Em 1960, afirmou Rodrik, ambas as medidas eram "excepcionalmente iguais pelos padrões internacionais" no sudeste da Ásia, fato que levou a três importantes condições que promoveram metas econômicas sólidas naquela região. Em primeiro lugar, os governos competiam com poderosos grupos de interesses industriais e de proprietários de terras, que poderiam ter se sentido ameaçados por reformas progressistas. Em segundo, na ausência de grandes desigualdades, os governos não tinham pressa para empreender políticas redistributivas em grande escala. E finalmente, com a ausência dessas pressões políticas, os responsáveis pelas políticas nesses países conseguiram focalizar em metas econômicas por meio da severa supervisão de suas burocracias.[8]

Já a profunda desigualdade de renda e riqueza na América Latina teve o efeito oposto: as elites econômicas sentiam-se ameaçadas por promessas de reformas progressistas; os líderes políticos estavam sob uma pressão mais forte das massas populares para implementar medidas ousadas de redistribuição a curto prazo; e os líderes políticos tinham de operar em um ambiente caracterizado pela permanente politização da economia. Essas pressões constantes levaram a um estado permanente de políticas de altas apostas em muitos países latino-americanos. O corolário para esta situação foi um enfraquecimento das possibilidades de crescimento econômico nos países em que as políticas de altas apostas levaram a uma instabilidade recorrente e a quedas de regimes. Como indica a Figura 6.3, a América Latina respondeu por 45% do total mundial de mudanças de regime entre 1950 e 1990. Não houve um único país latino-americano que não tivesse passado ao menos por uma mudança de regime naquele período. A média de mudanças de regime por país foi seis, fazendo dela a região mais instável do mundo (se a mudança de regime for considerada sinônimo de instabilidade política).

Por que alguns países latino-americanos sofreram mais mudanças de regime do que outros neste período? Przeworski e colegas observaram uma forte associação negativa entre os níveis de renda *per capita* e o número de mudanças de regime em todo o mundo entre 1950 e 1990.[9] Em sua maioria, os países latino-americanos tiveram a derrubada de regimes, democráticos ou não, depois da Segunda Guerra Mundial. Podemos ilustrar até que ponto os níveis de renda *per capita* e o número de mudanças de regime foram correlacionados em toda a América Latina na segunda metade do século XX (Figuras 6.4 e 6.5).

FIGURA 6.3
Total de mudanças de regime na América Latina
e no resto do mundo, 1950-1990

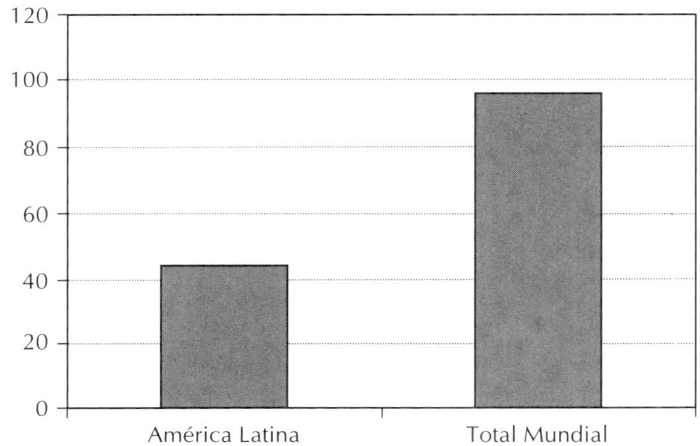

Fonte: Adam Przeworski et al., *Democracy and Development: Political Institutions and Well-Being in the World* (Cambridge: Cambridge University Press, 2000), p. 48.

A correlação entre os níveis de renda *per capita* e mudanças de regime variou consideravelmente entre 1940 e 1970 e entre 1970 e 2000. O contraste mais importante entre os dois subperíodos é a transição de quase todos os países da parte superior esquerda na Figura 6.4 para a parte inferior direita na Figura 6.5. Isto significa que quase todos os países latino-americanos tiveram no mínimo ganhos moderados na renda *per capita* e uma queda no número de mudanças de regime entre 1940 e 2000. Isto é coerente com o argumento de Przeworski et al.: à medida que a renda *per capita* cresceu na segunda metade do século XX, houve menos quedas de regime na América Latina. Isto vale especialmente para as democracias, como sugerem evidências de fatores exógenos no processo de democratização: quando ocorre uma transição para a democracia em determinado país, suas chances de sobrevivência a curto e médio prazos dependem fortemente do nível de renda *per capita* deste país.

As figuras 6.4 e 6.5 também ilustram algumas exceções ao argumento de Przeworski et al. Os países na parte superior direita – isto é, países com níveis relativamente altos de renda *per capita* e também de mudanças de regime, como Argentina (para os dois subperíodos) e Venezuela (para o primeiro subperíodo) – deveriam ter passado por menos mudanças de regime. Da mesma forma, seguindo a hipótese pela qual as democracias pobres são muito mais frágeis,[10] as democracias pobres têm maior probabilidade de cair na parte superior esquerda do que na inferior esquerda, com seus regimes sendo derrubados repetidamente. Não obstante, a Colômbia (no primeiro subperíodo) e a Nicarágua (no segundo subperíodo) frustraram as expectativas baseadas no modelo e mantiveram os arranjos eleitorais, apesar dos altos níveis de pobreza e conflito social.

Os pactos entre elites (Colômbia e Venezuela em 1958; Nicarágua em 1989-1990) e, em alguns casos, sua ausência (Argentina) poderiam ajudar a explicar essas exceções. Como têm mostrado alguns acadêmicos em estudos da América Latina e do sul da Europa,[11] os pactos entre elites oferecem a seus participantes garantias mútuas da entrada, da duração e da composição dos governos. Em geral não incluem a todos, uma vez que tendem a excluir forças políticas relevantes do acordo original de divisão do poder (como no caso dos partidos de esquerda na Colômbia e Venezuela depois de 1958). Este tipo de acordo dá garantias mútuas aos grupos participantes de que todos serão incluídos nos processos de governo e na política. A alternativa à divisão de poder normalmente resulta em conflitos de alto custo entre elites que são oponentes mais ou menos equilibrados.

FIGURA 6.4

Renda *per capita* e mudanças de regime na América Latina, 1940-1970

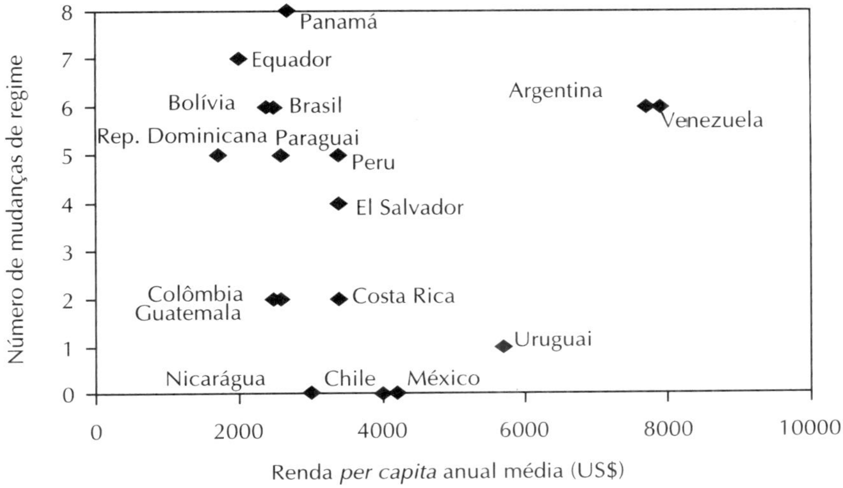

Nota: Renda *per capita* expressa no poder de compra do dólar de 1996. Fontes: Dados elaborados a partir da Penn World Table, http://pwt.econ.upenn.edu/php_site/pwt_index.php; e da base de dados da Third World Government Stability, http://colfa.utsa.edu/govstability.

FIGURA 6.5

Renda *per capita* e mudanças de regime na América Latina, 1970-2000

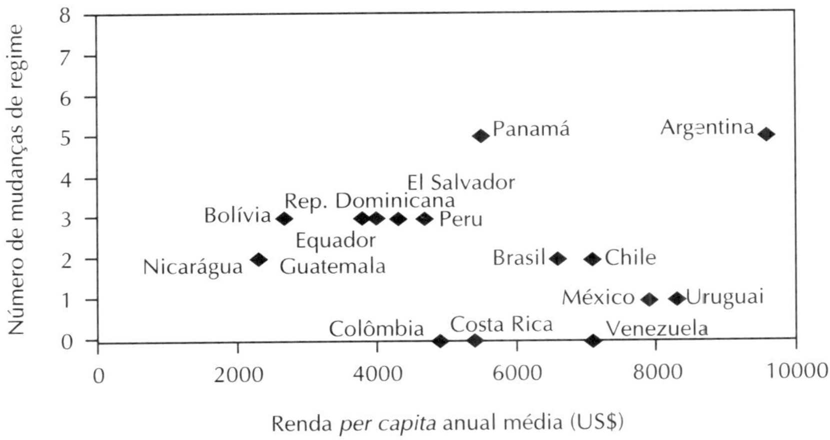

Nota: Renda *per capita* expressa no poder de compra do dólar de 1996. Fonte: Dados elaborados a partir da Penn World Table, http://pwt.econ.upenn.edu/php_site/pwt_index.php; e da base de dados da Third World Government Stability, http://colfa.utsa.edu/govstability.

Os pactos entre elites têm duas desvantagens. A primeira é que, como ficou evidenciado em alguns países como Colômbia e Venezuela, a exclusão legal de grupos políticos importantes e legítimos em alguns casos dá a seus líderes incentivos para se organizarem, combater e tentar derrubar o sistema político que os excluiu. A segunda é que a manutenção de um pacto entre elites implica custos para fazer com que ele seja respeitado. Como afirmou Weingast, os pactos funcionam somente se "as elites e seus seguidores estão dispostos a punir aqueles que buscam deserções unilaterais do pacto".[12] Isto significa que, a menos que os pactos entre elites possam se tornar automaticamente respeitados, não há garantia de que eles sejam permanentes. Apesar disso, eles podem ser importantes mecanismos de curto e médio prazos que conduzem ao melhor gerenciamento de conflitos políticos e lutas distributivas.

Nos países latino-americanos em que os conflitos políticos permaneceram além da capacidade das elites para mediá-los, os militares intervieram e assumiram o poder, seja como solução temporária para eliminar o conflito civil ou como regimes militares mais permanentes. Alguns exemplos incluem os regimes autoritários do Brasil (1964), Argentina (1966), Chile (1973) e Uruguai (1973), que tentaram implantar reformas políticas e econômicas. Em casos de conflito político agudo e derrubadas recorrentes do regime, as perspectivas de crescimento econômico permaneceram sujeitas a muitas incertezas; a Argentina é um exemplo. Alguns regimes não democráticos estáveis tiveram bom desempenho econômico através do crescimento dirigido pelo Estado nos anos 1960 e 1970, como o Brasil sob os militares e o México sob a hegemonia civil do PRI. Porém, na maior parte dos casos, o crescimento econômico em contextos autoritários foi alimentado por maciços empréstimos externos, como no caso do Chile sob o general Augusto Pinochet, onde a economia desabou em 1982, juntamente com aquelas dos países vizinhos.

Já os países latino-americanos que, como a Colômbia, conseguiram controlar a incerteza política por meio de pactos entre elites, foram, como era esperado, os que sustentaram bom desempenho econômico sob arranjos eleitorais civis durante as décadas de 1960 e 1970. A Costa Rica também conseguiu um pacto entre elites depois da curta guerra civil do país em 1948-1949. Não estamos dizendo que os pactos entre elites foram uma condição necessária ou suficiente para criar a base para um desempenho econômico forte. A Venezuela foi um caso bem-sucedido de conciliação entre elites que resultou em estabilidade política e na continuidade do regime; contudo, o histórico de crescimento econômico do país, medido em termos de crescimento do PIB real *per capita*, esteve entre os piores nas maiores economias latino-americanas entre os anos 1970 e 2000 (veja a Figura 6.1). Os países que fizeram pactos entre elites se beneficiaram principalmente de uma continuidade institucional temporária, sem a qual o lançamento das bases para um crescimento econômico sustentado era mais difícil.

Em retrospecto, está claro que o desastre econômico regional de 1982 levou a uma redefinição das apostas políticas na América Latina. Porém, como explica a seção seguinte, reduzir o tamanho do Estado e colocar os fundamentos econômicos de volta aos trilhos não garantiu melhorias sustentadas no crescimento econômico em toda a região.

Reestruturação neoliberal e o desafio de criar um estado inteligente

Desde meados dos anos 1990, tem havido uma maior preocupação com a capacidade do Estado na América Latina. Numa série de relatórios publicados em 1997, o Banco Mundial defendeu a "refocalização sobre a eficácia do Estado" e propôs um programa de reformas para a região para a década seguinte.[13] Um ano depois, o banco publicou um relatório seminal intitulado *Beyond the Washington Consensus: Institutions Matter*,[14] e a crescente prioridade dada à modernização do Estado na América Latina se cristalizou em um volume mais recente que pede "o reinício do crescimento e da reforma na América Latina" e a criação de um "Estado inteligente".[15] Como foi explicado por Laurence Wolff e Claudio de Moura Castro, as reformas empreendidas na década de 1990 concentravam-se principalmente na redução do papel "inchado" que o Estado havia assumido.[16] O resultado dessa reestruturação é um Estado mais inteligente, que eles definem como um Estado que requer uma burocracia mais competente, embora talvez menor, que compreenda muito mais os desafios representados por "competição, transparência, valor agregado e equidade".[17]

O Estado inchado e obsoleto foi um legado do impulso posterior à Segunda Guerra Mundial para consolidar o modelo de desenvolvimento econômico da substituição de importações (ISI). A estratégia ISI levou a uma situação insustentável, na qual o governo tornou-se o principal provedor de determinados bens e serviços que o setor privado poderia suprir de maneira mais eficiente, tornando-se ao mesmo tempo um regulador excessivamente centralizado e opressivo do setor econômico.[18] A chamada década perdida de 1980 da crise de endividamento decretou a morte do modelo ISI. Nas palavras de Pedro-Pablo Kuczynski, quando "o crescimento foi interrompido (...) porque a população continuou a crescer, o resultado foi uma erosão dos padrões de vida e uma reversão da tendência decrescente da pobreza das décadas anteriores".[19] À medida que a década perdida se desenrolava, especialistas tentaram delinear uma nova agenda alternativa para a América Latina.[20]

A possibilidade de renovação foi informada por dois eventos importantes: o sucesso do Estado chileno em renovar o crescimento, embora sob uma brutal ditadura, e as políticas de abertura e disciplina macroeconômica dos Tigres Asiáticos, as quais também tinham produzido um milagre econômico.[21] Um importante componente do "milagre" chileno foi a reconcepção do Estado. Na Ásia oriental, o sucesso estava ligado à concepção institucional da reforma que forneceu a estrutura crítica para o conceito de crescimento compartilhado. Como observaram José Edgardo Campos e Hilton Root, os líderes de economias de alto desempenho deram valor às expectativas do público e à ampla distribuição de benefícios obtidos através de políticas de crescimento, ao passo que a confiança no sucesso das reformas institucionais (isto é, que indivíduos e empresas deveriam compartilhar os dividendos do crescimento) se baseava no alto custo de se reverter essas reformas.[22]

O consenso de Washington

O debate se acelerou no final dos anos 1980 a respeito de um programa adequado de reformas para a região. Havia uma sensação de que um ponto crítico fora atingido e que o momento era oportuno para enfrentar o desafio das reformas econômicas e do crescimento. O Plano Brady tinha reduzido o ônus da dívida externa, com o México conseguindo a primeira reconstrução da dívida em 1989, seguida pela venda do controle acionário do Estado na Teléfonos de México (TELMEX) a um consórcio privado. As transições democráticas estavam perto da conclusão, com a última, no Chile (1990), prestes a ocorrer.

Numa conferência no Institute for International Economics em 1989, um grupo de economistas identificou dez reformas essenciais à restauração do crescimento econômico.[23] A hoje bem conhecida lista de itens apelidada de Consenso de Washington incluía disciplina fiscal, liberalização do comércio, reforma fiscal, um regime cambial competitivo, privatização, liberalização do fluxo de investimentos diretos estrangeiros, taxas de juros determinadas pelo mercado e desregulamentação. E havia duas prioridades adicionais: uma se concentrava na redução de subsídios e o redirecionamento dos gastos do governo para educação, saúde e desenvolvimento de infraestrutura; a segunda era o respeito aos direitos de propriedade. O argumento era simples: leis fracas e maus sistemas judiciários reduzem os incentivos à poupança e à acumulação de riqueza.

À medida que a década de 1990 progredia, os governos, em sua maioria, enfrentaram o primeiro conjunto de desafios, alguns com sucesso, outros nem tanto. O que ficou claro foi que as duas últimas prioridades – o limite do Estado – haviam sido negligenciadas ou deliberadamente esquecidas em resposta aos interesses capazes de mobilizar poder político para influenciar negativamente as intenções dos Estados nessas áreas. Não foram incluídos diretamente no Consenso de Washington o papel e a responsabilidade do Estado. Essa questão começou a ser abordada nos últimos anos da década.

O Estado em um mundo em mudança

As discussões anteriores a respeito de repensar o papel do Estado voltaram-se para uma estratégia de duas partes. O primeiro componente era igualar o papel do Estado à sua capacidade e o segundo era elevar a capacidade do Estado, revigorando as instituições públicas. Como afirmou o relatório do Banco Mundial de 1997, a capacidade, quando aplicada a Estados, é a de empreender e promover ações coletivas de forma eficiente, como lei e ordem, saúde pública e infraestrutura básica. Eficácia, por outro lado, é um resultado do uso dessa capacidade para satisfazer a demanda da sociedade por esses bens. Portanto, um Estado pode ser capaz, mas não muito eficaz, caso sua capacidade não seja usada para servir aos interesses da sociedade.[24] O relatório do Banco Mundial salientou que surgia um novo modelo de governo na América Latina, mas que era necessária maior ênfase nas reformas do sistema legal, no serviço público e nas políticas sociais.[25]

No relatório *The Long March* do Banco Mundial, foi abordada a necessidade de consolidar os ganhos de estabilização que haviam sido conseguidos. Foi dada ênfase à política fiscal, à abertura comercial internacional, à liberalização do mercado de trabalho e a mercados financeiros eficientes. Seções curtas foram dedicadas ao desenvolvimento humano (saúde e educação), à redução da pobreza e a melhorias no ambiente legal e regulador.[26]

Em 1998 estava claro que o entusiasmo inicial pelo Consenso de Washington desaparecia rapidamente, uma vez que a capacidade do Estado era considerada falha. Em um esforço para cuidar desta questão, o Banco Mundial publicou naquele ano outro relatório que afirmava severamente: as instituições são importantes.[27] Estava claramente na hora de ir além da primeira geração de reformas incorporadas ao Consenso de Washington, cujas prescrições sobre políticas (com exceção dos direitos de propriedade) negligenciavam o possível papel que as instituições reformadas poderiam ter na aceleração do desenvolvimento econômico e social da região. Referindo-se à América Latina, o Banco Mundial afirmou que as reformas institucionais eram "grandemente necessárias para elevar a competitividade do setor privado, para colher os benefícios em potencial das reformas econômicas realizadas na última década e reduzir a vulnerabilidade financeira da região da América Latina e do Caribe (LAC)".[28] O relatório também observou que, em sua maioria, os países da região estavam atrasados em desenvolvimento institucional quando comparados com outros países – em particular os Tigres Asiáticos – com os quais eles têm de competir nos mercados internacionais.

Depois do Consenso de Washington

Os formuladores do Consenso de Washington se reuniram novamente numa série de encontros em 2000-2002 para tentar entender o que saíra errado. A conclusão foi que os latino-americanos queriam uma nova agenda que corrigisse as falhas da anterior.[29] Assim, quando olhamos para o futuro, quais são as novas prioridades além da conclusão da lista de reformas da primeira geração? Entre elas estão reformas legais e políticas, instituições reguladoras, medidas contra a corrupção, flexibilidade no mercado de trabalho, códigos e padrões financeiros, redes de segurança social e políticas para redução da pobreza. Discutindo a nova agenda, John Williamson coloca a pergunta: que medidas precisam ser tomadas para modernizar o Estado?[30] Kuczynski está certo em sua declaração de que "está começando na região um importante debate político sobre o papel do Estado".[31] Porém, embora isto seja fácil de dizer, não é simples de fazer.

Está claro que os líderes políticos precisam formular coalizões que compreendam a necessidade de reforma do Estado. Direitos adquiridos precisam ser enfrentados. Nas palavras de Dani Rodrik: "a pergunta que os formuladores de política têm diante de si (...) não é mais se as instituições são importantes, mas quais são importantes e como adquiri-las?"[32] Rodrik prepara uma agenda convincente para a reforma do Estado e afirma que as instituições devem facilitar o desenvolvimento e a consolidação de

> um sistema de direitos de propriedade concebido com clareza, um aparato regulador que contenha as piores formas de fraude, comportamento anticompetitivo e riscos morais, uma sociedade moderadamente coesa que exiba confiança e cooperação social, instituições sociais e políticas que reduzam riscos e administrem os conflitos sociais, o domínio da lei e um governo limpo.[33]

O desafio é enorme. Mas os líderes latino-americanos precisam assumir a responsabilidade de criar Estados inteligentes ou correr o risco de enfrentar insatisfação e ressentimento por parte de seus cidadãos diante do fracasso para gerar crescimento e melhorar a equidade. Por esta perspectiva, como explicamos na seção anterior, embora tenha havido drásticas mudanças institucionais na América Latina desde 1982, caracterizadas por transições de regimes autoritários para democráticos e de economias relativamente fechadas e regidas pelo Estado para economias regidas pelo mercado, os Estados fracos, cujas capacidades de jurisdição e de forçar o cumprimento das leis permaneceram fracas e abertas a atividades que exaurem sua capacidade, como manipulação econômica e riscos morais, têm ajudado a reproduzir as condições que permitem a sobrevivência e o crescimento de políticas de altas apostas. A estes elementos devemos acrescentar outros, isto é, a persistência de drásticas desigualdades socioeconômicas e de pobreza generalizada, que alimentaram as condições de soma zero que permitem que as políticas de altas apostas prosperem e dominem na América Latina no início do século XXI.

A necessidade de um contrato social: abordando pobreza e desigualdade na América Latina

O tema é constante na literatura sobre a América Latina. Terry Karl declarou de forma sucinta: "A América Latina é a região do mundo com as maiores desigualdades."[34] Karl atribui os fracos resultados de desenvolvimento na região desde meados dos anos 1980 à desigualdade, salientando que mais de um terço da população vive na pobreza e quase 80 milhões vivem em extrema pobreza (ganhando menos que um dólar por dia).[35] Rosemary Thorp, resumindo a história econômica da América Latina no século XX, comenta que "pobreza e exclusão permaneceram abrangentes e profundamente arraigadas e a desigualdade persistiu", enquanto "as relações efetivas entre os setores público e privado e uma burocracia bem treinada (...) em muitos aspectos e muitos lugares piorou em vez de melhorar".[36] Preparando o cenário para reiniciar o crescimento e as reformas na América Latina, Pedro-Pablo Kuczynski comentou que a região não tem mostrado progresso no alívio da sua "antiga e endêmica má distribuição de riqueza" e que "na verdade, a região pode ter retrocedido naquela que já estava entre as mais distorcidas distribuições do mundo".[37]

Isso é importante? Pobreza e desigualdade estão tão profundamente arraigadas nas sociedades latino-americanas que a expectativa de mudança permanece relativamente baixa. A qualidade da democracia é seriamente limitada por uma desigualdade persistente e disseminada.[38] Como dissemos, as políticas de altas apostas derivadas da crescente distância entre quem tem e quem não tem na América Latina são incompatíveis com as conciliações e as acomodações necessárias ao estabelecimento de bases firmes em jovens democracias. As possibilidades de crescimento e desenvolvimento rápidos são comprometidas porque os cidadãos não possuem os conjuntos de qualificações para participar e competir em economias abertas. E para a região, a competitividade é vital para elevar os padrões de vida, atrair investimentos estrangeiros e escapar à maldição da dependência contínua de exportações de *commodities* e minerais altamente voláteis.

De acordo com Karl, a "loteria das *commodities*" continua a ser a base fundamental para o círculo vicioso de desenvolvimento desigual na região e a redução da desigualdade ainda é a principal tarefa dos responsáveis pela formulação de políticas.[39] Ela afirma que "este arranjo de vencedor-perdedor é uma dinâmica econômica e política que reforça a si mesma, baseada na concentração de ativos e poder, na propensão institucionalizada que isto cria nas estruturas políticas e na exclusão permanente de grandes segmentos da população".[40] Até que este desafio seja vencido, as políticas de altas apostas continuarão a dominar a cena.

Desigualdade social e a sociedade civil

Philip Oxhorn afirmou que pode existir na América Latina uma correlação direta entre os níveis de desigualdade e a resistência a medidas que promovam a igualdade, argumentando que "extremos em desigualdade socioeconômica podem elevar as apostas das políticas de (re)distribuição, tornando menos prováveis reformas substanciais exatamente nos países em que elas são mais necessárias à manutenção da estabilidade democrática".[41] Está claro que devemos nos preocupar com a qualidade da vida democrática na região. Desde a década de 1990, temos testemunhado crises de liderança, *impeachments*, crises constitucionais e conflitos não resolvidos entre legislaturas e presidentes. Embora golpes de Estado militares pareçam ser coisa do passado, as desigualdades sociais têm criado forças poderosas que pedem por reformas estruturais e institucionais que, do ponto de vista dos pobres, têm sido bloqueadas por elites poderosas.

A fragilidade endêmica da vida política continua a ser uma chave para a compreensão da persistência da pobreza e da desigualdade. A propensão institucionalizada nas estruturas políticas da região, antes mencionada, com frequência impede a implementação de políticas em favor dos pobres. A instabilidade ou o risco político sentidos do ponto de vista dos investidores limita o fluxo de capitais desesperadamente necessário para compensar fatores como as baixas taxas de poupança e os altos juros das dívidas.

Competitividade como chave para o crescimento econômico

Hoje todos aceitam que a competitividade é a chave para a resolução dos desafios econômicos e sociais na América Latina. A região precisa romper o entrave do crescimento lento, da dependência de *commodities* e minerais e dos altos níveis de endividamento. Níveis mais altos de crescimento podem permitir que os líderes políticos desenvolvam políticas que solucionem as questões de distribuição e desigualdade social, as quais, por sua vez, reduzirão a pobreza e levarão a maior apoio à democracia. Dada a dependência da região de fluxos de capitais estrangeiros – investimentos diretos e em carteiras – para atingir essas metas, duas perguntas são fundamentais. Primeira, como a comunidade de investimentos vê a América Latina e seu potencial? Segunda, o que precisa ser feito especificamente para levar a região a um ciclo virtuoso de crescimento e desenvolvimento?

Um indicador útil de como a região é vista pelos investidores é *The Global Competitiveness Report*, publicado anualmente pelo Fórum Econômico Mundial na Suíça.[42] O índice de competitivade global do relatório (GCI) é composto de 12 pilares: (1) instituições; (2) infraestrutura; (3) estabilidade macroeconômica; (4) saúde e educação fundamental; (5) ensino superior e treinamento; (6) boa eficiência do mercado; (7) eficiência do mercado de trabalho; (8) sofisticação do mercado financeiro; (9) disponibilidade tecnológica; (10) tamanho do mercado; (11) sofisticação em negócios; e (12) inovação. Para 2007-2008, o Fórum classificou 131 países. A América Latina saiu-se mal quando comparada aos Tigres Asiáticos, com a clara exceção do Chile, que se classificou em 26º lugar (veja Figura 6.6).

FIGURA 6.6
Classificações no índice de crescimento de competitividade, 2007-2008

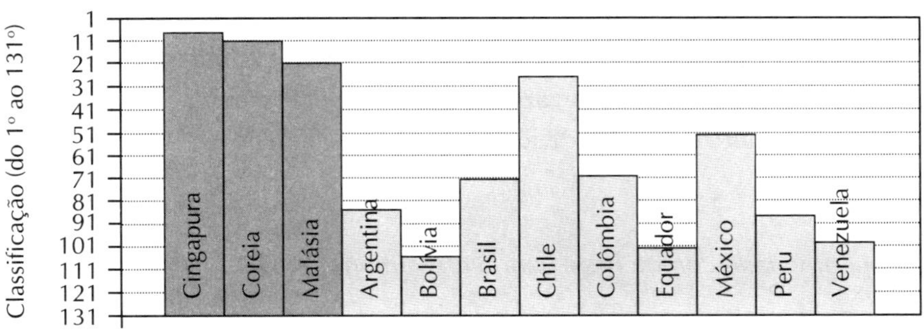

Fonte: Fórum Econômico Mundial, *The Global Competitiveness Report*, 2007-2008 (Nova York: Palgrave Macmillan, 2005), p. 10.

FIGURA 6.7

Classificações por qualidade do ensino, 2007-2008

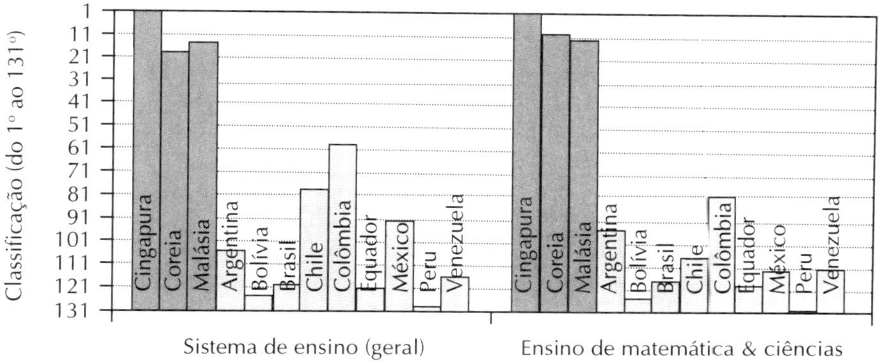

Fonte: Fórum Econômico Mundial, *The Global Competitiveness Report, 2007-2008* (Nova York: Palgrave Macmillan, 2007), pp. 428-429.

Examinando áreas específicas ligadas ao aumento de eficiência e competitividade, a região também se classificou mal. Quando foi perguntado aos entrevistados sobre a qualidade do sistema de ensino nos 131 países, 12 deles, inclusive Argentina, Bolívia, Brasil, Equador, Peru e Venezuela, foram classificados abaixo do 100º lugar. Para a pergunta sobre o ensino de matemática e ciências, os resultados não foram melhores, com o Brasil classificado em 117º lugar e o Peru em 130º (veja Figura 6.7).

A respeito das instituições – que são fundamentais para a criação de um Estado inteligente, a vitalidade da sociedade civil e da democracia e para a capacidade da região de atrair investimentos – as classificações foram decepcionantes. Em três áreas vitais – independência judicial, direitos de propriedade e desperdício nos gastos governamentais – Cingapura, Coreia e Malásia se classificaram muito acima dos países latino-americanos (veja Figura 6.8). Extremamente decepcionantes foram Argentina, Bolívia, Brasil, Equador, Peru e Venezuela, todos classificados abaixo do 100º lugar na maior parte das áreas mencionadas. O Chile permanece como exceção à regra, classificado não muito abaixo da Coreia em todas as áreas.

Finalmente, e crítico para a governança democrática e a capacidade sentida de reduzir as desigualdades em ativos e rendas, os entrevistados foram solicitados a responder sobre a confiança pública na honestidade financeira

FIGURA 6.8

Classificação das instituições na América Latina, 2007-2008

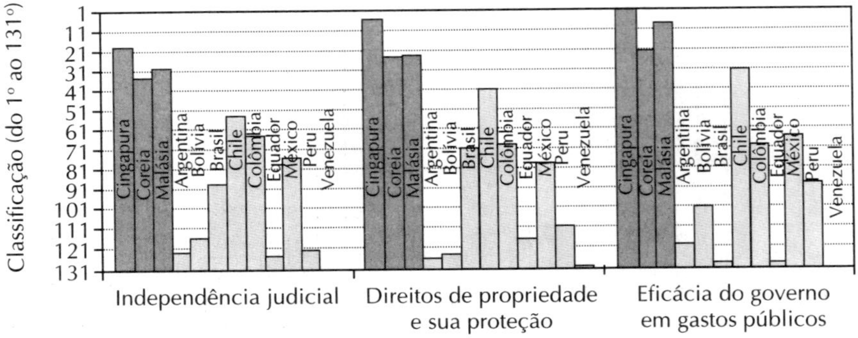

Fonte: Fórum Econômico Mundial, *The Global Competitiveness Report, 2007-2008* (Nova York: Palgrave Macmillan, 2007), pp. 376, 380, 382.

FIGURA 6.9

Classificação de confiança pública nos políticos, 2007-2008

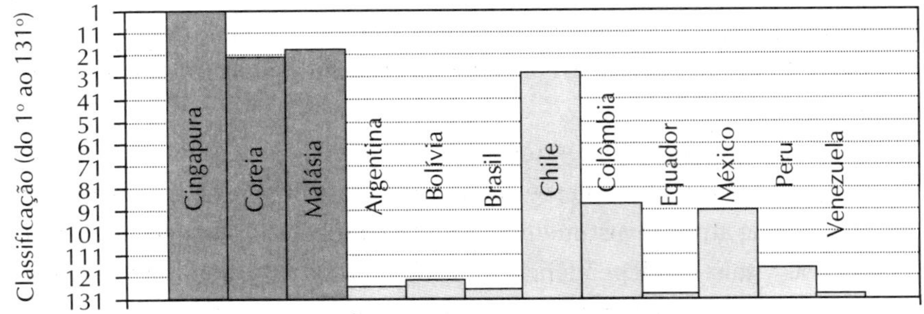

Fonte: Fórum Econômico Mundial, *The Global Competitiveness Report, 2007-2008* (Nova York: Palgrave Macmillan, 2007), p. 379.

dos políticos. Mais uma vez, a América Latina ficou muito atrás dos Tigres Asiáticos, com exceção do Chile (veja Figura 6.9). Argentina, Bolívia, Brasil, Equador, Peru e Venezuela ficaram abaixo do 115º lugar, com a Argentina em 125º, a Bolívia em 123º, o Brasil em 126º, o Equador em 128º, o Peru em 117º e a Venezuela em 129º.

A questão de por que os países asiáticos superam de forma consistente a América Latina permanece importante. Como já dissemos, uma explicação provável é que os líderes políticos asiáticos conseguiram legitimar a política de crescimento comum. A ascensão industrial da Ásia sugere que a chave para o crescimento sem interrupções foi, como afirmam Campos e Root, o sucesso dos Estados em convencer seus eleitores de que um sacrifício no presente produziria ganhos no futuro; nas palavras deles, "Tornar digna de crédito a promessa de crescimento comum permitiu aos líderes da Ásia oriental alterar os cálculos de risco-recompensa que motivam o comportamento econômico, de forma que a compensação pela aceitação de benefícios menores no presente seriam ganhos maiores no futuro".[43] O estabelecimento desta parceria entre a sociedade civil e o regime exigia confiança. Também requeria políticas sustentáveis do setor público para reduzir a desigualdade de ativos mediante investimentos cuidadosamente planejados em saúde, educação e planos habitacionais. Como observam Campos e Root, "A divisão da riqueza garantiu amplo apoio social, reduzindo assim a ameaça de que o regime iria cair na manipulação financeira destrutiva ou na insurgência. Ela encorajou a crença de que o governo estava agindo em benefício dos interesses dos cidadãos".[44]

Com frequência, entre as elites econômicas e políticas latino-americanas, é a "manipulação financeira destrutiva" que impede a implantação de estratégias para aumentar a confiança e coloca os cidadãos contra a autoridade política. A criação de um consenso a respeito de crescimento e desenvolvimento requer confiança mútua e metas comuns. E isso está em falta na maior parte dos países da América Latina e do Caribe.

Como abordar pobreza, desigualdade e os desafios a políticas sociais

O esforço mais recente para oferecer um plano de ataque afirma que a América Latina sofre de um círculo vicioso no qual o baixo crescimento contribui para a persistência da pobreza, particularmente em face da desigualdade e do fato de a "alta desigualdade de ativos da América Latina representar uma profunda barreira estrutural à elevação da produtividade e renda dos pobres".[45] O aumento dos gastos públicos em programas de saúde e educação é crítico para se atingir a meta de uma política social justa.

Uma política social construtiva também deve fazer esforços explícitos para garantir o acesso dos pobres a terras e aos mercados financeiros. O acesso ao crédito para os pobres é muito importante, mas também o é a elevação da participação das mulheres no mercado de trabalho, que exigirá serviços de creche subsidiados; a socialização dos benefícios da maternidade; uma legislação trabalhista que permita maior flexibilidade nas condições de contratação; e uma estrutura trabalhista que encoraje negociações coletivas, reforçando a responsabilidade dos líderes sindicais. É preciso dar alta prioridade a um ataque claro à discriminação étnica e racial.

Essas e outras políticas de bom-senso são essenciais para elevar a competitividade, reduzir a desigualdade e a pobreza e dar aos cidadãos uma participação em seus sistemas políticos democráticos. Esta é a única maneira pela qual as políticas de altas apostas podem dar lugar a um campo de jogo mais justo para todos os cidadãos nas jovens democracias do subcontinente. As sugestões feitas exigirão uma liderança política determinada a substituir as políticas exclusivistas por políticas que busquem aumentar os ativos dos pobres. Um compromisso com a maior igualdade social pela redução da pobreza faz sentido do ponto de vista da produtividade e do crescimento. Ele também aborda a questão central da necessidade de se fortalecer as instituições democráticas como parte do desenvolvimento social da América Latina.

Conclusão

A prevalência de políticas de altas apostas em muitos países latino-americanos na segunda metade do século XX foi, entre outras, uma grande diferença que permitiu que a lacuna de crescimento entre esta região e os Estados Unidos continuasse a aumentar. Nem todos os países latino-americanos operaram da mesma maneira. Como explicaram as duas primeiras seções deste capítulo, arranjos institucionais como a incorporação dos trabalhadores em sistemas tradicionais de dois partidos e o estabelecimento de pactos entre elites contribuíram para a redução das apostas políticas em alguns países que, em circunstâncias diferentes, teriam enfrentado conflitos políticos maiores e perspectivas econômicas piores. Nas seções três e quatro, deficiências vitais no atual modelo de desenvolvimento seguido pela América Latina – isto é, a ausência de Estados inteligentes e a prevalência crescente de pobreza e desigualdade econômica – levaram à continuidade de políticas de altas apostas em muitos países da região.

Como indicou recentemente o *Latinobarómetro*, dados sobre a opinião pública mostram que na América Latina "Todas as coisas mudaram para permanecerem as mesmas. Não há melhorias nos tópicos essenciais à cultura política democrática: a desconfiança aumentou ou permaneceu a mesma, não houve mudanças na cultura cívica, as percepções sobre o domínio da lei não melhoraram e as expectativas continuaram crescendo".[46] O povo vai cada vez mais às ruas para depor governos que não cumpriram seus mandatos eleitorais. Os recentes casos da Argentina, Bolívia e Equador representam a ponta do *iceberg* num contexto centrado não na queda da democracia nem no retorno dos regimes militares, mas na "reafirmação do respeito pelas demandas dos cidadãos no centro do sistema democrático, mas cada vez mais em sua vanguarda".[47]

Dado este contexto polarizado, além da necessidade de criar e estimular instituições políticas que ajudem a reduzir as apostas políticas na América Latina, a região também necessita daquilo que Juan Linz identificou, em um de seus clássicos trabalhos iniciais, como um ingrediente essencial para recalibrar sistemas democráticos: a disponibilidade de uma liderança política responsável, capaz de lidar com uma perda de eficácia e legitimidade.[48] Instituições políticas dignas de confiança e liderança política responsável são precondições para se enfrentar o principal desafio regional. Como destaca Terry Lynn Karl, a economia e a política caminham lado a lado na América Latina; e ela acrescenta: "até o ponto em que ambas são reformadas para beneficiar aqueles na sociedade que estão em pior situação, o ciclo vicioso da América Latina pode ser detido (...) e a alternativa não é atraente".[49]

Notas

1. Conforme descrito no livro de Rosemary Thorp, *Progress, Poverty and Exclusion: An Economic History of Latin America in the 20th Century* (Washington, DC: Inter-American Development Bank, 1998).
2. Veja John Coatsworth, "Notes on the Comparative Economic History of Latin America and the United States", em *Development and Underdevelopment in America: Contrasts in Economic Growth in North and Latin America in Historical Perspective*, organizado por Walther L. Bernecker e Hans Werner Tobler (Nova York: de Gruyter, 1993), pp. 10-30.
3. Para mais sobre as reformas estruturais propostas para a América Latina sob o chamado Consenso de Washington, veja John Williamson, org., *Latin American*

Adjustment: How Much Has Happened? (Washington, DC: Institute for International Economics, 1990).

4. Adam Przeworski, *Democracy and the Market: Political and Economic Reforms in Eastern Europe and Latin America* (Cambridge: Cambridge University Press, 1991), pp. 79-99; Barry Weingast, "The Political Foundations of Democracy and the Rule of Law", *American Political Science Review* 91, nº 2 (junho de 1997): 245-263.
5. Ruth Berins Collier e David Collier, *Shaping the Political Arena: Critical Junctures, the Labor Movement, and Regime Dynamics in Latin America* (Princeton, NJ: Princeton University Press, 1991).
6. J.F. Bibby, *Politics, Parties, and Elections in America*, 4ª ed. (Belmont, CA: Wadsworth, 2000); J.H. Aldrich, *Why Parties: The Origins and Transformations of Party Politics in America* (Chicago: Chicago University Press, 1995); D.R. Mayhew, *Placing Parties in American Politics: Organization, Electoral Settings, and Government Activity in the Twentieth Century* (Princeton, NJ: Princeton University Press, 1986).
7. Douglass C. North, William Summerhill e Barry R. Weingast, "Order, Disorder, and Economic Change: Latin America versus North America", em *Governing for Prosperity*, organizado por Bruce Bueno de Mesquita e Hilton L. Root (New Haven, CT: Yale University Press, 2000), pp. 17-58.
8. Dani Rodrik, "Understanding Economic Policy Reform", *Journal of Economic Literature* 34, nº 1 (março de 1996): 9-41.
9. Adam Przeworski et al., *Democracy and Development: Political Institutions and Well-Being in the World* (Cambridge: Cambridge University Press, 2000), p. 93, tabela 2.3.
10. Idem, p. 111.
11. Veja, por exemplo, John Higley e Richard Gunther, orgs., *Elites and Democratic Consolidation in Latin America and Southern Europe* (Cambridge: Cambridge University Press, 1992).
12. Weingast, "The Political Foundations of Democracy and the Rule of Law", p. 258.
13. *World Development Report 1997: The State in a Changing World* (Nova York: Oxford University Press, 1997); Shahid Javed Burki e Guillermo E. Perry, *The Long March: A Reform Agenda for Latin America and the Caribbean in the Next Decade* (Washington, DC: World Bank, 1997).
14. Shahid Javed Burki e Guillermo E. Perry, *Beyond the Washington Consensus: Institutions Matter* (Washington, DC: World Bank, 1998).
15. Pedro-Pablo Kuczynski e John Williamson, orgs., *After the Washington Consensus: Restarting Growth and Reform in Latin America* (Washington, DC: Institute for International Economics, 2003).
16. Idem, p. 198.

17. Ibidem.
18. Ibidem.
19. Ibidem, p. 22.
20. Para conhecer um dos primeiros esforços para "enterrar" o modelo ISI, veja Bela Balassa, Gerardo M. Bueno, Pedro-Pablo Kuczynski e Mario Henrique Simonsen, *Toward Renewed Economic Growth in Latin America* (Washington, DC: Institute for International Economics, 1986).
21. Veja José Edgardo Campos e Hilton L. Root, *The Key to the Asian Miracle: Making Shared Growth Credible* (Washington, DC: Brookings Institution, 1996).
22. Idem, p. 2.
23. John Williamson, org., *Latin American Adjustment: How Much Has Happened?* (Washington, DC: Institute for International Economics, 1990).
24. *World Development Report*, 1997, pp. 2-3.
25. Idem, p. 14.
26. Burki e Perry, *The Long March.*
27. Burki e Perry, *Beyond the Washington Consensus.*
28. Idem, p. 5.
29. Kuczinski e Williamson, *After the Washington Consensus*, p. 2.
30. Idem, p. 308.
31. Ibidem, p. 34.
32. Dani Rodrik, "After Neoliberalism, What?" observações no Seminário sobre Novos Caminhos do Desenvolvimento do BNDES, Rio de Janeiro, setembro de 2003, citadas em Patricio Navia e Andres Velasco, "The Politics of Second-Generation Reforms", em Kuczinski e Williamson, *After the Washington Consensus*, p. 269.
33. Idem.
34. Terry Lynn Karl, "The Vicious Cycle of Inequality in Latin America", em *What Justice? Whose Justice? Fighting for Fairness in Latin America*, organizado por Susan Eva Eckstein e Timothy P. Wickham-Crowley (Berkeley: University of California Press, 2003), p. 133.
35. Idem.
36. Thorp, *Progress, Poverty and Exclusion*, p. 281.
37. Pedro-Pablo Kuczynski, "Setting the Stage", em Kuczynski e Williamson, *After the Washington Consensus*, p. 27.
38. Philip Oxhorn, "Social Inequality, Civil Society, and the Limits of Citizenship in Latin America", em Eckstein e Wickam-Crowley, *What Justice? Whose Justice?*, p. 35.
39. Karl, "The Vicious Cycle of Inequality in Latin America", pp. 150-151.
40. Idem.

41. Oxhorn, "Social Inequality", p. 35.

42. Por exemplo, Fórum Econômico Mundial, *The Global Competitiveness Report, 2007-2008* (Nova York: Palgrave Macmillan, 2007).

43. Campos e Root, *The Key to the Asian Miracle*, p. 6.

44. Idem, p. 176.

45. Nancy Birdsall e Miguel Székely, "Bootstraps, Not Band-Aids: Poverty, Equity and Social Policy", em Kuczynski e Williamson, *After the Washington Consensus*, pp. 51, 66.

46. *Latinobarómetro*, 2005, disponível em http://64.233.161.104/search?q=cache: v-puWQG8W68J:www.-latinobarometro.org/uploads/media/LB_2005.pdf+Latino barometro+2005&hl=es, p. 5.

47. Idem.

48. Juan J. Linz, *The Breakdown of Democratic Regimes: Crisis, Breakdown, and Reequilibration* (Baltimore, MD: Johns Hopkins University Press, 1978), p. 87.

49. Karl, "The Vicious Cycle of Inequality in Latin America", p. 153.

PARTE III

FATORES INSTITUCIONAIS NO DESENVOLVIMENTO DA AMÉRICA LATINA

Capítulo 7

O Equilíbrio latino-americano

James A. Robinson

Um dos mais longos enigmas da história latino-americana é seu desempenho econômico comparativo.[1] No tempo da conquista e colonização, embora os países latino-americanos fossem relativamente pobres e economicamente atrasados quando comparados com seus colonizadores da Espanha e de Portugal, a diferença era pequena em relação àquela de hoje. Por exemplo, em 1500 a renda *per capita* da Espanha era provavelmente cerca de 50% maior que a média latino-americana. Hoje a renda média na Espanha é cerca de 300% maior.[2] Ainda mais surpreendente, na época da conquista, as partes mais prósperas da América não eram as que hoje são as mais ricas. Em 1492, o Canadá, os Estados Unidos ou o Cone Sul da América Latina não eram as partes economicamente mais avançadas; eram o México, o Peru e a Bolívia, com suas complexas sociedades centralizadas.[3] Embora a tecnologia dos mexicas ou dos tawantinsuyus possa não ter sido muito avançada pelos padrões modernos, eles haviam desenvolvido habilidades extraordinárias para prover bens públicos, redes de irrigação e infraestrutura e tinham sistemas de taxação e mobilização de recursos que seriam objeto de inveja de muitos países em desenvolvimento modernos.

Alguém poderia pensar que os processos liberados pela conquista deveriam ter reduzido as diferenças, em lugar de exacerbá-las. Em geral os economistas acreditam que o aumento da integração global das nações é uma poderosa força para a convergência econômica. De fato, Diamond disse que o atraso do Peru em relação à Espanha em 1532 se devia a fatores ambientais e geográficos que limitavam a produtividade agrícola nas Américas em relação à Europa.[4] A chegada de tecnologias europeias, anteriormente ausentes, como a escrita, o dinheiro ou a produção de aço, e a súbita disponibilidade de grãos (trigo) e espécies animais (cavalos, vacas e porcos) eurasianas deveriam ter levado os peruanos a convergir para os níveis europeus de prosperidade. Na verdade, a chegada dos europeus com sua cesta de tecnologias foi seguida por uma grande divergência econômica.

Talvez não seja difícil explicar por que os países latino-americanos não prosperaram nos três séculos posteriores a 1492. Apesar de terem tido um súbito acesso a tecnologias europeias, eles também foram postos sob o jugo da colonização europeia. O impacto desta colonização é revelado pelas Figuras 7.1 e 7.2. A Figura 7.1, de W. George Lovell e Christopher Lutz, mostra a evolução da população da Guatemala desde a conquista.[5] De cerca de 2 milhões em 1520, a população caiu para 6% daquele número um século depois. A população total da Guatemala somente retornou ao nível de 1520 na década de 1920 e a população maia somente nos anos 1960. A Figura 7.2, de Barry Bogin e Ryan Keep, apresenta dados sobre a evolução da altura dos habitantes da Guatemala antes e depois da conquista.[6] Os dados sobre a altura estão entre as poucas fontes de que dispomos para julgar padrões de vida e bem-estar social no período pré-moderno.[7] Embora as evidências sejam imperfeitas e haja reservas sobre a natureza da amostra, a Figura 7.2 mostra que a altura caiu de forma uniforme depois da conquista, chegando ao mínimo na década de 1940. Esses dados são coerentes com a ideia de que a conquista teve um efeito altamente adverso sobre o bem-estar social e a nutrição da população indígena. Como evidência final e reveladora, os dados sobre salários nominais e preços no México central, colhidos por Charles Gibson, sugerem que, no século posterior à conquista, enquanto a população indígena caiu, os salários reais não mudaram e provavelmente caíram.[8] Este fato é uma forte contradição à situação malthusiana que supostamente caracterizava a economia pré-moderna da Europa.

É claro que neste período os Estados Unidos e o Canadá também eram colônias europeias e, de fato, por ocasião da declaração da independência dos Estados Unidos em 1776, as diferenças em prosperidade entre México, Brasil e Estados Unidos eram mínimas.[9] A diferença relativa entre a Europa e as Américas em 1492 provavelmente se manteve constante ao longo do período colonial, com a Europa permanecendo cerca de 50% mais próspera, embora o nível de renda *per capita* tenha crescido lentamente em toda parte.

FIGURA 7.1
Estimativas históricas da população da Guatemala

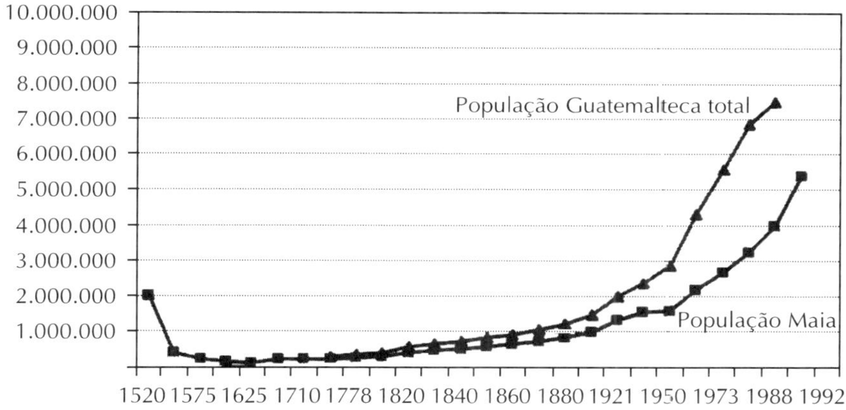

Fonte: W. George Lovell e Christopher Lutz, "Conquest and Population: Maya Demography in Historical Perspective", *Latin American Research Review* 29 (1994): 133-140.

FIGURA 7.2
Altura de latino-americanos adultos, homens e mulheres, na Guatemala (em centímetros)

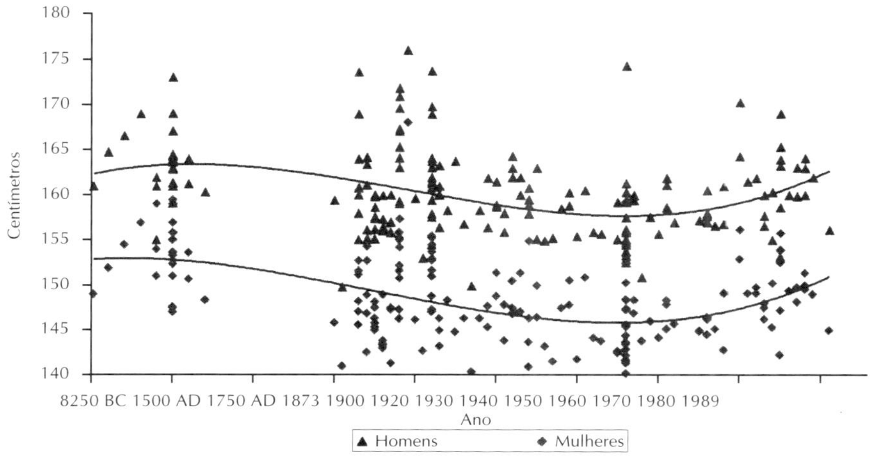

Fonte: Barry Bogin e Ryan Keep, "Eight Thousand Years of Economic and Political History in Latin America Revealed by an Anthopometry", *Annals of Human Biology* 26 (1999): 333-351.

Então, em certo sentido, o verdadeiro enigma começa no século XIX, a época da rápida divergência econômica. Por volta de 1820, os países latino-americanos haviam saído do colonialismo e, embora no passado se acreditasse que permaneciam sob o domínio do "império informal" britânico no século XIX, a visão mais plausível é que foram os latino-americanos e seus governos que decidiram, talvez inadvertidamente, como suas sociedades iriam evoluir. Como nações livres, pareciam estar tão preparados quanto os norte-americanos para tirar proveito das novas tecnologias vindas da Grã-Bretanha, que ligamos à revolução industrial. Mas não o fizeram. A América do Norte não só adotou rapidamente as inovações, mas também emergiu como uma inovadora dinâmica por si mesma, ao passo que a América Latina estagnou. Em 1900, os Estados Unidos tinham se tornado o país mais próspero do mundo, com um nível de renda média cerca de 400% maior do que aquele da América Latina. Embora os países latino-americanos tenham começado a crescer depois da década de 1880, nos anos anteriores não reduziram a lacuna. A Tabela 7.1 reúne estimativas históricas existentes de renda nacional *per capita* expressa como porcentagem do nível dos EUA.[10] Ilustra de forma dramática a divergência no século XIX e a incapacidade dos países latino-americanos de reduzir a diferença relativa no século XX.

TABELA 7.1

Produto Interno Bruto (PIB) *per capita* como porcentagem do nível dos EUA, 1700-1994

País	1700	1800	1850	1900	1913	1950	1994
Argentina	nd*	102	nd	52	55	41	37
Brasil	nd	36	39	10	11	15	22
Chile	nd	46	nd	38	40	33	34
Colômbia	nd	nd	34	18	18	19	24
Cuba	167	112	78	nd	39	nd	nd
México	89	50	37	35	35	27	23
Peru	nd	41	nd	20	20	24	14
Venezuela	nd	nd	nd	10	10	38	37
Média	128	66	51	27	28	29	27

*nd = não há dados

Fonte: John H. Coatsworth, "Economic and Institutional Trajectories in Nineteenth Century Latin America", em *Latin America and the World Economy since 1800*, organizado por John H. Coatsworth e Alan M. Taylor (Cambridge, MA: Harvard University Press, 1998), p. 26.

O que requer explicação e de que tipo

Esta rápida passada pela história econômica latino-americana sugere vários enigmas que se destacam e exigem soluções antes que possamos compreender melhor por que o progresso econômico dos países latino-americanos tem sido historicamente tão fraco. A primeira pergunta é: por que a posição relativa da América Latina permaneceu inalterada entre 1492 e 1800? A segunda: por que os países latino-americanos estagnaram na maior parte do século XIX, quando tiveram pouco ou nenhum crescimento econômico? O terceiro enigma é: por que, mesmo depois de começarem a ter crescimento econômico depois da década de 1880, os países latino-americanos não alcançaram os países ricos da América do Norte e da OCDE? Em outras palavras, por que não houve nada parecido com o chamado milagre da Ásia oriental na América Latina?

Também é uma questão pertinente como os economistas explicam o desenvolvimento econômico comparativo e como explicam por que alguns países geram níveis médios muito mais altos de bens e serviços para seus cidadãos. Em um nível mais próximo, a explicação é clara se compararmos os Estados Unidos com, digamos, a Bolívia. Um trabalhador médio americano produz mais que um trabalhador boliviano médio porque ele trabalha com tecnologias muito mais sofisticadas. Além disso, ele pode usar uma gama muito mais ampla de insumos complementares em sua produção, como bens de capital e máquinas. Além disso, um trabalhador americano tem em média uma educação muito melhor do que um boliviano e provavelmente é mais saudável. Desde a pesquisa de Solow, os economistas têm dividido as diferenças de renda *per capita* em diferenças nesses fatores de produção: capital físico, capital humano (a educação e as qualificações incorporadas pelos trabalhadores) e produtividade (contendo diferenças não só em tecnologia, mas também na maneira pela qual a produção é organizada).[11]

Mas explicar desta maneira as diferenças em prosperidade está longe de ser satisfatório. Por que algumas sociedades têm produtividade mais alta e mais capital físico do que outras, e por que algumas sociedades devoram mais recursos para educação e desenvolvimento do capital humano? Para responder a perguntas como essas, é preciso formular uma explicação mais fundamental de prosperidade comparativa. Existem três tipos principais dessas teorias: uma enfatiza a geografia, outra as instituições e a terceira a cultura.

A hipótese geográfica

As teorias de base geográfica pressupõem, em última análise, que a geografia, o clima e a ecologia do local de uma sociedade moldam tanto sua tecnologia quanto os incentivos dos seus habitantes. Consequentemente, a geografia de um país determina sua prosperidade.

Há pelo menos três versões principais da hipótese geográfica, cada uma destacando um mecanismo diferente para a maneira pela qual a geografia afeta a prosperidade. Em primeiro lugar, o clima pode ser um importante determinante do esforço de trabalho, dos incentivos ou mesmo da produtividade. Esta ideia data pelo menos da época do filósofo francês Charles Montesquieu, que escreveu em sua clássica obra *O espírito da lei*: "O calor do clima pode ser tão excessivo que o corpo ficará totalmente exaurido. Assim, a prostração passará até para o espírito; nada de curiosidade, nem de espírito empreendedor, nem sentimento generoso; as inclinações serão todas passivas; a preguiça será a felicidade."[12]

Em segundo lugar, a geografia pode determinar a tecnologia disponível para uma sociedade, em especial na agricultura. Diamond adota esta visão quando afirma: "Os fatores de proximidade por trás da conquista das Américas pela Europa foram as diferenças em todos os aspectos de tecnologia. Essas diferenças se originaram da história muito mais longa da Eurásia com sociedades densamente povoadas e dependentes da produção de alimentos", que era por sua vez determinada por diferenças geográficas entre a Europa e as Américas.[13] Sachs também argumentou em favor da importância da geografia na produtividade agrícola, afirmando que "no início da era do moderno crescimento econômico, senão muito antes, as tecnologias de zonas temperadas eram mais produtivas do que aquelas de zonas tropicais".[14]

A terceira variante da hipótese geográfica, popular em especial desde meados dos anos 1990, liga a pobreza em muitas áreas do mundo à sua "carga de doenças". Tais ideias têm um longo histórico na África, onde, por exemplo, na era anterior ao motor de combustão interna, os altos custos de transporte na zona de florestas tropicais eram considerados consequência da presença da mosca tsé-tsé, que impossibilitava o uso de cavalos ou mulas para o transporte de bens.[15]

A hipótese institucional

As instituições podem ser definidas como as regras e normas que determinam os incentivos e restrições enfrentados pelos indivíduos na sociedade. Essas instituições podem ser econômicas, como as condições sob as quais uma pessoa pode incorporar uma empresa, ou políticas, como a natureza do sistema eleitoral. As instituições podem ser formais e codificadas, como uma constituição escrita, ou podem ser simplesmente regras informais que as pessoas seguem. Enquanto a hipótese geográfica enfatiza as forças da natureza como fatores primordiais na pobreza de nações, a hipótese institucional trata de influências produzidas pelos seres humanos.

De acordo com esta visão, algumas sociedades são organizadas de forma a sustentar o domínio da lei; encorajam investimentos em maquinário, capital humano e melhores tecnologias; facilitam a ampla participação dos cidadãos na vida política e econômica; e apoiam as transações no mercado. Outras não são assim. A primeira prospera e a segunda leva à estagnação.

Entre os elementos cruciais das instituições estão o respeito às leis dos direitos de propriedade para um amplo segmento da sociedade, para que grande variedade de pessoas tenha incentivos para investir e participar da vida econômica; restrições sobre as ações das elites, dos políticos e outros grupos poderosos, para que essas pessoas não possam expropriar as rendas e os investimentos de outras na sociedade, nem criar regras injustas de jogo; e finalmente, certo grau de igualdade de oportunidades para amplos segmentos da sociedade, para que possam fazer investimentos, especialmente em capital humano, e participar de atividades econômicas produtivas. Como a hipótese geográfica, a institucional tem um histórico impecável. Remonta no mínimo a John Locke, Adam Smith e John Stuart Mill e está presente com destaque em muitas discussões acadêmicas e debates populares atuais.

A hipótese cultural

A cultura pode ser definida como as crenças e valores de uma sociedade. A ideia de que a cultura pode influenciar o desempenho econômico é muito plausível para muitas pessoas e formou a base do argumento de Max Weber de que a reforma protestante teve um papel importante na ascensão do capitalismo na Europa ocidental. Na visão dele, as crenças a respeito do mundo que eram intrínsecas ao protestantismo, em particular ao calvinismo, foram cruciais para o desenvolvimento do capitalismo porque destacavam o trabalho árduo, a frugalidade e a poupança e consideravam o sucesso econômico coerente com ser eleito por Deus. Weber comparou essas características do protestantismo com aquelas de outras religiões, como o catolicismo, as quais, afirmou ele, não promoviam o capitalismo.[16]

Mais recentemente, têm sido propostas outras hipóteses culturais. Por exemplo, David Landes atribui o fraco desempenho econômico latino-americano às tradições impostas pela sociedade ibérica, onde "as qualificações, a curiosidade, as iniciativas e os interesses cívicos da América do Norte eram inexistentes. A própria Espanha estava atrasada nesses aspectos, devido à sua homogeneidade e docilidade espirituais, à riqueza e sua busca de vaidades; e a Espanha exportou suas fraquezas".[17]

Aplicação das abordagens à América Latina

Equipados com essas diferentes abordagens fundamentais, podemos agora avaliar algumas explicações para o desempenho econômico comparativo da América Latina. A geografia poderia estar na origem dos infortúnios econômicos da América Latina? Alguns acreditam que sim, mas até as evidências mais simples que discutimos até agora sugerem que não pode haver implicações da geografia para a prosperidade que não variam com o tempo.[18] Em 1492, a Bolívia era mais próspera do que os Estados Unidos, mas hoje a situação se inverteu. A declaração de Sachs a respeito da prosperidade relativa dos trópicos está simplesmente errada. Pode a geografia explicar por que a Bolívia sofreu um declínio relativo tão grande? É possível que as condições geográficas que estimulam a prosperidade em 2005 sejam diferentes daquelas que a estimulavam em 1492. Contudo, qualquer um que tenha visitado o altiplano boliviano teria dificuldade para acreditar que foi um ambiente geográfico relativamente favorável que criou a organização complexa e sofisticada que constitui a base do sucesso econômico de Tawantinsuyu.

Além disso, embora a produtividade agrícola relativa possa ser sensível à geografia, como foi dito, as grandes desigualdades do mundo moderno se originam do século XIX e da disseminação desigual da industrialização. É muito mais difícil acreditar que a geografia tenha um forte impacto sobre a exequibilidade de uma sociedade industrial próspera; na realidade, Daron Acemoglu, Simon Johnson e James Robinson testaram precisamente a ideia de que a geografia influenciou a disseminação da revolução industrial britânica e não acharam evidência nenhuma que a corroborasse.[19]

É interessante notar até que ponto a geografia é aceita como explicação para a estagnação da América Latina no século XIX. Na Colômbia, por exemplo, é o que se pensa convencionalmente. A Colômbia tinha uma capital localizada a 3.000 metros de altitude, a 1.000 km da costa. O país era montanhoso, fragmentado, dividido.[20] Contudo, quando o governo liberal de José Hilario López reduziu as tarifas depois de 1850, este isolamento aparente não impediu que os artesãos de Bogotá caíssem no desemprego e apoiassem um golpe militar. Além disso outros países, como a vizinha Venezuela, com sua capital e grandes concentrações da população no litoral e com o mercado do Atlântico Norte acenando convidativo, não se saiu melhor do que a Colômbia. Na verdade, deixando de lado as montanhas e o populismo, e considerada a longo prazo no contexto latino-americano, a experiência da Colômbia é totalmente apagada. No século XIX, ela estagnou; e no século XX, cresceu de forma estável, mas sua renda *per capita* permaneceu em torno de 20% da renda média dos EUA.[21] Quando a economia do café finalmente entrou em declínio e estava na hora de diversificar para novas atividades, os empresários colombianos optaram pelas flores.

A noção de que a América Latina tem uma cultura inimiga do progresso econômico tem recebido muita atenção no continente. Como na citação de Landes antes reproduzida, isto está normalmente no contexto da herança de uma cultura ibérica, misturado ao catolicismo. Muitos estudiosos têm proposto explicações gerais segundo essas linhas.[22] Há algumas evidências de que as variáveis que captam aspectos culturais estão correlacionadas com resultados socioeconômicos;[23] contudo, existem poucas evidências de que a cultura tem um grande efeito causal sobre o desempenho econômico. Embora a América do Sul espanhola tenha se saído economicamente muito pior do que a América do Norte britânica, no mundo colonial em geral não há relação entre a identidade da potência colonizadora e o sucesso econômico subsequente.[24] Para ver isto, basta observar que embora Estados Unidos e Canadá fossem colônias britânicas, Guiana, Serra Leoa e Índia também o eram.

Nem as explicações geográficas nem as culturais do desempenho comparativo da América Latina podem responder de forma convincente por seu lugar na distribuição mundial de renda, embora obviamente ambos os fatores possam ter desempenhado algum papel em determinadas circunstâncias. Os exemplos históricos, bem como as evidências sociais mais sistemáticas, sugerem que a melhor explicação para a trajetória econômica da América Latina está em suas instituições. É evidente, a partir de alguns padrões simples nos dados transnacionais, que vários tipos de instituições e a prosperidade estão fortemente associados. A Figura 7.3 mostra a relação entre o PIB *per capita* em 1995 e uma medida ampla da segurança dos direitos de propriedade – proteção contra o risco de expropriação – em média ao longo do período de 1985 a 1995.

Os dados sobre as instituições econômicas provêm da Political Risk Services, uma empresa privada que avalia o risco de expropriação de investimentos em países diferentes. Esses dados são imperfeitos como medida de instituições econômicas, mas as constatações são sólidas quando usamos outras medidas disponíveis de instituições econômicas. O plano de dispersão na Figura 7.3 mostra que os países com direitos de propriedade mais seguros, isto é, instituições econômicas melhores, têm rendas médias mais altas.

FIGURA 7.3
Produto interno bruto (PIB) *per capita* (paridade de poder de compra de 2004) e ausência de risco de expropriação

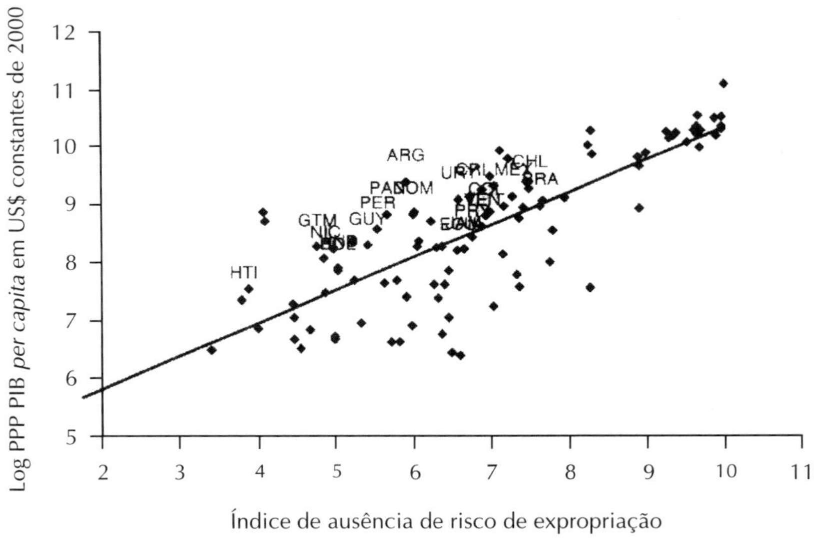

Fonte: Political Risk Services, www.prsgroup.com.

A Figura 7.4 examina a relação entre prosperidade e um tipo de instituição política – restrições sobre o poder executivo – a partir do banco de dados Polity IV. A variável de restrições sobre o executivo capta até que ponto aqueles que controlam o poder político são restritos ou verificados por outras pessoas. Por exemplo, os tipos de freios e contrapesos e a separação entre poderes escrita na Constituição dos EUA seriam um exemplo clássico dessas restrições. A Figura 7.4 mostra que os países em que os detentores do poder são mais restritos tendem a ser mais prósperos.

FIGURA 7.4
Produto interno bruto (PIB) *per capita* (paridade de poder de compra de 2004) e restrições sobre o executivo

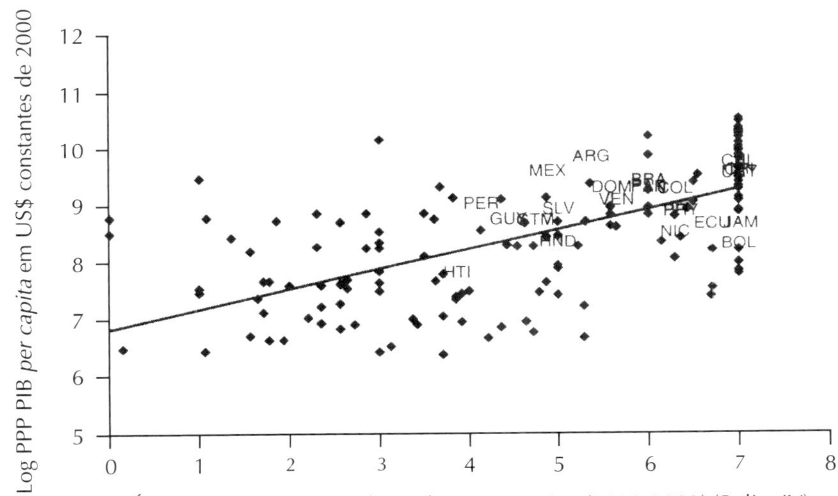

Fonte: Projeto Polity IV sobre Características e Transições do Regime Político, 1800-2004, Center for Global Policy, George Mason University e Center for International Development and Conflict Management, Universidade de Maryland (conjunto dinâmico de dados mediante assinatura).

A Figura 7.5 analisa instituições econômicas de outra maneira. Além da estabilidade dos direitos de propriedade, outra instituição fundamental é até que ponto existe um campo de jogo justo na sociedade. Boas ideias e talentos estão amplamente distribuídos na população e uma sociedade bem-sucedida deve permitir livre acesso a oportunidades econômicas lucrativas. A Figura 7.5 mostra dados de Simeon Djankov et al., inspirados por de Soto, sobre o número de procedimentos exigidos para se iniciar uma empresa.[25] A presença de custos de entrada é vista como criadora de monopólios e locações e indicativa de um campo de jogo injusto. É fácil ver que as barreiras à entrada estão correlacionadas negativamente com a prosperidade. Como evidência final, a Figura 7.6 organiza os dados sobre o domínio da lei do projeto do Banco Mundial. O domínio da lei também está associado à prosperidade.

Portanto, determinados tipos de instituições econômicas e políticas tendem a ser fortemente associados à prosperidade. É claro que estas associações não provam causalidade. Por exemplo, pode haver uma causalidade reversa indo da renda para as instituições. Mais importante, existe um possível problema de variáveis omitidas, fatores que podem influenciar tanto as instituições quanto a renda e cuja omissão poderá nos levar a concluir, de forma espúria, que existe uma relação causal entre instituições e prosperidade.

Para entender melhor esta questão, considere um exemplo da história da malária. No século XIX, os médicos não compreendiam o que causava a doença. Para fazer progressos na proteção das tropas europeias estacionadas nos trópicos, eles desenvolveram uma teoria empírica da malária, observando que

FIGURA 7.5
Produto interno bruto (PIB) *per capita*
(Paridade de poder de compra de 2004) e número
de procedimentos necessários para se criar uma empresa

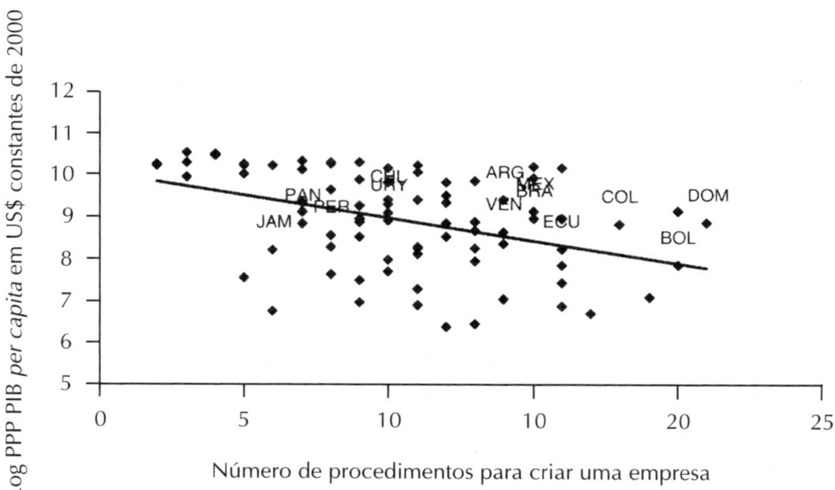

Fonte: Simeon Djankov, Rafael La Porta, Florencio López-de-Silanes e Andrei Shleifer, "The Regulation of Entry", em *Quarterly Journal of Economics* 117 (2002):1-37.

FIGURA 7.6
Produto interno bruto (PIB) *per capita*
(paridade de poder de compra de 2004) e domínio da lei

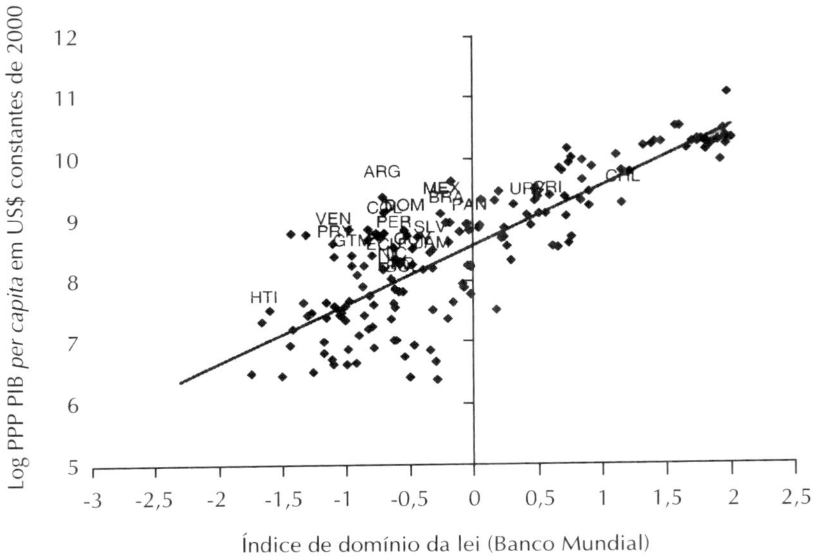

Fonte: "Rule of Law", *Worldwide Governance Indicators (WGI) Project*, World Bank, www.worldbank.org.

as pessoas que viviam ou viajavam perto de pântanos contraíam a doença. Em outras palavras, transformaram a associação entre a incidência de malária e os pântanos numa relação causal em que a malária era *causada* pelos pântanos – e desenvolveram esta teoria, argumentando que a malária era transmitida pelos vapores, ares impuros e miasmas emitidos pelos pântanos. É claro que estavam errados e, algumas décadas mais tarde, outros cientistas provaram que a associação estatística era causada por um fator omitido, os mosquitos. A malária é causada por parasitas transmitidos por picada dos mosquitos, principalmente por aqueles do gênero *Anopheles*, que se reproduzem bem em pântanos, explicando a associação estatística entre pântanos e a infecção por malária. Da mesma forma, é possível que um fator omitido seja a causa da pobreza de muitos países tropicais e que seja uma mera correlação e nada mais a associação estatística, por exemplo, entre direitos de propriedade inseguros e pobreza.

Nas ciências naturais, as teorias causais são testadas por experimentos controlados. Por exemplo, para investigar se um medicamento proposto ajuda no alívio de dores de cabeça, alocamos ao acaso um grande número de pessoas semelhantes com dores de cabeça em dois grupos: o grupo de tratamento, que receberá o novo medicamento, e um grupo controle, que receberá um placebo, um comprimido aparentemente idêntico, mas inativo. Veremos então se há uma melhora nas dores de cabeça do grupo de tratamento em relação ao grupo controle. Caso a resposta seja afirmativa, sujeita a alertas relacionados com a estatística, poderemos concluir que é o medicamento que tem o efeito causal sobre dores de cabeça. Precisa ser assim, uma vez que, em nosso experimento, todas as outras condições eram iguais nos dois grupos.

É muito mais difícil realizar experimentos controlados nas ciências sociais. Por exemplo, é impossível mudar as instituições de um país e observar o que acontece com a renda e a riqueza de seus cidadãos. Porém, mesmo que não possamos usar experimentos controlados para testar o que determina a prosperidade, a história oferece muitos experimentos naturais em que podemos afirmar que um fator muda enquanto outros possíveis determinantes dos resultados de interesse permanecem constantes. Esta é exatamente a estratégia empregada por Acemoglu et al. em seu estudo do efeito causal das instituições sobre a prosperidade.[26]

A colonização de grande parte do mundo por europeus provê um experimento natural em grande escala. A partir do início do século XV, os europeus conquistaram muitas nações. A experiência da colonização transformou as instituições em muitas terras diferentes, conquistadas ou controladas por europeus. Mais importante, os europeus impuseram ou criaram conjuntos muito diferentes de instituições em diferentes partes de seu império global. Esta história fornece evidências que estabelecem, de forma convincente, o papel central das instituições econômicas no desenvolvimento.

A explicação proposta por Acemoglu et al., mostrada na Figura 7.3, é de que os europeus criaram boas instituições em algumas colônias, em particular Estados Unidos, Canadá e Austrália (que Alfred Crosby chama de neo-Europas) e más em outros (por exemplo, América Latina e África Subsaariana).[27] Essas instituições tiveram uma forte tendência de persistir ao longo do tempo. Por que instituições diferentes se desenvolveram em diferentes colônias europeias? A resposta mais simples é que as instituições econômicas em várias colônias foram criadas pelos europeus para beneficiá-los. Além disso, como as condições e os recursos naturais diferiam entre as colônias, os europeus criaram conscientemente instituições econômicas diferentes.

Existem várias regularidades empíricas importantes que ligam essas condições iniciais aos resultados atuais. São de especial importância a densidade populacional inicial e o ambiente de doenças enfrentado pelos europeus. A Figura 7.7 mostra que há uma forte relação inversa entre a densidade populacional em 1500 e o atual risco de expropriação para as antigas colônias europeias. A Figura 7.8 mostra que as colônias em que o ambiente de doenças era pior para os europeus também têm instituições econômicas piores hoje. Aqui os dados são as taxas de mortalidade de soldados, marinheiros e bispos europeus estacionados no mundo colonial.[28]

Por que os europeus introduziram instituições melhores em áreas relativamente não colonizadas e pouco saudáveis do que em áreas densamente colonizadas e saudáveis? Antecipando a discussão das origens institucionais na próxima seção, vale a pena notar aqui a maior probabilidade de os europeus introduzirem ou manterem instituições econômicas que facilitassem a extração de recursos nas áreas em que pudessem se beneficiar desta extração. Isto normalmente significava áreas controladas por um pequeno grupo de europeus e áreas que ofereciam recursos à extração. Estes recursos incluíam ouro e prata, produtos agrícolas valiosos como açúcar e, mais importante, pessoas. Nos lugares com grandes populações indígenas, os europeus podiam explorar a população na forma de impostos, tributos e uso em trabalhos forçados em minas ou plantações. Este tipo de colonização era incompatível com as instituições que proporcionassem direitos civis ou econômicos para a maioria da população ou com qualquer coisa semelhante a um campo de jogo justo. Consequentemente, uma civilização mais complexa e uma estrutura populacional mais densa tornavam mais lucrativa para os europeus a introdução de instituições econômicas piores.

Já nos lugares com pouco ou nada para extrair e em lugares com baixas populações, nos quais os europeus se tornaram a maioria, era de seu interesse introduzir instituições econômicas que protegessem seus próprios direitos de propriedade. É claro que havia conflitos frequentes entre os europeus e é significativo notar que, nas neo-Europas, esses conflitos terminavam de forma a beneficiar o grosso dos europeus e não apenas as elites. Os ambientes de doenças diferiam muito entre as colônias, com consequências óbvias sobre a atratividade para os colonizadores europeus. Quando os europeus se estabeleciam, criavam instituições com as quais eles mesmos tinham de viver. Em consequência da predominância de febre amarela e malária, os colonos europeus em potencial

FIGURA 7.7

Ausência de risco de expropriação e densidade populacional em 1500 nas antigas colônias

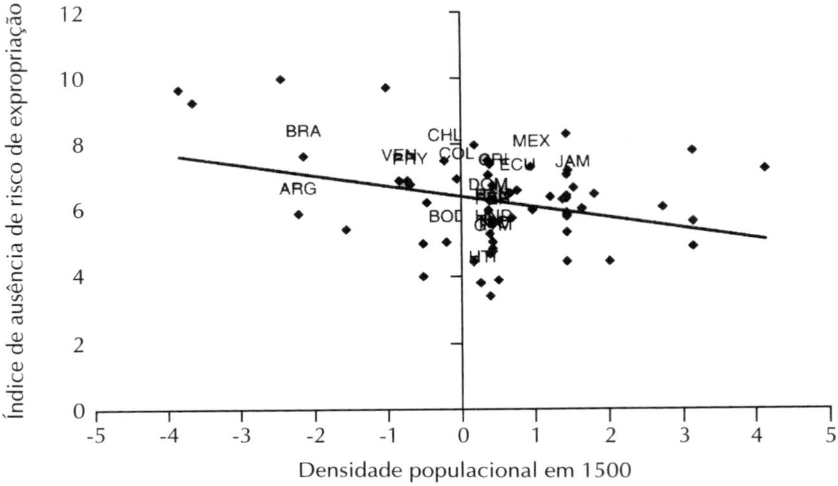

Fonte*:* Daron Acemoglu, Simon Johnson e James A. Robinson, "Colonial Origins of Comparative Development: An Empirical Investigation", em *American Economic Review* 91 (2001): 1369-1401.

FIGURA 7.8

Ausência de risco de expropriação e taxas de mortalidade de colonos

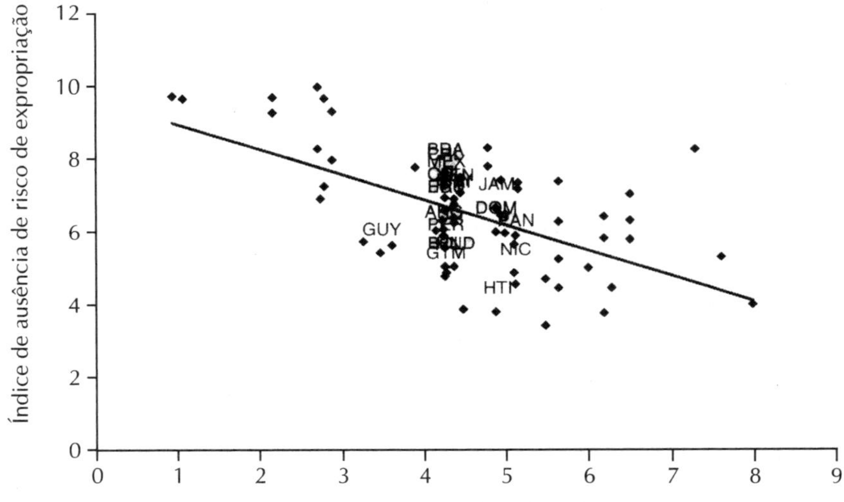

Fonte*:* Daron Acemoglu, Simon Johnson e James A. Robinson, "Colonial Origins of Comparative Development: An Empirical Investigation", em *American Economic Review* 91 (2001): 1369-1401.

e suas tropas enfrentavam taxas de mortalidade muito diferentes nas colônias. Por exemplo, antes de 1850, as taxas anuais de mortalidade para um assentamento mantido em 1.000 pessoas (através de substituições) variava entre 8,55 na Nova Zelândia, um valor inferior ao da Europa na época, e 49 na Índia, 130 na Jamaica e cerca de 500 na África ocidental. Essas taxas de mortalidade amplamente diferentes de colonos em potencial levaram a taxas de assentamento diferentes e a caminhos institucionais divergentes para várias colônias.

Como observaram Acemoglu et al., o ambiente histórico de doenças enfrentado pelos europeus influenciou sua possibilidade de fazer ou não assentamentos e, portanto, as instituições que surgiram, mas este não é em si um determinante da prosperidade atual.[29] Caso suponhamos que o ambiente de doenças de duzentos anos atrás ou mais influencia os resultados de hoje somente através do seu efeito sobre as instituições, então poderemos usar este ambiente histórico como fonte exógena de variação nas instituições atuais, o que nos permitirá identificar o efeito causal das instituições sobre a prosperidade.

É possível imaginar que a relação entre a mortalidade histórica de europeus e os resultados atuais está de fato mostrando apenas os efeitos do atual ambiente de doenças sobre os resultados institucionais e econômicos. Não há dúvida de que a febre amarela está hoje em grande parte erradicada, mas a malária ainda é endêmica em muitas partes da África Subsaariana, causando a morte de milhões de crianças todos os anos. Não obstante, a maioria dos adultos habitantes de áreas sujeitas à malária tem imunidade à doença, genética ou, com mais frequência, adquirida, garantindo que não morram nem fiquem incapacitados nem mesmo pela malária *falciparum*, a cepa mais mortal desta moléstia. Em contraste, em especial no século XIX antes da descoberta das suas causas e sua prevenção, a malária representava quase morte certa para os europeus.

A ideia mostrada pela Figura 7.8 – o efeito das taxas de mortalidade de colonos europeus funcionando através do desenvolvimento institucional e não do efeito direto dessas doenças – também é corroborada pelas taxas de mortalidade dos indígenas nessas áreas. Enquanto os europeus enfrentavam taxas de mortalidade impressionantes, a população indígena tinha taxas semelhantes àquelas dos europeus em seus países natais. Por exemplo, as taxas anuais de mortalidade das tropas nativas em Bengala e Madras eram respectivamente de 11 e 13 por 1.000, semelhantes ou menores do que a taxa de mortalidade das tropas britânicas na Grã-Bretanha, que era de aproximadamente 15 por 1.000. Já as taxas de mortalidade dos soldados britânicos naquelas colônias eram muito maiores, devido à falta de imunidade às doenças locais. Por exemplo, as taxas de mortalidade em Bengala e Madras para tropas britânicas ficavam entre 70 e 170 por 1.000.

Usando a mortalidade de europeus como fonte de variação para o atual respeito aos direitos de propriedade, Acemoglu et al. mostraram que a maior parte da lacuna entre ricos e pobres hoje se deve a diferenças entre instituições econômicas. Mais precisamente, eles mostraram que se tomarmos dois países típicos – no sentido de que ambos estão na linha de regressão – com risco de expropriação alto e baixo, como Nigéria e Chile, então quase toda a diferença em rendas *per capita* entre eles pode ser explicada pelas diferenças em direitos de propriedade.[30] Eles também apresentaram evidências estatísticas mostrando que, uma vez controlado o efeito das instituições econômicas sobre o PIB *per capita*, as variáveis geográficas como latitude, acesso ao mar e o atual ambiente de doenças não podem explicar a atual prosperidade. O estudo também mostrou que, até o ponto em que aspectos culturais podem ser revelados por características como a identidade da potência colonizadora, a presença de diferentes religiões ou a porcentagem de pessoas de ascendência europeia, a cultura não tem influência sobre a prosperidade.

O fato de a relação na Figura 7.8 não refletir o efeito direto do ambiente de doenças também é coerente com o uso exclusivo de informações sobre a prevalência da febre amarela levando a resultados semelhantes. Como hoje a febre amarela está em grande parte erradicada, é pouco provável que isto reflita seu efeito direto.

Demonstrar que o desenvolvimento comparativo da América Latina pode ser explicado por suas instituições é um importante primeiro passo, mas precisamos continuar explorando. Temos que explicar por que a América Latina tem as instituições que tem e não as da América do Norte, e como esses caminhos institucionais diferentes se sustentaram ao longo do tempo. O restante deste capítulo procura mostrar como essa explicação pode ser formada através do equilíbrio latino-americano.

O equilíbrio latino-americano

Há três partes para uma explicação institucional do desenvolvimento latino-americano. A primeira, que já foi discutida na seção anterior, liga as instituições atuais a resultados econômicos fracos. O segundo e o terceiro aspectos, focalizados nesta seção, analisam origens institucionais e explicam de onde vieram as instituições da América Latina; a seguir, ligamos essas origens aos resultados atuais, explicando como as instituições persistem e evoluem ao longo do tempo, relacionando presente e passado.

Os dados discutidos na última seção deste capítulo mostram que a pobreza relativa da América Latina está relacionada com suas instituições. O fato de a América Latina ter instituições diferentes das da América do Norte explica por que seus trabalhadores têm tecnologias, capital humano e produtividade inferiores. Mas agora é preciso perguntar: de onde vieram essas instituições?

Origens do equilíbrio latino-americano

As instituições de uma sociedade evoluem ao longo de períodos históricos prolongados. Os historiadores pensam comumente que as instituições da América Latina moderna refletem a organização da sociedade criada depois de 1492 pelos conquistadores espanhóis.[31] Os espanhóis estavam interessados na extração de ouro e prata e, posteriormente, na cobrança de tributos e na elevação dos impostos. As sociedades coloniais que surgiram eram autoritárias e concentravam o poder político nas mãos de uma pequena elite espanhola, que criou um conjunto de instituições econômicas concebidas para extrair riqueza da população indígena e um conjunto de instituições políticas concebidas para consolidar seu poder.

Depois que conquistou o império de Tawantinsuyu no Peru e na Bolívia, seguindo o modelo desenvolvido uma década antes no México por Hernán Cortés, Francisco Pizarro impôs uma série de instituições concebidas para extrair aluguéis dos nativos recém-conquistados. As principais instituições que emergiram foram a *encomienda* (que dava aos conquistadores espanhóis o direito ao trabalho nativo), a *mita* (um sistema de trabalhos forçados usado nas minas e em obras públicas) e o *repartimiento* (a venda forçada de bens aos nativos, em geral a preços altamente inflacionados). Pizarro criou 480 *encomenderos* sob cujos "cuidados" foi colocada toda a população indígena; no território onde hoje fica a Colômbia havia cerca de 900 *encomenderos*, que receberam seus cargos pouco depois da conquista do que viria a se tornar a Nova Granada.

No final do século XVI, a Coroa espanhola tentou anular as concessões iniciais de *encomiendas* e sistematizar o pagamento de tributos pela população nativa, para os *encomenderos* e também para a Coroa. Villamarin estudou este processo para a província em torno de Bogotá na Colômbia moderna e mostrou que, quando se agregava o tempo usado para trabalhos forçados nas cidades e no campo ao tempo necessário à produção das colheitas necessárias ao pagamento do tributo, os povos nativos passavam 75% do seu tempo trabalhando para seus senhores espanhóis, uma taxação implícita extraordinária.[32] A viabilidade desse tipo de sistema econômico era determinada pela densidade populacional relativamente elevada de indígenas em muitas partes do império espanhol e também pela extensão do desenvolvimento de sociedades complexas. Os principais fatores que determinaram as atividades coloniais espanholas eram a existência ou não, entre os indígenas, de "agricultura intensiva permanente, cidades e vilas estáveis, mecanismos tributários fortes e populações densas".[33]

Foram concebidas outras instituições para reforçar este sistema. Por exemplo, o sistema legal discriminava sistematicamente a população indígena e o testemunho de nativos nos tribunais era altamente limitado. Embora os índios certamente usassem o sistema legal para questionar aspectos das leis coloniais, não podiam alterar os principais parâmetros do sistema. Além disso, a Coroa espanhola criou uma complexa rede de políticas mercantilistas e monopólios para elevar as receitas do Estado.

As colônias espanholas que tinham pequenas populações de nativos, como Costa Rica e Argentina, parecem ter seguido caminhos diferentes de desenvolvimento institucional. Os agudos contrastes ao longo de muitas dimensões institucionais entre Costa Rica, que tinha relativamente poucos nativos, e Guatemala, onde a densidade populacional era maior, foram estudados extensamente.[34] É interessante notar que, embora as instituições políticas formais no império espanhol fossem as mesmas em toda parte, seu modo de funcionamento dependia das condições locais. Por exemplo, o nível mais baixo da administração espanhola era o *cabildo*, um conselho que, ao menos nominalmente, tinha o poder de cobrar impostos e a responsabilidade de administrar os serviços municipais, como as escolas. Geralmente o conselho era nomeado por funcionários graduados, eles mesmos indicados pela Coroa espanhola. Contudo, havia a possibilidade de um *cabildo abierto*, onde todos os cidadãos podiam se reunir para expressar suas opiniões e tentar influenciar a política. Esta instituição era a coisa mais próxima de uma instituição verdadeiramente democrática na América Latina espanhola. Significativamente, essas reuniões raramente eram realizadas em áreas como o Peru colonial, mas eram ativas em Santiago e Buenos Aires.

A conquista espanhola do Rio da Prata no início do século XVI oferece um exemplo revelador de como a densidade populacional afetava a colonização.[35] No início de 1536, uma grande expedição espanhola chegou à área e fundou a cidade de Buenos Aires na foz do rio. A região era esparsamente habitada por nativos nômades, a quem os espanhóis não conseguiam escravizar. A fome forçou-os a abandonar Buenos Aires e subir o rio até Assunção. Esta área era mais densamente habitada pelo semissedentário povo guarani, que foi escravizado pelos espanhóis e assim foi fundada a colônia do Paraguai. A Argentina foi finalmente colonizada mais tarde, com uma proporção mais alta de colonos europeus, apesar de um legado de instituições moldadas pela inclusão de áreas intimamente integradas ao sistema colonial, como as províncias de Tucumán, Salta e Jujuy, além de Buenos Aires e do litoral.

O conjunto de instituições econômicas que emergiu nas principais colônias espanholas beneficiou grandemente a Coroa espanhola e a elite dos colonizadores espanhóis, mas não promoveu a prosperidade da América Latina. A grande maioria da população não tinha direitos de propriedade garantidos e carecia de incentivos ou oportunidades para entrar em ocupações socialmente desejáveis ou para investir. Essas instituições econômicas foram criadas e sustentadas no contexto de instituições políticas específicas e de um determinado equilíbrio de poder político. Os europeus mantinham regimes coercitivos, monopolizando os poderes militar e político, respeitando poucas restrições sobre os mesmos (a menos que fossem impostas por seus países natais na Europa). Essas instituições políticas geraram a estrutura e os incentivos que garantiram sua própria continuidade e a permanência de um conjunto de instituições econômicas, que não ofereciam bons incentivos econômicos para a grande massa da sociedade.

A história da América do Norte apresenta um forte contraste. As tentativas iniciais de colonização também foram baseadas em motivações econômicas, as colônias britânicas iniciais foram fundadas por entidades como a Virginia Company e a Providence Island Company, cujo objetivo era ter lucro. O modelo que tinham em mente não era muito diferente daquele adotado pelos espanhóis ou portugueses (um sistema que outras entidades colonizadoras britânicas, como a Companhia das Índias Orientais, usaram com bons resultados). Contudo, aquelas colônias não davam dinheiro e as companhias Virginia e Providence Island quebraram. Um modelo colonial envolvendo a exploração do trabalho indígena e sistemas tributários era simplesmente inviável naqueles lugares devido à ausência de uma grande população indígena e de sociedades complexas.

O contraste entre a colonização espanhola do Rio da Prata aqui exposta e as primeiras tentativas dos britânicos de colonizar a América do Norte é instrutivo. Como no caso da colonização espanhola, a colonização britânica foi empreendida por indivíduos com algum tipo de carta de direitos outorgada pela Coroa. Na América espanhola, quando Carlos V percebeu o quão lucrativa era a colonização, rapidamente a assumiu. Isto levou a sérias rebeliões nas colônias; por exemplo, a rebelião liderada em 1645 por Gonzalo Pizarro no Peru. Já na América britânica, as primeiras tentativas de colonização não tiveram sucesso econômico e, quando foram assumidas pela Coroa, foi porque eram insolventes. A colônia de Jamestown, fundada em 1607 pela Virginia Company, lutou para sobreviver em grande parte porque os primeiros colonizadores tomaram como modelo a conquista do Peru por Pizarro. Enquanto procuravam ouro, tentaram usar a população indígena local para trabalhos forçados e tentaram capturar Powhatan, o chefe local dos algonquins, esperando que, como no caso da captura de Atahualpa por Pizarro, o chefe daria todos os bens dos nativos aos colonizadores. Porém, ao contrário do Peru, na Virginia não mais havia um império tributário centralizado, mas muitas tribos fragmentadas que competiam entre si. Além disso, ao contrário de Atahualpa, Powhatan suspeitava muito dos estrangeiros que chegaram às suas praias e sensatamente recusou-se a ir até Jamestown. Além disso, não havia ouro nem prata e os nativos americanos, que não estavam acostumados a pagar tributos ou a fazer trabalhos forçados, recusaram-se a trabalhar. Assim, os colonizadores de Jamestown foram condenados a morrer de fome.[36]

Em resposta a esses fracassos iniciais, a Virginia Company, num esforço para ganhar dinheiro, tentou vários esquemas baseados em incentivos, inclusive um regime altamente punitivo, quase penal. Porém, esses esforços repressivos fracassaram rapidamente e por volta de 1619 a empresa havia criado um conjunto de instituições estranhamente representativo para aquela era: uma assembleia geral onde europeus adultos do sexo masculino tinham direito a voto.

A experiência inicial de Virginia foi reproduzida em outras partes da nova colônia. Os exemplos incluem grandes concessões de terras feitas por Carlos I e, em 1632, a concessão de Maryland (aproximadamente 4 milhões de hectares) para o segundo Lorde Baltimore. A carta de direitos também deu a Baltimore "autoridade legal quase total sobre seu território, com poder para estabelecer um governo da forma que quisesse".[37] A ideia dele era atrair arrendatários da Grã-Bretanha e montar um grande sistema senhorial. Esta abordagem à colonização não era muito diferente daquela empregada pelos portugueses no Brasil, mas as coisas permaneceram diferentes na América do Norte. Como destacou David Galenson:

> A extrema carência de mão de obra (...) permitiu que muitos dos primeiros colonos obtivessem sua independência econômica dos senhores de terras e estabelecessem lavouras separadas (...). Assim, exatamente como na Virginia, em Maryland o problema colonial da mão de obra prejudicou os planos iniciais de uma rígida hierarquia social, pois os projetos de Lorde Baltimore para uma sociedade senhorial foram em grande parte abandonados e Maryland se tornou uma sociedade aberta e fluida, fato que proporcionou uma considerável oportunidade econômica e social.[38]

A situação em Maryland, um reflexo das condições sentidas em Jamestown, reproduziu-se na Carolina, em Nova Jersey e em Nova York. Processos semelhantes também ocorreram em outras colônias, como Canadá e Austrália.

Nestas colônias, as instituições econômicas deram acesso às terras a um amplo segmento da sociedade, enquanto o sistema legal tornou-se relativamente imparcial, garantindo direitos seguros de propriedade a pequenos proprietários e investidores em potencial, independentemente de suas conexões políticas. Essas instituições criaram não só bons incentivos para investimentos, mas também os tornaram possíveis gerando desenvolvimento financeiro e um ambiente para o fechamento seguro de contratos e relações de negócios. Essas instituições econômicas eram apoiadas por instituições políticas relativamente representativas. Embora escravos, mulheres e indígenas estivessem excluídos dos benefícios que ofereciam, a proporção de escravos na população era pequena no crucial século XVIII, jamais ultrapassando 20% da população, em agudo contraste com o Brasil e as colônias açucareiras caribenhas. Além disso, quando a sociedade europeia se expandiu, não o fez com base na exploração direta da população nativa. Como no caso da América Latina, havia sinergia entre as instituições econômicas e políticas, mas desta vez ela era virtuosa e não viciosa: as instituições econômicas protegiam os direitos de propriedade para a grande massa do povo, e instituições políticas relativamente democráticas as complementavam, garantindo a permanência de um ambiente favorável a investimentos e ao progresso econômico.

Este retrato dos Estados Unidos, corroborado por muitos outros relatos históricos, demonstra o grande impacto das condições iniciais na colônia sobre as instituições que surgiram mais tarde. Como havia uma densidade populacional muito baixa e nenhuma forma de extrair recursos usando a mão de obra indígena, nem existia um sistema fiscal ou tributário, os primeiros progressos comerciais tinham de envolver mão de obra britânica importada. Além disso, em relação a grande parte do mundo colonial, o ambiente era favorável no aspecto das doenças, o que estimulou o assentamento. Um exemplo interessante da consciência do ambiente de doenças vem dos antepassados peregrinos, que decidiram migrar para os Estados Unidos em vez da Guiana devido às altas taxas de mortalidade naquela região.[39]

Persistência do equilíbrio latino-americano

Se os efeitos das instituições são sentidos hoje, mas suas origens estão nas sociedades que se desenvolveram no início do período colonial, precisamos entender como a organização da sociedade pode ser tão persistente ao longo do tempo. Essa afirmação parece algo paradoxal porque, ao menos na superfície, tem havido ótimas mudanças institucionais na América Latina, particularmente nos dois séculos posteriores à independência. Portanto, é importante esclarecer o que queremos dizer quando afirmamos que as instituições persistem. Observe que afirmamos que o que persiste é um resultado de equilíbrio. Por exemplo, Acemoglu et al. demonstram que a atual estabilidade dos direitos de propriedade tem um forte efeito causal sobre a renda hoje. Eles também mostram que a atual extensão da segurança dos direitos de propriedade está ligada a diversas variáveis históricas. A afirmação é que, historicamente, as sociedades foram organizadas de determinadas maneiras e algumas não criaram segurança de propriedade, e esta insegurança de direitos de propriedade persistiu.[40]

Porém, dizer que os países latino-americanos têm um histórico de direitos de propriedade instáveis não significa que as razões para essa instabilidade tenham sido as mesmas ao longo do tempo. Apesar disso, a explicação para a insegurança dos direitos de propriedade está muitas vezes ligada a outras instituições subjacentes, por exemplo instituições políticas como a extensão das verificações e dos balanços ou as restrições sobre o poder executivo, ou várias maneiras de organizar o mercado de trabalho, como a escravidão ou outras formas de trabalho forçado. Assim, faz sentido examinar até que ponto persistem essas características subjacentes, uma vez que acreditamos que elas têm importante papel na sustentação do equilíbrio latino-americano.

Uma possibilidade óbvia é verificar se determinadas instituições persistem. Por exemplo, a Constituição dos EUA, apesar de ter sofrido emendas ao longo do tempo para abolir a escravidão, permitir o voto das mulheres e que o governo federal eleve o imposto de renda, tem estado em vigor há mais de duzentos anos. Na Inglaterra, duas cláusulas da Carta Magna, assinada em Runnymede em 1215 pelo rei John, contra a sua vontade, estão em vigor continuamente há oitocentos anos. O dinheiro como instituição social persiste continuamente desde sua adoção na maior parte das sociedades, embora o Khmer Vermelho o tenha abolido por vários anos no Camboja na década de 1970.

Mas a noção de persistência institucional não nos levará longe na compreensão do desenvolvimento comparativo. No caso da América Latina, as primeiras instituições coloniais intimamente associadas ao controle e à exploração dos povos indígenas, como a *encomienda* e a *mita*, desapareceram há muito tempo. A *encomienda* estava quase morta como instituição no México no final do século XVI, embora tenha sobrevivido em outras partes do império. A *mita* mais famosa, para as minas de prata de Potosí, foi abolida quando Peru e Bolívia se tornaram independentes na década de 1820. Algumas instituições específicas para exploração da mão de obra colonial continuaram depois da independência da Espanha. O tributo índio, que evoluiu a partir da *encomienda*, foi abolido gradualmente no século XIX: em 1832 na Colômbia, em 1857 no Equador e nos anos 1870 e 1880 no Peru e na Bolívia. No final do século XIX outras instituições trabalhistas, como o *mandamiento* na Guatemala,[41] muito semelhantes àquelas anteriormente abolidas, foram reintroduzidas na esteira dos grandes aumentos de exportações de produtos agrícolas. A mão de obra livre chegou à Guatemala com a democracia em 1945. Na Bolívia, alguns aspectos específicos e altamente sensíveis do trabalho não remunerado, como o *pongueaje*, persistiram até a revolução de 1952.

Se em vez disso nos concentramos em instituições políticas, o império colonial espanhol caiu depois da invasão da Espanha por Napoleão em 1808. Em seu lugar, os antigos países hispano-americanos criaram instituições republicanas com constituições escritas e legislaturas e presidentes eleitos. Embora as eleições na América Latina no século XIX fossem prejudicadas por fraudes e privilégios altamente restritos, as mudanças eram grandes em relação ao século XVIII. Foram seguidas por mudanças mais importantes no século XX: a ascensão das economias de exportação, o trabalho organizado, a abertura sistemática do espaço político e a chegada de partidos populistas como os peronistas na Argentina ou o APRA no Peru, o sufrágio universal, a industrialização para substituição das importações e um papel político central para os militares. Esses exemplos sugerem que, embora se possa construir uma teoria da pobreza boliviana em 1952 em torno da resistência do *pongueaje*, uma teoria sobre a persistência das instituições não pode abordar de forma útil a inércia dessas instituições específicas. Além disso, a abolição do *pongueaje* em 1952 não levou a uma melhoria drástica do desempenho econômico da Bolívia, nem nos tipos de resultados institucionais anteriormente discutidos.

Como destacaram Acemoglu et al., as instituições que não conseguem criar incentivos para investimentos e inovações resultam de um processo político.[42] Embora muitas vezes seja difícil mudá-las, é preciso pensar que um conjunto de instituições é mantido por um determinado equilíbrio político e uma determinada distribuição de poder político. Conjuntos de instituições têm consequências distributivas, e instituições que criam subdesenvolvimento podem gerar grandes retornos para alguns grupos da sociedade. Não estamos dizendo que as instituições de uma sociedade tendem para algo socialmente eficiente. Esta perspectiva indica que a importância do *pongueaje* é que sua presença indica a persistência de um equilíbrio político e um conjunto de relações de poder muito mais amplo, que havia se reproduzido historicamente e pode explicar por que a Bolívia era pobre em 1952. Além disso, apesar de uma revolução e da abolição do *pongueaje* em 1952, existe um senso fundamental no qual o equilíbrio político anterior a 1952 na Bolívia persistiu após a revolução, mesmo depois das reformas neoliberais de 1985.

Como essas ideias nos ajudam a compreender a persistência institucional? Esta perspectiva enfatiza não a persistência de instituições específicas, mas a persistência de um equilíbrio político subjacente que dá origem a estratégias de redistribuição de renda e controle social – e há muitos instrumentos possíveis para atingir qualquer meta em particular. Por exemplo, apesar de perder a Guerra Civil, as elites políticas contrárias à guerra conseguiram sustentar o controle político do Sul dos Estados Unidos. Impediram reformas econômicas que poderiam ter solapado seu poder, como a distribuição de cerca de 16 hectares e uma mula para cada escravo libertado. Também sabotaram reformas políticas às quais se opunham, como a concessão de determinados direitos aos escravos libertos. Assim, embora a escravidão como instituição econômica tenha sido abolida, as elites sulistas conseguiram recriar depois de 1865 uma economia repressiva intensiva de mão de obra, baixos salários e pouca instrução que de muitas maneiras era notadamente semelhante àquela do Sul contrário à guerra. A escravidão se foi, mas em seu lugar estavam a Ku Klux Klan e a lei Jim Crow.[43]

A América Latina também tem exemplos em que uma clara continuidade na estrutura subjacente de poder político leva à persistência do equilíbrio institucional. Os exemplos incluem as 14 famílias que controlavam abertamente El Salvador, a persistência de linhagens coloniais entre os proprietários de terras e as elites na Costa Rica, o golpe sobre a oligarquia de proprietários de terras no Nordeste do Brasil, a dinastia Creel no México e o domínio de 150 anos dos partidos Liberal e Conservador na Colômbia.[44] Mesmo depois da democratização formal e de mudanças superficiais em instituições políticas, pode ser que essas elites mantenham o poder político e continuem a determinar as instituições econômicas. De fato, em todos esses casos, pode-se documentar como os choques ao sistema econômico ou político conduziram a mudanças em instituições econômicas e até mesmo políticas sem perturbar de forma drástica a persistência subjacente do equilíbrio político ou as consequências para o desenvolvimento econômico.

Porém, a história latino-americana sugere que nem mesmo esta noção de persistência institucional dará uma explicação completa. Voltemos à Bolívia. Em 1952, uma revolução planejada por um partido político, o Movimiento Nacionalista Revolucionario (MNR), derrubou o tradicional sistema político e econômico. Como em muitos países latino-americanos, a ascensão de novos interesses e segmentos no início do século XX levou as elites existentes, muitas vezes com bases rurais, a entrar numa coalizão governante com os militares. Esta coalizão foi demolida na Bolívia em 1952. As minas de estanho foram expropriadas das três grandes famílias proprietárias e nacionalizadas. Todas as grandes propriedades rurais foram expropriadas e as terras foram distribuídas aos camponeses. A coalizão que havia representado esses interesses na política, conhecida como La Rosca, foi desfeita, o sufrágio universal foi introduzido, os militares desarmados e o *pongueaje* abolido. Por que então a Bolívia ainda é pobre? Por que o país ainda tem instituições deficientes?

Para explicar isso, precisamos ampliar nossa noção da persistência do equilíbrio institucional. Fazemos isso apontando que mesmo que instituições econômicas e políticas específicas possam mudar, e mesmo que as elites existentes sejam destruídas, as estruturas e os incentivos subjacentes que deram origem ao equilíbrio anterior ainda podem persistir. Neste caso, cria-se um incentivo para que um novo grupo da sociedade recrie a partir do zero elementos do equilíbrio institucional anterior. Apesar de terem ocorrido na Bolívia algumas mudanças em instituições específicas a partir de 1952, o MNR fez exatamente isso em 1956: abandonou a coalizão com forças mais radicais (como os mineiros de estanho), rearmou os militares e reconstituiu a si mesmo como uma nova elite baseada no apoio dispensado por um Estado em rápida expansão. O controle social e a extração de pagamentos ilegais não podiam ser conseguidos por instituições como o *pongueaje*, mas podiam ser obtidos por outros meios. De fato, Jonathan Kelley e Herbert Klein mostram que a drástica queda na desigualdade causada pela reforma agrária havia sido completamente revertida no início dos anos 1960.[45]

Estas ideias estão intimamente relacionadas com a "lei de ferro da oligarquia" proposta pelo sociólogo alemão Robert Michels em 1911. Ele dizia que não era possível haver mudanças sociais radicais porque uma nova elite surgiria para substituir a antiga com poucas mudanças, exceto na identidade da elite.[46] No contexto deste capítulo, isto significa que mesmo as mudanças que parecem radicalmente descontínuas, como uma revolução, só podem substituir uma oligarquia por outra e não levam a sociedade por um caminho melhor, seja institucional ou econômico.

Desta perspectiva, é possível conciliar o fato de que muitas instituições mudaram na América Latina nos últimos 200 anos com a ideia da sombra das instituições coloniais. Estamos tentando explicar a persistência de direitos de propriedade inseguros, a ausência da imposição da lei, um campo de jogo injusto e muitas coisas que acompanham essas instituições, como a falta de restrições sobre o exercício do poder político e a concentração desse poder nas mãos de um segmento relativamente pequeno da população. Poucos duvidam de que essas instituições caracterizaram a América Latina colonial para a maioria da população e que essas características da sociedade persistiram durante os séculos XIX e XX.

Escapando do equilíbrio latino-americano: a ascensão da aristocracia chilena

Não há "leis de ferro" nas ciências sociais e não há motivos para não escapar do equilíbrio latino-americano. Embora as teorias institucionais tendam a enfatizar o desenvolvimento histórico da sociedade, a este respeito elas são muito mais otimistas do que as teorias geográficas ou culturais. Se um conjunto de instituições é mantido por uma estrutura de poder, instituições políticas e incentivos, então essas estruturas e esses incentivos podem ser mudados. De fato, como já vimos, houve muitas mudanças; por exemplo, a América Latina está muito mais democrática do que foi historicamente e muitos resultados socioeconômicos melhoraram de forma considerável. Contudo, a experiência com a democracia está repleta de desapontamentos e as reformas dos anos 1980 e 1990 não conseguiram gerar um crescimento econômico acelerado.

Uma explicação parcial para isso pode ser extraída da exposição anterior. As reformas, como a abolição da escravidão nos Estados Unidos depois de 1865 e do *pongueaje* na Bolívia a partir de 1952, podem simplesmente refletir mudanças nos instrumentos usados para redistribuir a renda e para exercer controle político e social. A introdução de um banco central, como fizeram Argentina e Colômbia no início dos anos 1990, pode eliminar uma possibilidade, mas ela pode ser substituída por outras sem qualquer benefício líquido para o crescimento econômico. Como observaram muitos cientistas políticos, as reformas neoliberais na Argentina, no México, no Peru e outros países simplesmente refletiam a política habitual, uma vez que a privatização e a desregulamentação podiam ser transformadas em clientelismo. As políticas mudaram porque os choques político e econômico alteraram a composição das coalizões políticas internas, mas a forma assumida por essas políticas não representava uma mudança radical do ambiente institucional.[47] Até mesmo as celebradas reformas políticas do MNR reinventado na Bolívia depois de 1985 ocorreram ao preço de um pacto político com Hugo Banzer, o ex-ditador militar, do aumento da repressão aos oponentes e do clientelismo.[48] Obviamente a hiperinflação não é boa para a economia, mas não basta dominá-la para haver uma mudança no equilíbrio subjacente.

É claro que somente uma parte dos Estados Unidos nasceu com boas instituições. A sociedade de agricultores do Sul conseguiu manter um sistema de baixos salários, pouca instrução, repressão trabalhista e uma economia relativamente pobre mesmo depois da abolição da escravidão. Na década de 1940, o PIB *per capita* do Sul ainda equivalia a cerca de 50% daquele dos EUA como um todo. Foram necessários vários grandes choques tecnológicos, sociais, econômicos e políticos para que isso mudasse, como a migração de negros para o Norte, a mecanização das colheitas de algodão, a ação coletiva do movimento pelos direitos civis e a intervenção ativa do governo federal com as leis dos Direitos Civis e dos Direitos de Voto.

Os países europeus também não nasceram com boas instituições; eles as criaram ou desenvolveram mais tarde. Um exemplo óbvio disto é a Grã-Bretanha. Antes do século XVIII, era governada por dinastias absolutistas, como a maior parte dos outros países europeus. A Guerra Civil e a Revolução Gloriosa levaram a uma mudança drástica no equilíbrio de poder e à emergência de uma monarquia constitucional limitada.[49] Por quê?

Dois processos parecem ter entrado em ação. Um, discutido inicialmente por Tawney, foi a ascensão da aristocracia. Tawney destacou que, depois da dissolução dos monastérios em 1538 por Henrique VIII, muitas terras foram para o mercado e foram compradas por uma nova espécie de agricultores capitalistas. Esses produtores em ascensão tinham interesse em direitos de propriedade seguros, abolição dos monopólios e restrições ao comércio, e no controle dos poderes do rei.[50] Outro fator complementar, enfatizado por Acemoglu et al., foi a criação de uma nova espécie de interesses mercantis e capitalistas em consequência da expansão do comércio exterior.[51] Os interesses institucionais deles eram semelhantes àqueles dos aristocratas e no século XVIII eles combinaram mudar as instituições britânicas.

Existe um notável paralelismo entre o processo delineado por Tawney no início da moderna Grã-Bretanha e aquele que teve lugar no Chile no último quarto do século XX. A partir de 1967, reformas agrárias levaram à desapropriação de 52% das terras agrícolas pelo governo. Depois do Golpe de Pinochet em 1973, a reforma agrária foi detida. Cerca de 30% das terras (ainda em mãos do governo por ocasião do golpe) foram devolvidas a seus proprietários anteriores. Cerca de 10% foram vendidos, 19% mantidos pelo governo e o restante foi deixado para os beneficiários da reforma.[52] Mas estes, em sua maioria, as venderam, e dessa maciça destruição do sistema agrícola tradicional surgiu uma nova geração de agricultores capitalistas. Depois de ter o setor agrícola mais atrasado de todos nos anos 1960, a economia rural do Chile emergiu como uma das mais dinâmicas da economia mundial.[53]

Conclusões

Para concluir, será útil voltar a algumas das questões anteriormente discutidas. Primeira, por que, apesar da possível disponibilidade de toda a gama de tecnologias europeias, a posição relativa da América Latina nunca melhorou durante o período colonial? A explicação proposta, utilizando os trabalhos de muitos estudiosos, é de que os espanhóis estavam preocupados principalmente com a extração e o controle de recursos e o tipo de sociedade que facilitava isso não era a que criava incentivos ou condições que pudessem estreitar a diferença entre América Latina e Europa. Porém, no início do mundo moderno essas instituições não eram necessariamente tão caras. No século XVIII, os países com a maior renda *per capita* do mundo eram provavelmente as colônias açucareiras de Cuba, Haiti e Barbados; contudo, todos esses lugares tinham instituições deficientes segundo as definições propostas neste capítulo. Estes fatos podem ser conciliados notando que o custo de um conjunto de instituições para a renda agregada depende das tecnologias disponíveis. Se a principal atividade produtiva é o cultivo de cana-de-açúcar, as perdas são pequenas quando comparadas com aquelas de uma sociedade industrial.

É claro que havia diferenças importantes entre a América Latina e a América do Norte, apesar do fato de seus níveis de renda serem semelhantes no século XVIII. O nível educacional médio e o número de pessoas alfabetizadas eram muito maiores nos Estados Unidos e seus estados também tinham legislativos democráticos.[54] Essas diferenças realmente adquiriram importância quando a revolução industrial decolou. Por exemplo, Stephen Haber mostrou o papel fundamental das instituições políticas de explicar por que o desenvolvimento financeiro dos Estados Unidos divergiu daquele do México no século XIX.[55] Situações similares surgiram na Europa pré-moderna. A Grã-Bretanha tinha instituições muito melhores do que outras partes da Europa no século XVIII, mas foi somente a chegada de tecnologias industriais que transformaram isso em grandes diferenças de renda. Assim, as instituições da América Latina explicam por que ela estava para trás, embora não muito, em 1800. Caso a cana-de-açúcar tivesse sido uma cultura viável em toda parte, ela poderia até estar à frente.

Juntando essas partes temos a resposta para a segunda pergunta: por que a América Latina estagnou no século XIX? O vínculo institucional, que não teria sido tão caro no século XVIII, tornou-se caro no século XIX. Os países hierárquicos latino-americanos não investiram muito em educação, fato que pode ter desestabilizado o *status quo* político e não desenvolvido os tipos de instituições exigidas para criar e sustentar uma economia industrial vibrante. Muitas outras razões para o fraco desempenho econômico foram discutidas; por exemplo, a instabilidade política que caracterizou grande parte dos primeiros cinquenta anos de independência da América Latina, mas não da do Norte.[56] Mas a instabilidade política é um resultado natural de uma sociedade em que as instituições econômicas geram grandes volumes de rendimentos obtidos através de manipulações ilegais para os detentores do poder político. O poder é atraente e as pessoas competem para conquistá-lo. Além disso, embora tenha ocorrido crescimento sustentado na América Latina após o período em que o Estado central se consolidou – por exemplo, no México e na Argentina depois da década de 1870 – a ausência de grandes ascensões constitui o maior enigma. A este respeito, a evidência colombiana é reveladora. Depois da Guerra dos Mil Dias, terminada em 1902, os conservadores e os liberais criaram um conjunto de instituições políticas para dividir o poder. Uma vez terminado o conflito, houve paz por quase cinquenta anos. Contudo, o crescimento econômico médio neste período foi pouco diferente daquele dos cinquenta anos subsequentes, que viveram um enorme aumento da violência e uma guerra civil. De fato, a instabilidade política não acabou. No século XX, ela se manifestou em golpes militares, populismo e nas revoluções do México, da Bolívia, Cuba e Nicarágua. No século XX, o equilíbrio latino-americano gerou muita riqueza para poucos, mas o outro lado desses retornos concentrados é um conjunto de instituições para a sociedade que é incoerente com o progresso econômico rápido.

Notas

1. Gostaria de agradecer a María Angélica Bautista e a Camilo García pela sua excelente assistência em pesquisa.
2. Angus Maddison, *The World Economy: A Millenial Perspective* (Paris: OCDE, 2003), p. 262.
3. Veja Daron Acemoglu, Simon Johnson e James A. Robinson, "Reversal of Fortune: Geography and Institutions in the Making of the Modern World Income Distribution", *Quarterly Journal of Economics* 118 (2002): 1231-1294.
4. Jared M. Diamond, *Guns, Germs and Steel: The Fate of Human Societies* (Nova York: Norton, 1997).
5. W. George Lovell e Christopher Lutz, "Conquest and Population: Maya Demography in Historical Perspective", *Latin American Research Review* 29 (1994): 133-140.
6. Barry Bogin e Ryan Keep, "Eight Thousand Years of Economic and Political History in Latin America Revealed by Anthropometry", *Annals of Human Biology* 26 (1999): 333-351.
7. Veja Robert W. Fogel, *The Escape from Hunger and Premature Death, 1700-2100* (Nova York: Cambridge University Press, 2004).
8. Charles Gibson, *The Aztecs under Spanish Rule* (Stanford, CA: Stanford University Press, 1964), pp. 249-252, 311-314.

9. Veja John H. Coatsworth, "Notes on the Comparative Economic History of Latin America and the United States", em *Development and Underdevelopment in America*, organizado por Walter L. Bernecker e Hans Werner Tobler (Nova York: de Gruyter, 1993); Stanley L. Engerman e Kenneth L. Sokoloff, "Factor Endowments, Institutions, and Differential Growth Paths among New World Economies", em *How Latin America Fell Behind*, organizado por Stephen Haber (Stanford, CA: Stanford University Press, 1997).
10. John H. Coatsworth, "Economic and Institutional Trajectories in Nineteenth Century Latin America", em *Latin America and the World Economy since 1800*, organizado por John H. Coatsworth e Alan M. Taylor (Cambridge, MA: Harvard University Press, 1998), p. 26.
11. Robert M. Solow, "Technical Change and the Aggregate Production Function", *Review of Economics and Statistics* 39 (1957): 312-320.
12. Charles de Secondat Montesquieu, *The Spirit of the Laws* (Nova York: Cambridge University Press, 1989 [1748]).
13. Diamond, *Guns, Germs and Steel*, p. 358.
14. Jeffrey D. Sachs, *Tropical Underdevelopment*, NBER Working Paper 8119 (Cambridge, MA: National Bureau of Economic Research, 2001), p. 2.
15. Anthony G. Hopkins, *An Economic History of West Africa* (Nova York: Addison-Wesley and Longman, 1973).
16. Max Weber, *The Protestant Ethic and the Spirit of Capitalism* (Londres: Allen and Unwin, 1930).
17. David S. Landes, *The Wealth and Poverty of Nations* (Nova York: Norton, 1998), p. 312.
18. John L. Gallup, Alejandro Gaviria e Eduardo Lora, *Is Geography Destiny? Lessons from Latin America* (Stanford, CA: Stanford University Press, 2003).
19. Acemoglu, Johnson e Robinson, "Reversal of Fortune", pp. 1231-1294.
20. Frank P. Safford e Marco Palacios, *Colombia: Fragmented Land, Divided Society* (Nova York: Oxford University Press, 2002).
21. James A. Robinson, "A Normal Latin American Country? Colombian Economic Development in Comparative Perspective", em *An Economic History of Colombia in the 20th Century*, organizado por James A. Robinson e Miguel Urrutia (Cambridge, MA: Harvard University Press, 2005).
22. Veja por exemplo Claudio Véliz, *The New World of the Gothic Fox: Culture and Economy in English and Spanish America* (Berkeley: University of California Press, 1984); e Howard J. Wiarda, *The Soul of Latin America: The Cultural and Political Tradition* (New Haven, CT: Yale University Press, 2001).
23. Veja por exemplo Guido Tabellini, "Culture and Institutions: Economic Development in the Regions of Europe", artigo inédito, Bocconi University, Milão, Itália, 2005.

24. Daron Acemoglu, Simon Johnson e James A. Robinson, "Colonial Origins of Comparative Development: An Empirical Investigation", *American Economic Review* 91 (2001): 1369-1401.

25. Simeon Djankow, Rafael La Porta, Florencio López-de-Silanes e Andrei Shleifer, "The Regulation of Entry", *Quarterly Journal of Economics* 117 (2001): 1-37. Veja também Hernando de Soto, *The Other Path* (Nova York: Harper & Row, 1989).

26. Acemoglu, Johnson e Robinson, "Colonial Origins of Comparative Development".

27. Alfred W. Crosby, *Ecological Imperialism* (Nova York: Cambridge University Press, 1986).

28. Acemoglu, Johnson e Robinson, "Colonial Origins of Comparative Development".

29. Idem.

30. Ibidem, p. 1387.

31. Engerman e Sokoloff, "Factor Endowments, Institutions, and Differential Growth Paths".

32. Juan A. Villamarin, "Encomenderos and Indians in the Formation of Colonial Society in the Sabana de Bogotá, Colombia, 1537-1740", tese de doutoramento, Brandeis University, 1972.

33. James Lockhart e Stuart B. Schwartz, *Early Latin America* (Nova York: Cambridge University Press, 1983), p. 34.

34. Veja por exemplo Ciro F.S. Cardoso, "The Liberal Era, 1870-1930", em *Central America since Independence,* organizado por Leslie Bethell (Cambridge: Cambridge University Press, 1991).

35. Lockhart e Schwartz, *Early Latin America,* pp. 259-260.

36. Veja Edmund S. Morgan, *American Slavery, American Freedom: The Ordeal of Colonial Virginia* (Nova York: Norton, 1975).

37. David W. Galenson, "The Settlement and Growth of the Colonies: Population, Labor and Economic Development", em *The Cambridge Economic History of the United States,* vol. 1: *The Colonial Era,* organizado por Stanley L. Engerman e Robert E. Gallman (Nova York: Cambridge University Press, 1996), p. 143.

38. Idem.

39. Crosby, *Ecological Imperialism*, pp. 143-144.

40. Acemoglu, Johnson e Robinson, "Colonial Origins of Comparative Development".

41. David J. McCreery, *Rural Guatemala, 1760-1940* (Stanford, CA: Stanford University Press, 1994).

42. Acemoglu, Johnson e Robinson, "Colonial Origins of Comparative Development"; e Daron Acemoglu, Simon Johnson e James A. Robinson, "Institutions as a Fundamental Cause of Development", em *The Handbook of Economic Growth*, organizado por Philippe Aghion e Steven Durlauf (Amsterdã: North-Holland, 2006).

43. Gavin Wright, *Old South, New South* (Nova York: Basic, 1986).

44. Veja Jeffrey M. Paige, *Coffee and Power: Revolution and the Rise of Democracy in Central America* (Cambridge, MA: Harvard University Press, 1997); Samel Z. Stone, *The Heritage of the Conquistadores: Ruling Classes in Central America from the Conquest to the Sandinistas* (Lincoln: University of Nebraska Press, 1990); Mark Wasserman, *Capitalists, Caciques and Revolution: The Native Elite and Foreign Enterprise in Chihuahua, Mexico 1854-1911* (Chapel Hill: University of North Carolina Press, 1984); Mark Wasserman, *Persistent Oligarchs: Elites and Politics in Chihuahua, Mexico 1910-1940* (Durham, NC: Duke University Press, 1993).

45. Jonathan Kelley e Herbert S. Klein, *Revolution and the Rebirth of Inequality* (Berkeley: University of California Press, 1981).

46. Robert Michels, *Political Parties: A Sociological Study of the Oligarchical Tendencies of Modern Democracy* (Nova York: Free Press, 1911).

47. Veja Kenneth Roberts, "Neoliberalism and the Transformation of Populism in Latin America", *World Politics* 48 (1995): 82-116; Edward L. Gibson, "The Populist Road to Market Reform: Policy and Electoral Coalitions in Mexico and Argentina", *World Politics* 49 (1997): 339-370; Hector Schamis, "Distributional Coalitions and the Politics of Economic Reform in Latin America", *World Politics* 51 (1999): 236-268; e M. Victoria Murillo, "Political Bias in Policy Convergence: Privatization Choices in Latin America", *World Politics* 54 (2002): 462-493.

48. Eduardo A. Gamarra, "Hybrid Presidentialism and Democratization: The Case of Bolivia", em *Presidentialism and Democracy in Latin America*, organizado por Scott Mainwaring e Matthew S. Shugart (Nova York: Cambridge University Press, 1997), pp. 375-376.

49. Douglass C. North e Barry Weingast, "Constitutions and Commitment: The Evolution of Institutions Governing Public Choice in Seventeenth Century England", *Journal of Economic History* 49 (1989): 803-832.

50. R.H. Tawney, "The Rise of the Gentry, 1558-1640", *Economic History Review* 11 (1941): 1-38.

51. Daron Acemoglu, Simon Johnson e James A. Robinson, "The Rise of Europe: Atlantic Trade, Institutional Change, and Economic Growth", *American Economic Review* 95 (2005): 546-579.

52. Lovell Jarvis, *Chilean Agriculture under Military Rule* (Berkeley: Institute for International Studies, Universidade da Califórnia, 1985).

53. Javier Martínez e Alvaro Díaz, *Chile: The Great Transformation* (Washington, DC: Brookings Institution, 1996).

54. Stanley L. Engerman e Kenneth L. Sokoloff, "The Evolution of Suffrage Institutions in the New World", *Journal of Economic History* 65, nº 4 (2005): 891-921.

55. Stephen Haber, “Political Institutions and Financial Development: Evidence from the Economic Histories of Mexico and the United States”, artigo inédito, Department of Political Science, Stanford University, 2004.

56. Veja Douglass C. North, William R. Summerhill e Barry Weingast, “Order, Disorder and Economic Change: Latin America versus North America”, em *Governing for Prosperity*, organizado por Bruce Bueno de Mesquita e Hilton Root (New Haven, CT: Yale University Press, 2000).

Capítulo 8

Seriam as instituições falhas uma explicação para a lacuna de desenvolvimento entre os Estados Unidos e a América Latina?

Francis Fukuyama

Uma das formas mais óbvias pela qual o desenvolvimento nos Estados Unidos diferiu daquele da América Latina diz respeito às instituições políticas. Os Estados Unidos são a mais antiga democracia do mundo com existência contínua, o país que, em muitos aspectos, inventou a democracia moderna. Embora a América Latina seja, como um todo, mais democrática do que outras partes do mundo, inclusive a Ásia em rápido desenvolvimento, nenhum país latino-americano teve uma história ininterrupta de governo democrático e os desvios na região, em termos de governo autoritário, repressão de direitos humanos, conflitos civis e violência, foram frequentemente severos.[1] Democracia e domínio da lei são fins em si mesmos e estão obviamente relacionados com a capacidade de uma sociedade de alcançar outros objetivos, como crescimento econômico, justiça social e inclusão política.[2] Portanto, compreender como e por que as instituições políticas diferem entre os Estados Unidos e a América Latina é fundamental para a compreensão do enigma maior do atraso desta última região.

Sobre as instituições políticas dos Estados Unidos, em que diferem daquelas encontradas na América Latina? Existe algum artigo ou provisão na Constituição dos EUA que não existe em outras partes do Hemisfério Ocidental e responde pela diferença na qualidade de governo? E caso haja, poderíamos corrigir o problema da governança democrática corrigindo as instituições neste ní-

O autor gostaria de agradecer a Jillian Blake pelo auxílio na pesquisa para este capítulo.

vel? É improvável que a resposta a estas perguntas seja positiva. Muitos países latino-americanos copiaram deliberadamente sua ordem política dos Estados Unidos, apesar de diferirem em detalhes; porém, há por toda a região diferenças de opinião: se o problema está somente na concepção das instituições, os países teriam corrigido com o tempo o que quer que estivesse errado e evoluído no sentido de instituições mais eficientes.

Isto sugere que existe na América Latina outro problema, mais profundo, que explica a lacuna no desenvolvimento político. Nos Estados Unidos, as instituições políticas formais foram deliberadamente concebidas para inibir ações políticas fortes e limitar o poder do governo; contudo, não evitaram que os Estados Unidos agissem de forma decisiva em momentos de necessidade ou crise nacional. Dentro da estrutura institucional relativamente descentralizada da América, a sociedade tem sido capaz de gerar consenso em situações vitais por razões que têm a ver com a valorização de consenso e conciliação por uma cultura política, mesmo que isso promova concorrência. Este consenso ruiu e o sistema político não conseguiu mediá-lo somente em uma ocasião importante, a Guerra Civil americana, quando a questão da escravidão precisou ser acertada pela violência. Mas em todas as outras ocasiões, os conflitos sociais têm sido mediados dentro da estrutura constitucional planejada pelos pais fundadores americanos.

Este não tem sido o caso na América Latina. Os conflitos sociais da região têm sido mais severos e a capacidade dos grupos sociais de usar instituições políticas formais para resolvê-los, mediá-los ou mitigá-los tem sido muito menos eficaz. Embora as reformas de instituições formais possam melhorar determinados tipos de disfunções políticas (por exemplo, o problema do federalismo fiscal na Argentina ou no Brasil), as causas originais de instabilidade política e governança deficiente provavelmente existem nos níveis mais profundos da estrutura social ou da cultura política.

De fato, afirmarei neste capítulo que as instituições são muito menos importantes do que pensam muitas pessoas, considerando-se as "instituições" regras macropolíticas visíveis e formais, definidas por constituições e leis: presidências, sistemas eleitorais, federalismo e assim por diante. Embora possamos identificar determinados arranjos institucionais claramente ruins ou falhos, não existe nenhuma instituição política ótima. É possível fazer funcionar muitos tipos diferentes de instituições, embora as melhores possam falhar na ausência de estruturas de apoio adequadas na sociedade circundante. A eliminação da lacuna institucional entre Estados Unidos e América Latina envolverá a tarefa muito mais desafiadora de usar a política para melhorar os problemas socioestruturais subjacentes e passar para uma espécie diferente de cultura política que leve mais a sério coisas como consenso e domínio da lei.

As instituições são importantes?

Nos últimos anos, muita atenção tem sido dada à importância das instituições para o desenvolvimento econômico, levando a um amplo consenso de que "as instituições são importantes".[3] Neste sentido, instituições incluem coisas como direitos de propriedade, o cumprimento forçoso de contratos, o domínio da lei, mecanismos para resolução de conflitos e assim por diante. Como ponto de partida para este capítulo, assumimos que este consenso sobre instituições está correto.[4]

A única contra-argumentação sistemática às instituições foi feita por Jared Diamond, Sachs e seus seguidores, que apontam para a importância de fatores materiais como recursos naturais, doenças, clima e localização geográfica como determinantes do crescimento econômico.[5] Contudo, os institucionalistas superaram esta argumentação: Easterly e Levine, bem como Acemoglu, Robinson e Johnson, mostraram, por exemplo, que os recursos naturais só são importantes se mediados pelas instituições, por exemplo pela oferta de condições mais ou menos favoráveis para o surgimento ou a sobrevivência de determinados tipos de instituições.[6] As próprias instituições permanecem como causas próximas do crescimento e, em muitos casos, são comprovadamente exógenas às condições materiais sob as quais uma dada sociedade se desenvolve.

Porém, na história encontramos uma espécie diferente de argumento anti-institucional, muito mais popular nos anos subsequentes à Primeira Guerra Mundial, mas não foi articulado com tanta clareza nos últimos anos. A ciência política americana no período anterior à guerra focalizava fortemente nos estudos jurídicos e nas instituições políticas formais. Mas o colapso da democracia na década de 1930 diante dos desafios totalitários do comunismo e do fascismo convenceu muitos observadores de que as especificações exatas das instituições formais tinham muito menos importância do que as condições estruturais subjacentes adversas à democracia.

É claro que este tipo de anti-institucionalismo era a antiga posição da maioria dos marxistas, que afirmavam que o Estado numa democracia capitalista era simplesmente o "comitê executivo da burguesia", refletindo as forças sociais subjacentes e não um agente autônomo na formação dos resultados. Curiosamente, esta crença no Estado como superestrutura estava em concordância com uma tendência antiestatal americana, que via o Estado simplesmente como um processador mecânico das demandas da sociedade, sem interesses nem lógica próprios.[7] Grande parte da agenda de pesquisa posterior à Primeira Guerra Mundial se concentrou não na concepção de instituições formais, mas em questões como cultura política ou sistemas de valores;[8] na teoria de modernização, a sociologia e a antropologia tinham um papel tão importante quanto a ciência política na explicação dos resultados do desenvolvimento.

As instituições e o Estado autônomo foram reinseridos na agenda de pesquisa somente nas décadas de 1970 e 1980, parcialmente em resposta ao reconhecimento da importância do desenvolvimento dirigido pelo Estado em regiões como a Ásia oriental, que simplesmente não poderia ser responsabilizada por modelos estruturais ou culturais.[9] Além disso, a ascensão da nova economia institucional de Douglass North deu nova legitimidade ao estudo das instituições na economia, bem como a um forte conjunto de novos instrumentos conceituais.[10] Estas correntes convergentes levaram à derrubada dos diques e à emergência não apenas de uma farta literatura sobre a questão geral da autonomia do Estado, mas também a uma rica e contextualizada literatura sobre concepção institucional que continua até o presente. O debate sobre o presidencialismo, iniciado por Juan Linz – exposto a seguir em maior profundidade – foi um exemplo importante do novo foco sobre as instituições e a concepção institucional nesta tradição.[11]

Porém, a nova economia institucional turvou fortemente as águas, levando à confusão o pensamento subsequente sobre as instituições. North definiu instituições como "as restrições de criação humana que moldam a interação humana", formal ou informal.[12] A omissão de instituições formais e informais tornou a definição de North conceitualmente robusta e útil como meio para atacar as premissas sem instituições da economia neoclássica anterior. Mas a posição anti-institucional, mais antiga, foi construída em torno da distinção entre instituições formais e informais: afirmava que as estruturas legais formais dependiam, na melhor das hipóteses, de fatores como cultura política, sistemas de valores discordantes ou estruturas sociais que davam origem a preferências políticas divergentes da estrutura institucional e, na pior, eram por eles prejudicadas.

Também há diferenças práticas importantes entre instituições formais e informais. As instituições formais podem ser estabelecidas, abolidas ou mudadas literalmente numa penada. Portanto, são objetos típicos de política pública, para serem manipulados à vontade. Já as instituições informais refletem práticas sociais arraigadas que muitas vezes temos dificuldade de perceber e medir – e ainda mais de manipular por meio das alavancas habituais oferecidas pela política pública. Por exemplo, uma coisa é decretar determinados termos e regras de nomeações para julgamentos da Suprema Corte, mas se os políticos rotineiramente deixam de segui-los porque influenciar a Suprema Corte tornou-se um comportamento normativo de toda uma elite política, então saiu-se da esfera da política pública convencional. É claro que o novo institucionalismo reconheceu a importância das instituições informais, mas deixou de separá-las claramente como uma categoria conceitual distinta, sujeita a uma dinâmica evolutiva muito diferente.

Existem hoje relativamente poucos acadêmicos que continuam a insistir na importância da distinção entre instituições formais e informais e a prioridade destas sobre aquelas.[13] Um deles é Samuel Huntington, que desenvolveu um argumento maior em favor da centralidade da cultura na formação de resultados políticos; por exemplo, em uma de suas obras, ele destaca a importância da cultura na formação da identidade nacional americana e no sucesso da democracia americana.[14] Não existe uma declaração mais clara da antiga posição anti-institucional do que a seguinte:

> Seria a América o que é hoje se nos séculos XVII e XVIII fosse colonizada não por protestantes britânicos, mas por católicos franceses, espanhóis ou portugueses? A resposta é não. Ela não seria a América; seria Quebec, México ou o Brasil.[15]

Huntington tem sido severamente criticado por suas prescrições sobre política de imigração mexicana, mas sua visão mais ampla de que a identidade nacional americana não era simplesmente política e definida por instituições como a Constituição e o sistema de leis, mas também está ligada a certas tradições religiosas e culturais – que ele chama de anglo-protestantismo –, parece ser incontestável como fato histórico. Esta interpretação da sociedade americana era compartilhada por observadores como Tocqueville, Bryce e Lipset e constitui uma resposta à pergunta de por que a América Latina, que logo depois da independência de Espanha e Portugal copiou muitas instituições políticas dos Estados Unidos, não conseguiu atingir os níveis americanos de crescimento ou estabilidade política.

Não obstante, este capítulo não apoia o argumento de que a cultura política determina os resultados políticos ou econômicos. A cultura muda ao longo do tempo e é moldada por instituições formais até mesmo quando as molda. As instituições formais são importantes; elas mudam incentivos, formam preferências e resolvem (ou não) problemas de ação coletiva. Por outro lado, a matriz informal de normas, crenças, valores, tradições e hábitos que constituem uma sociedade é crítica para o bom funcionamento das instituições formais, ao passo que uma ciência política que dê atenção somente à concepção das instituições formais, sem compreender os fatores normativos e culturais, inevitavelmente fracassará. Uma grande variável cultural como o catolicismo não pode ser muito útil se quisermos explicar ou prever comportamentos políticos ou desenvolvimentos institucionais, mas uma norma que pressupõe que as nomeações burocráticas devem favorecer amigos e parentes em detrimento de pessoas com credenciais formais, pode. Portanto, é preciso olhar tanto para as instituições formais quanto para as informais para explicar as diferenças nos resultados do desenvolvimento entre sociedades diferentes, levando a sério cada lado da equação, bem como a importância da sua interação.

Os perigos do presidencialismo e o que vem depois

Esta seção ilustra a complexidade dos problemas de especificação da natureza de boas instituições políticas formais recapitulando a história da evolução do debate sobre a concepção institucional que tem lugar desde meados dos anos 1980. Este debate foi iniciado por Linz, que afirmou que a instabilidade política na América Latina se devia ao fato de muitas de suas democracias serem presidencialistas em vez de parlamentaristas, com base em um modelo norte-americano que não funcionou bem em outras partes do hemisfério.[16]

Linz destacou quatro problemas dos sistemas presidencialistas. Em primeiro lugar, eles são inerentemente majoritários, fato que leva à possibilidade de um presidente ser eleito por uma reduzida pluralidade da população e portanto carecer de legitimidade. Em segundo, os sistemas presidencialistas têm mandatos rígidos e não oferecem mecanismos fáceis para a remoção de um presidente que tenha perdido a legitimidade depois de ser eleito. Os sistemas parlamentaristas lidam com este problema pelos votos de não confiança; o *impeachment* é a alternativa confusa nos sistemas presidencialistas. Além disso, os presidentes com mandatos limitados gastam muito tempo e capital político imaginando como aumentar seus mandatos. O terceiro problema está ligado à dupla legitimidade. Num sistema presidencialista, tanto o executivo como o legislativo são eleitos diretamente e assim contam com fontes separadas de legitimidade; como sobrevivem separadamente, sempre há a possibilidade de impasse e paralisia política quando os dois ramos são controlados por partidos diferentes. E finalmente, os sistemas presidencialistas tendem a personalizar a política, enfatizando o caráter e os pontos fracos do presidente em vez do programa amplo de um partido político.

A crítica de Linz ao presidencialismo se baseou em um caso proeminente, a eleição de 1971 do socialista Salvador Allende para a presidência do Chile. Allende recebeu meros 37% do voto popular, mas mesmo assim decidiu usar seu mandato para iniciar uma série de políticas econômicas radicais, como a nacionalização do sistema bancário, que provocou uma crise econômica e a seguir um golpe pelo general Augusto Pinochet. Linz destacou que, num sistema parlamentarista, Allende teria sido forçado a formar uma coalizão com os democratas cristãos, que restringiriam sua capacidade de mudar a política econômica como ele mudou.

Apesar de não ter abordado explicitamente esta questão, Linz estava preocupado com duas metas separadas de concepção que são, em certo sentido, contraditórias. Por um lado, ele estava preocupado com a eficácia da tomada de decisões democrática e com a possibilidade de a dupla legitimidade dos sistemas presidencialistas levar a um impasse entre executivo e legislativo. Por outro lado, também estava preocupado com a legitimidade e com a possibilidade de um executivo receber apoio de uma minoria relativamente pequena da população. Pode-se ver imediatamente que a verificação mútua dos dois ramos constitui uma vantagem com respeito à legitimidade, ao passo que a eleição de um presidente pode ser uma vantagem com respeito à eficácia. Difícil é otimizar ao mesmo tempo eficácia e legitimidade.

A crítica feita por Linz ao presidencialismo foi atacada imediatamente por Lijphart, Horowitz, Shugart e Carey, além de vários outros autores.[17] Esses críticos salientaram que os sistemas parlamentaristas podiam ser tão fracos e ilegítimos quanto os presidencialistas; de fato, alguns como a República de Weimar entre as guerras mundiais ou a Quarta República francesa tornaram-se ilegítimos devido à sua fraqueza. Os sistemas parlamentaristas exigem partidos políticos fortes; embora a disciplina partidária possa ser projetada até certo ponto, a fragmentação de partidos também se baseia na estrutura religiosa, étnica, de classes e geográfica da sociedade subjacente. O presidencialismo, por sua vez, tem certas vantagens: os eleitores sabem exatamente quem estão elegendo e essa pessoa permanece diretamente responsável perante os eleitores, ao contrário do que ocorre nos sistemas parlamentaristas, onde partidos ou coalizões de partidos podem remover os chefes do executivo sem qualquer mudança no mandato popular. Além disso, o caráter majoritário dos sistemas presidencialistas pode ser moderado por segundos turnos eleitorais ou, como na Nigéria e Sri Lanka, a exigência de que o presidente receba maioria de votos em múltiplos distritos eleitorais.

FIGURA 8.1
Sistemas presidencialista e eleitoral

	Maioria de votos	RP
Presidencialista	EUA, Filipinas	América Latina
Parlamentarista	Westminster	Europa continental

Fonte: Arend Lijphart, "Constitutional Choices for New Democracies", *Journal of Democracy* 2, nº 1 (1991).

Lijphart argumentou que uma concepção de eixo único como a natureza do poder executivo não pode ser compreendida isoladamente de outros aspectos do sistema político;[18] os sistemas eleitorais em particular são críticos para a determinação da eficácia geral de um sistema político. Ele sugeriu a matriz apresentada na Figura 8.1 para caracterizar combinações de sistemas executivos e eleitorais.

Ele também afirmou que os sistemas presidencialistas, associados a sistemas de pluralidade de um só membro como o dos Estados Unidos, tendem a produzir dois partidos relativamente fortes e coesos.[19] Embora a conquista do controle do executivo e do legislativo por partidos diferentes tenha sido uma realidade em grande parte da história americana recente, isto não conduziu necessariamente a impasses, porque a política ainda está organizada em torno de dois pontos de vista ideológicos concorrentes relativamente coerentes. Do ponto de vista de Lijphart, a pior combinação é o presidencialismo junto com uma representação proporcional no legislativo, o que para ele caracteriza muitos sistemas políticos na América Latina. Isto tem provocado não só impasses, mas também tem levado presidentes a ter de barganhar com partidos desorganizados e fragmentados – as piores características dos sistemas parlamentarista e presidencialista.

Um método mais geral para categorizar sistemas políticos

Em pouco tempo ficou claro que o presidencialismo interagia não apenas com o sistema eleitoral, mas também com quase todos os outros aspectos do sistema político. Gary Cox e Mathew McCubbins introduziram o conceito geral de portas de veto – isto é, agentes no sistema político que têm poder para deter ou modificar leis ou políticas.[20] Todos os sistemas políticos podem ser dispostos numa série contínua, de um autoritarismo perfeito, que tem somente uma porta de veto (a vontade do ditador), a uma democracia consensual perfeita, na qual todos os cidadãos devem concordar a respeito de uma política.

FIGURA 8.2

Participação e velocidade na tomada de decisões

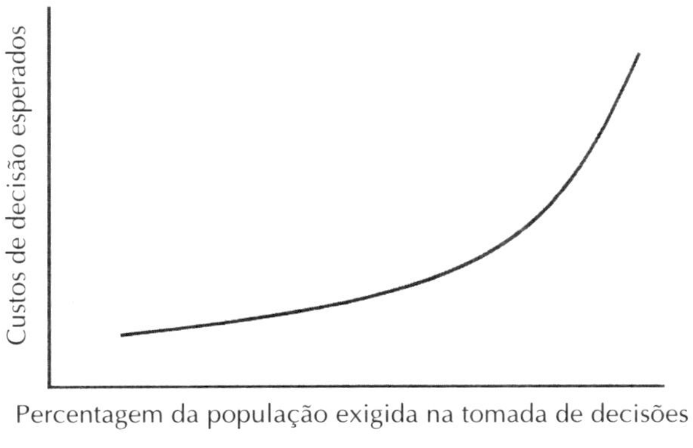

Fonte: James M. Buchanan e Gordon Tullock, *The Calculus of Consent: Logical Foundations of Constitutional Democracy* (Ann Arbor: University of Michigan Press, 1962).

Em certo sentido, o conceito de portas de veto reproduz a estrutura conceitual delineada por James Buchanan e Gordon Tullock para explicar o princípio da votação majoritária, onde eles apresentaram uma clara troca entre legitimidade e eficácia (veja Figura 8.2).[21] Quanto maior o número de membros de uma sociedade que participam de uma reunião, mais altos são os custos esperados dessa decisão; para as grandes sociedades, os custos sobem de forma exponencial à medida que se aproxima o consenso. Buchanan e Tullock afirmaram que o princípio da votação majoritária não tem uma lógica normativa inerente; pode-se escolher qualquer ponto na curva da Figura 8.2 como uma troca adequada entre eficácia e legitimidade e, no caso de leis constitucionais, é exigida uma grande maioria. No caso da política monetária, ao contrário, muitas democracias delegam os direitos de decisão a um banco central independente com um número reduzido de agentes de decisões.

O conceito de portas de veto conforme usado por Cox e McCubbins não diz respeito a eleitores individuais, mas a instituições organizadas dentro do sistema político que, por delegação, têm direito de veto na tomada de decisões políticas. Fica claro que as legislaturas e as regras pelas quais elas são eleitas são somente uma de várias portas de veto possíveis. Elas incluem:

- *O sistema eleitoral.* A representação proporcional normalmente eleva o número de portas de veto em relação aos sistemas majoritários porque conduz a um sistema partidário mais fragmentado. Distritos pequenos (em especial quando combinados com a representação proporcional) tendem a aumentar a fragmentação, como fazem os ciclos eleitorais não sincronizados com os presidenciais. Os sistemas de representação proporcional com limiares reduzem a fragmentação.
- *Disciplina partidária.* Partidos fortes (por exemplo, aqueles que operam sob sistemas de listas fechadas) são mais capazes de tomar decisões do que partidos com disciplina fraca.
- *Bicameralismo.* Uma câmara alta acrescenta outra porta de veto, porque ela geralmente se baseia em critérios territoriais e/ou eleitorais diferentes daqueles da câmara baixa.
- *Federalismo e descentralização.* O federalismo delega direitos de decisão importantes a subunidades como estados, municípios e distritos.
- *Judiciários independentes.* Se os tribunais são realmente independentes e possuem poderes de revisão constitucional, como nos Estados Uni-

dos, eles podem constituir uma importante verificação dos outros dois poderes. Os tribunais também podem intervir de maneiras diferentes, da mera interpretação de intenções do legislativo à introdução de políticas de sua própria criação.

Pelo que vimos, deve estar claro que os sistemas políticos precisam ser categorizados não pela matriz 2x2 de Lijphart, mas sim por uma matriz de *n* dimensões que ordena todos os eixos. É possível criar um grande número de combinações de características de propósito que adicionarão ou subtrairão portas de veto do sistema político, alterando assim o equilíbrio entre eficácia e legitimidade.

Como não é prático retratar graficamente uma matriz de *n* dimensões, uma alternativa é substituir uma série contínua como a do eixo x da Figura 8.2 como meio de classificar sistemas políticos diferentes. É difícil comparar de forma abstrata sistemas políticos com tipos diferentes de portas de veto. Um sistema com disciplina partidária fraca, mas sem federalismo e com um tribunal constitucional independente, é mais forte ou mais fraco do que um sistema com federalismo, partidos coesos e um tribunal algo politizado? O sistema de primeiro-ministro/presidente da Quinta República francesa, cujo presidente não escolhe o gabinete, mas tem claros poderes em política externa e de defesa e não precisa transferir poderes a subunidades federais, é mais forte ou mais fraco que o sistema presidencialista americano, cujo presidente escolhe o ministério e divide poderes em assuntos externos?

Mesmo levando em conta essas complexidades, é possível fazer uma classificação aproximada de sistemas políticos diferentes em termos do seu número agregado de portas de veto:

1. Westminster clássico (Nova Zelândia antes de 1994)
2. Parlamentarista com representação proporcional com partidos coesos, sem federalismo (Áustria, Bélgica, Holanda, Tailândia)
3. Primeiro-ministro e presidente, sem federalismo (Quinta República francesa, Finlândia)
4. Presidencialista com votação majoritária, com federalismo (Estados Unidos, Filipinas)
5. Parlamentarista com partidos fragmentados (Quarta República francesa, Itália antes de 1994)

6. Presidencialista com representação proporcional e partidos fragmentados (Colômbia, Brasil)

De todos os sistemas democráticos, o sistema clássico Westminster tem, de longe, o menor número de portas de veto e é capaz da ação mais decisiva. Este sistema, em sua forma pura, é parlamentarista com um sistema de votação majoritária e disciplina partidária, levando a maiorias exageradas no parlamento; não há federalismo nem descentralização; não existe uma constituição escrita e, portanto, nenhuma exigência de maioria absoluta nas votações, nem de revisões judiciais.[22] Uma maioria simples no parlamento (a qual, dado o sistema eleitoral, pode representar menos que a maioria do voto popular) é suficiente para mudar qualquer lei, fato que leva àquilo que algumas pessoas descreveram como ditadura democrática. Por exemplo, nas eleições gerais britânicas de 2001, o Partido Trabalhista recebeu somente 42% do voto popular, mas recebeu 62,5% das cadeiras no Parlamento, ao passo que os liberais democratas receberam quase 19% do voto popular e conseguiram somente 8% das cadeiras.

Já o sistema americano é concebido deliberadamente para incluir um número muito maior de portas de veto que os americanos chamam de freios e contrapesos – diante das tomadas de decisões pelo executivo, acrescentando poderes separados, sistema bicameral, federalismo, fraca disciplina partidária e revisão judicial. A única característica importante do sistema político dos EUA que aumenta a determinação, em vez de diminuí-la, é seu sistema de votação majoritária em um único membro. A determinação muito maior do sistema britânico pode ser vista no fato de o orçamento do primeiro-ministro britânico ser aprovado poucos dias depois de ser apresentado ao Parlamento, ao passo que o orçamento americano leva a maior parte do ano para ser aprovado e nunca sobrevive na forma proposta pelo presidente.

Embora haja claras diferenças entre os sistemas Westminster e americano e entre qualquer um deles e aqueles em vigor na Argentina ou no Peru, o comportamento real dos sistemas políticos pode não corresponder a uma simples tabulação quantitativa de portas de veto. Como veremos a seguir, até mesmo a tentativa de classificar os sistemas pode ser muito ilusória. Dentro das categorias amplas de portas de veto que demos aqui, existem inúmeras outras regras que afetam a capacidade dos sistemas políticos de gerar decisões ou forçar o cumprimento de políticas. Algumas vezes essas regras são formais, mas a maioria dos observadores externos (por exemplo, diretores do Banco Mundial ou especialistas acadêmicos norte-americanos) não dispõem de tempo ou paciência para entender como de fato funcionam. Em outros casos elas são informais e invadem o domínio da cultura política, explorada na próxima seção.

A coerência legislativa – um exemplo pertinente aqui – é a capacidade dos legisladores de aprovar leis, de preferência leis de interesse público e não baseadas em clientelismo. A coerência legislativa é o produto da interação de várias características de concepção institucional, como o sistema eleitoral (em geral considerado o principal determinante), a disciplina partidária, regras concernentes à interação executivo-legislativo (isto é, presidencialismo e que ramo controla a agenda legislativa) e o sistema partidário, que reflete as condições estruturais subjacentes da sociedade.

Os cientistas políticos associam a incoerência legislativa aos seguintes fatores: sistemas de representação proporcional, em particular aqueles com votação em lista aberta e sem limiares mínimos; fraca disciplina partidária; e sistemas partidários que não estão firmemente ancorados em grupos ou segmentos sociais importantes. Por este critério, Colômbia e Brasil são tradicionalmente citados como exemplos de sistemas legislativos fracos. A Colômbia tem partidos coerentes, mas fraca disciplina partidária; os partidos são incapazes de controlar até o uso de suas próprias legendas.[23] O Brasil tem representação proporcional de lista aberta, um sistema partidário tradicionalmente fraco e disciplina partidária aparentemente fraca.[24] Em contraste, a Argentina deveria ter uma coerência legislativa muito maior, uma vez que tem um sistema de representação proporcional de lista fechada e partidos relativamente coerentes.

Entretanto, a realidade é muito diferente. Os presidentes colombianos têm tido que trabalhar com legislativos incoerentes que exigem favores particularistas em troca dos votos, como prevê a teoria. Reformas importantes têm exigido que os presidentes colombianos recorram ou a poderes emergenciais ou a manobras de legalidade questionável.[25] Por outro lado, o Congresso brasileiro tem sido capaz de aprovar um grande volume de leis desde a ratificação da Constituição de 1988; embora os presidentes nunca tenham tido maiorias legislativas de seus próprios partidos, eles têm conseguido formar coalizões de partidos com disciplina relativamente forte em apoio a reformas de longo alcance, como a Lei de Responsabilidade Fiscal de 2000, que restringiu a possibilidade de os estados brasileiros incorrerem em déficits orçamentários.[26] Por outro lado a Argentina tem sofrido com a incoerência legislativa apesar do fato de presidentes tanto do Partido Justicialista (ou Partido Peronista) como da Alianza por el Trabajo, La

Educación y La Justicia terem contado com fortes maiorias ou pluralismos no Congresso.

Esta situação está ligada ao fato de que a coerência legislativa é o produto da interação de muito mais regras do que as usuais de representação proporcional de lista aberta ou fechada. Por exemplo, os presidentes brasileiros, mediante o controle da política fiscal e as nomeações burocráticas, conseguiram disciplinar os legisladores e fazer cumprir a votação segundo as linhas dos partidos. O fato de os presidentes Fernando Henrique Cardoso e Luiz Inácio Lula da Silva terem usado seu poder não para construir bases clientelistas, mas para decretar reformas de interesse público, como a do federalismo fiscal e a do sistema de previdência social, pode refletir mudanças mais na cultura política do que em instituições formais. Não obstante, o resultado contraria as expectativas de muitos cientistas políticos e também os modelos simples de como as regras formais se relacionam com os resultados das políticas.

Na Argentina, por outro lado, a coerência legislativa foi prejudicada pela maneira pela qual o sistema eleitoral interagia com o federalismo. Embora o sistema eleitoral nacional fosse de representação proporcional com lista fechada, a votação era realizada por província, tornando os chefes provinciais dos partidos – e não o partido nacional – responsáveis pela determinação das listas de votação. Assim, o partido nacional não era um bloco coeso, mas uma aliança de feudos provinciais. Nos anos que levaram à crise econômica de 2001, o governo argentino não conseguiu manter a disciplina fiscal porque o presidente Carlos Menem, líder do PJ, entrou em um duelo de gastos com Eduardo Duhalde, governador da província de Buenos Aires e maior rival de Menem no partido peronista. O poder dos chefes provinciais dos partidos também é a razão pela qual este sistema é de reforma extremamente difícil. Assim, a coerência do legislativo argentino era mais aparente do que real, o que explica por que Menem continuou a governar por decreto, mesmo quando seu partido tinha a maioria no Congresso.

Por que não existe um sistema político ideal

Já foi lançada a fundação para o início de uma explicação de por que não pode haver o ideal na concepção de sistemas políticos. Os sistemas políticos buscam bens sociais conflitantes entre os quais muitas vezes há uma troca contínua de concessões. O equilíbrio de bens que o sistema procura atingir dependerá de muitos fatores contextuais, como as tradições históricas da sociedade e sua cultura política, o ambiente externo, as condições econômicas e assim por diante.

Segundo Cox e McCubbins, esta troca de concessões acontece entre determinação e firmeza. Sistemas com menos portas de veto produzem mais decisões políticas decisivas. Por outro lado, as decisões que precisam ser vetadas por mais agentes dentro do sistema político em geral produzem resultados mais duradouros, porque há menos participantes interessados em derrubar a decisão inicial – portanto, maior firmeza. Deve ficar claro que as concessões de Cox-McCubbins entre determinação e firmeza correspondem, em grande parte, àquelas entre eficácia e legitimidade anteriormente descritas. Isto é, quanto mais membros de uma sociedade participarem de uma decisão, mais legítima ela será (com a legitimidade perfeita equivalendo ao consenso perfeito); a razão pela qual as decisões legítimas são firmes é que há menos grupos de interesses ou setores da sociedade contrários à decisão.

Para complicar as coisas um pouco mais, a firmeza/legitimidade em excesso pode algumas vezes prejudicar a si mesma, ao passo que a determinação em alguns casos pode legitimar a si mesma. Em outras palavras, um sistema político democrático com custos excessivos de decisão muitas vezes não consegue produzir política nenhuma, levando os eleitores a se desiludir não apenas com o governo corrente, mas com toda a democracia. De fato, as sociedades podem expressar uma preferência pela determinação de governos autoritários, os quais podem cortar caminho através do miasma da política comum e conseguir que as coisas sejam feitas.

Qual é o sistema político ótimo para um país em desenvolvimento em busca de crescimento econômico rápido? Houve por muito tempo uma forte propensão, por parte de certas comunidades acadêmicas e políticas, em favor de sistemas determinados em detrimento dos sistemas firmes/legítimos. Uma versão disto foi a "transição autoritária", defendida na década de 1960 por Samuel Huntington e rearticulada mais recentemente por seu aluno Fareed Zakaria.[27] Eles afirmaram não só que os modernizadores autoritários eram mais decisivos, mas também que, em muitos países em desenvolvimento, a autocracia liberal era capaz de suprir bens públicos básicos como segurança pessoal e ordem pública, que constituem precondições de desenvolvimento de qualquer tipo.

Mas mesmo entre aqueles comprometidos com o desenvolvimento sob condições democráticas tem havido uma forte propensão em favor da determinação.[28] O argumento é o seguinte: um típico país em desenvolvimento necessita de reformas econômicas liberalizantes, em geral na forma de reduções de tarifas, desregulamentações, privatizações e reduções dos subsídios aos consumidores (isto é, o famoso Consenso de Washington). Muitas vezes essas reformas políticas precisam ser empreendidas no contexto de uma crise econômica, como um déficit na conta corrente que conduz à desvalorização da moeda e altas taxas de juros. Embora se espere que essas reformas tragam estabilidade e crescimento econômico a longo prazo, elas também produzem muitas dores de transição, pois trabalhadores são demitidos ou os consumidores perdem o acesso aos bens subsidiados. Os tecnocratas podem enxergar a lógica de longo prazo dessas políticas, mas os eleitores comuns e os políticos podem não fazê-lo; portanto, um país em desenvolvimento nesta posição necessita de um sistema político decisivo que isole os tecnocratas das demandas populares e force a aprovação de políticas de interesse público a longo prazo. Um sistema decisivo que implemente reformas de sucesso deve então se autolegitimar, uma vez que produziu estabilidade e crescimento econômico a longo prazo. Este foi o caminho seguido pelo Chile sob o general Pinochet.

Já os sistemas políticos com freios e contrapesos em excesso retardam a tomada de decisões e impõem muitos outros custos para satisfazer os grupos de interesses. Aquilo que Barbara Geddes chamou de "dilema do político" é o fenômeno pelo qual os governos reformistas muitas vezes precisam pagar um preço tão alto para implementar uma reforma que acabam prejudicando suas metas.[29] Este preço supostamente seria menor em um sistema político mais decisivo.

O México sob a presidência de Vicente Fox ilustra este problema. O sistema político mexicano é algo semelhante ao dos EUA: presidencialista e federal, embora com um sistema de votação proporcional misto entre voto majoritário e representação. Durante as décadas de domínio do Partido Revolucionário Institucional (PRI), os observadores, em sua maioria, classificavam a organização política do México como um sistema presidencialista forte, porque os presidentes mexicanos muitas vezes agiam como governantes autoritários. Porém, agora fica claro que isso era simplesmente um subproduto do domínio do PRI sobre o executivo e o legislativo (e, é claro, o judiciário). A eleição de Fox em 2000 produziu um presidente de outro partido, o Partido Acción Nacional (PAN), que não tinha maioria no Congresso e não conseguiu formar uma coalizão em favor de reformas importantes, como a modernização dos serviços de utilidade pública ou a reforma do sistema judiciário. Em outras palavras, o sistema político mexicano começou a se comportar como um sistema presidencialista típico com freios e contrapesos, tendendo para a firmeza e não para a determinação, e o resultado foi uma pane política total.

No fim, não está claro que os sistemas decisivos sejam preferíveis aos resolutos/legítimos do ponto de vista do desenvolvimento a longo prazo. As regras constitucionais que ampliam o poder executivo, reduzindo as portas de veto, podem gerar políticas que virão a ser consideradas ilegítimas; na ausência de um consenso social subjacente mais amplo, é provável que as reformas sejam erodidas ao longo do tempo. Tem havido muitos casos notáveis nesta área. As reformas liberalizantes realizadas pelo presidente venezuelano Carlos Andrés Pérez em 1989-1990 provocaram oposição não apenas dentro da sociedade venezuelana, mas dentro do seu próprio partido, o Acción Democrática (Adeco).[30] Pérez usou seu cargo, apoiado por um pequeno grupo de tecnocratas, para mudar políticas, sem fazer um esforço amplo para convencer a sociedade venezuelana da necessidade e da lógica dessas mudanças. Apesar das reformas terem produzido crescimento econômico, elas foram imediatamente sabotadas não só dentro do sistema político, mas também fora dele (na forma dos golpes militares chefiados por Hugo Chávez).

Além disso, a preferência por sistemas políticos decisivos reflete um momento na história que vem desde meados dos anos 1980 até o final dos anos 1990, durante o qual situava-se parte da origem do problema do desenvolvimento no excessivo escopo do Estado e a solução proposta era, na maior parte dos casos, de reformas econômicas liberalizantes. No início do século XXI, a agenda já havia começado a mudar: presidentes de inclinação esquerdista ou claramente populistas subiram ao poder no Brasil, Equador, Argentina, Uruguai, Venezuela e Bolívia. Em muitos casos, a agenda deles é a reafirmação do poder do Estado, a volta da regulação da economia, a renacionalização de determinados setores econômicos e o controle sobre a mídia e a sociedade civil. Os sistemas políticos decisivos só aumentam a capacidade dos presidentes populistas de decretar más políticas econômicas e fazer com que seus países voltem ao controle do Estado e fechem seus mercados.

As instituições são somente dispositivos capacitadores; aqueles que facilitam ou encorajam decisões políticas fortes e decisivas são apenas tão bons quanto as políticas que buscam. O que inibe as ambições de um reformador liberalizante também coloca em xeque o poder de um candidato a ditador populista. Se sempre fosse preferível um governo decisivo, sempre iríamos querer sistemas do tipo Westminster, com seus poderes executivos em grande parte não verificados. Mas os americanos têm expressado, desde a fundação da sua república, uma forte preferência por um sistema de freios e contrapesos que limita o poder do governo. Este sistema político relativamente não decisivo reflete as preferências da cultura política americana, que sempre desconfiou do poder do Estado.[31] Freios e contrapesos tornam as reformas de larga escala muito mais difíceis. Mas a longo prazo também reduzem o risco de o governo ser apanhado por políticos defendendo políticas que não são apoiadas pela sociedade. A preferência por sistemas firmes/legítimos sobre os decisivos pode assim ser vista como a preferência por menores riscos políticos de longo prazo.

Não existe um nível ideal de risco político de longo prazo, e portanto nenhum equilíbrio ideal entre determinação e firmeza/legitimidade. Estados Unidos e Grã-Bretanha estão entre as democracias mais antigas e mais bem estabelecidas do mundo, mas possuem sistemas políticos completamente diferentes, surgidos de experiências históricas muito diferentes. O sistema Westminster, em grande parte não verificado, é um arranjo institucional de alto risco que vem funcionando razoavelmente bem no mundo de língua inglesa, nos lugares em que foi implantado. As reformas de Margaret Thatcher nos anos 1970 e 1980 não poderiam ter sido realizadas se não fosse a exagerada maioria parlamentar do Partido Conservador. Da mesma maneira, as reformas liberalizantes de Roger Douglas em meados dos anos 1980 se beneficiaram do sistema Westminster ainda mais puro da Nova Zelândia.[32] Estes dois casos contrastam com a situação enfrentada pela chanceler Angela Merkel sob as regras institucionais muito menos decisivas da Alemanha que, depois da eleição de 2005, forçaram-na a uma coalizão e limitaram grandemente as políticas liberalizantes que ela poderia implantar.

Mas um sistema Westminster provavelmente produziria resultados desastrosos se fosse transportado para um país com estrutura social e cultura política diferentes (p. ex., uma sociedade etnicamente fragmentada com um grupo étnico dominante). Nos lugares em que foi copiado, o sistema foi fortemente modificado para atender às condições locais, como no caso da Índia, cujo sucesso como democracia dificilmente seria concebível na ausência de um federalismo completo. O sistema presidencialista americano, muito menos decisivo do que o Westminster, mesmo assim tem sido capaz de conseguir ações decisivas em determinadas ocasiões críticas da história americana. Porém, quando o presidencialismo americano foi transplantado para países latino-americanos, ele funcionou de forma apenas medíocre. Portanto, a maneira pela qual cada conjunto formal de regras institucionais se sai na prática depende muito do contexto social local, da tradição, da história e assim por diante.

O fato de não podermos especificar um conjunto ideal de instituições formais não significa que não temos conhecimento do efeito provável das mudanças sobre as regras institucionais formais. Algumas reformas institucionais, como a criação de um banco central ou da independência do judiciário,[33] têm uma lógica clara e são amplamente consideradas desejáveis. As mudanças nas regras eleitorais têm efeitos amplamente previsíveis. Por exemplo, há vários casos recentes em que a reforma eleitoral produziu os resultados desejados:

- O Chile, que sempre teve um sistema partidário coerente, opera desde 1988 sob um sistema eleitoral concebido para forçar os quatro ou cinco grandes partidos do país a formar duas amplas coalizões de direita e de esquerda, o que de fato aconteceu.
- O Japão mudou, em 1994, seu sistema de voto único não transferível (SNV) para um misto de um único membro por distrito eleitoral e representação proporcional. O sistema SNV tinha forçado os partidos a inscrever múltiplos candidatos no mesmo distrito eleitoral, fato que era acusado de causar o facciosismo dentro do Partido Democrático Liberal, o partido governante. Embora mais de dez anos tenham sido necessários para que fosse produzido o efeito desejado, a vitória do primeiro-ministro Junichiro Koizumi em 2005 marcou o desaparecimento do sistema de facções.
- Em 1994, a Itália transformou seu sistema de representação proporcional de baixo limiar, que havia produzido governos de coalizão notoriamente fracos, em um sistema de representação proporcional de membro único, que teve o efeito desejado de forçar os partidos a fazer amplas coalizões entre esquerda e direita. Porém, os políticos italianos driblaram o sistema para assegurar a sobrevivência dos partidos menores e em 2006 o sistema reverteu a uma forma modificada de representação proporcional.
- A Nova Zelândia, que tinha um sistema de votação de pluralidade com membro único ao estilo Westminster em seu Parlamento, mudou em 1996 para um sistema proporcional de membros mistos. O resultado foi a representação mais ampla dos partidos menores, ao lado de governos de coalizão relativamente fracos no lugar do sistema de dois partidos e meio anteriormente em vigor.
- Na Constituição da Tailândia de 1997, o sistema eleitoral foi mudado de um sistema de pluralidade de cadeiras e de votação múltiplas, que tinha

produzido coalizões fracas, para um sistema misto de 400 membros e 100 cadeiras de representação proporcional. A reforma deu ao primeiro-ministro Thaksin Shinawatra uma maioria legislativa absoluta.

Além disso, há um conhecimento acumulado da concepção de sistemas federais. O federalismo representou um problema para muitos Estados grandes da América Latina, entre eles Argentina, Brasil e México, porque as subunidades tinham excessiva liberdade orçamentária e podiam incorrer em déficits fiscais. Esta situação diferia daquela dos Estados Unidos, onde em sua maioria os estados são constitucionalmente proibidos de incorrer em déficits fiscais e enfrentam duras restrições orçamentárias baseadas em sua própria capacidade de gerar receitas. Na Argentina e no Brasil, por sua vez, os estados podiam incorrer em déficits que tinham de ser cobertos pelo governo federal, uma forma de federalismo fiscal que minava a disciplina fiscal geral. Na Argentina as regras eram particularmente problemáticas, porque eram constantemente renegociadas; os governadores passavam grande parte do tempo fazendo política em Buenos Aires, em vez de levantar suas próprias receitas fiscais. A solução para este problema – colocar os estados e outras subunidades sob restrições orçamentárias mais duras – é, em termos conceituais, relativamente direta, mas difícil de implantar, uma vez que essa reforma implica uma transferência de poder dos estados para o governo federal. O Brasil, apesar de seus partidos políticos supostamente fracos e do forte federalismo, caminhou nesta direção com a aprovação da Lei de Responsabilidade Fiscal, enquanto a Argentina não conseguiu lidar com este problema devido ao poder dos políticos no nível estadual.[34]

O fato de podermos ligar determinadas mudanças em concepções institucionais a certos resultados comportamentais não significa que seja fácil produzir as mudanças institucionais; na verdade, as instituições são muito "pegajosas" ou dependentes de caminhos. Com frequência o custo das mudanças institucionais é muito maior do que o custo transacional de instituições fracas ou abaixo do ideal. As sociedades precisam gerar vontade política para realizar reformas e evitar que as novas instituições sejam sabotadas pelos perdedores da luta inicial.

Cultura política

Como vimos, a maior parte das análises da estrutura formal das instituições políticas teria chegado à conclusão de que o Brasil teria um governo mais fraco do que a Argentina, dado seu sistema de representação proporcional de lista aberta, seus partidos políticos fracos e seu forte federalismo. Contudo, o Brasil enfrentou o período de 1990 a 2005 melhor do que a Argentina, evitando a severa crise econômica desta entre 2001 e 2002 e avançando com uma série de reformas estruturais e políticas públicas. E ambos os países se saíram muito pior do que seu vizinho Chile, não apenas desde os anos 1990, mas nos 15 anos anteriores. O que explica essas diferenças?

Um fator é claramente a liderança. Os economistas em geral não gostam de falar de variáveis independentes como liderança, porque ela equivale a jogar um enorme gerador de números ao acaso em seus modelos. Eles preferem modelar instituições e hierarquia de forma endógena, como o resultado de interações estratégicas de agentes individuais que não podem conseguir ações coletivas sem a liderança. Mas esta costuma ser mais exógena. Foi simplesmente azar da Argentina o fato de Carlos Menem ter preferido jogar fora o legado positivo do seu primeiro mandato presidencial em busca não só de um segundo mandato, mas de um terceiro, entrando numa competição de gastos com Eduardo Duhalde. O presidente Cardoso, ao contrário, preferiu não desperdiçar seu capital político buscando maneiras de permanecer no poder, usando-o em vez disso para tentar resolver alguns antigos problemas de políticas públicas. Assim, muitos bons resultados em desenvolvimento são atribuíveis não à estrutura das instituições formais, mas à emergência do líder certo no momento certo.

A única maneira pela qual a liderança pode se tornar uma variável mais controlável é quando um determinado estilo de liderança não é simplesmente o desenvolvimento natural dos pontos fracos de um indivíduo em particular, mas o reflexo de uma cultura política mais ampla. Menem foi amplamente acusado de encher a Suprema Corte Argentina com seus amigos políticos, mas ele não foi o primeiro nem o último presidente argentino a fazê-lo. As elites argentinas são notórias por evitar ou manipular regras que acham inconvenientes, uma tendência comportamental que se destaca não apenas nas nomeações para a Suprema Corte, mas também nos índices de respeito às regras fiscais e de corrupção comum. Estes fenômenos existem também no Brasil e no Chile, mas o grau de desrespeito às leis e regras parece ser menor, particularmente no segundo caso. Um sistema legal em bom funcionamento não é meramente um conjunto de instituições formais visíveis como tribunais, ordens de advogados, polícia e juízes. Nenhum arranjo formal de incentivos fará com que esse sistema opere de maneira adequada, a menos que os participantes dividam certo respeito normativo pelas leis e regras.

Como já vimos, havia uma crítica anterior do institucionalismo que afirmava que as instituições formais importavam menos que variáveis como cultura política e estrutura social na explicação de resultados políticos e de desenvolvimento. Esta crítica permanece válida, mas somente se entendermos adequadamente a cultura política. Dizer que a cultura política é importante não corresponde necessariamente a afirmar a importância de determinadas grandes categorias culturais como "catolicismo" ou "anglo-protestantismo". Chile, Argentina, Equador e Costa Rica são países latinos predominantemente católicos e antigas colônias da Espanha, mas todos eles têm culturas políticas distintas com respeito ao domínio da lei, algo que pode ser visto claramente em suas classificações muito diferentes em vários índices que medem níveis de corrupção e governança. A cultura política varia entre grupos e regiões, dentro de sociedades e ao longo do tempo; ela é moldada não só por grandes forças simbólicas como a religião, mas também por experiências históricas comuns como guerras ou crises econômicas. E é fundamental compreender por que determinadas instituições políticas formais funcionam ou não.

Os Estados Unidos como forma de governo não decisiva

A importância da cultura política pode ser vista claramente se olharmos de perto as instituições políticas americanas e como vêm funcionando ao longo dos anos. No contexto da estrutura analítica apresentada aqui, os Estados Unidos têm um conjunto relativamente não decisivo de instituições formais, o que significa que o sistema possui um grande número de portas de veto que o inclinam no sentido da firmeza/legitimidade. Esta opção foi deliberada: a república americana nasceu de uma revolução contra uma monarquia centralizada e os fundadores da América procuraram criar um sistema de freios e contrapesos para evitar o ressurgimento de poderes fortes e centralizados. A dupla legitimidade do sistema presidencialista é uma coisa com a qual muitos americanos se sentem bem; dados de pesquisas indicam que os americanos, em sua maioria, ficam mais satisfeitos quando a presidência e o Congresso são controlados por partes diferentes, e querem que esses dois ramos atuem mutuamente como freios do poder um do outro. Contudo, o sistema político americano também tem sido capaz de ações decisivas, da mobilização para lutar numa série de guerras, construir um estado de bem-estar social do século XX durante os anos do New Deal e da Great Society, para voltar àquele mesmo estado de bem-estar social do governo Reagan até o presente. É claro que o sistema político americano tem produzido sua parcela de fracassos políticos, becos sem saída e oportunidades perdidas. Mas ao longo dos anos ele se mostrou adaptável a mudanças de condições, pelo menos quando comparado com os sistemas políticos de outras democracias desenvolvidas na Europa e no Japão.

Na história americana, as iniciativas políticas importantes não foram alcançadas pelos poderes inerentes do executivo. Como já vimos, um presidente americano é muito mais fraco do que um primeiro-ministro britânico. O presidente não conta com maioria garantida em qualquer das casas do Congresso e vários presidentes americanos foram frustrados pelo Congresso, mesmo quando seu partido controlava o legislativo (p. ex., a derrota das reformas propostas por Bill Clinton no sistema de saúde no início dos anos 1990). Os presidentes americanos também não empreenderam iniciativas importantes mediante concessões de poderes emergenciais pelo Congresso.[35] Algumas das maiores realizações legislativas de presidentes americanos, como a aprovação do Plano Marshall de Harry Truman, ou a aprovação de reduções de impostos por Ronald Reagan em seu primeiro mandato, ocorreram quando o legislativo estava sob o controle da oposição.

Os presidentes americanos bem-sucedidos atingiram suas metas não pela exploração dos poderes formais a eles concedidos, mas usando o mandato como tribuna para obter apoio público através das linhas partidárias.[36] De fato, alguns dos mais efetivos presidentes americanos, como Franklin Roosevelt, Truman e Reagan, compreenderam que sua principal função era transmitir mensagens amplas e formar coalizões através das linhas partidárias. Lyndon Johnson, apesar de todas as suas falhas em política externa, conseguiu decretar leis importantes de direitos civis e pobreza usando seu íntimo conhecimento do Congresso, obtido durante seus dias como líder da maioria no Senado.[37] Aqueles que adotaram uma abordagem mais tecnocrática à criação de políticas – como Jimmy Carter e Bill Clinton (pelo menos com respeito à sua iniciativa para serviços de saúde) – tiveram muito menos sucesso.

O exemplo dos Estados Unidos mostra que um sistema político voltado para firmeza/legitimidade pode, mesmo assim, ser capaz de ações decisivas. A Grã-Bretanha, por sua vez, é um caso de sistema político fortemente inclinado para a determinação, que não obstante não tem usado seus poderes executivos inerentes para pisar nos direitos de minorias. Embora a Grã-Bretanha tenha entrado na era moderna como um país relativamente homogêneo em termos étnicos e religiosos, herdou uma estrutura de classes altamente estratificada que poderia ter sido a base para sérios conflitos de classes. Contudo, apesar das evidentes diferenças ideológicas da sociedade, nem o fascismo nem o comunismo lá deitaram raízes, como ocorreu em outros países europeus. O sistema Westminster poderia ter favorecido facilmente fortes oscilações em políticas públicas entre esquerda e direita, coisa que só aconteceu com a chegada de Margaret Thatcher. Em vez disso, a Grã-Bretanha viu o deslocamento dos liberais pelo Partido Trabalhista e o crescimento estável do estado do bem-estar social sob governos tanto trabalhistas como conservadores nas primeiras sete décadas do século XX.

A Argentina iniciou este mesmo período com um grau semelhante de homogeneidade étnica e religiosa, mas conseguiu exacerbar as diferenças de classes existentes através de uma série de violentas oscilações entre esquerda e direita. As diferenças na concepção do sistema político formal simplesmente não podem explicar esta divergência nos resultados comportamentais. Porém, podem ser atribuídas a diferenças na cultura política.

Conclusões: estrutura social e os limites da concepção institucional

No fim, as instituições políticas formais são importantes. Como resultado de trabalhos acadêmicos feitos ao longo da última geração, podemos relacionar determinadas formas institucionais a determinados resultados, p. ex. como conceber um sistema eleitoral para aumentar ou reduzir o número de partidos, como melhorar a disciplina partidária, como promover maior responsabilidade fiscal por parte dos estados e como reduzir os incentivos ao favorecimento e ao clientelismo. Também sabemos que certos tipos de instituições quase sempre funcionam mal e devem ser evitados, como um sistema judiciário excessivamente politizado ou gastos públicos baseados em favorecimento.

Por outro lado, não existe instituição política ideal. As instituições são tão boas quanto as políticas que promovem e nenhum conjunto de regras de conduta irá, por si só, assegurar boas políticas públicas. Com frequência essas regras buscam maximizar dois bens sociais concorrentes, como determinação e firmeza/legitimidade, e as sociedades variam em sua preferência por riscos de longo prazo na formulação de políticas. A liderança é muito importante; com boa liderança, instituições aparentemente deficientes podem ser levadas a funcionar bem, ao passo que nenhum conjunto de regras pode compensar totalmente uma má liderança. E embora possamos entender relações de causa e efeito entre certas formas de concepção institucional e resultados da formulação de políticas, as instituições em questão vêm em pacotes altamente complexos e interdependentes, onde uma mudança em um item requer mudanças complementares em vários outros, sob pena de produzir consequências imprevistas.

Todos os candidatos a reformadores institucionais enfrentam aquilo que Barbara Geddes chama de "dilema do político": podem gastar seu capital político realizando mudanças em políticas de curto prazo ou gastá-lo reformando a instituição subjacente. Mas na busca da segunda alternativa, muitas vezes têm de pagar tanto para obter aquilo que querem que prejudicam as políticas que esperavam promover.

Não está claro que a busca por reformas institucionais mais profundas sempre é a escolha certa. Veja o caso do México hoje. Como já vimos, o México tem um sistema presidencialista e federalista inclinado no sentido de firmeza/legitimidade e para longe da determinação. Do ponto de vista de um reformador buscando liberalizar a economia mexicana, a incapacidade do presidente Fox de conseguir a aprovação de reformas importantes pelo Congresso mexicano foi intensamente frustrante. A dupla legitimidade do sistema presidencialista levou a um impasse entre legislativo e executivo, enquanto o federalismo permitiu que adversários de Fox, como Andrés Manuel López Obrador, prosperassem e buscassem políticas contrárias àquelas do presidente. Nessas circunstâncias, alguém poderia tentar mudar as regras institucionais para aumentar o poder do presidente, induzindo o sistema eleitoral para que produzisse maiorias mais decisivas, reduzindo a autonomia dos estados ou dando poderes emergenciais ao presidente. Porém, todas essas possíveis medidas pressupõem que um reformador liberal está na presidência e que ele esteja sendo obstruído por forças populistas ou reacionárias. Caso a situação se invertesse e um populista como Hugo Chávez subisse ao poder, essas mesmas instituições serviriam como freios para um presidente em busca de políticas ruins.

Como vimos, o sistema dos EUA não é necessariamente mais decisivo do que o mexicano em suas regras institucionais formais. Os presidentes americanos que querem promover programas ambiciosos de reformas precisam da maior base possível para seu próprio partido, mas com frequência procuram cruzar as linhas partidárias para formar coalizões em favor de determinadas políticas. Tudo isso é função de liderança, persuasão, campanha e conciliação – em outras palavras, talentos políticos tradicionais postos a serviço de políticas de interesse público. Nos Estados Unidos, a obtenção de consenso sempre tem sido uma questão lenta e não deve ser surpresa o fato de que o primeiro presidente mexicano vindo de um partido que não é o PRI deverá ter problemas para obter consenso. Mas o problema está menos nas instituições formais e mais na habilidade com a qual elas são exploradas. O relativo sucesso do presidente Cardoso na obtenção de leis importantes através de um sistema brasileiro formalmente fraco deve ser visto como um exemplo disto.

O argumento anterior, de que as instituições formais precisam ser suplementadas por uma cultura política de apoio, não deve ser considerado uma forma de essencialismo, isto é, a visão pela qual as sociedades estão presas a certos resultados devido a características culturais não manipuláveis. A cultura política reflete as experiências comuns de grupos de pessoas em determinados pontos no tempo e pode evoluir facilmente sob a influência da liderança, da educação, de novos ambientes e desafios, de modelos estrangeiros e assim por diante.

Além da cultura política, outro fator que torna mais difícil a política democrática na América Latina é a estrutura social. As instituições democráticas são concebidas para amenizar conflitos sociais, mas sua capacidade para fazê-lo depende em parte da severidade desses conflitos. A América Latina está repleta de países com agudas divisões de classes, étnicas e raciais, e muitas têm sido as falhas geológicas que incitaram golpes, insurgências, ações extralegais e assim por diante. Em outros casos (como o da Argentina), foram criadas novas linhas de segmentação social onde anteriormente não havia nenhuma.

A política democrática na América Latina quase sempre foi território das elites sociais. Venezuela e Colômbia, consideradas por muitas décadas os melhores exemplos de democracia estável na região, são casos em questão. O Pacto de Punto Fijo, de 1958, na Venezuela e o acordo Frente Nacional, de 1957, que terminou com o período de violência na Colômbia, foram transições democráticas negociadas por dois partidos das elites dominantes que a partir de então dividiram o poder pelas quatro décadas seguintes. Esta abordagem de cima para baixo preservou as posições do COPEI e da Adeco na Venezuela e dos partidos Liberal e Conservador na Colômbia à custa de outros agentes políticos, levando ao progressivo engessamento dos dois sistemas políticos. Face às grandes estratificações sociais e aos Estados fracos em ambos os casos, era inevitável que com o tempo os partidos excluídos procurassem abrir seu caminho dentro do sistema, por meio de insurgências de guerrilheiros no caso da Colômbia e de um golpe militar populista na Venezuela.

Os países com sérios conflitos sociais subjacentes enfrentam um problema com relação ao desenvolvimento institucional de "quem veio primeiro, o ovo ou a galinha?" É difícil ver como Venezuela ou Colômbia podem criar instituições democráticas que sejam estáveis a longo prazo sem serem socialmente mais inclusivas, mas o próprio processo de inclusão enfraquece ou destrói as instituições democráticas existentes. Algo semelhante está acontecendo com grupos indígenas na Bolívia, com a eleição de Evo Morales para presidente em 2005. Espera-se que as instituições democráticas existentes sejam usadas como uma ponte para uma inclusão maior, mas isso depende muito das intenções, das ideias e dos objetivos dos grupos que estão sendo incluídos.

Os Estados Unidos começaram sua existência nacional como uma democracia que excluía escravos, mulheres, povos indígenas e homens brancos sem bens imóveis do processo político. O sistema não conseguiu realizar a inclusão do primeiro desses grupos sem uma sangrenta guerra civil e a inclusão dos outros dois foi um processo que se estendeu por mais de duzentos anos e, em certos aspectos, ainda está incompleto. Por outro lado, com a importante exceção da Guerra Civil, as segmentações sociais dos EUA nunca foram severas ao ponto de não poderem ser administradas pacificamente dentro das regras existentes do sistema. Uma fronteira aberta, a imigração e o rápido desenvolvimento econômico ajudaram a reformar periodicamente a área social de maneiras que enfraqueceram as posições entrincheiradas das elites mais antigas.

As concessões entre determinação e firmeza/legitimidade presumem que, no extremo de firmeza da escala, o sistema representa alguma coisa próxima da totalidade da comunidade política. O problema com as elites políticas na América Latina é que até mesmo os sistemas inclinados no sentido de firmeza/legitimidade tendem a ser exclusivos e portanto, não são legítimos no sentido pleno da palavra. Isto não se deve à cassação, formal ou deliberada, dos direitos civis de partes da população; é o resultado de segmentações sociais, da estratificação e da desigualdade econômica. Os sistemas com grande número de portas de veto têm o pior dos dois mundos: são incapazes de ações decisivas, nem obtêm por si sós fortes consensos sociais. Até que este problema maior seja solucionado mediante a entrada de uma gama mais ampla de participantes no sistema político, nenhuma engenharia institucional poderá produzir uma democracia estável e legítima.

Notas

1. Francis Fukuyama e Sanjay Marwah, "Comparing East Asia and Latin America: Dimensions of Development", *Journal of Democracy* 11, nº 4 (2000): 80-94.
2. Amartya K. Sen, *Development as Freedom* (Nova York: Knopf, 1999).
3. Veja World Bank, *The State as a Changing World: World Development Report 1997* (Nova York: Oxford University Press, 1997); World Bank, *Building Institutions for Markets: World Development Report 2002* (Nova York: Oxford University Press, 2002); Francis Fukuyama, *State-Building: Governance and World Order in the 21sh Century* (Ithaca, NY: Cornell University Press, 2004); Ernesto Stein, Mariano Tommasi, Koldo Echebarría, Eduardo Lora e Mark Payne, *The Politics of Policies: Economic and Social Progress in Latin America, 2006 Report* (Washington, DC: Inter-American Development Bank, 2005).
4. Veja, por exemplo, Stephen Knack e Philip Keefer, "Institutions and Economic Performance: Cross-Country Tests Using Alternative Measures", *Economics and Politics 7* (1995): 207-227; Daron Acemoglu, James A. Robinson e Simon Johnson, "The Colonial Origins of Comparative Development: An Empirical Investigation", *American Economic Review* 91, nº 5 (2001): 1369-1401; Acemoglu, Robinson e Johnson, "Reversal of Fortune: Geography and Institutions in the Making of the Modern World Income Distribution", *Quarterly Journal of Economics* 107 (2002): 1231-1294; Dani Rodrik e Arvind Subramanian, "The Primacy of Institutions (and What This Does and Does Not Mean)", *Finance and Development* 40, nº 2 (2003): 31-34; Daniel Kaufmann, Aart Kraay e Massimo Mastruzzi, *Governance Matters IV: Governance Indicators for 1996-2004* (Washington, DC: World Bank Institute, 2005); e Ajay Chhibber, R. Kyle Peters e Barbara J. Yale, orgs., *Reform and Growth: Evaluating the World Bank Experience* (New Brunswick, NJ: Transaction, 2006).
5. Jared Diamond, *Guns, Germs and Steel: The Fates of Human Societies* (Nova York: Norton, 1997); Jeffrey Sachs e Andrew Warner, *Natural Resource Abundance and Economic Growth*, NBER Working Paper 5398 (Cambridge, MA: National Bureau of Economic Research, 1995); Jeffrey Sachs e John W. McArthur, *Institutions and Geography: Comment on Acemoglu, Johnson, and Robinson (2000)*, NBER Working Paper 8114 (Cambridge, MA: National Bureau of Economic Research, 2001).
6. William R. Easterly e Ross Levine, *Tropics, Germs and Crops: How Endowments Influence Economic Development*, NBER Working Paper 9106 (Cambridge, MA: National Bureau of Economic Research, 2002); Acemoglu, Robinson e Johnson, "Reversal of Fortune".
7. J. P. Nettl, "The State as a Conceptual Variable", *World Politics* 20, nº 4 (1968): 559-592.
8. David C. McClelland, *The Achieving Society* (Princeton, NJ: Van Nostrand, 1961); Gabriel A. Almond e Sidney Verba, *The Civic Culture* (Boston: Little, Brown, 1963).

9. Veja Nettl, "The State as a Conceptual Variable"; Michael Mann, "The Autonomous Power of the State: Its Origins, Mechanisms, and Results", *European Journal of Sociology* 25, nº 2 (1984): 185-213; e Peter B. Evans, Dietrich Rueschemeyer e Theda Skocpol, *Bringing the State Back In* (Cambridge: Cambridge University Press, 1985).

10. Douglass C. North, *Institutions, Institutional Change, and Economic Performance* (Nova York: Cambridge University Press, 1990).

11. Juan L. Linz, "The Perils of Presidentialism", *Journal of Democracy* 1, nº 1 (1990): 51-69.

12. North, *Institutions, Institutional Change, and Economic Performance*, p. 3.

13. Uma fonte importante para se pensar a respeito de instituições informais é a grande literatura sobre capital social.

14. Samuel P. Huntington, *Who Are We? The Challenges to America's National Identity* (Nova York: Simon and Schuster, 2004).

15. Idem, p. 59.

16. Linz, "The Perils of Presidentialism". Este artigo circulou mimeografado por vários anos antes de ser publicado no *Journal of Democracy*.

17. Arend Lijphart, "Constitutional Choices for New Democracies", *Journal of Democracy* 2, nº 1 (1991): 72-84; Donald Horowitz, "Debate Presidents vs. Parliaments: Comparing Democratic Systems", *Journal of Democracy* 1, nº 2 (1990): 73-83; Matthew S. Shugart e John M. Carey, *Presidents and Assemblies: Constitutional Design and Electoral Dynamics* (Cambridge: Cambridge University Press, 1992).

18. Lijphart, "Constitutional Choices for New Democracies".

19. Esta é a Lei de Duverger; veja Maurice Duverger et al., *L'Influence des systèmes electoraux sur la vie politique* (Paris: Colin, 1950).

20. Gary W. Cox e Mathew D. McCubbins, "The Institutional Determinants of Economic Policy Outcomes", em *Presidents, Parliaments, and Policy*, organizado por Stephan Haggard e Mathew D. McCubbins (Cambridge: Cambridge University Press, 2001), pp. 21-63.

21. James M. Buchanan e Gordon Tullock, *The Calculus of Consent: Logical Foundations of Constitutional Democracy* (Ann Arbor: University of Michigan Press, 1962).

22. O sistema britânico não é mais Westminster puro; existe um legislativo bicameral com uma devolução crescente de poderes às diferentes regiões do país. Além disso os tribunais, inclusive os europeus, têm conseguido limitar cada vez mais a discrição do Parlamento Britânico.

23. Ron Archer e Matthew S. Shugart, "Presidential Power and Its Limits in Colombia", em *Presidentialism and Democracy in Latin America*, organizado por Scott Mainwaring e Matthew S. Shugart (Cambridge: Cambridge University Press, 1997).

24. Mainwaring e Shugart, *Presidentialism and Democracy in Latin America.*
25. Um exemplo disto foi o contorno feito pelo presidente César Gaviria na legislação na reforma constitucional de 1991.
26. Fernando Limongi e Argelina Figueiredo, "Legislative Organization and Party Behavior in the Legislature", *Comparative Politics* 32 (2000): 151-170.
27. Veja Samuel P. Huntington, *Political Order in Changing Societies* (New Haven, CT: Yale University Press, 1968); e Fareed Zakaria, *The Future of Freedom: Illiberal Democracy at Home and Abroad* (Nova York: Norton, 2003).
28. Veja Jeffrey Sachs, "Life in the Economic Emergency Room", em *The Political Economy of Policy Reform*, organizado por John Williamson (Washington, DC: Institute for International Economics, 1994), pp.503-523.
29. Barbara Geddes, *Politician's Dilemma: Building State Capacity in Latin America* (Berkeley: University of California Press, 1996).
30. Veja Javier Corrales, *Presidents without Parties: The Politics of Economic Reform in Argentina and Venezuela in the 1990s* (University Park: Pennsylvania State University Press, 2002).
31. Seymour Martin Lipset, *American Exceptionalism: A Double-Edged Sword* (Nova York: Norton, 1995).
32. A Nova Zelândia deixou de ter um sistema Westminster puro quando seu sistema eleitoral foi mudado de membro único para membros mistos proporcionais em 1994.
33. Mesmo nesses casos, os judiciários excessivamente independentes da opinião pública se tornaram altamente controversos nos Estados Unidos e em outras democracias desenvolvidas que dão como certa a independência judicial básica.
34. Stein et al., *The Politics of Policies.*
35. Os presidentes americanos têm assumido poderes especiais em tempos de guerra, como a suspensão do *habeas corpus* decretada por Abraham Lincoln durante a Guerra Civil e a internação dos cidadãos nipo-americanos por Franklin D. Roosevelt durante a Segunda Guerra Mundial. Mais recentemente, o presidente George W. Bush invocou poderes especiais com relação ao tratamento dado a "combatentes inimigos" e ao uso de gravações como parte da guerra ao terrorismo. Mas essas decisões foram muito controversas e incomuns na política americana.
36. Richard E. Neustadt, *Presidential Power and the Modern Presidents* (Nova York: Free Press, 1990).
37. Embora os democratas controlassem ambas as casas do Congresso durante seu mandato, o próprio Partido Democrata era fortemente influenciado por sulistas contrários à legislação dos direitos civis e com controle de muitas comissões vitais de congressistas.

Capítulo 9

POR QUE AS INSTITUIÇÕES SÃO IMPORTANTES

A Cidadania Fiscal na Argentina e nos Estados Unidos

Natalio R. Botana

Uma visão histórica geral das democracias latino-americanas e, em particular da Argentina, revela o elo fraco entre a Constituição política da nação e a constituição da economia (a primeira começa com "c" maiúsculo para se diferenciar da outra), a qual deve prover a estrutura necessária para que as instituições políticas funcionem de forma adequada.[1] Quando consideramos a questão crucial do domínio da lei no caso da Argentina de hoje, a relevância continuada desta perspectiva torna-se clara: o cumprimento das leis não é forçado, ou forçado apenas em parte; as promessas não são cumpridas; algumas vezes, os direitos parecem ser inteiramente ilusórios.

Pensar que os problemas econômicos da região podem ser resolvidos sem antes cuidar das suas bases políticas é um erro. Como demonstraram os eventos na região ao longo do tempo, o contexto político no qual funciona uma economia não é definido exclusivamente pelas decisões de curto prazo daqueles que estão no governo, nem pelos detalhes técnicos de um plano específico, mas está enquadrado de forma mais ampla em um conjunto de leis gerais dotadas de legitimidade política e concebidas para prover um mecanismo eficaz para canalizar a atividade humana no sentido de esforços para criar riqueza e inovação.

A constituição econômica da Argentina permanece frágil, em grande parte porque no último meio século essas leis gerais têm sido solapadas por uma série de mandatos, decretos e resoluções que com frequência têm afetado de forma negativa a dimensão fiscal da cidadania, que chamo de "cidadania fiscal". Com a eliminação da responsabilidade comum abrangida pela cidadania fiscal, uma vez que ela combina direitos e obrigações,[2] o que surgiu em seu lugar é uma espécie de cidadania parcial que coexiste com um Estado hipertrofiado, incapaz de cumprir efetivamente as funções a ele designadas pela Constituição política, isto é, prover segurança, justiça, defesa nacional, educação, serviços de saúde e previdência social.

Desde o advento da democracia na Argentina em 1983, a traumática distorção entre as esferas política e econômica conduziu a um ciclo recorrente de crise econômica, recuperação, estagnação e crise novamente, acompanhado por um ciclo paralelo na arena política de crise institucional, esperança em face de uma breve recuperação, desencanto e crise mais uma vez, dando lugar a episódios de fúria coletiva. Então fica evidente que, embora a Constituição política exista para garantir justiça social e igualdade de direitos, uma constituição econômica fraca abre caminho para o crescimento da desigualdade social. Numerosos exemplos ilustram este ponto: predominam propriedades que são isentas de impostos ou simplesmente escapam da taxação; boa parcela da população propensa a poupar tende a confiar em moedas estrangeiras ou, numa mistura de astúcia e desconfiança, a buscar ganhos fáceis com investimentos a curto prazo; muitas vezes as autoridades federais e provinciais recorrem à emissão de mais dinheiro ou à contração de mais dívidas, em vez de reduzir os gastos e o tamanho do Estado (embora nos últimos anos a Argentina tenha gozado de uma situação fiscal saudável); e um número sempre crescente de pessoas está sendo colocado na marginalidade e na pobreza. Normalmente é uma crise social emergente ou total que expõe esses problemas.

Assim, este paralelismo é revelador: assim como a violência – entendida como regressões recorrentes a determinados aspectos de um Estado hobbesiano da natureza – corrói e acaba destruindo liberdades públicas (o coração da Constituição política), também a desobediência fiscal ou o baixo respeito às leis fiscais acaba abalando a moeda através de hiperinflação ou excesso de endividamento. Esses dois pontos de referência – cidadania fiscal e moeda – compõem o núcleo da constituição econômica.[3] Essa avaliação assume novos significados caso seja abordada de forma comparativa, como propõe o tema deste livro; de fato, a explicação da lacuna de desenvolvimento entre Estados Unidos e América Latina requer, antes de mais nada, uma comparação. Este capítulo faz uma análise comparativa do problema político e histórico da cidadania fiscal, concentrando-se em Estados Unidos, Argentina e, até certo ponto, no Brasil.

Obrigação política

Esse breve preâmbulo destaca não só a lacuna que separa a América Latina dos Estados Unidos, mas também ilustra como a predominância da ilegalidade na região latino-americana aponta para um problema inerente às relações entre as demandas fiscais do Estado, as definições objetiva e subjetiva de cidadania e os significados, muitas vezes discordantes, atribuídos à obrigação política como a base essencial para o gozo efetivo dos direitos. Desta perspectiva, a cidadania fiscal pode ser entendida em seu significado comum ou, como propõe este capítulo, pode ser vista em um quadro histórico e político que complementa uma análise econômica e jurídica. Porém, o significado comum de cidadania fiscal não deve ser deixado de lado, pois este nível de linguagem é uma plataforma essencial a partir da qual podemos explorar dimensões mais profundas. Por exemplo, quando dizemos que a cidadania fiscal representa a aquiescência voluntária às leis fiscais ou que, na ausência desta o ramo judiciário força efetivamente o cumprimento dessas leis impondo sanções, estamos fazendo referência às perguntas políticas clássicas: *por que* e *para que* a obediência.

Como será explicado com mais detalhes no próximo parágrafo, qualquer Estado requer recursos fiscais para realizar suas missões soberanas de garantir um monopólio sobre o uso da força, manter os arranjos envolvendo mais ou menos descentralização e instituir, ao longo do tempo, uma hierarquia de objetivos públicos (a este respeito, o mais importante é comparar os respectivos preâmbulos das constituições dos Estados Unidos e da Argentina). Esta exigência pressupõe coerção e consenso. Embora a coerção fiscal tenha sido condenada em tempos modernos por ser arbitrária e despótica (a literatura popular ajudou muito neste aspecto), é preciso não esquecer que, das próprias origens do debate sobre a soberania do Estado moderno, foi feito um esforço para estabelecer limites sobre a discrição das autoridades encarregadas da cobrança de impostos dos cidadãos. Como afirmou Jean Bodin no século XVI: "Não está no poder de nenhum príncipe do mundo elevar ao seu bel-prazer os impostos sobre o povo, não mais do que tirar de um homem os seus bens."[4]

Com respeito às teorias jurídicas e políticas do século XX, a interseção entre coerção e consenso lança luz sobre dois atributos sem os quais o Estado pode ficar seriamente comprometido. Em jogo, como postulou Norberto Bobbio, está uma combinação dos princípios de eficácia e de legitimidade:

> O princípio da eficácia se baseia exclusivamente na constatação da (habitual) observância das regras, considerada um fato externo, e com o que ela é satisfeita; já o princípio da legitimidade requer que a observância externa esteja, por sua vez, relacionada com um fato interno do observador, que obedece à regra porque assume o conteúdo da injunção (de Max Weber) como uma máxima da sua própria conduta.[5]

Esta síntese do pensamento de Hans Kelsen[6] sobre a eficácia de uma ordem legal e da teoria da legitimidade de Max Weber,[7] gira em torno do significado das provisões legais (uma Constituição e as leis dela derivadas) que em geral são respeitadas. Em resumo, a obrigação política deve receber a mesma atenção que os direitos.

Está claro que a obrigação política tem propósitos diferentes. Como escreveu T. H. Green em um livro sobre os princípios da obrigação política publicado em 1895, esta expressão abrange "a obrigação do súdito perante o soberano, a obrigação do cidadão perante o Estado e as obrigações dos indivíduos uns para com os outros, cujo cumprimento é forçado por um superior político".[8] Neste capítulo, defendo a hipótese de que a obrigação política, aplicada à esfera fiscal, afeta esses três propósitos, mas fundamentalmente enfatiza a relação entre o cidadão e o Estado. Como afirmaram Green e Bobbio, essa relação se refere aos atos externos de obrigação legal, mas atinge um nível mais alto de satisfação em termos da moralidade do ato em si, na medida em que as pessoas (neste caso os cidadãos) percebem que a obrigação fiscal tem consequências positivas para elas.

É claro que este juízo de valor está ligado às regras básicas da ordem legal, por várias razões. Por exemplo, um indivíduo paga impostos porque a ordem política é apoiada por uma tradição estabelecida de financiar o Estado, ou porque sua conduta se baseia em um cálculo implícito de acordo com o qual há uma troca mútua de benefícios entre o cidadão e o Estado. Desta maneira, a contrapartida para um imposto deve ser um ou mais bens públicos, desde que seja considerado que uma coisa é um bem público quando, de acordo com Philip Pettit, "se uma pessoa tira proveito dele, todas o fazem".[9] Esta definição também deve abranger, na formação histórica do conceito de bem público, um processo diretamente relacionado com as aspirações coletivas que se tornam mais ou menos direitos institucionalizados.

Certamente, colocadas nesses termos, essas relações evocam um contrato fiscal em concordância com o qual haveria um pacto implícito entre o cidadão e o Estado, baseado em um fluxo permanente de benefícios mútuos. Não obstante, nada poderia estar mais errado, do ponto de vista legal, que esta versão de um contrato fiscal. Em termos estritamente normativos, um imposto é uma obrigação pública; ele é obrigatório e está permanentemente estabelecido para a segurança e o bem-estar daqueles que pagam impostos e daqueles que não o fazem. Esta visão da eficácia de uma ordem pública dá origem, como já notamos, ao lado externo da obrigação política em assuntos fiscais, cuja base mais evidente é a coerção do Estado; mas se a este aspecto da ação social acrescentarmos o princípio da legitimidade, que faz lembrar a dimensão subjetiva da coerção do Estado, notamos que, nessas relações, os cidadãos sempre buscam um equilíbrio implícito entre aquilo que dão e aquilo que recebem.

Essa avaliação tem ressaltado, no decorrer de um prolongado debate histórico, o valor atribuído à teoria política e à prática de pagar impostos, direta ou indiretamente. Qual das duas conexões é mais aconselhável para sustentar os atributos específicos da cidadania fiscal? A este respeito, parece sugestivo imaginar uma confluência das seguintes hipóteses: quanto maior a relação direta entre o pagamento de impostos e o recebimento de bens públicos fornecidos pelo Estado, menor será a propensão para rejeitar a legitimidade das provisões nesta área como uma estrutura alheia à vontade dos cidadãos; inversamente, quanto menos direta a relação entre pagar impostos e receber bens públicos, menor será a propensão de essa complexa estrutura normativa reger as obrigações que devem ser percebidas como um efeito necessário da vontade do cidadão de pagar impostos.

Voltaremos a esta questão ainda neste capítulo, mas é preciso notar aqui que a ligação entre Estado e cidadão, mediada pelo pagamento de impostos pressupõe, por parte dos cidadãos, não só verificar o que realmente acontece, mas também um julgamento implícito do que é desejável e indesejável, do que é justo e injusto, do que é correto e do que não é. Nessas relações, existe um equilíbrio entre transparência e opacidade. Como mostraram Juan J. Llach e María Marcela Harriague, o que está em jogo aqui é uma "correspondência" entre o cidadão, o pagamento de impostos e a administração e alocação dos gastos públicos.[10] Essa correspondência pode dar origem, numa situação extrema de transparência total, a um círculo virtuoso de cidadania fiscal ou, no caso oposto, à expressão de um círculo, vicioso de cidadania fiscal.

No primeiro círculo, os cidadãos pagam impostos e o Estado gera, administra e garante a alocação de bens públicos; no segundo, os cidadãos sonegam o pagamento de impostos (totalmente ou em parte) porque percebem elementos distorcidos nas leis fiscais e a limitada capacidade do Estado de reagir à demanda por bens públicos. Na verdade, cada um desses processos alimenta o outro e muitas vezes a incapacidade de reação do Estado torna-se uma desculpa para a sonegação de impostos.

A evasão fiscal assume uma importância dramática quando vista pelo prisma da observância dos direitos numa democracia constitucional. Pouca atenção é dada, em particular em países latino-americanos, ao fato de que os direitos precisam ser sustentados. Sem o reforço dos direitos e sem o apoio fiscal necessário para que esse conjunto de provisões não pareça ser regido como uma trama, as sociedades podem oscilar entre uma sensação generalizada de anomia, num extremo e, no outro, uma consciência difusa de que esses direitos deveriam operar como uma espécie de presente. Esses processos mais complexos nos informam, como provaram claramente Stephen Holmes e Cass R. Sunstein, que os direitos têm custos.

> Na prática, os direitos passam a ser mais que meras declarações somente se conferem poder a órgãos cujas decisões são legalmente obrigatórias (...). Como regra geral, indivíduos infelizes que vivem sob um governo capaz de taxar e entregar uma compensação efetiva não têm direitos legais. Ausência de Estado significa ausência de direitos. Na verdade, um direito legal só existe quando e se tem custos orçamentários.[11]

Estas palavras resumem os problemas aqui mencionados: obrigação política, responsabilidade cívica e transparência no caminho que se estende da base de contribuintes até a administração responsável pelos gastos públicos. Considere o circuito descrito pelos autores com respeito aos direitos de propriedade:

> Os direitos de propriedade têm custos porque, para protegê-los, o governo precisa contratar policiais. A responsabilidade aqui envolvida está, em primeiro lugar, no encaminhamento honesto do dinheiro dos contribuintes para os salários da polícia. Em segundo lugar, ela está envolvida quando o governo treina a um custo considerável policiais para que respeitem os direitos dos suspeitos. Ela entra uma terceira vez quando o governo, mais uma vez às expensas dos contribuintes, monitora o comportamento da polícia e disciplina abusos para evitar que os policiais reduzam os direitos e

as liberdades civis, por exemplo invadindo as casas das pessoas, falsificando evidências e espancando suspeitos.[12]

Este flagrante representa o perfil daquele que no século XIX – de acordo com a retórica do pensamento político e econômico europeu e latino-americano – era chamado de "Estado gendarme", isto é, um Estado dedicado a proteger a propriedade, a segurança e a defesa.

Apesar de tudo, as coisas não são tão simples, porque também daquele primeiro passo na escala de direitos surgem custos de financiamento e organizacionais. Quando esses custos fiscais não são alocados de forma responsável, surgem o desânimo e a incredulidade em relação a direitos que são proclamados, mas não forçados. Basta analisar uma série de pesquisas na Argentina e outros países da América Latina para notar que o fantasma que passa por nossas sociedades é a insegurança. O impacto negativo dessa falta de proteção pelo Estado não é tão sentido pelos setores de alta renda, que possuem recursos para obter segurança privada. É principalmente a população maior de indigentes, os pobres, e os setores intermediários em declínio que perderam, em sua vida de cidadãos, o crucial atributo da "soberania".[13] O problema de uma clara lacuna entre os direitos escritos e aqueles cujo respeito é forçado está no centro da questão das origens republicanas de nossas nações.

Regimes fiscais: o ponto de partida

De acordo com S. E. Finer, "quanto mais diferenciado o regime, mais ele necessita cobrar impostos".[14] A melhor maneira de entender este requisito é através de uma análise histórica, mas é preciso ter em mente que pode haver um ponto de inflexão nesses processos quando a necessidade de cobrar impostos se junta à concepção de uma forma de governo republicano e um congresso constitucional. Com maior ou menor sucesso, o procedimento visa ao estabelecimento de instituições fiscais espalhadas pelas Américas de norte a sul, começando pelos Estados Unidos quando o país adotou sua Constituição em 1787. Na Argentina, o momento veio em 1853 e, como os Estados Unidos, apesar de não com a mesma originalidade arquitetônica, o empreendimento teve seus fundadores e seus defensores. Alexander Hamilton, nas páginas posteriormente reunidas em *The Federalist Papers* (1788), e Juan Bautista Alberdi, em *Sistema económico y rentístico de la Confederación*

Argentina según su Constituición de 1853 (1855), lançaram as bases daquele que deveria ser, no julgamento deles, o regime fiscal mais aconselhável para uma república recém-fundada.

Podemos concordar que a concepção de uma Constituição para uma república representativa (que ecoa o grito de "nada de taxação sem representação") tem a vantagem de definir os principais propósitos aos quais o governo federal recém-estabelecido (a União) deverá servir: "a defesa comum dos membros; a preservação da paz pública, bem como contra as convulsões internas e os ataques externos; a regulamentação do comércio com outras nações e entre os estados; a superintendência do nosso intercâmbio, político e comercial, com outros países".[15] Os dois polos em torno dos quais Hamilton desenvolveu seu argumento são típicos da tensão que, em teoria, existia no século XVIII entre a ideia de uma república que preza virtudes cívicas e o conceito, muito mais novo, de uma república comercial. Para Hamilton, as garantias de paz interna e externa caminhavam lado a lado com o desenvolvimento do comércio. A pedra de toque do regime fiscal concebido por Hamilton estava na nacionalização do departamento aduaneiro: mais comércio, mais importações, mais recursos para o tesouro. Em resumo, a proposta de Hamilton incluía uma predominância inquestionável de impostos indiretos sobre os diretos.

Hamilton manteve sua posição em favor de impostos indiretos, mas sustentou-a com outro elemento importante. Assim como numa nova república é "impraticável levantar recursos consideráveis por taxação direta",[16] é preciso ter muito cuidado para não incorrer no erro de traçar esquemas rígidos – que acabam se mostrando inúteis – com base na distinção entre um imposto interno, confiado aos estados, e um externo, confiado ao governo federal. É preciso ter flexibilidade para satisfazer novas demandas ligadas à proporcionalidade que sempre deve existir entre os fins do estado e os meios fiscais disponíveis para ele. Será possível que a proposta de Hamilton apresentada em *The Federalist Papers* tenha virtudes suficientes para satisfazer algum critério de justiça fiscal? Não parece que a sabedoria do legislador tenha ido além dos conceitos contidos numa política de impostos indiretos. Com base na receita fiscal total, que virá principalmente do comércio exterior (embora o comércio interno em princípio não seja isento de taxação), como regra geral, o consumo dos ricos sempre será mais taxado que aquele dos pobres. Para Hamilton, este tímido avanço do princípio da proporcionalidade constituiu uma feliz convergência entre os interesses particulares das pessoas e o interesse público do Estado. Acima de tudo, a abordagem de Hamilton levou em conta a experiência adquirida no período colonial e no breve período entre a Guerra de Independência e o debate sobre a Constituição na Filadélfia em 1787.

Um espírito semelhante estava presente em *Sistema económico y rentístico de la Confederación Argentina según su Constituición de 1853*, que Alberdi escreveu para lançar a fundação para as regras gerais da constituição econômica que deveria apoiar a Constituição política argentina adotada em 1853. Inspirada por um dispositivo retórico análogo àquele usado em *The Federalist Papers*, aquele texto visava a persuadir as pessoas com opiniões contrárias. Porém, enquanto os artigos de *The Federalist Papers* objetivavam deliberações dentro dos estados para obter um consenso da maioria em apoio ao rascunho da Constituição, o livro de Alberdi era uma resposta ao fato de que a Constituição de 1853 havia sido rejeitada pela província mais poderosa (Buenos Aires), que tinha introduzido um novo capítulo numa guerra civil aparentemente interminável.

A guerra civil, ocorrida imediatamente após a guerra de independência, tinha, de acordo com Alberdi, uma explicação geográfica e econômica. A Argentina era uma grande nação em transição, em grande parte desabitada e isolada. Em sua estrutura interna, o país enfrentava a dificuldade de ter um único porto de mar internacional na cidade de Buenos Aires, capital da província de mesmo nome; assim, quem quer que controlasse aquele porto detinha a chave fiscal para o país. A pedra angular do projeto de Alberdi era que aquela província fizesse um pacto fiscal, pelo qual todas as províncias tivessem de abrir mão de suas próprias agências aduaneiras (típicas de um período conhecido pelos argentinos como *de Confederación*) para que fosse constituído um serviço aduaneiro nacional. Enquanto a província de Buenos Aires não cedesse aquele recurso através de um compromisso ou por uma derrota militar infligida pelo resto das províncias unidas contra ela, a república em sua infância iria carecer de um tesouro.

Alberdi compreendia claramente que o sistema rentista dependia de várias políticas coerentes com a Constituição. Na verdade, era necessária uma transição rápida para sair da pobreza na qual vegetava a velha sociedade: "riqueza, capital, a população, o bem-estar nacional, são as primeiras coisas que devem ocupar a atenção da Argentina, agora e por muito tempo". E nesse esforço "o Governo dispõe do poder para perturbar ou ajudar a sua produção, mas a criação de riqueza não é seu papel".[17] Pode-se deduzir aqui o mesmo imperativo de Hamilton, transferido para a geografia da América do Sul: de fato, sem riqueza não há tesouro, no sentido de esta instituição do Estado ser capaz de captar os pagamentos de impostos de "muitos pequenos" em vez de "poucos grandes".[18] De acordo com o pensamento de Alexis de Tocqueville, o regime fiscal mais adequado para realizar esta conversão de uma sociedade aristocrática para uma democrática se baseia em impostos indiretos sobre o comércio exterior. Enquanto para Alberdi a nacionalização do serviço aduaneiro era a condição *sine qua non* para a existência de um tesouro público, o desenvolvimento de riqueza e os impostos indiretos constituíam a condição necessária. Portanto, a contribuição indireta é mais adequada para o sistema rentista da Constituição. Ela é a mais abundante em receitas fiscais, a mais fácil de cobrar porque é imperceptível para o contribuinte e é a contribuição mais livre e voluntária. A contribuição indireta também é a mais impessoal e mais progressista, porque torna possível taxar o consumo que é estéril em termos do progresso do país e, finalmente, a "mais igualitária em proporção, porque é paga por todos [cidadãos e habitantes, estrangeiros e nacionais] na extensão do seu divertimento e seu consumo".[19] Para Alberdi a hierarquia constitucional dos impostos indiretos era inquestionável, como se pode ver em um rascunho por ele preparado em 1852 e no texto definitivo de 1853: embora a Constituição estabelecesse ambos os tipos de imposto – indireto e direto – a menção expressa do primeiro, como na alfândega e no sistema postal, e os termos genéricos com os quais a Constituição se referia ao segundo demonstravam a propensão de construir o tesouro mediante um influxo de impostos indiretos. Os impostos indiretos também eram importantes, acrescentou Alberdi para reforçar seu ponto de vista, porque o Artigo 64.2 na época somente permitia impostos federais como uma contribuição especial por tempo limitado.[20]

As diferenças entre Alberdi e Hamilton são sugestivas. Alberdi era mais rígido em termos de deixar os impostos diretos nas mãos das províncias e confiar os indiretos ao governo federal (que no fim das contas ele entregava à decisão do legislativo). O projeto de Alberdi também parecia estar ligado a um objetivo diferente: enquanto para Hamilton estar investido do poder de taxação numa nova forma republicana de governo era em si uma meta valiosa, Alberdi encarava a mesma operação com muito mais cautela. Entre outras coisas, ele sentia que a principal virtude do poder para taxar e constituir o tesouro público estaria na frugalidade do governo e na simplicidade das leis: um Estado pequeno, baixos impostos indiretos sem querer saber o nome e a renda do contribuinte e o uso prudente do crédito público. Nas palavras de Alberdi: "*Reduzir os pagamentos é aumentar o Tesouro nacional*: uma regra que não produz instantaneamente esse efeito, mas nunca deixa de produzi-lo, assim como o trigo não brota no dia seguinte àquele em que é plantado, mas raramente deixa de produzir depois de certo tempo."[21]

Essas conclusões – um reflexo fiel, depois de uma longa jornada de ideias, do Iluminismo escocês no Rio da Prata – constituíam um princípio fundamental para Alberdi. Ao mesmo tempo, os impostos indiretos tinham um papel mais pragmático. Numa terra em que um governo livre por tradição não era favorecido e cujo povo "destituído de espírito público" sobrevivia em um estado de desconfiança, a melhor coisa a fazer era reduzir as perdas e não aplicar impostos diretos (além disso, de acordo com Alberdi, a experiência com impostos diretos durante a ditadura de Rosas havia sido desastrosa).[22]

As recomendações de Hamilton e Alberdi continham algumas máximas bem conhecidas para a classe dos legisladores desde que, em 1776, Adam Smith havia estipulado em *A riqueza das nações* quatro princípios comuns a todos os impostos. Primeiro, os cidadãos deveriam pagar valores proporcionais às suas rendas; segundo, o imposto que cada pessoa é obrigada a pagar deveria ser "certo e não arbitrário"; terceiro, todo imposto deveria ser "cobrado no momento ou na maneira mais conveniente para o contribuinte pagá-lo"; e quarto, a administração para a cobrança de impostos não deveria ser excessiva, nem facilitar a evasão.[23] Em resumo, igualdade, certeza, facilidade de pagamento e moderação naquela que poderia ser chamada de economia da cobrança de impostos eram, para Adam Smith, os quatro pontos cardeais de uma política fiscal saudável. Note que eles salientam a dimensão objetiva (a legislatura os estabelece) e também a dimensão subjetiva (o cidadão age de acordo com eles) e não fazem discriminação quanto às qualidades diferentes atribuídas aos impostos diretos ou indiretos.

É claro que Adam Smith estava preocupado com os princípios de justiça contidos nas leis e com suas consequências: "a lei, ao contrário de todos os princípios comuns de justiça, primeiro cria a tentação e depois pune aqueles que cedem a ela; e comumente também aumenta a punição em proporção à circunstância que certamente deveria aliviá-la, a tentação para cometer o crime".[24] É preciso ressaltar que esta defesa da justiça está ligada principalmente ao princípio da proporcionalidade fiscal. A este respeito, Smith cita as seis regras gerais de Henry Home, seu colega e amigo, autor de *Sketches of the History of Man*, que estabeleceu que os impostos eram legislados "para corrigir o máximo possível a desigualdade de riquezas, poupando os pobres e sobrecarregando os ricos".[25]

Até que ponto pode-se postular que as leis fiscais são uma medida de justiça em um regime republicano? Por exemplo, Immanuel Kant estabeleceu da seguinte forma a base deste dever de justiça em assuntos fiscais: "o governo está autorizado a exigir que a riqueza forneça os meios de sustento para aqueles que são incapazes de prover por si mesmos as necessidades mais prementes da natureza".[26] Kant não postulou nenhuma técnica de taxação em particular, direta ou indireta, para colocar isto em prática, mas do seu modo de pensar está claro que a responsabilidade imposta sobre os ricos para prover os meios de subsistência àqueles que não têm capacidade para fazê-lo, reafirma o princípio da proporcionalidade e personaliza numa extensão muito maior o elo fiscal em relação àquela que surge de pagamentos indiretos e não diferenciados sobre um número maior de bens de consumo (inclusive bens de luxo).

No final do século XVIII, estava sendo lançada lentamente a base para uma justificação mais ampla dos impostos diretos com base no conceito de justiça distributiva, o que não impediu Smith de analisar com rigor as dificuldades apresentadas na prática pelos pagamentos de impostos, como aquelas experimentadas na Inglaterra sob a rubrica do imposto territorial. Esta abertura para um novo horizonte fiscal não veio sem dificuldades. Na luta das avaliações e dos interesses, as ideias então predominantes eram sobre os atributos da cidadania e as disputas em torno do direito de propriedade e, por extensão, todo o conjunto de direitos que a forma republicana de governo deveria garantir desempenharam um papel fundamental.

Da taxação indireta à direta

No século XIX, o exercício dos direitos de cidadania estava ligado à propriedade e a ser do sexo masculino: de fato, para ser um cidadão, era preciso ser homem, maior de idade, nascido no território (tanto na Argentina quanto nos Estados Unidos, esta era – e ainda é – a lei), e ter renda e propriedade.[27] O direito ao voto, que está no centro da liberdade política, era construído distinguindo as liberdades civis (direitos universalmente distribuídos) das liberdades políticas (o direito ao voto distribuído com critérios restritivos). É claro que havia exceções em termos da adoção precoce, em alguns países, do sufrágio universal masculino (muito importante nos estados americanos da Califórnia e na Nova Inglaterra), mas para o tema central deste capítulo, a restrição sobre o direito de voto e o exercício da liberdade política foram em geral implantados segundo o registro no censo daqueles que possuíam propriedade, renda e educação (daí a expressão francesa *suffrage censitaire*). Por este procedimento, o direito ao voto era associado à posição da pessoa como contribuinte. Os conflitos, ganhos e reveses ocorridos na busca de uma concepção mais ampla de sufrágio que iria superar as limitações impostas por propriedade e sexo estão relacionados com esta noção de incorporar a uma república restritiva o conceito do cidadão contribuinte.

Foram necessárias décadas para se resolver esta questão e talvez sua persistência como limitação sobre as demandas populares seja explicada pela importância dos impostos diretos em relação ao conceito do cidadão contribuinte. Em um mundo idílico, típico do republicanismo agrário e no qual o pensamento de Hamilton convergia com o do seu oponente Thomas Jefferson, o proprietário de terras que pagava seu imposto territorial adquiria, ao mesmo tempo, seu direito de votar. Da mesma maneira, quanto mais ampla a disseminação de propriedades imóveis – de acordo com Jefferson e, na Argentina, com Domingo F. Sarmiento, que se identificava com esta visão da boa sociedade – maior o número de cidadãos qualificados para votar. Imbuídos da virtude emanada de pequenas e médias propriedades rurais, aqueles legisladores desconfiavam do proletariado dos centros urbanos, a quem chamavam com desprezo de "a gentalha das cidades".[28]

O paradoxo desta primeira definição de cidadania fiscal está no fato de os impostos indiretos e impessoais, em especial sobre importações, não terem tido um impacto importante sobre este penoso debate. De fato, a batalha foi travada em um campo no qual eram levados em conta os fenômenos de massa ligados a segurança e guerra. Como se pode explicar o fato de policiais e soldados não terem o direito de votar quando eles, habitantes da república sem direitos políticos, tinham que oferecer suas vidas, se necessário, para defender as propriedades de outras pessoas ou a integridade territorial do país? Como dizem Holmes e Sunstein, "O exemplo mais dramático de taxação regressiva ocorre quando os pobres são recrutados para o serviço militar em tempo de guerra para defender, entre outras coisas, as propriedades dos ricos de predadores estrangeiros".[29] A relevância dessas questões nos Estados Unidos é mais bem compreendida quando se observa que foi somente em 1964 que a 24ª Emenda à Constituição eliminou os últimos vestígios das qualificações ou restrições ao direito de voto em eleições nacionais:

> O direito dos cidadãos dos Estados Unidos de votar em qualquer primária ou outra eleição para presidente ou vice-presidente, em eleitores para presidente ou vice-presidente, ou para senador ou deputado no Congresso não será negado nem reduzido pelos Estados Unidos ou por qualquer estado em razão da incapacidade de pagar qualquer imposto eleitoral ou qualquer outro imposto.

A vontade de superar esses problemas está condensada em um dos mais atraentes projetos que criaram raízes na consciência mundial no decorrer dos séculos XIX e XX: a natureza universal dos direitos políticos, qualquer que seja a posição do cidadão em termos de propriedades ou renda. Como diria Tocqueville, este foi um dos mais notáveis efeitos da tendência das sociedades modernas a se moverem no sentido da igualdade. Depois de este sentimento ser incorporado ao repertório de crenças coletivas, as sociedades não podiam voltar atrás para que não enfrentassem conflitos ainda mais sérios (a lição extraída da experiência latino-americana a este respeito é suficientemente esclarecedora). De qualquer maneira, as aspirações por maior participação política fortaleceram a demanda por apoio aos novos direitos com recursos fiscais genuínos. Como é possível aumentar os recursos e, ao mesmo tempo, respeitar os critérios de justiça que, em geral, estão ligados ao conceito de pagamento proporcional de impostos com base nos níveis de renda? A colocação desta pergunta abriu caminho para o imposto direto mais importante da história contemporânea, o imposto sobre a renda. De acordo com o argumento de Kant, os esforços fiscais dos mais ricos devem compensar a incapacidade de pagar dos mais pobres.

Não há dúvida de que, inicialmente, a resistência a esses impostos diretos foi estridente. Nos Estados Unidos, por volta de 1870 (não há dados sobre impostos diretos neste período), o ônus fiscal, considerando as receitas com impostos uma porcentagem do produto interno bruto (PIB), era de 5,2%, com o comércio exterior respondendo por 2,7% dessa cifra. Um ano antes, em 1869, o jornal *Tribune*, publicado em Nova York, declarou que "o Imposto de Renda é o mais odioso, vexatório, inquisitório e desigual dos nossos impostos (...) um imposto sobre a honestidade (...). Ele tende a taxar a qualidade da existência".[30] Certamente, antecedentes de impostos sobre aluguéis, receitas e rendimentos são abundantes nas antigas colônias que vieram a formar os Estados Unidos e o mesmo é verdade na Grã-Bretanha, mas mesmo permitindo essas exceções, pensava-se que tais ônus fossem medidas especiais – como no caso da Constituição nacional da Argentina – e teriam de ser abolidos tão logo houvesse passado a emergência de uma guerra ou de um desastre natural imprevisto.

Além disso, havia nos Estados Unidos interpretações contrárias quanto ao que a Constituição dizia a este respeito, uma das quais adotada pela Suprema Corte para declarar inconstitucional o estatuto do imposto de renda aprovado pelo Congresso um ano antes. Este debate foi resolvido definitivamente em 1913, quando foi adotada a 16ª Emenda à Constituição dos EUA. Ela diz o seguinte: "O Congresso tem poderes para ordenar e cobrar impostos sobre rendimentos derivados de qualquer fonte, sem partilha entre os vários estados, e sem levar em conta qualquer censo ou enumeração." Esta emenda, cuja finalidade era conferir grau constitucional ao imposto de renda individual, era um acréscimo a outro estatuto de 1909, estabelecendo um imposto de renda federal sobre pessoas jurídicas. Essas duas provisões não só definiram o perfil do imposto direto aplicado às rendas de pessoas e empresas, mas também especificaram as jurisdições dos dois níveis do sistema federal de governo, isto é, estadual e federal. Enquanto os estados estavam limitados aos impostos indiretos (o mais comum era e ainda é o imposto sobre vendas), no âmbito federal eram cobrados principalmente impostos diretos. Esta solução, entre as muitas que podem ser tentadas no âmbito federal, insinuava aquele que chamaremos um regime de "separação de poderes fiscais".

Na Argentina, esses debates e processos legislativos ocorreram de maneira diferente. No mesmo ano em que a Suprema Corte dos EUA declarou inconstitucional a lei do imposto de renda, o legislador nacional Emilio Berduc reconheceu que os impostos aduaneiros eram a base do tesouro público numa proporção que ia de 25 a 60%, enquanto o restante era coberto por impostos internos sobre o consumo.[31] De acordo com Berduc, esta estrutura fiscal era regressiva e tinha de ser substituída por um esquema de impostos diretos sobre rendimentos. Ele focalizou seu discurso em um aspecto decisivo, relacionado com o componente subjetivo da cidadania fiscal: "este imposto é, provavelmente, o único que torna possível calcular a quota real paga pelo contribuinte; é o imposto pelo qual um habitante do país pode saber com certeza o que paga ao Estado".[32] Essa proposta tentou superar os obstáculos de uma desordem fiscal causada pelo acréscimo, sem qualquer lógica, de impostos dos tipos mais variados:

> O que responderia cada um dos habitantes se lhe fosse perguntado se não preferiria, em vez de pagar tantos impostos – para comer, para se vestir,

para caminhar, para assinar papéis e até mesmo para dormir – contribuir, digamos, com uma parcela daquilo que ganha, em lugar de pagar muitas vezes, até mesmo com o dinheiro de que necessita para comer?[33]

Esta imagem tem se repetido por mais de um século, até os nossos dias. Esta é uma imagem que contrasta a necessidade de leis gerais com uma realidade distorcida pela existência de um conjunto desarticulado de impostos. O projeto defendido por Berduc foi rejeitado, antes e depois dessa data, invocando-se o esquema de Alberdi da Constituição nacional, que entregava os impostos diretos ao domínio exclusivo das províncias. Em 1891, o senador Anacleto Gil resumiu esta doutrina, que era exatamente oposta àquela posteriormente adotada pelos Estados Unidos em sua Constituição e sua legislação: "A Constituição, quando estabelece a autoridade de cada governo com relação aos pagamentos de impostos, dá ao Governo geral a exclusiva responsabilidade sobre os impostos externos e dá, como regra geral, os impostos internos aos estados."[34] De 1912 a 1930, por ocasião do Primeiro Centenário e durante os 18 anos da primeira transição para a democracia (voto obrigatório e secreto dos homens), os esforços para o estabelecimento de um imposto de renda não tiveram muito sucesso na Argentina. Não foi possível, durante os mandatos de Hipólito Yrigoyen (1916-1922 e 1928-1930) e Marcelo T. de Alvear (1922-1928), fazer com que as respectivas propostas fossem aprovadas pelo Congresso.

Isto merece menção especial porque, em janeiro de 1932, pouco depois da queda do governo devido ao golpe de Estado de 6 de setembro de 1930, foi emitido um novo decreto estabelecendo um imposto de emergência sobre a renda. Aquilo que o governo não havia sido capaz de institucionalizar no decorrer de um longo período de prática constitucional acabou sendo legislado por decreto, isto é, por ordem unilateral de um poder executivo limitado somente por seu polêmico reconhecimento pela Suprema Corte de Justiça. Na ausência do Congresso, dissolvido anteriormente, os impostos diretos foram implantados no país depois de uma decisão que, pelo método adotado, virou de pernas para o ar o princípio de não taxação sem representação. Na Argentina, a expressão foi mais simples: em relação a este tipo de imposto, havia taxação sem representação, uma reversão que nos levou de volta ao antigo regime colonial.

Meses depois, uma vez restaurados os poderes da Constituição, aquela situação não poderia se prolongar por muito tempo. Em 23 de abril de 1932, o executivo enviou ao Congresso uma lei estabelecendo impostos nacionais diretos sobre a renda das empresas, as rendas rurais e urbanas, os lucros líquidos do comércio e da indústria e sobre os salários. Se existe uma palavra capaz de resumir o debate parlamentar que se seguiu, ela é "emergência". De acordo com o representante da maioria do comitê responsável pela Câmara dos Deputados, José H. Martínez, o "imposto nacional de emergência" foi determinado por demandas fiscais de curto prazo e pelo imperativo de não violar a Constituição nacional. Consequentemente, o imposto sobre renda esteve em vigor por um prazo determinado, durante o qual o Congresso deveria aprovar uma lei de "divisão das receitas" que distribuiria os rendimentos desse imposto entre o governo federal e as províncias. Martínez afirmou que essa legislação "evitou as desvantagens de outras leis fiscais que submetem o contribuinte a uma verdadeira inquisição fiscal".[35] Na verdade, de acordo com Vicente Solano Lima, outro deputado do mesmo partido, tratava-se de concordar com "leis ruins (...) porque elas eram adotadas sob a pressão de uma situação de emergência".[36]

A lei finalmente foi aprovada, mas não sem antes receber uma crítica bem fundamentada pela minoria. Argumentando que aquele imposto federal era o primeiro passo para uma evolução proveitosa, Silvio L. Ruggieri, um deputado do Partido Socialista, propôs um regime fiscal "que não vá atrás do trabalho ou do consumo das pessoas e exija o pagamento de imposto sobre fortunas pessoais para constituir o tesouro nacional, na proporção do volume e da importância delas".[37] Os socialistas queriam tornar o imposto mais progressivo, propondo uma taxa de 35% para as mais altas rendas quando a lei fixava a taxa em 7%. Ninguém duvidava de que o legislativo fosse adotar um imposto moderado, embora houvesse excesso de opiniões no debate subsequente no Senado nacional, como a de Atanasio Eguiguren, senador por Entre Ríos, que considerava aquele imposto "anticientífico, corruptor da autonomia das províncias e violador da Constituição".[38] De modo geral, as opiniões adversas na câmara alta eram de que aquilo era um corte perigoso da autonomia das províncias, claramente determinada na Constituição. Isto não impediu a aprovação final da lei. Havia sido dado um passo à frente com respeito à questão da igualdade? O senador por Catamarca Francisco Galíndez expôs algumas ideias sobre a questão quando lembrou que enquanto "os impostos sobre o consumo pesam sobre as classes média e pobre, o imposto sobre a renda, em contraste, tem impacto sobre a classe rica".[39]

Assim, o ponto de partida da legislação nacional sobre impostos diretos abrangia pelo menos três questões não totalmente resolvidas. Havia, subjacente ao debate, um sério desequilíbrio orçamentário que, na opinião de Federico Pinedo, o futuro ministro do Tesouro daquele governo, estava provocando "dificuldades indizíveis".[40] A necessidade de alcançar o equilíbrio fiscal o mais cedo possível chocava-se com as interpretações do sistema fiscal de federalismo. Deveria a Argentina seguir a linha dos Estados Unidos, delimitando um regime de separação de poderes, reservando assim determinados tipos de impostos (diretos ou indiretos) para uma jurisdição (federal ou provincial)? Ou deveriam as duas fontes de receita fiscal ser fundidas de maneira que, por uma lei do Congresso, dividam essa receita entre o governo federal e as províncias? A lei sobre impostos diretos, aprovada em 1932, respondeu à segunda pergunta forçando o Congresso a criar uma "lei de divisão de receitas" a partir de 1º de janeiro de 1934. Esta data não deveria ser ignorada, uma vez que marcava o início de um regime de coparticipação federal baseado muito mais na fusão de poderes fiscais do que na sua separação. Desde então, a Argentina não abandonou esta posição legislativa, a qual ganhou estatura constitucional com as emendas à Constituição introduzidas em 1994.

Esta foi, caso queira, uma abordagem prática que poderia ser chamada de um "atalho constitucional". Quem melhor entendeu esta abordagem foi José N. Matienzo, senador por Tucumán e perito em lei constitucional, que acertou na mosca ao descrever as diferenças entre Argentina e Estados Unidos:

> Os Estados Unidos não têm nossa astúcia *criolla*; eles pensaram que seria necessário efetuar emendas na Constituição (...). Cá entre nós, não pensamos que haja necessidade disso: as medidas estão declaradas em bases emergenciais e a Constituição está violada. Eles não estão familiarizados com nossa astúcia *criolla* nos Estados Unidos.[41]

Parece que essa ironia provocou risos na câmara. Na verdade o alerta visava mais, pois uma coisa é reorientar as expectativas dos cidadãos em relação a um imposto direto importante, como o imposto de renda – estabelecendo-o sobre uma base estável e continuada, como uma instituição permanente – e outra é determinar que ele deve entrar em vigor como uma espécie de instrumento provisório, cuja duração não deverá ser superior àquela da emergência. Na verdade, não foi nada disso. Por mais de setenta anos, até hoje, esse imposto de emergência tem sido renovado regularmente, obscurecendo assim a situação real. Está levantada uma pergunta interessante sobre o que fazer com a cidadania fiscal quando um ponto de referência legal, ao qual os cidadãos devem atribuir legitimidade, é marcado pelo rótulo de "provisório".

Os pesos respectivos dos impostos diretos e indiretos

Apesar da peculiar origem constitucional dos impostos diretos federais, vejamos agora como este tipo de imposto tem evoluído na Argentina em comparação com aqueles aplicados nos Estados Unidos. Com base na perspectiva de longo prazo dada por uma série que começa em 1932 e termina em 2004, o que mais se destaca numa primeira leitura é o peso dos impostos indiretos na carga fiscal da Argentina e o predomínio dos impostos diretos nos Estados Unidos. Como mostra a Tabela 9.1, naqueles anos a porcentagem de impostos diretos na Argentina nunca superou aquela dos impostos indiretos, mesmo incluindo naqueles a parte correspondente ao aluguel de terras (vários tipos de impostos sobre exportações que também incluem o aluguel do subsolo). Essa predominância não só se repete nas médias quinquenais aqui mostradas, mas também essa relação, apesar de ter crescido durante dois períodos em termos de favorecer os impostos diretos (os períodos 1946-1950 e 1956-1960), caiu fortemente de 1971 a 1985.

Com base nesta análise, uma linha de continuidade se impõe sobre a turbulência de mudanças de regimes políticos e políticas econômicas. Durante esse período de setenta anos praticamente tudo aconteceu na Argentina, de tentativas de estabelecimento da legitimidade constitucional democrática – mais ou menos consolidada em 1983 – às piores expressões de ditadura política: governos civis e militares, populistas e conservadores, desenvolvimentismo protecionista e aberturas ao comércio exterior com taxas cambiais sobrevalorizadas ou subvalorizadas, inflação, megainflação e hiperinflação. Porém, nada pareceu afetar o curso estável da taxação indireta. No último período de quatro anos coberto na Tabela 9.1, esta forte tendência mostra sinais de inflexão, se levarmos em conta apenas os 5,97% de impostos diretos que não incluem o aluguel de terras (um imposto polêmico que, para vários setores, introduz distorções).

A estrutura horizontal dos recursos fiscais do governo federal sobre os totais arrecadados indica a mesma tendência. Embora os impostos diretos representassem 9,7% em média para o período 1932-1935 (comparados com os 75,3% de impostos indiretos), essa porcentagem dobrou para 20,9% perto do fim do período (1996-2000; veja a Tabela 9.2). De 1941 a 1970, os impostos diretos representavam mais de 20%, o que não aconteceu de 1971 a 1995, anos de

TABELA 9.1

Argentina: receitas fiscais do governo

Período	Impostos Federais					Impostos Provinciais			Federal e Provincial Total
	Impostos Diretos	Impostos Indiretos	Previdência Social	Aluguel de Terras	Federal Total	Impostos Diretos	Impostos Indiretos	Provincial Total	
1932-1935	0,94%	7,31%	1,46%	0,10%	9,72%	nd	nd	nd	9,72%
1936-1940	1,25%	6,84%	1,32%	0	9,40%	nd	nd	nd	9,40%
1941-1945	1,97%	4,67%	1,55%	0	8,19%	nd	nd	nd	8,19%
1946-1950	3,95%	5,33%	4,87%	0	14,15%	0,15%	0,27%	0,42%	14,58%
1951-1955	4,43%	6,15%	5,66%	0	16,24%	0,61%	1,34%	1,95%	18,19%
1956-1960	3,50%	4,79%	4,25%	0	12,54%	0,50%	1,51%	2,01%	14,55%
1961-1965	2,49%	5,28%	3,52%	0,07%	11,36%	0,59%	2,11%	2,70%	14,06%
1966-1970	2,91%	5,82%	3,85%	0,57%	13,15%	0,77%	2,54%	3,31%	16,46%
1971-1975	1,81%	4,38%	3,49%	0,71%	10,39%	0,55%	2,01%	2,57%	12,95%
1976-1980	1,74%	6,10%	3,29%	0,34%	11,47%	0,75%	2,91%	3,66%	15,14%
1981-1985	1,52%	6,36%	1,85%	0,74%	10,46%	1,00%	2,13%	3,14%	13,60%
1986-1990	2,12%	6,02%	2,37%	0,83%	11,34%	0,98%	1,95%	2,93%	14,27%
1991-1995	2,28%	9,35%	4,10%	0,07%	15,80%	1,05%	2,60%	3,65%	19,45%
1996-2000	3,58%	9,92%	3,50%	0,01%	17,02%	1,12%	3,37%	4,49%	21,50%
2001-2004	5,97%	8,59%	2,78%	1,59%	18,92%	0,84%	2,87%	3,71%	22,63%

Notas: Carga fiscal: relação entre receitas fiscais e PIB em médias quinquenais.

Diretos: sobre aluguéis, lucros e ganhos de capital, sobre propriedades.

Indiretos: internos sobre bens, serviços e transações; restante dos impostos sobre comércio e transações internacionais; outros recursos fiscais.

nd: não disponível.

Renda não tributável de taxas judiciais e receitas assinaladas para a ART (Aseguradora de Riesgos de Trabajo) e AFJP (Administradora de Fondos de Jubilaciones y Pensiones) não incluída.

Indenizações e reembolsos não foram deduzidos de nenhuma das categorias listadas.

Fontes: AFIP (Administración Federal de Ingresos Públicos), *Estadísticas Tributarias*; e Ministério da Economia, *Dirección Nacional de Investigaciones y Análisis Fiscal*.

evidente retrocesso. A recuperação ocorreu a partir de 1996, o que está longe de constituir uma tendência, uma vez que, mesmo incluindo os aluguéis de terras no período 2001-2004, os impostos diretos (39,5%) foram menores do que os indiretos (45,6%).

Note a evolução em zigue-zague dos impostos de previdência social. Como veremos no próximo parágrafo, esses impostos, típicos de um estado de bem-estar social, subiram em 1946 e depois se estabilizaram em cerca de 30% no período 1976-1980. Depois tiveram um forte declínio no período 2001-2004, quando atingiram níveis praticamente idênticos àqueles do primeiro período, 1932-1935 (14,9% comparados com 15%). Esta é uma clara indicação da profundidade da crise que os setores mais fracos da sociedade, forçados pela realidade da situação a passar para o setor informal, tiveram de enfrentar no final de 2001 e início de 2002 (a situação foi semelhante às porcentagens no período 1981-1985, quando a hiperinflação teve um efeito devastador).

Em contraste, o que fazer com a comparação sugerida pelas tabelas de desenvolvimento fiscal dos Estados Unidos? Deixando de lado a imensa diferença de porte das duas economias e focalizando em várias características notáveis de uma série que teve início no mesmo ano, constatamos que ocorreu uma revolução fiscal quando Franklin D. Roosevelt, o presidente recém-eleito, assumiu o cargo numa nação exaurida pela pior crise econômica do século XX (ou talvez de sua história). Esta revolução fiscal teve lugar nos Estados Unidos em consequência da sua intervenção na Segunda Guerra Mundial. Esta crucial transição de uma república de inquestionável importância internacional para outra com um papel muito mais decisivo e com as realizações e obrigações de uma "república imperial" (para aplicar o conceito de Raymond Aron) se refletiu na transformação da antiga relação, mais ou menos equilibrada, entre impostos diretos e indiretos. De 1932 a 1935 – o início do New Deal – os impostos indiretos estavam ligeiramente maiores que os diretos (1,41% comparados com 1,06); de 1936 a 1946, havia uma ligeira predominância dos impostos diretos sobre os indiretos (2,77% diretos, 2,5% indiretos); de 1941 a 1945, a ascensão foi espetacular (10,27% diretos, contra 2,65% indiretos) e a relação não se inverteu mais.

O início da Segunda Guerra Mundial foi decisivo, porque reafirmou a importância de um elo direto entre os cidadãos e o Estado graças ao qual os cidadãos financiam, de forma proporcional às suas rendas, um dos grandes pilares na estrutura de poder: defesa e expansão militar. Esta questão merece atenção especial em vista das dimensões maquiavélicas envolvidas.[42] O poder militar desta superpotência se baseia na cobrança dos impostos diretos pagos pelos ci-

TABELA 9.2

Argentina: receitas fiscais do governo

Período	Impostos Federais					Impostos Provinciais		
	Impostos Diretos	Impostos Indiretos	Previdência Social	Aluguel de Terras	Total Nacional	Impostos Diretos	Impostos Indiretos	Total Provincial
1932-1935	9,7%	75,3%	15,0%	0,1%	100%	nd	nd	nd
1936-1940	13,3%	72,7%	14,0%	0	100%	nd	nd	nd
1941-1945	23,8%	57,6%	18,6%	0	100%	nd	nd	nd
1946-1950	27,7%	38,4%	33,9%	0	100%	nd	nd	nd
1951-1955	27,3%	37,8%	34,9%	0	100%	31,3%	68,7%	100%
1956-1960	28,0%	38,3%	33,6%	0	100%	25,0%	75,0%	100%
1961-1965	21,8%	46,6%	31,0%	0,6%	100%	21,9%	78,1%	100%
1966-1970	22,2%	44,4%	29,2%	4,2%	100%	23,3%	76,7%	100%
1971-1975	17,1%	42,2%	33,8%	6,9%	100%	21,7%	78,3%	100%
1976-1980	15,1%	52,9%	28,8%	3,2%	100%	19,8%	80,2%	100%
1981-1985	14,5%	61,0%	17,4%	7,1%	100%	32,3%	67,7%	100%
1986-1990	18,7%	53,1%	20,9%	7,3%	100%	33,5%	66,5%	100%
1991-1995	14,5%	59,2%	25,8%	0,5%	100%	29,2%	70,8%	100%
1996-2000	20,9%	58,3%	20,7%	0	100%	24,9%	75,1%	100%
2001-2004	31,4%	45,6%	14,9%	8,1%	100%	22,7%	77,3%	100%

Notas: Cada item da receita fiscal está representado como porcentagem do total arrecadado em médias de duas semanas.

Diretos: sobre renda, lucros e ganhos de capital; sobre imóveis.

Indiretos: sobre bens, serviços e transações; todos os outros impostos sobre comércio e transações internacionais; outros recursos fiscais.

nd: não disponível.

Receitas não fiscais de taxas judiciais e receitas assinaladas para a ART (Aseguradora de Riesgos de Trabajo) e a AFJP (Administradora de Fondos de Jubilaciones y Pensiones) não incluídas.

Fontes: AFIP (Administración Federal de Ingresos Públicos), *Estadísticas Tributarias*; e Ministério da Economia, *Dirección Nacional de Investigaciones y Análisis Fiscal*.

TABELA 9.3

Estados Unidos: receitas fiscais do governo

Período	Impostos Federais				Impostos Estaduais e Municipais	Federal e Estadual/ Municipal Total
	Impostos Diretos	Impostos Indiretos	Previdência Social	Federal Total		
1932-1935	1,06%	1,41%	0,02%	4,08%	nd	4,08%
1936-1940	2,77%	2,50%	1,22%	6,51%	nd	6,51%
1941-1945	10,27%	2,65%	1,67%	14,58%	nd	14,58%
1946-1950	11,40%	3,20%	1,48%	16,08%	3,52%	19,59%
1951-1955	13,05%	2,82%	1,87%	17,75%	6,09%	23,84%
1956-1960	12,30%	2,61%	2,41%	17,33%	7,01%	24,34%
1961-1965	11,78%	2,56%	3,21%	17,55%	7,99%	25,54%
1966-1970	12,30%	2,17%	3,96%	18,43%	8,57%	27,00%
1971-1975	11,04%	1,87%	4,87%	17,78%	9,69%	27,47%
1976-1980	11,17%	1,53%	5,51%	18,21%	6,94%	25,14%
1981-1985	10,33%	1,81%	6,22%	18,36%	8,27%	26,63%
1986-1990	10,15%	1,44%	6,65%	18,23%	9,02%	27,26%
1991-1995	10,03%	1,42%	6,72%	18,17%	9,65%	27,82%
1996-2000	12,02%	1,31%	6,75%	20,07%	9,66%	29,73%
2001-2004	9,80%	1,14%	6,64%	17,59%	9,58%	27,17%

Notas: Carga fiscal: relação entre receitas fiscais e PIB.

nd: não disponível.

Fontes: U.S. Congressional Budget Office; Organização para Cooperação Econômica e Desenvolvimento (OCDE); Estatísticas de Receitas 1965-2005; U.S. Department of Commerce (Bureau of Economic Analysis); U.S. Department of Treasury; U.S. Office of Management and Budget; Executive Office of the President of the United States, *Economic Report of the President*; International Monetary Fund, Government Financial Statistics.

dadãos e pelas empresas. Esta ligação, impossível de imaginar nessa escala na Argentina, onde os impostos diretos e indiretos estão misturados numa única conta fiscal, é ilustrada com mais ênfase se analisamos a porcentagem que cada categoria representa no total arrecadado.

Aqui o crescimento que acabamos de citar tem um impacto muito maior; mesmo em períodos em que os impostos diretos foram reduzidos, os indiretos continuaram a seguir uma tendência decrescente sustentada. Por outro lado, os impostos de previdência social têm seguido um padrão de crescimento gradual desde a década de 1960. Essas diferenças são acentuadas se comparamos as receitas fiscais dos governos federais da Argentina e dos Estados Unidos (veja a

TABELA 9.4

Estados Unidos: receitas fiscais do governo

Período	Impostos Federais				Impostos Estaduais e Municipais	Federal e Estadual/ Municipal Total
	Impostos Diretos	Impostos Indiretos	Previdência Social	Total Nacional		
1932-1935	21,12%	28,15%	0,47%	100%	nd	100%
1936-1940	42,90%	39,40%	17,54%	100%	nd	100%
1941-1945	65,54%	20,97%	13,43%	100%	nd	100%
1946-1950	59,05%	16,57%	7,61%	83,24%	16,76%	100%
1951-1955	54,64%	11,86%	7,86%	74,40%	25,60%	100%
1956-1960	50,54%	10,74%	9,91%	71,20%	28,80%	100%
1961-1965	46,12%	10,01%	12,58%	68,72%	31,28%	100%
1966-1970	45,54%	8,04%	14,66%	68,25%	31,75%	100%
1971-1975	40,20%	6,81%	17,72%	64,73%	35,27%	100%
1976-1980	44,93%	6,16%	22,15%	73,25%	26,75%	100%
1981-1985	38,73%	6,80%	23,39%	68,92%	31,08%	100%
1986-1990	37,22%	5,29%	24,38%	66,89%	33,11%	100%
1991-1995	36,03%	5,11%	24,17%	65,31%	34,69%	100%
1996-2000	40,41%	4,41%	22,69%	67,51%	32,49%	100%
2001-2004	35,96%	4,21%	24,49%	64,66%	35,34%	100%

Notas: Cada categoria de receita fiscal está apresentada como porcentagem da receita fiscal total, em médias por quinquênio.

nd: não disponível.

Fontes: U.S. Congressional Budget Office; Organização para Cooperação e Desenvolvimento Econômico (OCDE); Estatísticas de Receitas 1965-2005; U.S. Department of Commerce (Bureau of Economic Analysis); U.S. Department of Treasury; U.S. Office of Management and Budget; Executive Office of the President of the United States, *Economic Report of the President*; International Monetary Fund, Government Financial Statistics.

este respeito as tabelas 9.1. 9.2, 9.3 e 9.4). Durante o período 1932-1935, a porcentagem do imposto de renda, imposto sobre lucro e sobre ganhos de capital em relação ao PIB atingiu 0,78% na Argentina, um número semelhante ao dos Estados Unidos (0,70%). Durante o período 2001-2004 esse número subiu para 3,96%, o mais alto da série, enquanto nos Estados Unidos ele foi 9,56%, tendo chegado a níveis mais altos em 12 dos 15 períodos de cinco anos registrados.

Mais reveladora é a comparação com os impostos sobre bens e serviços: em nenhum período da série os impostos sobre renda, sobre lucro e sobre ganhos de capital foram mais altos na Argentina do que nos Estados Unidos (exceto pelo virtual empate de 1946 a 1955, de 3,66% contra 3,55% do PIB). Em contraste, os impostos internos foram maiores no período 1932-1935. Considerações semelhantes poderiam ser feitas em relação ao peso do comércio externo como base tributável (importante na Argentina, mas pouco significativo nos Estados Unidos). O mesmo pode ser dito sobre a estrutura horizontal da base de impostos. O aumento observado na Argentina de 1936 a 1960 em termos dos impostos sobre renda, sobre lucro e sobre ganhos de capital como parcela do total de receitas fiscais, ao contrário de crescer, caiu de forma abrupta nas décadas subsequentes; no período de cinco anos mais recente, os níveis eram aproximadamente os mesmos do período 1941-1945 (18,15% comparados com 21,63%). Nos Estados Unidos, para o período 1936-1940, essa porcentagem nunca esteve abaixo de 35,08%.

Os contrastes que surgem das tendências em desenvolvimento dos impostos diretos e indiretos na Argentina e nos Estados Unidos também podem ser observados à luz da experiência do Brasil. A este respeito, o país está mais próximo dos Estados Unidos do que da Argentina na série histórica que está sendo analisada. No período 1981-1985, a carga de impostos diretos começou a superar a de impostos indiretos numa tendência ascendente estável e, é claro, o mesmo aconteceu com os impostos sobre o comércio exterior. Em relação à base de impostos, enquanto na Argentina no período mais recente (2001-2004), os impostos sobre a renda, os ganhos de capital e os lucros representam 3,96% do PIB, no Brasil eles representam 5,8%, mais perto dos 9,56% dos Estados Unidos. Esses números indicam uma bifurcação – por enquanto não muito pronunciada – que poderá diminuir se a Argentina melhorar seu desempenho nos primeiros anos do século XXI. Caso contrário, o Brasil manterá sua liderança nesta área. Contudo, deve-se notar que, para acrescentar uma nuance a esta hipótese, naquilo que diz respeito à base de impostos, os impostos sobre rendas, lucros e ganhos de capital como porcentagem das receitas fiscais totais têm sido semelhantes no Brasil e na Argentina nos dois últimos quinquênios, embora este certamente não seja o caso para os impostos da previdência social.

Gastos e financiamento do governo

Se agora analisarmos esta série histórica do ponto de vista dos gastos e do financiamento do governo, distinguindo o governo federal dos governos provinciais ou estaduais – como acontece tanto na Argentina quanto nos Estados Unidos devido aos seus regimes federais – veremos como um aspecto típico da evolução dos direitos no século XX se destaca e merece menção especial. Em várias ocasiões temos mencionado a lacuna entre os dois países; contudo, deve-se notar que ela pode ser encontrada numa espécie de flagrante oferecido pelos dados correntes – uma imagem que é imóvel – ou pode ser explorada com base na relação estabelecida entre um conjunto de valores e direitos que se busca institucionalizar e o suporte material, em termos de recursos governamentais, do qual depende a implantação do programa normativo. Este elo é de sustentação mais complicada quando, devido à ocorrência de várias causas, o escopo do Estado, no sentido atribuído por Francis Fukuyama a esta palavra, começa a se expandir no esforço para garantir novos direitos.[43]

O escopo do Estado começou a se expandir precisamente na década de 1930. Em 1935, Roosevelt e o Congresso promulgaram a lei federal sobre Previdência Social nos Estados Unidos. Na Argentina, o processo teve início na década de 1940 com a ascensão ao poder de Juan D. Perón e se consolidou ao longo das duas ou três décadas seguintes. Em meados dos anos 1980, houve um declínio nessa tendência, que foi muito mais drástico na Argentina do que nos Estados Unidos. As datas nas quais a expansão do escopo do Estado começou a coincidir com o começo da nossa série comparativa, a qual nos permite especificar melhor a relação entre gastos e recursos. Está claro que há tendências opostas, que no mínimo deixariam de lado os princípios defendidos por Hamilton e Alberdi. Os pais fundadores acharam que era necessário chegar a um equilíbrio entre os recursos e as necessidades da nação; de acordo com as novas ideias (além de momentos excepcionais, por exemplo, uma guerra), era plenamente justificável ter uma política que colocasse as necessidades da nação acima dos seus recursos. Quando esta tensão se transforma em tendência, abundam os problemas e surgem as crises.

Deste ponto de vista, a Argentina é um caso paradigmático. Desde 1945, quando a liderança de Perón decolou com vigor (posteriormente ratificada por suas maiorias eleitorais em 1946 e 1951), os gastos públicos aumentaram de forma substancial: de 23,6% passaram em 1948 e 1949 para 34,4 e 26,7%, respectivamente, e a seguir se estabilizaram em torno de 23-25%. Exatamente quando atingiram seu pico, por ocasião da convenção convocada para efetuar emendas na Constituição nacional (de janeiro a março de 1949), os delegados Arturo Sampay e Alfredo D. Maxud propuseram a inclusão de novos direitos a serem garantidos pelo governo através da provisão dos recursos necessários àquela ambiciosa reforma. Esses novos direitos incluíam o direito à proteção da família, o direito à previdência social, o direito de trabalhar apoiado por empregos estáveis, o direito à propriedade baseado na sua "função social" e o direito econômico público emanado da nacionalização do sistema financeiro, da nacionalização do subsolo e das empresas de serviços públicos. Apesar de em seu discurso em nome da maioria não haver alusões à questão fiscal, Sampay reconheceu a necessidade de uma economia estável que oferecesse um estímulo ao desenvolvimento da previdência social.[44]

A questão fiscal foi abordada alguns dias depois, quando ele propôs a discussão das reformas. O delegado da convenção Maxud assumiu a liderança na defesa delas. Em primeiro lugar havia a reforma correspondente ao Artigo 4, estabelecendo que os fundos da atividade econômica do Estado também contribuíssem para o tesouro nacional; em segundo, o ponto principal, estavam as reformas ligadas ao Artigo 67(2), de acordo com as quais, como vimos, os pagamentos de impostos diretos em todo o território nacional seriam feitos por certo tempo. As mudanças estavam focalizadas na introdução das palavras "proporcionalmente igual", a qual pressupunha o reconhecimento, de acordo com o orador, não só do princípio de "proporcionalidade", mas também de "progressividade", para "taxar de forma moderada as classes mais pobres e de forma mais pesada as classes mais ricas".[45] Se nos lembrarmos do novo foco socioeconômico advindo depois da Segunda Guerra Mundial, a proposta que constava da Constituição nacional não era muito original: proporcionalidade e políticas fiscais progressistas eram discutidas comumente e poucos ousavam questioná-las.

Em contraste, o que deixou mais de uma pessoa perplexa foi a curiosa persistência da ideia de emergência ligada aos impostos diretos. O velho princípio de acordo com o qual esses impostos somente podem ser aplicados por tempo limitado permaneceu intacto; não foi assunto de discussão, como também não foi o curso futuro, durante e depois do período emergencial, dos impostos sobre rendimentos. Esse curso era muito diferente daquele que, na época, estava sendo tentado pelas democracias ocidentais e, embora através de subterfúgios constitucionais, a emergência passou a ser uma política permanente; o que está claro é que o estado do bem-estar social e a economia mista que procurou lhe dar apoio foram financiados por um conjunto de políticas indiretas e pela transferência de uma conta do Estado para outra, ambas aplicadas aos preços dos bens exportados e à administração orçamentária.[46]

Este conjunto de políticas teve várias consequências. Acelerou o crescimento do Estado, que já apresentava uma tendência ascendente na década anterior. Por meio de políticas que permitiam transferências de fundos de previdência social para despesas e investimentos regulares pelo Estado ou pela fixação de preços e da inflação monetária, o poder executivo exercia controle sobre a fixação de impostos quando, de acordo com a Constituição (inclusive aquela que recebeu emendas em 1949), isto deveria estar sob a jurisdição do Congresso. Essas políticas também provocaram uma tendência que continuaria nos governos subsequentes, como a preponderância dos impostos indiretos sobre os diretos. Outra consequência foi o rompimento da confiança entre os cidadãos e o Estado, afetando de forma negativa os valores da cidadania fiscal, isto é, relacionamento direto, transparência e uma percepção comum dos bens públicos que resultam de esforços individuais e coletivos. A inversão desses valores abriu caminho para uma complicada crença social que iria se tornar mais exigente na medida em que, em resposta à expansão do escopo do repertório de aspirações coletivas, aumentou o suprimento de bens públicos. Como indica Bo Rothstein, é possível implantar um programa de bem-estar social se "(1) os cidadãos o consideram justo; (2) se eles acreditam que seus companheiros cidadãos também contribuem numa base solidária; e (3) se consideram que o programa está organizado de acordo com a justiça procedural e o objeto para avaliação é normalmente o governo e seus agentes".[47]

Caso essas condições sejam verdadeiras, também é importante notar que a garantia da legitimidade de um aumento correlato em necessidades e recursos dependerá das percepções do agente. Caso o crescimento quantitativo da parcela do Estado do PIB não seja acompanhada por uma correspondente aceitação maior (de natureza subjetiva e qualitativa) da crença de que a cobrança dos impostos não tem efeito negativo sobre a segurança jurídica dos indivíduos, é possível que o circuito de confiança possa ser gradualmente substituído pela desconfiança mútua. Este fenômeno está diretamente ligado à geografia fiscal dos bens públicos. Quando se comparam os bens públicos comprados com os pagamentos de impostos (veja tabelas 9.5 e 9.6), fica claro que, em geral, o contexto não é muito diferente na Argentina e nos Estados Unidos. Ambos os Estados gastam em administração geral; defesa e segurança; saúde; educação e cultura; desenvolvimento econômico e bem-estar social, e reservam fundos para o serviço da dívida pública. Se observarmos o perfil funcional dos gastos

TABELA 9.5

Gastos públicos da Argentina (Governo Federal e Províncias): despesas por finalidade

	1950	1960	1970	1980	1981-1985	1986-1990	1991-1995	1996-2000	2001-2003
Setor Público Consolidado	21,3%	20,9%	23,8%	30,4%	30,7%	30,5%	28,1%	29,5%	28,9%
Governo federal	21,3%	15,5%	15,8%	21,2%	22,5%	20,9%	16,6%	16,8%	16,3%
Governos provinciais	nd	5,4%	8,0%	9,3%	8,2%	9,6%	11,5%	12,7%	12,6%
Administração Geral	1,0%	1,6%	2,0%	1,7%	1,3%	1,7%	2,1%	2,2%	1,9%
Governo federal	1,0%	0,7%	0,7%	0,6%	0,5%	0,7%	1,0%	1,0%	0,9%
Governos provinciais	nd	0,9%	1,3%	1,1%	0,8%	0,9%	1,1%	1,2%	1,1%
Defesa e Segurança	3,5%	3,1%	3,1%	3,5%	3,2%	2,8%	2,9%	3,0%	3,0%
Governo federal	3,5%	2,5%	2,4%	2,6%	2,3%	1,7%	1,5%	1,4%	1,4%
Governos provinciais	nd	0,5%	0,8%	0,9%	0,9%	1,0%	1,3%	1,5%	1,6%
Saúde	1,1%	1,4%	1,7%	3,4%	3,7%	3,8%	4,3%	4,5%	4,3%
Governo federal	1,1%	0,7%	0,7%	2,1%	2,4%	2,4%	2,4%	2,4%	2,2%
Governos provinciais	nd	0,7%	0,9%	1,3%	1,4%	1,5%	1,9%	2,0%	2,1%
Educação e Cultura	2,1%	2,0%	3,3%	3,2%	3,1%	3,6%	3,8%	4,4%	4,4%
Governo federal	2,1%	1,2%	1,9%	1,6%	1,4%	1,4%	1,0%	1,0%	0,9%
Governos provinciais	nd	0,7%	1,3%	1,6%	1,7%	2,2%	2,8%	3,4%	3,5%
Desenvolvimento Econômico	9,4%	7,6%	6,3%	7,5%	7,5%	7,0%	2,8%	1,9%	1,7%
Governo federal	9,4%	6,2%	4,2%	5,4%	6,1%	5,8%	1,7%	0,7%	0,8%
Governos provinciais	nd	1,4%	2,1%	2,0%	1,4%	1,2%	1,1%	1,2%	0,9%
Bem-Estar Social	3,4%	4,7%	6,3%	8,5%	7,2%	9,1%	10,3%	10,3%	10,1%
Governo federal	3,4%	3,7%	4,8%	6,4%	5,2%	6,6%	7,2%	7,5%	7,3%
Governos provinciais	nd	1,0%	1,5%	2,2%	2,0%	2,6%	3,1%	2,8%	2,8%
Dívida Pública	0,9%	0,7%	1,1%	2,5%	4,7%	2,4%	2,0%	3,1%	3,4%
Governo federal	0,9%	0,6%	1,1%	2,5%	4,6%	2,3%	1,8%	2,6%	2,8%
Governos provinciais	nd	0,1%	0,1%	0,1%	0,1%	0,1%	0,2%	0,5%	0,6%

Notas: Como porcentagem do PIB, em médias por quinquênio, exceto para os dados de 1950-1980, que correspondem a períodos de dez anos.

nd: não disponível.

Fontes: Ministério da Economia, Secretaria do Tesouro, Conta de Financiamentos, Investimentos e Poupança; Ministério da Economia, Escritório de Programação de Gastos Sociais; e Alberto Porto (org.), *Disparidades regionales y federalismo fiscal* (La Plata: Edulp, 2004).

na Argentina, os gastos com desenvolvimento econômico, defesa e segurança e bem-estar social são especialmente proeminentes.

Em 1950, quando estava se encerrando o primeiro governo peronista, a principal categoria de gastos era com desenvolvimento econômico (9,4% do PIB); bem abaixo estavam defesa e segurança (3,5%) e bem-estar social (3,4%). Ao contrário do que é afirmado em geral, as características salientes não eram, na ocasião, apenas aquelas inerentes a um estado de bem-estar social, mas sim de um governo que, tendo uma participação predominante na economia, também acentuava a propensão militarista. Dez anos depois, em 1960, ele mantinha os traços de uma economia na qual o papel do Estado, apesar de diminuir, continuava a se destacar (7,6% do PIB), mas os gastos com bem-estar social tinham passado para a segunda maior categoria (4,7%). Nas décadas subsequentes, os termos da pirâmide de gastos estavam invertidos; desde então, até hoje os gastos com bem-estar social vêm cada vez mais assumindo a parte do leão (exceto para o período 1981-1985, quando uma soma um pouco maior foi gasta com desenvolvimento econômico), com a educação e a cultura superando a defesa e a segurança.

Com relação aos gastos com saúde, educação e cultura, os números são muito reveladores. De fato, seu crescimento desde o período 1981-1985 ocorreu ao mesmo tempo que um importante declínio nos gastos com defesa e segurança. Além disso, a composição dos gastos com saúde e educação passou a assumir características federalistas devido, entre outras coisas, às políticas de descentralização nessas áreas por aproximadamente 15 anos (o que não provocou automaticamente uma melhoria na qualidade desses bens públicos nas províncias). Finalmente a porcentagem da dívida pública, a terceira maior categoria de gastos no período 1981-1985 (4,7% do PIB), é uma cifra significativa de 2001 a 2003 (3,4%), é um testemunho silencioso das duas grandes crises que acossaram a Argentina desde os anos 1980. Como já foi notado, à primeira vista o mapa fiscal dos Estados Unidos não é tão diferente do da Argentina. Contudo, olhando mais de perto observa-se que a estrutura dos gastos dos EUA, comparada com a da Argentina, acentua a separação dos poderes fiscais.

Na Tabela 9.6, duas linhas horizontais se destacam como registros de continuidade inegável. De 1936 a 2004, com poucas exceções, defesa e segurança e bem-estar social eram as maiores categorias de gastos. É claro que houve picos muito elevados no período dominado pelo esforço militar exigido pela Segunda Guerra Mundial (de 1941 a 1945, os gastos com defesa absorveram 76,2% do

Estados Unidos: gastos públicos federais e subnacionais: gastos por finalidade

	1936-1940	1941-1945	1946-1950	1951-1955	1956-1960	1961-1965	1966-1970	1971-1975	1976-1980	1981-1985	1986-1990	1991-1995	1996-2000	2001-2004
Setor Público Consolidado	100%	100%	100%	100%	100%	100%	100%	100%	100%	100%	100%	100%	100%	100%
Governo federal	100%	100%	81,4%	72,9%	69,0%	67,3%	66,7%	65,5%	68,0%	70,0%	67.4%	66,1%	64,2%	63,5%
Governos subnacionais	0	0	18,6%	27,1%	31,0%	32,7%	33,3%	34,5%	32,0%	30,0%	32.6%	33,9%	35,8%	36,5%
Administração Geral	8,2%	4,8%	14,4%	5,9%	6,5%	8,3%	8,1%	5,7%	6,4%	9,4%	8,9%	8,2%	4,3%	3,7%
Governo federal	8,2%	4,8%	14,4%	5,9%	6,5%	8,3%	7,0%	5,7%	5,5%	4,9%	3,9%	3,5%	3,4%	3,7%
Governos subnacionais	0	0	0	0	0	0	1,1%	0	0,9%	4,6%	5,0%	4,7%	0,9%	nd
Defesa e Segurança	17,5%	76,2%	36,2%	47,0%	38,9%	31,9%	29,7%	20,8%	16,0%	18,8%	19,2%	14,6%	10,9%	11,5%
Governo federal	17,5%	76,2%	36,2%	47,0%	38,9%	31,9%	29,5%	20,8%	15,9%	17,8%	18,0%	13,2%	10,6%	11,5%
Governos subnacionais	0	0	0	0	0	0	0,2%	0	0,2%	0,9%	1,3%	1,4%	0,3%	nd
Saúde	0,6%	0,2%	0,4%	0,4%	0,5%	0,9%	3,5%	4,7%	6,9%	12,0%	13,4%	18,1%	14,1%	13,7%
Governo federal	0,6%	0,2%	0,4%	0,4%	0,5%	0,9%	3,1%	4,7%	5,9%	7,1%	7,8%	10,6%	12,5%	13,7%
Governos subnacionais	0	0	0	0	0	0	0,5%	0	0,9%	5,0%	5,6%	7,5%	1,6%	nd
Educação e Cultura	20,8%	3,1%	0,3%	0,4%	0,6%	0,9%	5,1%	3,2%	6,0%	12,9%	13,0%	12,6%	4,1%	2,3%
Governo federal	20,8%	3,1%	0,3%	0,4%	0,6%	0,9%	2,7%	3,2%	3,8%	2,5%	2,0%	2,1%	2,0%	2,3%
Governos subnacionais	0	0	0	0	0	0	2,5%	0	2,2%	10,4%	11,0%	10,5%	2,1%	nd
Desenvolvimento Econômico	24,4%	8,0%	4,3%	4,0%	4,7%	5,5%	7,1%	6,0%	8,1%	8,9%	8,6%	7,2%	3,5%	3,3%
Governo federal	24,4%	8,0%	4,3%	4,0%	4,7%	5,5%	5,7%	6,0%	7,3%	5,4%	4,7%	3,7%	2,8%	3,3%
Governos subnacionais	0	0	0	0	0	0	1,4%	0	0,8%	3,5%	3,9%	3,5%	0,7%	nd
Bem-estar Social	22,3%	6,3%	20,0%	13,3%	16,7%	18,6%	18,3%	23,7%	27,7%	31,8%	29,0%	31,2%	26,7%	25,4%
Governo federal	22,3%	6,3%	20,0%	13,3%	16,7%	18,6%	17,3%	23,7%	26,6%	26,6%	23,6%	25,3%	25,5%	25,4%
Governos subnacionais	0	0	0	0	0	0	1,0%	0	1,0%	5,2%	5,4%	5,9%	1,2%	nd
Dívida Pública	9,5%	3,5%	9,1%	5,5%	4,8%	4,6%	4,7%	4,7%	5,5%	8,8%	10,1%	10,0%	9,2%	5,3%
Governo federal	9,5%	3,5%	9,1%	5,5%	4,8%	4,6%	4,5%	4,7%	5,4%	8,3%	9,6%	9,6%	9,2%	5,3%
Governos subnacionais	0	0	0	0	0	0	0,2%	0	0,1%	0,5%	0,5%	0,4%	0,1%	nd
Recursos Compensatórios Não Distribuídos	-3,3%	-2,2%	-3,4%	-3,6%	-3,6%	-3,3%	-3,0%	-3,2%	-2,4%	-2,7%	-2,2%	-1,8%	-1,7%	-1,6%
Governo federal	-3,3%	-2,2%	-3,4%	-3,6%	-3,6%	-3,3%	-3,0%	-3,2%	-2,4%	-2,7%	-2,2%	-1,8%	-1,7%	-1,6%
Governos subnacionais	0	0	0	0	0	0	0	0	0	0	0	0	0	nd

Notas: Como porcentagem do PIB, em médias por quinquênio.
nd: não disponível.
Fontes: U.S. Congressional Budget Office; Organização para Cooperação e Desenvolvimento Econômico (OCDE), Estatísticas de Receitas 1965-2005; U.S. Department of Commerce (Bureau of Economic Analysis); U.S. Department of the Treasury; U.S. Office of Management and Budget; Executive Office of the President of the United States, *Economic Report of the President*; International Monetary Fund, Government Financial Statistics; Teresa Ter-Minassian (org.), *Fiscal Federalism in Theory and Practice* (Washington: IMF, 1997); Vito Tanzi e Ludger Schuknecht, *Public Spending in the 20th Century* (Cambridge: Cambridge University Press, 2000); Alberto Porto (org.), *Disparidades regionales y federalismo fiscal* (La Plata: Edulp, 2004).

PIB), mas no período 1971-1975, ainda durante a Guerra Fria, os gastos com bem-estar social superaram claramente os gastos com a defesa. E isso não é tudo: nos anos subsequentes à queda do Muro de Berlim e até 2004, os Estados Unidos gastaram mais com saúde do que com defesa. É preciso salientar esses aspectos numa república cuja expansão militar, sem rival no mundo, é clara. Apesar disso, os gastos com defesa não constituem a maior categoria. Assim como a Argentina da "justiça social" estava mais inclinada a determinar seu ritmo gastando com economia e defesa, a república militarista dos Estados Unidos está mais voltada para bem-estar social e saúde.[48]

Além disso, se analisarmos a separação dos poderes fiscais de acordo com sua relação com a oferta de bens públicos, precisamos ter em mente que as despesas predominantes do governo federal nos Estados Unidos (previdência social e defesa) são financiadas pelo pagamento de impostos diretos. Já outros bens públicos, como saúde e educação, parecem responder mais a uma fórmula mista que inclui, juntamente com os gastos federais, gastos estaduais financiados principalmente por impostos indiretos. Consequentemente, e visando a introduzir uma nuance nas hipóteses expostas no início deste capítulo, a cidadania fiscal não deriva necessariamente do pagamento de impostos diretos no que diz respeito ao benefício na forma de bens públicos recebidos pelos cidadãos e habitantes em troca dos pagamentos de impostos. Na verdade, pode haver bens públicos recebidos pelo pagamento de impostos indiretos.[49]

Será que isto significa que os dois tipos de impostos, diretos e indiretos, desempenham papéis neutros em relação ao financiamento e ao recebimento de bens públicos pelos cidadãos? Não parece ser tão fácil responder afirmativamente a esta pergunta se também tivermos em mente a abordagem particular de fusão de poderes fiscais predominante na Argentina. Quando o perfil de despesas por finalidade depende do papel predominante dos impostos indiretos, este tipo de financiamento, em conjunto com o regime federal de coparticipação, tem como consequência o contribuinte não saber de onde vêm nem para onde vão os impostos. Além da parte correspondente à cobrança de impostos municipais e provinciais, uma conta fiscal única, determinada por baixo através do consumo, sobre o qual são cobrados impostos indiretos, é então distribuída por uma decisão política do Congresso, dos governadores provinciais e do poder executivo nacional (acrescente a isso os poderes emergenciais obtidos pelo executivo por delegação do Congresso).[50] A situação pode ser diferente quando há uma divisão de poderes fiscais com predominância de impostos diretos.

Conclusão: déficit, inflação e dívida

A questão política derivada desses argumentos é tão óbvia quanto inquietante: como estão sendo financiados os gastos do governo? Neste ponto é útil uma perspectiva histórica. No debate legislativo visto anteriormente, sobre impostos de emergência sobre lucros e sobre salários na Argentina, o deputado Manuel Fresco fez uma previsão. A seguir, disse que "existe a percepção de um superávit".[51] Certamente não é fácil prever o que está por vir, mas a partir do momento em que este representante da província de Buenos Aires (e mais tarde seu governador) fez um prognóstico, o desempenho fiscal do Estado refutou-a fortemente durante setenta anos. Como mostra a Tabela 9.7, de 1932 a 2004 (em 2003 a Argentina estava apenas começando a ter um superávit fiscal e estava conseguindo resultados semelhantes àqueles da década de 1990),[52] o déficit fiscal era uma regra invariável, algo como uma normalidade de pernas para o ar, dependendo de quando era aplicado.[53]

Três grandes problemas se destacam nesta leitura. Primeiro, existe o fato de os gastos do setor público entre 1932 e 2004 representarem nada menos que 21,29% e nada mais que 27,66% do PIB. Segundo, este quadro de relativa estabilidade contrasta com a carência de receitas fiscais desde o período 1961-1965 (não foi possível obter informações sobre períodos anteriores). Somente em 1991 as receitas fiscais passaram de 20% do PIB. O espectro do déficit sempre pairou sobre as contas fiscais, com o agravante de ser superior a 5% do PIB nos cinco períodos de cinco anos; no início dos anos 1980, ele subiu para 9,34 do PIB. O remédio para tal desequilíbrio – e esse era o terceiro problema – era emitir dinheiro. De acordo com os dados disponíveis, as altas porcentagens de emissões de dinheiro coincidem com déficits cada vez maiores, 6,20% em 1971 contra 7,85% em 1975 e 7,47% em 1981 contra 9,34% em 1985.

Se em vez de abordar esta longa sequência por médias, nós o fizermos dando ênfase a determinados anos decisivos, a situação parece mais dramática. Em 1975, o déficit era de aproximadamente 40% do PIB e a receita fiscal equivalia a 16,4% do PIB, enquanto os salários reais no setor público eram 25% mais altos que os do setor privado. No final de 1983, a inflação estava acima de 400% anuais, com o tesouro contribuindo com apenas 17,7% em recursos genuínos.[54]

Que conclusões temporárias podem ser extraídas desta visão geral? Podemos ver uma propensão recorrente, por parte dos responsáveis, para conceber o Estado como um manipulador fiscal. Quer estivessem inclinados a gastos desproporcionais ou a estabilizar as contas, os governos sempre operaram como

TABELA 9.7

Argentina: receitas, gastos, déficit e financiamento do setor público

Período	Receitas Fiscais	Receitas Não Fiscais	Receitas de Capital	Outros Financiamentos	Receitas totais	Gastos Correntes	Gastos de Capital	Total de Gastos	Déficit	Uso de Crédito	Emissão de Moeda	Fontes e Aplicações Financeiras
1932-1935	nd	nd	nd	nd	nd	20,04%	3,05%	23,08%	1,70%	0,55%	nd	nd
1936-1940	nd	nd	nd	nd	nd	17,98%	4,66%	22,64%	2,67%	3,11%	nd	nd
1941-1945	nd	nd	nd	nd	nd	17,22%	4,08%	21,29%	4,75%	4,62%	nd	nd
1946-1950	nd	nd	nd	nd	nd	17,95%	8,40%	26,36%	4,14%	4,26%	nd	nd
1951-1955	nd	nd	nd	nd	nd	18,67%	6,00%	24,67%	3,90%	5,01%	nd	nd
1956-1960	nd	nd	nd	nd	nd	17,06%	4,69%	21,75%	4,78%	5,06%	nd	nd
1961-1965	15,46%	2,64%	0,50%	0	18,60%	16,72%	7,43%	24,15%	5,55%	2,38%	3,17%	0
1966-1970	18,65%	3,20%	0,44%	0	22,30%	17,19%	7,61%	24,80%	2,51%	0,46%	2,04%	0
1971-1975	15,98%	2,75%	0,27%	0	19,01%	18,64%	8,22%	26,86%	7,85%	1,65%	6,20%	0
1976-1980	16,41%	2,97%	0,24%	0	19,62%	16,40%	9,52%	25,92%	6,30%	3,45%	2,84%	0
1981-1985	14,73%	3,27%	0,22%	0,11%	18,32%	21,26%	6,40%	27,66%	9,34%	1,86%	7,47%	0
1986-1990	16,19%	2,35%	0,25%	0,24%	19,03%	19,62%	5,73%	25,35%	6,32%	1,78%	4,54%	0
1991-1995	20,19%	2,18%	1,02$	0	23,40%	22,12%	2,56%	24,69%	1,29%	1,43%	0,26%	-0,41%
1996-2000	20,70%	2,36%	0,52%	0	23,58%	24,42%	2,14%	26,56%	2,98%	3,71%	0,41%	-1,15%
2001-2004	20,90%	3,55%	0,27%	0	24,72%	25,50%	1,31%	26,80%	2,08%	1,32%	1,01%	-0,25%

Notas: Dados apresentados como porcentagens do PIB e médias por quinquênio.
Não há dados sobre receita não fiscal, capital e dívida antes de 1960.
Uso de crédito: inclui dívida líquida (amortizações líquidas de dívida nova).
Emissão de moeda: envolve dívida com o Banco Central da República Argentina (BCRA) e aumento em passivos financeiros líquidos; para 1993, representa dívida para a receita líquida do BCRA.
Fontes e aplicações financeiras: incluem o líquido entre fontes e aplicações financeiras; as informações estão disponíveis para 1993.
nd: não disponível.
Fontes: Ministério da Economia, Secretaria do Tesouro, Conta de Poupança-Investimento-Financiamento 1961-2003; A. Mann e W. Schultess, "El nivel y la composición del gasto real del sector gubernamental de la República Argentina", *Desarrollo Económico*, nº 82 (1981); Alberto Porto (org.), *Disparidades regionales y federalismo fiscal* (La Plata: Edulp, 2004); Banco Central da República Argentina (BCRA), Relevamiento Estadístico de la República Argentina 1900-1980 e 1981-1986; Fundo Monetário Internacional, Estatísticas de Financiamento do Governo; Pablo Gerchunoff e Lucas Llach, *El ciclo de la ilusión y el desencanto* (Buenos Aires: Ariel, 1999), Carlos Díaz Alejandro, *Ensayos sobre historia económica argentina* (Buenos Aires: Amorrortu, 2002); Ministério da Economia, Secretaria do Tesouro, Memorias de Hacienda; Escritório Federal de Receita Pública (AFIP), Estadísticas tributarias (várias edições); José García Vizcaíno, *Evolución de la deuda pública nacional* (Buenos Aires: Eudeba, 1980).

se seus orçamentos fossem maiores do que os recursos de fato disponíveis. A sequência é reveladora porque, se numa fase inicial, a arte da manipulação fiscal não atingiu extremos insuportáveis, num segundo estágio, nos anos 1970 e 1980, este *modus operandi* desenvolveu nos cidadãos a percepção de estarem sendo roubados por um governo atrofiado. A este respeito, a comparação com os Estados Unidos ilustra não tanto a ação de um governo coerente através da sua conduta fiscal, mas sim como pode se tornar importante o imperativo de não cruzar certos limites básicos (veja Tabela 9.8).

O total de gastos públicos do setor público federal nos Estados Unidos começou em modestos 9,8% do PIB no período 1936-1940 (e não estamos falando de um governo conservador, mas do New Deal durante o segundo mandato de Roosevelt), então aumentou fortemente durante a Segunda Guerra Mundial (33,3% de 1941 a 1945). O impacto do esforço coletivo, que gerou uma mobilização até então nunca vista da sociedade teve, como contrapartida, um déficit de 18,7%, que foi financiado pela dívida que chegou a 21,1%. É importante notar aqui que logo depois, no período 1946-1950, o governo pisou no freio, reduzindo o déficit para 1,2%, e criou as condições para atingir um superávit de 1,4% entre 1951 e 1955. A década que impeliu os Estados Unidos para sua posição de potência mundial foi o ponto de partida de uma tendência sem grandes flutuações fiscais por mais de cinquenta anos: as receitas fiscais variavam entre 17,1 e 19,9% do PIB, com os gastos totais variando de 16,4 a 23,3%.

É verdade que durante esse período o governo federal precisou financiar déficits de magnitudes variáveis (o mais alto foi superior a 4,2%, correspondendo ao período 1981-1985, no qual a política de cortes de impostos com seu resultante déficit fiscal foi seguida pelo governo Ronald Reagan). Mas também é verdade que esses níveis de déficit que, com um ligeiro declínio, foram conseguidos ao longo de dois períodos de cinco anos, constituem mais uma exceção do que a regra. Nas sete décadas cobertas na Tabela 9.8, os Estados Unidos tiveram três períodos de cinco anos com superávits fiscais e seis períodos de cinco anos nos quais o déficit variou entre 0,4 e 2,2%. O que se destaca é uma tendência para o equilíbrio que contrasta com o histórico da Argentina.

Se falamos de uma lacuna entre os dois países (esta caracterização pode se estender a outros países latino-americanos), devemos lembrar que esta questão está ligada ao antigo debate republicano a respeito dos limites de poder. Na área de política fiscal esses limites são muito claros e não existe voluntarismo estatal ou habilidade manipulativa que possa contornar a exigência de manter os gastos alinhados com as receitas fiscais. Portanto surgem perguntas quando se nota

TABELA 9.8

Estados Unidos: renda, gastos, déficit e financiamento do setor público

Período	Receita Fiscal	Receita Não Fiscal	Renda de Capital	Renda Total	Gastos Correntes	Gastos de Capital	Total de Gastos	Déficit	Uso de Crédito	Emissão de Moeda
1936-1940	6,8%	0	0	6,8%	9,8%	0	9,8%	3,0%	5,9%	-2,9%
1941-1945	14,6%	0	0	14,6%	33,3%	0	33,3%	18,7%	21,1%	-2,3%
1946-1950	16,2%	0,1%	0	16,3%	17,4%	0	17,4%	1,2%	-2,4%	3,5%
1951-1955	17,7%	0,1%	0	17,8%	16,4%	0	16,4%	-1,4%	0,4%	-1,8%
1956-1960	17,1%	0,1%	0,1%	17,3%	16,4%	0,3%	16,7%	-0,6%	0,5%	-1,1%
1961-1965	17,3%	0,3%	0,4%	18,0%	16,9%	1,4%	18,3%	0,4%	0,4%	0
1966-1970	17,9%	0,3%	0,4%	18,6%	18,3%	0,8%	19,1%	0,5%	0,3%	0,2%
1971-1975	17,5%	0,2%	0,4%	18,1%	19,7%	0,1%	19,8%	1,7%	2,0%	-0,3%
1976-1980	17,3%	0,3%	0,3%	17,9%	19,3%	0,6%	19,9%	2,0%	1,8%	0,2%
1981-1985	18,1%	0,7%	0,2%	19,1%	22,5%	0,7%	23,3%	4,2%	4,2%	0
1986-1990	18,1%	0,8%	0,2%	19,0%	22,0%	0,9%	22,9%	3,8%	3,4%	0,4%
1991-1995	18,1%	0,7%	0,2%	19,0%	22,5%	0,5%	23,0%	3,9%	3,3%	0,6%
1996-2000	19,9%	0,5%	0,3%	20,7%	20,4%	0,2%	20,6%	-0,1%	-0,7%	0,5%
2001-2004	17,6%	0,5%	0,2%	18,3%	20,0%	0,4%	20,4%	2,2%	1,6%	0,6%

Notas: Dados apresentados em percentuais do PIB em médias quinquenais.

Inclui gastos e receitas do governo central.

Uso de Crédito = variação ano a ano da dívida nas mãos do público, amortizações líquidas e papéis do Federal Reserve.

Emissão de Moeda = diferença entre o déficit e as flutuações na dívida e inclui notas do tesouro em poder do Federal Reserve.

Fontes: U.S. Congressional Budget Office; Organização para Cooperação e Desenvolvimento Econômico (OCDE), Estatísticas de Receitas 1965-2005; U.S. Department of Commerce (Bureau of Economic Analysis); U.S. Department of the Treasury; U.S. Office of Management and Budget; Executive Office of the President of the United States, *Economic Report of the President*; Fundo Monetário Internacional, Estatísticas Financeiras do Governo; Teresa Ter-Minassian (org.), *Fiscal Federalism in Theory and Practice* (Washington: IMF, 1997); Vito Tanzi e Ludger Schuknecht, *Public Spending in the 20th Century* (Cambridge: Cambridge University Press, 2000); Alberto Porto (org.), *Disparidades regionales y federalismo fiscal* (La Plata: Edulp, 2004).

que, no último período da série, tanto o déficit quanto o nível de endividamento cresceram nos Estados Unidos. Nem mesmo as grandes potências estão livres de tentações. Ao contrário: elas correm o risco de ser a causa de processos históricos de declínio.[55]

Podemos continuar analisando as causas prováveis da lacuna entre Estados Unidos e Argentina, lacuna esta que se ampliou com o tempo, mas também é importante tratar do dilema, enraizado no argumento republicano, de opor o papel do habitante ao do cidadão em relação ao desenvolvimento dos direitos e atributos do Estado. Vale lembrar que esta terminologia é muito antiga. No pensamento dos fundadores da nação, a esfera das obrigações públicas era pequena e zelosamente limitada numa república bem desenvolvida. Em contraste, para uma grande parcela do pensamento contemporâneo, a república representa uma ordem política na qual essa esfera pública se expande à medida que há maior atenção, na consciência das pessoas e no escopo do Estado, de uma gama de direitos mais complexa. Isto é o que hoje chamamos de democracia. Aqui são feitas referências a pelo menos duas dimensões básicas: primeira, pode não haver expansão sustentável no rol de direitos sem um consequente aumento no senso de obrigação política; e segunda, o mediador essencial entre direitos e obrigações é um conjunto de instituições públicas vistas de forma positiva pelas pessoas, em termos da sua estabilidade e responsabilidade.

Se projetarmos as noções cuja genealogia teórica e histórica exploramos nas partes iniciais deste capítulo sobre a esfera limitada da política fiscal, poderemos verificar como este elo entre habitantes, cidadãos e governos encontrou expressão em vários momentos da história. Notamos que uma república com um pequeno núcleo de direitos não sofre necessariamente de uma falta de coesão resultante de um fraco senso de obrigação política. Por exemplo, Alberdi não imaginou uma situação desta natureza. Ele imaginava um contexto no qual a redução da esfera de obrigações assegurava a efetiva aplicação de instituições fiscais baseada na predominância de impostos indiretos. O problema se complica quando, depois de certos fenômenos históricos universais, o desenvolvimento do repertório de direitos é aprovado sem o necessário apoio das instituições fiscais. Daquilo que vimos, a Argentina parece representar um caso paradigmático.

Esta divisão entre a crença de que somos dotados de um considerável conjunto de direitos e a crença de que não é urgente nem necessário levar a cabo as obrigações implícitas nesses direitos geralmente gera situações nas quais atitudes defensivas – típicas de um habitante desligado de suas obrigações – entram em choque com atitudes ofensivas típicas de um governo que tende a se colocar acima da lei. Com base na perspectiva oferecida pela análise da cidadania fiscal na Argentina, em vez de estabelecer o princípio de um governo sujeito à lei, estabelecemos o critério inverso da lei dependendo do governo. De *rex sub lege* [o rei subordinado à lei], o acúmulo de acidentes nos colocou diante do desconhecido *lex sub rege* [a lei subordinada ao rei].

A confusa teia de atitudes ofensivas e defensivas pode ser expressa por dois tipos de conduta. A primeira é o Estado desempenhando o papel de agente público – fazendo uso do seu monopólio, legítimo e ilegítimo, sobre o uso da força pública – que se apropria dos rendimentos a curto ou a longo prazo. No caso da Argentina, primeiro o governo se apropriou dos recursos depositados nos fundos de previdência social; a seguir, uma vez esgotados aqueles recursos, recorreu à emissão de dinheiro; e, finalmente, quando chegou ao fundo com hiperinflação pelo uso desse instrumento, a busca por recursos fiscais não genuínos foi canalizada pelo endividamento. Esta ofensiva, que pretendia traçar parte de um círculo não virtuoso, foi concluída, no lado dos contribuintes, pela expressão de duas atitudes defensivas. Numa fase, no início dos anos 1980, o crescimento exponencial da inflação provocou a rejeição da moeda. Naquele ambiente weimariano, a inflação subiu de 154% ao ano em 1979 para 3.139,3% em 1989, e 1.817,8% em 1990. Esse deslocamento nas relações básicas de uma comunidade abalou o cenário social, deixando legiões de pessoas marginalizadas e excluídas e, ao mesmo tempo, incentivando aquelas com renda suficiente para pagar impostos a adotar outra atitude defensiva: a evasão fiscal.

Essas reações, consistindo simplesmente em não pagar impostos ou evadir-se a eles tirando proveito de brechas na legislação, têm um componente duplo: a evasão fiscal, na medida em que constitui o repúdio de uma obrigação política, sempre é acompanhada por uma justificativa que responsabiliza o Estado por deixar de cumprir seus deveres. Isto é, pelo fato de o Estado deixar de responder com serviços públicos eficientes e não respeitar seus contratos sociais, o indivíduo decide não pagar impostos, e porque esses impostos não são pagos, a capacidade do Estado de oferecer bens públicos fica prejudicada. Esta perspectiva, vista de outro ângulo do círculo vicioso que corrói a cidadania fiscal, tem sérios efeitos. Por exemplo, se examinarmos o não pagamento do imposto sobre valor agregado (o mais importante no setor predominante de impostos indiretos), veremos que nos últimos anos as porcentagens têm sido no mínimo de 25% do total de receitas: 26,7% em 1997, 27,9% em 2000, 29,6% em 2001, 34,8% em 2002, 32,3% em 2003 e 24,8% em 2004.[56]

É claro que esses números indicam que o não pagamento de um imposto intimamente associado ao consumo também se reflete no desempenho da economia (a maior porcentagem, 34,8%, em 2002, reflete a enorme redução – 23,1% – no produto bruto naquele mesmo ano). As crises econômicas também têm muito a dizer a este respeito uma vez que, como qualquer fenômeno social complexo, não resultam de uma única causa. A explosão, que inicialmente parecia impossível de conter no verão de 2001-2002, com suas cenas assustadoras de raiva coletiva invadindo ruas e praças, resultou de várias causas. Uma das mais evidentes, antes e durante a explosão, foi aquilo que Pablo Gerchunoff [várias pessoas podem consumir o bem sem diminuir seu valor] e Lucas Llach chamaram de "populismo da taxa cambial" (*el populismo cambiario*):[57] rigidez no gerenciamento da relação de um para um entre peso e dólar, a qual, com o passar dos anos, não conseguiu evitar a diferença nos preços relativos. Mesmo assim, no contexto da pluralidade de causas, a questão fiscal se destaca. De outra forma, é difícil compreender o serviço muito mais alto da dívida, em dólares, durante o período 1996-2000 (3,71% do PIB, comparados com 1,43% no período de cinco anos anterior) sem ligá-lo aos infortúnios fiscais do Estado em seus vários níveis.

A cada crise sucessiva, sedimentos de memória são depositados na consciência de uma geração de cidadãos e reforçam a desconfiança e atitudes defensivas. De alguma forma, em sociedades como esta, existe uma geologia da memória, uma justaposição de depósitos de medo que foram construídos devido às repetidas ofensas de um Estado que, de uma maneira ou de outra, rompe suas próprias regras. A memória das grandes crises do último século (que está morrendo à medida que as gerações se sucedem) não é tão importante quanto as memórias acumuladas no decorrer de um ciclo de vida. Nos Estados Unidos ou na Alemanha, esse tipo de memória é entre gerações; na Argentina, ela está na mesma geração.

Diante dessas perturbações, várias políticas fiscais certamente são possíveis. Uma delas, que está atualmente sendo implantada, tem sobreposição de impostos, estabelece cargas que causam distorções – por exemplo, sobre comércio exterior ou transações financeiras – e conclui gerando uma carga fiscal nominal que, em última análise, não é eficaz.[58] Essas consequências eliminam o significado universal e igualitário da cidadania fiscal, que deveria inspirar suas regras e sua conduta. Quando o universo dos contribuintes é estratificado entre aqueles que pagam e aqueles que não pagam, o que é público também é dividido entre um grupo de habitantes que não se sentem politicamente obrigados (pois ignoram a ameaça de coerção[59] ou não praticam uma aquiescência voluntária), por um lado, e por outro um conjunto de cidadãos que, pelos mesmos motivos, respeitam a determinação fiscal. Esta imagem de um plano inclinado, que está muito próxima da realidade da conduta de pessoas diferentes, não é nem um pouco parecida com uma ordem de justiça ou de igualdade.

Esta soma de contradições salienta um fato paradoxal. Se fizermos uma análise rápida, examinando não o caso dos EUA, mas de países com uma carga fiscal ainda mais alta em impostos diretos e progressivos, como Noruega, Suécia e Dinamarca, poderemos constatar, com base em comparações internacionais, que a força aplicada ao contribuinte não parece ter um efeito negativo sobre o clima dos negócios, nem sobre a iniciativa para a abertura de novas empresas.[60] Isto significa que quanto melhor a garantia dos direitos de propriedade, maior a probabilidade de não haver evasão fiscal. Isto não quer dizer que os países citados estão livres de problemas fiscais sérios. O envelhecimento da população, a saturação do contribuinte em relação à carga fiscal que prejudica os incentivos para trabalhar, os custos cada vez mais altos da assistência à saúde, também visíveis nos Estados Unidos – todos esses desafios representam fatores desconhecidos monumentais para o século XXI. Contudo, deve-se notar que o platô de desenvolvimento no qual se encontra a América Latina não é uma indicação de que as dificuldades enfrentadas na região são típicas de sociedades maduras, com estados de bem-estar social há muito estabelecidos. A região está em um nível mais típico de países que ainda não conseguiram estabelecer um sistema fiscal como pedra angular do governo sob o domínio da lei (isto é, uma ordem política na qual toda autoridade, inclusive a do governo, está subordinada à lei).

Consequentemente, um sistema fiscal não pode se manter sobre as fracas fundações de um complexo conjunto de regras e decisões que dá origem a incertezas, por exemplo a respeito de direitos de propriedade, confisco de depósitos pelo Estado ou a imposição de liberações sobre dívidas assumidas pelo próprio Estado. Isto dá origem a um contrassistema institucional não muito competente para ter um efeito equalizador sobre a distribuição de renda. Essa incerteza não é a maneira mais eficaz de estimular nos cidadãos uma ética reformista, visando a modificar as relações de desigualdade e falta de justiça.

Também não é bom ter um sistema fiscal confuso que sobreponha, numa espécie de montagem provocada por carências financeiras de curto prazo, pagamentos sobre pagamentos, emergência sobre emergência. O grande número de leis, decretos e resoluções geralmente provoca a imagem de uma situação criada especialmente para confundir. Neste processo, o cidadão-contribuinte se torna dependente de peritos com os conhecimentos necessários para navegar por essa teia de regras. Seguindo a lição dos autores clássicos, a moderna política fiscal – um preâmbulo necessário para uma constituição econômica – deve incorporar as características de generalidade, simplicidade, proximidade e transparência. Quando no lugar desses atributos existem particularismo, confusão, distância e opacidade, a cidadania fiscal sofre. Desta maneira, as deficiências do Estado e na dimensão subjetiva do cidadão alimentam-se mutuamente, penetrando o sistema fiscal com interesses de todos os tipos, visíveis tanto através das suas ligações com o Estado quanto nas relações entre e governo federal e as províncias.

Este relato sugere a necessidade de se construir gradualmente uma democracia institucional. Enquanto a democracia eleitoral[61] é um conceito que alimenta uma realidade dinâmica (claramente a razão da existência das eleições – felizmente abundantes na América Latina: mudar e definir alternativas), a democracia institucional delimita o campo de jogo. A democracia eleitoral é naturalmente dinâmica e mutável – sabemos bem disso. Por outro lado, a democracia institucional deveria ser mais estável. As instituições arraigadas de forma legítima, além das condições pessoais de liderança, são as únicas que podem capacitar o representante a contar com instrumentos de governo confiáveis. Sabemos que as instituições devem ter três características: eficácia no cumprimento da sua missão, controle constitucional para mantê-las dentro de limites adequados e confiança para que os cidadãos possam ver nelas um apoio honesto para suas vidas pública e privada. Muito tem sido dito nos últimos anos a respeito do crepúsculo do Estado na era da globalização; em contraste, pouco tem sido dito sobre o fato irrefutável de que a estrutura institucional do Estado, como realidade e como aspiração, é tão relevante hoje quanto era no passado.

Nessa estrutura, as instituições fiscais constituem a espinha dorsal para dar suporte material aos direitos e, sem direitos efetivamente observados, as liberdades estão seriamente comprometidas. Por essa razão o economista Jacques Rueff disse, durante o período de reconstrução posterior à Segunda Guerra Mundial, que é "por causa de déficits que os homens perdem sua liberdade".[62] Na época a voz de Rueff era solitária, e talvez seu julgamento – semelhante à expressão de alguém gritando no deserto – fosse excessivamente enfático. Contudo, para aqueles que olharam o abismo de uma crise fiscal em repetidas ocasiões, a advertência só pode causar sentimentos confusos. Felizmente a Argentina não cometeu o erro terrível, tantas vezes repetido em sua história, de romper com o regime democrático. Mesmo assim, o país ainda deve subir a colina que conduz a uma democracia capaz de hospedar instituições legítimas. A cidadania fiscal tem um papel essencial neste esforço.

Notas

1. Quero agradecer ao meu colega Alfredo Canavese e à Universidad Torcuato Di Tella por suas contribuições para uma versão inicial deste capítulo. Também quero agradecer a Darío Rossignolo por sua assistência na obtenção dos dados estatísticos e na compilação das informações econômicas apresentadas aqui.
2. Com isto, talvez fique claro desde o início que cidadania significa, neste capítulo, um processo progressivo de aquisição paralela de direitos e obrigações.
3. Discuti inicialmente a ideia de uma "constituição econômica" em dois artigos publicados em *La Nación* (Buenos Aires): "La constitución política y la constitución económica" (8 de julho de 1989) e "Las tres constituciones" (27 de novembro de 1994). Veja também Natalio R. Botana, *La república vacilante: Entre la furia y la razón* (Buenos Aires: Taurus, 2002). O conceito de uma constituição econômica em relação à legitimidade da moeda foi levantado por Hugo Quiroga em *La Argentina en emergencia permanente* (Buenos Aires: Edhasa, 2005), capítulo 8.
4. Jean Bodin, *The Six Books of the Commonwealth* [*Les six livres de la république*], traduzido por Robert Knolles, organizado por K. D. McRae (Cambridge, MA: Harvard University Press, 1962), livro 1, capítulo 8, p. 97, citado por Stephen Holmes, *Passions and Constraint: On the Theory of Liberal Democracy* (Chicago: University of Chicago Press, 1995), p. 107.
5. Norberto Bobbio, "Max Weber y los clásicos", em *Norberto Bobbio: El filósofo y la política* (Antologia), organizado por José Fernández Santillán (Cidade do México: Fondo de Cultura Económica, 1996), p. 99.
6. Veja Hans Kelsen, *General Theory of Law and State* (Nova York: Russell and Russell, 1961), pp. 101-119.
7. Veja Max Weber, *Economía y sociedad*, traduzido por J. Medina Echavarría, J. Roura Parella, E. García Maynez, E. Imaz e J. Ferrater Mora (México e Buenos Aires: Fondo de Cultura Económica, 1964), vol. I, parte I, capítulo III: *Los tipos de dominación*, e vol. II, capítulo IX: *Sociología de la dominación*.
8. T. H. Green, *Lectures on the Principles of Political Obligation* (Londres: Longmans, Green, 1941 [1895]), p. 29.
9. Philip Pettit, "Institutional Design and Rational Choice", em *Theory of Institutional Design*, organizado por Robert E. Goodin (Cambridge: Cambridge University Press, 1996), p. 64. Deve-se notar também que, do ponto de vista da teoria econômica, um bem público é definido por duas características: ausência de rivalidade no consumo [várias pessoas podem consumir o bem sem diminuir seu valor] e uma restrição, como questão de princípio, para que ninguém seja excluído de gozá-lo. O bem público da defesa nacional exemplifica as duas características. O fato de eu gozar de determinado nível de proteção com relação a ameaças externas não significa que outra pessoa goze de um nível mais baixo de defesa; analogamente, ninguém pode ser excluído do benefício da defesa comum, como diz o preâmbulo da Constituição Argentina, independente de a pessoa pagar ou não impostos.

10. Juan J. Llach e María Marcela Harriague, "Un sistema impositivo para el desarrollo y la equidad", estudo apresentado na Fundación Producir Conservando, Buenos Aires, junho de 2005, p. 45.
11. Stephen Holmes e Cass. R. Sunstein, *The Cost of Rights: Why Liberty Depends on Taxes* (Nova York: Norton, 1999), p. 19.
12. Idem, p. 146.
13. Ibidem, p. 205.
14. S. E. Finer, *The History of Government*, vol. 1: *Ancient Monarchies and Empires* (Oxford: Oxford University Press, 1999), p. 81.
15. Alexander Hamilton, James Madison e John Jay, *The Federalist Papers*, organizado por Isaac Kramnick (Nova York: Penguin, 1987), artigo XXIII. Nesta citação e nas que se seguem, os artigos correspondentes a Hamilton estão indicados em algarismos romanos. Veja também David F. Epstein, *The Political Theory of the Federalist* (Chicago: University of Chicago Press, 1984).
16. Hamilton et al., *The Federalist Papers*, nº XII.
17. Juan Bautista Alberdi, *Sistema económico y rentístico de la Confederación Argentina según su Constitución de 1853* (Buenos Aires: La Cultura Argentina, 1921 [1855]), p. 20.
18. Idem, p. 178.
19. Ibidem, p. 199.
20. Ibidem, p. 198.
21. Ibidem, p. 195.
22. Ibidem, p. 193.
23. Adam Smith, *The Wealth of Nations*, vol. 2, organizado por Edwin Cannan (Nova York: Putnam's, 1904), livro 5, capítulo 2, parte 2, pp. 310-311.
24. Idem, p. 312.
25. Ibidem, citando Henry Home, Lord Kames, *Sketches of the History of Man*, vol. 1 (1774), p. 474.
26. Immanuel Kant, *The Metaphysical Elements of Justice* (1965), pp. 92-93, citado em Stephen Holmes, *Passions and Constraint: On the Theory of Liberal Democracy* (Chicago: University of Chicago Press, 1995), pp. 249-250.
27. Para Rosanvallon, os primeiros debates na França sobre esta questão depois de 1789 davam ênfase a três qualidades essenciais da cidadania: nacionalidade, domicílio e o pagamento de impostos; em outras palavras, o cidadão como membro de um Estado (nacionalidade), como membro de uma comunidade específica (domicílio) e como "bon membre de la Cité" (com respeito ao domínio da lei e à contribuição através do pagamento de impostos para arcar com os ônus coletivos). Veja Pierre Rosanvallon, *Le sacre du citoyen: Histoire du suffrage universel en France* (Paris: Gallimard, 1992), p. 72.

28. Para mais discussões, veja Natalio R. Botana, *La tradición republicana: Alberdi, Sarmiento y las ideas políticas de su tiempo*, 3ª ed. (Buenos Aires: Sudamericana, 2005), pp. 73ss.

29. Holmes e Sunstein, *The Cost of Rights*, p. 259.

30. *Tribune*, 5 de fevereiro de 1869, citado por Daniel J. Boorstin, *The Americans: The Democratic Experience* (Nova York: Vintage, 1974), p. 207.

31. Emilio Berduc, "Discurso sobre Impuesto a la Renta", em *De la República posible a la República verdadera (1880-1910)*, organizado por Natalio R. Botana e Ezequiel Gallo (Buenos Aires: Ariel Historia, 1997), p. 422.

32. Idem, p. 420.

33. Ibidem, p. 421.

34. Anacleto Gil, "Discurso sobre impuestos internos", (Senado, 10 de novembro de 1891), em Botana e Gallo, *De la República posible*, p. 411.

35. José H. Martínez, *Diario de Sesiones*, Congreso Nacional, Cámara de Diputados (Buenos Aires, 1932), pp. 648, 650.

36. Vicente Solano Lima, em idem, p. 694.

37. Silvio L. Ruggieri, em idem, p. 661.

38. Atanasio Eguiguren, *Diario de Sesiones*, Congreso Nacional, Cámara de Senadores (Buenos Aires, 1932), p. 483.

39. Francisco Galíndez, em idem, p. 489.

40. Federico Pinedo, *En tiempos de la República*, vol. 1 (Buenos Aires: Mundo Forense, 1946), p. 128.

41. José N. Matienzo, *Diario de Sesiones*, Congreso Nacional, Cámara de Senadores (Buenos Aires, 1932), p. 492.

42. A palavra "maquiavélico" faz referência à propensão republicana no pensamento multifacetado de Nicolau Maquiavel, que o leitor pode compreender em *Discursos sobre a primeira década de Tito Livio* e também em seus escritos sobre o exército e a guerra. Nesses escritos, Maquiavel insistia na necessidade de apoio dos cidadãos para assegurar a defesa da república (levada ao extremo, esta demanda está plenamente expressa no conceito do cidadão em armas). É óbvio que Maquiavel não se referia em suas análises a um regime representativo e uma burocracia moderna, mas a ligação com os impostos que financiam diretamente o papel imperial dos EUA não deve ser ignorada.

43. Francis Fukuyama, *State-Building: Governance and World Order in the 21st Century* (Ithaca, NY: Cornell University Press, 2004), p. 7. A este respeito Fukuyama diz:

    > Faz (...) sentido distinguir entre o escopo das atividades do Estado, que se refere às diferentes funções e metas assumidas pelos governos, e a força do poder do Estado, ou sua capacidade de planejar e executar políticas e fazer com que as leis sejam res-

peitadas de forma clara e transparente – aquilo que hoje é chamado de Estado ou capacidade institucional.

44. Veja Arturo E. Sampay, "Discurso", em *La reforma de la Constitución Nacional*, vol. 2 (Buenos Aires: Presidencia de la Nación, 1950), pp. 354-363.

45. Veja Alfredo A. Maxud, "Discurso", em idem, p. 503.

46. De acordo com Roberto Cortés Conde, esses instrumentos fiscais eram os seguintes:

> 1. Impostos não declarados sobre ganhos no trabalho. Esses eram os fundos do sistema de previdência social. Deixados rendendo juros abaixo da inflação, eles acabaram perdendo seu valor. O importante é que os trabalhadores não sentiam os efeitos no momento em que sua contribuição era descontada, mas sim muito mais tarde, quando iam se aposentar. Em outras palavras, aquilo que se supunha ser poupança para o futuro era gasto pelo Estado. 2. Os impostos sobre exportações, que se originam da diferença na taxa de câmbio recebida pelas exportações de produtos agrícolas, ou *margens cambiais*. 3. Um imposto não declarado sobre depósitos. Ele resultava da fixação de uma taxa máxima de juros, porque o regime de controles sobre o câmbio proibia a exportação de capitais (...). 4. Finalmente, o imposto de inflação, que se estendia a todos os ativos monetários e tinha impacto especial sobre os salários.

Tradução do editor do original: Roberto Cortés Conde, *Progreso y declinación de la economía argentina* (Buenos Aires: Fondo de Cultura Económica, 1998), pp. 62ss.

47. Bo Rothstein, *Just Institutions Matter: The Moral and Political Logic of the Universal Welfare State* (Cambridge: Cambridge University Press, 1998), p. 140.

48. Obviamente, na descrição deste mapa fiscal não entramos no problema – comum em praticamente todo o mundo desenvolvido – do crescimento exponencial nos gastos com a previdência social e serviços de saúde em relação à estrutura demográfica da população. O problema, que é amplo e premente, está dando origem a uma abundante e polêmica literatura. Veja, por exemplo, Paul Krugman, "America's Senior Moment", *New York Review* (10 de março de 2005), uma revisão crítica da obra de Laurence J. Kotlikoff e Scott Burns, *The Coming of Generational Storm: What You Need to Know about America's Economic Future* (Cambridge, MA: MIT Press, 2004).

49. A este respeito, um caso relevante é o do Uruguai.

50. Essas decisões pressupõem negociações prévias que incluem não somente o sistema de coparticipação federal, mas também vários tipos de fundos especiais, transferências do tesouro nacional para as províncias, promoções industriais etc. Veja Alejandro Bonvecchi, "Les Aspects politiques du fédéralisme budgétaire argentin à l'aune des négociations fiscales fédérales", *Problèmes politiques d'Amérique Latine*, nº 56 (2005): 159-180.

51. Manuel Fresco, *Congreso Nacional, Cámara de Diputados, Diario de Sesiones*, período legislativo de 1932, p. 674.

52. Esses números não aparecem no período 2001-2004, que inclui o déficit para os dois primeiros anos e o superávit para os anos subsequentes. Um comentário semelhante pode ser feito sobre o período 1991-1995.

53. Apesar disso, é necessário notar que um déficit fiscal limitado ao financiamento de investimentos públicos não deve ser alarmante. Neste caso, seria simplesmente uma questão de não financiar com impostos correntes – o que é costumeiro na Argentina – bens que, por definição, também deverão servir às futuras gerações.

54. Dados tirados de Cortés Conde, *Progreso y declinación de la economía argentina*, pp. 87, 88, 99.

55. Para uma perspectiva comparativa de longo prazo, veja Paul Kennedy, *The Rise and Fall of the Great Powers: Economic Change and Military Conflict from 1500 to 2000* (Nova York: Random House, 1987). Embora o "declínio relativo" dos Estados Unidos, discutido por Kennedy, tenha se tornado coisa do passado depois do colapso da União Soviética, a questão merece atenção sob uma perspectiva de médio e longo prazos.

56. Essas porcentagens de não pagamento em relação ao PIB variam de 2,1% (2004) a 2,7% (1997, 2002 e 2003). As fontes desses números são *Estadísticas tributarias* (Buenos Aires: Federal Administration of Public Revenue [Administración Federal de Ingresos Públicos, AFIP], 1998), e *Estimación del incumplimiento en el IVA* (Buenos Aires: AFIP, 2004).

57. Pablo Gerchunoff e Lucas Llach, *El ciclo de la ilusión y el desencanto: Un siglo de políticas económicas argentinas* (Buenos Aires: Ariel, 2005), p. 482.

58. Como indicam Juan J. Llach e María M. Harriague, "Se todos os impostos fossem cobrados, a carga fiscal na Argentina chegaria a 44,2% do PIB, revelando assim que a carga fiscal nominal atinge níveis semelhantes àqueles dos países europeus" ("Un sistema impositivo para el desarrollo y la equidad", p. 20).

59. De acordo com uma recente pesquisa de opinião, 8% das pessoas entrevistadas na Argentina reconhecem que cumprem a lei para evitar punições, ao passo que 88% reconhecem que são desobedientes e não seguem a lei. Veja Antonio María Hernández, Daniel Zovatto e Manuel Mora y Araujo, *Argentina una sociedad anómica: Encuesta de cultura constitucional* (Cidade do México: Universidad Nacional Autónoma de México, Instituto de Investigaciones Jurídicas, 2005), pp. 81ss.

60. Veja, por exemplo, o estudo da International Finance Corporation of the World Bank, *Doing Business in 2006: Creating Jobs* (Washington, DC: World Bank, 2006). Esta situação também está ligada ao clima dos negócios, pois este é afetado pelos altos impostos cobrados das empresas (típicos de países pobres que não taxam as pessoas físicas tanto quanto os países ricos), o que cria incentivos para a evasão.

61. Com respeito a esta noção, veja a segunda seção, "El desafío: De una democracia de electores a una democracia de ciudadanos", do United Nations Development Program, *La democracia en América Latina: Hacia una democracia de ciudadanos y ciudadanas* (Nova York: UNDP, 2004), pp. 33ss.

62. Jacques Rueff, *L'Ordre social* (Paris: Génin, 1948), pp. 631ss.

Capítulo 10

Conclusão

Francis Fukuyama

Entre os diferentes autores que contribuíram para este livro, existe um alto grau de consenso a respeito de quais fatores contribuíram ou não para a emergência e a persistência da lacuna de desenvolvimento entre Estados Unidos e América Latina. Alguns fatores, apesar de claramente importantes, não são suficientes quando se busca uma explicação para a lacuna, ao passo que outros fatores causais podem ser considerados críticos. Então a principal pergunta é: o que fazer? Embora seja difícil formular prescrições específicas sobre políticas em uma região tão grande e diversa como a América Latina, os capítulos deste livro identificam várias áreas em que são necessários melhoramentos: política econômica, instituições, atenção à política e aquilo que chamo de política social inteligente.

Fatores que *não* explicam a lacuna

Começaremos com aqueles fatores que alguns observadores consideram cruciais, mas não pensamos ser basicamente importantes. O primeiro diz respeito a geografia, recursos naturais, doenças e outras características do ambiente natural que podem explicar o sucesso ou o fracasso do desenvolvimento em diferentes regiões do mundo. Este ponto de vista foi inicialmente popularizado por Jared Diamond em seu livro *Guns, Germs, and Steel*, no qual ele argumentava que o relativo subdesenvolvimento da América Central, que a deixou vulnerável à conquista espanhola, estava ligado ao fato de a região carecer de animais domesticados, como cavalos, e de colheitas de alto rendimento, como trigo – fato este considerado por Diamond um acidente do ambiente natural.[1] Jeffrey Sachs generalizou esta visão e afirmou que outros fatores ambientais, como a localização nos trópicos (que aumenta a incidência de doenças), acesso a cursos d'água navegáveis e assim por diante explicam por que alguns países permanecem presos em "armadilhas de pobreza".[2] Instituições como direitos de propriedade, o domínio da lei, administração pública competente e assim por diante são endógenos ao crescimento econômico, isto é, causados pelo crescimento em vez de serem as causas do mesmo.[3]

O capítulo escrito por James Robinson mostrou por que esta teoria tem pouca probabilidade de ser verdadeira. As condições iniciais, em muitas partes das Américas do Norte e Latina, não eram muito diferentes há quatrocentos anos; de fato, partes importantes da América Latina eram mais ricas do que as terras ao norte. A forte ênfase de Sachs na incidência de doenças e no acesso a cursos d'água é muito mais relevante para explicar o desenvolvimento relativo da África que o da América Latina. Embora as doenças tropicais limitassem o desenvolvimento na América Central, muitas partes da América Latina ficam em zonas temperadas, com acesso a bons portos e rios. O clima tropical de partes da América Central não impediu a emergência e o florescimento de complexas civilizações pré-colombianas. Além disso, se as condições ambientais são tão importantes, ainda é preciso explicar as taxas de crescimento que têm diferido ao longo do tempo, acelerando-se em alguns períodos e desacelerando em outros.

Um segundo fator comumente citado como explicação para as taxas de crescimento relativo, mas que tem poucas probabilidade de ser importante, é a cultura – entendida como uma grande variável como "catolicismo" ou "autoritarismo ibérico". Em grau algo menor que a geografia, a cultura neste sentido permanece invariável por longos períodos de tempo; assim, é difícil usá-la para explicar a desaceleração do crescimento latino-americano entre 1820 e 1870 e sua subsequente aceleração. Além disso a cultura, ao contrário da geografia, evolui com o passar do tempo. O catolicismo, que em certa época era visto amplamente como um inimigo tanto da democracia moderna quanto do desenvolvimento econômico capitalista, foi a religião da maior parte das democracias que surgiram durante a chamada terceira onda de democratização de Samuel Huntington.[4] Portanto, é preciso apresentar uma teoria de evolução cultural na qual a cultura possa ser uma variável dependente, em vez de independente.

Como sugeriu o Capítulo 8, de Francis Fukuyama, pode haver um tipo mais modesto de variável cultural (geralmente sob a rubrica de "cultura política") que poderá ser de maior valor na explicação dos resultados do desenvolvimento do que uma grande variável como a religião. Isto é, certas sociedades, ou certos grupos de elite dentro de sociedades, podem estar mais inclinados que outros no sentido da confiança social e do respeito à lei ou, por outro lado, a praticar clientelismo. Todas as sociedades atuam numa rede complexa de regras e normas informais; muitas vezes, a ordem informal determina como funciona o sistema formal. Mas é muito difícil generalizar a respeito desses tipos de normas muito detalhadas numa região grande como a América Latina (ou os Estados Unidos), mesmo reconhecendo sua importância. O terceiro fator explicativo que a maioria dos autores deste livro descarta como principal explicação para a lacuna diz respeito a influências externas, em particular aquelas provenientes dos Estados Unidos. É interessante notar que a maior parte dos capítulos escritos por autores não latinos deixou de enfatizar o sistema econômico e político global e apontou para fatores internos da América Latina, ao passo que os autores latinos notaram a importância da Europa e particularmente dos Estados Unidos como fatores explicativos de suas próprias situações frente ao resto do mundo. Porém, é importante explicar de forma mais precisa como o mundo exterior influenciou ou não os resultados relativos entre norte e sul.

As experiências coloniais diferentes dos Estados Unidos e da América Latina são claramente importantes na explicação dos resultados finais das regiões para quase todos os autores deste livro. James Robinson, defensor da tese segundo a qual são as instituições que determinam a lacuna, também afirmou que as diferentes heranças institucionais são o resultado dos diferentes legados coloniais das respectivas regiões. Para ele, a intrusão colonial europeia interagiu com o ambiente local, produzindo instituições diferentes; nos lugares em que os britânicos foram se estabelecer em grandes números (como na América britânica), eles levaram consigo suas próprias instituições de direitos de propriedade e autogoverno; nos lugares em que acabaram dominando grandes populações indígenas escravizadas (como na América espanhola), não deixaram instituições duradouras semelhantes para a grande massa de cidadãos que compunham a sociedade. Assim, não há dúvida de que houve uma época em que os estrangeiros foram muito importantes.

Porém, quando observadores culpam agentes externos pelo fraco desempenho da América Latina, em geral não estão pensando nos legados coloniais iniciais, mas sim em influências estrangeiras posteriores à independência dos Estados Unidos e da América Latina. É claro que na América Central e no Caribe a influência dos EUA era muito mais forte e com frequência assumia a forma de intervenção militar. A história da United Fruit Company na Guatemala ou do envolvimento de Washington na deposição do presidente guatemalteco Jacobo Arbenz em 1954 é um exemplo comum das críticas regionais à política externa dos EUA.

Mas e quanto aos países maiores da América Latina como México, Brasil, Argentina, Chile, Colômbia, Venezuela e Peru? Obviamente os Estados Unidos exerceram uma tremenda influência sobre todos eles, desde servir, no século XIX, como modelo de democracia constitucional até ser um suporte para anticomunistas oligárquicos durante a Guerra Fria. Como explicou o capítulo escrito por Tulio Halperin Donghi, Raúl Prebish e o grupo de economistas em torno do ECLAC formalizaram, nos anos 1970, uma teoria que explicava a falta relativa de desenvolvimento industrial daqueles países em termos de preços declinantes das suas exportações no sistema global de comércio e o apoio político para o "autoritarismo burocrático", considerado necessário para mantê-los dependentes de bens manufaturados do mundo desenvolvido.

É pouco provável que a política externa americana tenha desempenhado um papel tão maligno ou importante no estímulo da lacuna, como sugeriu a teoria da dependência para os grandes países da região. Essa teoria pressupunha que o desenvolvimento econômico exigia industrialização em larga escala e o crescimento de um setor manufatureiro, mas como provou a Argentina nas primeiras décadas do século XX e o Chile e a Austrália nas três últimas décadas do século, os países exportadores de *commodities* podem crescer e elevar em muito seus padrões de vida. A abertura econômica e a integração em mercados globais não criaram situações de dependência de longo prazo em outras partes do mundo, como a Ásia oriental, mas prepararam o caminho para uma industrialização extremamente rápida.

Também não havia uma correlação perfeita entre tipo de regime, apoio dos EUA e resultados econômicos; alguns regimes autoritários, como o de Pinochet no Chile, promoveram o crescimento, ao passo que outros, como a junta militar na Argentina, mostraram ser economicamente incompetentes. O regime militar de esquerda no Peru sob Velasco foi um desastre; os generais conservadores do Brasil produziram inicialmente bons resultados e depois prepararam o terreno para a crise da dívida. Os regimes democráticos que retornaram ao poder nas décadas de 1970 e 1980 em toda a região também tiveram resultados econômicos variados. Portanto, parece que precisamos examinar as políticas e instituições, em vez do tipo de regime ou da influência dos EUA, para encontrar as causas mais importantes da lacuna de desenvolvimento.

Fatores que *explicam* a lacuna

Os capítulos deste livro sugerem um conjunto diferente de fatores causais que explicam a lacuna de desenvolvimento entre a América Latina e os Estados Unidos. Esses fatores recaem em três grandes categorias: primeira, políticas (p. ex., substituição de importações e abertura ao comércio); segunda, instituições, inclusive direitos de propriedade, o domínio da lei e instituições políticas visando a reduzir conflitos e promover ações coletivas; e terceira, estrutura social, isto é, as divisões subjacentes de classes, étnicas, regionais e raciais dentro de cada sociedade.

Políticas

Quando a América Latina passou pela crise de endividamento na década de 1980 e lentamente tentava se recuperar, grande parte do foco dos especialistas em desenvolvimento concentrou-se nas políticas e sua reforma. O período subsequente à Grande Depressão e à Segunda Guerra Mundial viu muitos países latino-americanos adotarem políticas econômicas autárquicas que pretendiam proteger indústrias jovens e promover uma rápida industrialização por trás de barreiras tarifárias. Esta foi amplamente considerada uma das causas da estagnação regional: os mercados internos eram pequenos demais para promover economias eficientes; os produtores protegidos voltaram suas energias para a proteção dos seus privilégios em vez de elevar sua competitividade global; e os governos tinham déficits fiscais crescentes, uma vez que subsidiavam setores não competitivos ou empresas estatais por razões políticas. A agenda de passagem de autarquias para economias mais liberalizadas levou a um conjunto de prescrições políticas denominadas Consenso de Washington, descrito no capítulo escrito por Riordan Roett e Francisco González.[5]

O Consenso de Washington foi concebido especificamente para lidar com um conjunto de patologias que prevaleciam em muitos países latino-americanos. Indústrias protegidas e não competitivas tornavam-se ainda menos competitivas mediante taxas de câmbio supervalorizadas; isto, combinado com gastos fiscais sem restrições, levou a crises monetárias, desvalorização, aumento nas taxas de juros e à reversão do crescimento econômico em um ciclo aparentemente interminável. O pacote de políticas econômicas liberais recomendado pelo Fundo Monetário Internacional e outros agentes multilaterais de empréstimos procurava romper vários elos deste ciclo, encorajando a concorrência e a abertura, melhorando a disciplina fiscal, reduzindo as oportunidades para concessão de privilégios e eliminando o uso arbitrário da política monetária para resolver problemas fiscais via inflação.

De modo geral, este tratamento deu certo: a inflação galopante que caracterizou Bolívia, Peru, Argentina, Brasil e outros países durante os anos 1980 foi controlada nos anos 1990.[6] A eliminação do imposto regressivo representado pela inflação incentivou o retorno dos capitais evadidos e também a entrada crescente de investimentos estrangeiros. O esquema de redução da dívida pelo Plano Brady ainda era um fardo para as economias da região na década de 1990, mas políticas monetárias sensatas, bancos centrais mais ou menos independentes e orçamentos mais responsáveis passaram a ser a norma para a região no início do século XXI.

Assim, a substituição de políticas ruins por boas é um importante componente do desenvolvimento econômico. Existe, porém, a questão de *como* os sistemas políticos geram boas políticas. Todas as políticas são formuladas por políticos; qualquer reforma nas políticas significa uma mudança na distribuição de recursos de um grupo para outro. Algumas sociedades acham mais fácil que outras formular e implantar boas políticas, sugerindo que o verdadeiro fator explicativo para o desempenho econômico superior não é constituído pelas políticas em si, mas sim pelas instituições que estão por trás das políticas.

O fato de boas políticas não serem, por si sós, suficientes para explicar o desenvolvimento econômico pode ser ilustrado por um exame mais detalhado do histórico da América Latina desde meados do século XX, em particular quando comparado com a Ásia oriental. Durante grande parte desse período, e particularmente nas décadas do fim da Segunda Guerra Mundial até meados dos anos 1970, nenhuma dessas regiões seguia de perto o Consenso de Washington, mas ambas cresciam rapidamente. Embora a substituição de importações tenha caído em desuso nos anos 1980, Jorge Domínguez destacou em seu capítulo que México e Brasil cresceram muito desde a década de 1950 até o início da de 1970, a despeito do alto grau de intervenção do Estado e da falta de abertura para o mundo exterior. O Norte da Ásia (isto é, Japão, Coreia do Sul e Taiwan) cresceu ainda mais rápido no mesmo período, apesar da pesada intervenção do Estado nos mercados de capitais e da proteção dos mercados internos contra bens e investimentos do exterior. De fato, Alice Amsden salientou que, nos anos 1970, a taxa média de proteção tarifária da Coreia do Sul era comparável à da Argentina.[7] Portanto, a abertura geral às forças do mercado e a intervenção mínima do Estado não constituíam a condição *sine qua non* para o crescimento econômico em qualquer das duas regiões.

O desempenho econômico começou divergindo de forma drástica entre Ásia oriental e América Latina, principalmente depois dos choques do petróleo da década de 1970; a diferença no desempenho a longo prazo (e a razão para a incapacidade de a América Latina reduzir a lacuna em relação aos Estados Unidos) resultou, em grande parte, da incapacidade da região de se adaptar às novas condições do ambiente externo. Quando os déficits em conta corrente começaram a se acumular em todos os países não produtores de petróleo, muitos países da Ásia oriental apertaram os cintos, cortaram gastos governamentais e mantiveram sob controle os déficits fiscais. Em contraste, a América Latina tirou proveito dos petrodólares reciclados a ela oferecidos pelos bancos para manter níveis de consumo que se mostraram insustentáveis.

Além disso, países asiáticos como Japão e Coreia de fato implantaram medidas de proteção às suas jovens indústrias de acordo com as regras: protegeram os jovens fabricantes contra a concorrência estrangeira somente enquanto era necessário que crescessem até atingir uma escala competitiva; desse ponto em diante, os subsídios foram eliminados e as indústrias foram forçadas a sobreviver ou morrer nos mercados globais. Os governos latino-americanos fizeram o oposto: continuaram a proteger setores favorecidos dos rigores dos mercados de exportação e a favorecer os interesses dos consumidores em detrimento dos exportadores através de taxas cambiais supervalorizadas.

O fracasso no ajuste econômico foi igualado pelo fracasso das instituições políticas da região no gerenciamento de conflitos sociais. Como detalhou Domínguez em seu capítulo, quase todos os países da região viram o colapso de suas instituições democráticas durante as décadas de 1960 e 1970, com a morte, tortura, desaparecimento e prisão de milhares de cidadãos durante o período de governo militar. Com a exceção parcial do Chile sob Pinochet e do Brasil nos primeiros anos de governo militar, os governantes autoritários da região não apoiaram políticas favoráveis ao desenvolvimento, nem prepararam o terreno para o crescimento econômico de longo prazo – mais uma vez, em agudo contraste com os governos autoritários da Coreia do Sul, Taiwan, Cingapura, Malásia, Indonésia e outras partes da Ásia oriental. Na verdade, como destacou Domínguez, foram os governos militares ou partidos autoritários que estavam no poder durante as crises de endividamento do início dos anos 1980.

Esta história sugere que boas políticas não são por si sós suficientes para produzir crescimento econômico sustentado. A América Latina, como salientou Dani Rodrik, cresceu muito sob a influência de políticas protecionistas heterodoxas no ambiente benigno dos anos 1950 e 1960 e seu desempenho foi irregular durante a era de reformas liberais a partir do final da década de 1980.[8] Os problemas reais emergiram em consequência da incapacidade da região de se adaptar aos choques do petróleo e ao ambiente internacional muito menos favorável que surgiu na década de 1970, algo que os países asiáticos, em rápido desenvolvimento, administraram com muito mais sucesso. Isto sugere um segundo fator crítico que explica a lacuna de desenvolvimento: as instituições.

Instituições

Muitos autores deste livro, inclusive Robinson, Roett e González, Przeworski e Curvale, além de Fukuyama, identificaram instituições fracas ou imperfeitas como uma das origens mais importantes da lacuna de desenvolvimento. As instituições são hoje definidas pelos economistas como regras, formais ou informais, que restringem a escolha humana, uma definição que cobre um grande território porque inclui não apenas instituições formais como tribunais e sistemas eleitorais, mas também normas e valores informais. Há pelo menos três categorias importantes de instituições que tiveram um efeito importante sobre o desenvolvimento econômico e a qualidade da vida política na região: em primeiro lugar, instituições como direitos de propriedade, sistemas legais que forçam o cumprimento de contratos e, de modo geral, o domínio da lei; em segundo, instituições macropolíticas como sistemas eleitorais, formas de autoridade executiva e federalismo, as quais provêm representação, legitimidade, resolução de conflitos e ações coletivas; e finalmente, normas e hábitos informais que afetam a maneira de operar das instituições formais.

James Robinson afirmou aqui e em escritos anteriores que, com respeito às instituições, a América Latina nasceu com um "defeito congênito".[9] Os colonizadores espanhóis estabeleceram vastos impérios escravagistas no Novo Mundo para extrair da terra recursos naturais e outras *commodities*; a grande maioria da população inicialmente não tinha privilégios, nem direitos de propriedade e não podia participar do sistema político para exigir maiores investimentos em educação, infraestrutura e outros fatores cruciais para o desenvolvimento. Esta hierarquia social inicial se perpetuou mesmo depois do desmantelamento do sistema colonial, do estabelecimento de democracias formais e os direitos civis foram estendidos a segmentos maiores da população. Robinson afirmou que o equilíbrio político desigual subjacente poderia se perpetuar por uma série de mudanças nas instituições políticas formais, na medida em que as elites encontrassem novas maneiras de proteger seu poder e suas posições sociais.

O caminho do desenvolvimento institucional na América britânica foi diferente. As tentativas iniciais de escravização das populações indígenas fracassaram, ao passo que o clima e a geografia encorajavam o assentamento de europeus em larga escala, a agricultura familiar e uma distribuição inicial de recursos mais equilibrada. Os colonizadores europeus trouxeram consigo instituições como direitos de propriedade e o sistema da lei pública, que eles aplicavam a si mesmos (mas não, é claro, à instituição da escravidão de sul-africanos).

Como notou Jorge Domínguez em seu capítulo, houve violações de direitos de propriedade nos Estados Unidos e em vários dos países asiáticos em rápido desenvolvimento em que as terras foram redistribuídas depois da Segunda Guerra Mundial. Mas, como observou, essas redistribuições aconteciam raramente, quase sempre depois de uma grande perturbação, como uma guerra ou revolução. O que torna a América Latina diferente é a permanente insegurança da propriedade por um período de tempo prolongado, a qual conduziu a baixos níveis de investimento e à evasão de capitais.

Przeworski e Curvale discordaram de Robinson e afirmaram que a lenta expansão da participação política na América Latina não pode explicar seu subdesenvolvimento relativo. Não está claro que a expansão tenha sido significativamente mais lenta do que a dos Estados Unidos, nem é evidente que a expansão de privilégios seja necessariamente boa para o crescimento econômico. Eles afirmaram que os sistemas políticos que abrigam altos graus de desigualdade social, mas são eficazes na resolução de conflitos, podem promover o crescimento econômico. No fim, não fica claro se esses autores discordam entre si de forma substancial. Ambos os capítulos salientaram a ausência de uma classe ampla de proprietários de terras na forma de agricultores familiares (e, mais tarde, uma classe média urbana), a existência de um grande grupo de cidadãos marginalizados e a subsequente reprodução da desigualdade social com o passar do tempo, na medida em que as elites tivessem sucesso na sua própria perpetuação. Przeworski e Curvale afirmaram que a persistência dessas segmentações sociais no tempo levava a conflitos políticos e à instabilidade, muito prejudiciais ao crescimento. Os períodos em que a lacuna entre América Latina e Estados Unidos se ampliou de forma apreciável – durante as guerras de independência e no período de 1970 a 2000 – foram de instabilidade política e conflitos sociais. A instabilidade é prejudicial ao crescimento por uma série de razões óbvias: ela conduz a rápidas oscilações de políticas, torna incerto o clima de investimentos e desvia a atenção dos responsáveis pelas políticas das questões ligadas ao desenvolvimento.

Isto por sua vez salienta a importância de um segundo aspecto das instituições: sua capacidade de resolver conflitos sociais de maneira pacífica e provocar ações coletivas legítimas. O problema é, ao mesmo tempo, estático e dinâmico. Em qualquer ponto do tempo, uma sociedade consistirá em grupos sociais diferentes com interesses muitas vezes conflitantes; o objetivo de um sistema político democrático constitucional é representar o máximo possível da sociedade e conciliar esses interesses conflitantes de uma forma baseada em regras e não violenta. Elas devem resolver aquela que Roett e González chamaram de "luta por parcelas". O Estado deve desenvolver o monopólio da força para fazer cumprir suas leis, mas essa força deve ser considerada legítima pelos cidadãos. E com o passar do tempo, à medida que mudam as condições sociais e econômicas, o Estado precisa ser capaz de acomodar novos agentes sociais que surgem na sociedade, como a classe trabalhadora, imigrantes, grupos sociais anteriormente marginalizados etc.

A este respeito, existe um contraste agudo entre América Latina e Estados Unidos. Este último país experimentou um colapso da sua ordem política desde sua fundação em 1789, quando o conflito sobre a instituição da escravidão levou à Guerra Civil. Porém, antes e depois disso, o sistema político americano tem sido capaz de processar os conflitos e incorporar novos agentes sociais com relativo sucesso. A cidadania foi expandida, incluindo pessoas sem bens imóveis, afro-americanos e povos indígenas, além das mulheres. Novos agentes sociais, como a classe trabalhadora e uma multidão de grupos étnicos e/ou imigrantes encontraram representação dentro do sistema político. Apesar de haver reclamações constantes a respeito de diferentes aspectos do sistema político americano, da corrupção nas regras de financiamento de campanhas a exageros do sistema judiciário e polarização ideológica excessiva, o sistema é visto como legítimo por uma esmagadora maioria de americanos e o domínio da lei é tratado como sacrossanto.

Isso não aconteceu na América Latina, onde nenhum país teve continuidade de regime desde a independência. Com a interessante exceção do México, as regras de sucessão política não foram bem estabelecidas. Infelizmente, a sucessão via golpes militares foi muito comum no século XX (embora felizmente tenha diminuído no final do século), e em nenhum lugar mais do que no país que no passado foi o mais desenvolvido da região: a Argentina. Nos últimos anos, líderes políticos no Peru, na Argentina e na Colômbia têm gasto um tempo considerável mudando as regras constitucionais sobre sucessões (em geral tentando dar a si mesmos mandatos extras). Desde os anos 1990, presidentes eleitos têm sido repetidamente forçados a abandonar seus cargos antes do final dos mandatos no Equador, na Bolívia, na Venezuela e no Peru.

E os sistemas políticos latino-americanos também não têm sido particularmente eficientes na incorporação de novos agentes sociais ao longo do tempo. O capítulo de Roett e González detalhou a variedade de maneiras pelas quais os sistemas latino-americanos tentaram incorporar a crescente classe trabalhadora no início do século XX, da emergência de partidos radicais antioligárquicos à ligação de movimentos trabalhistas com as elites existentes no Uruguai e na Colômbia. Nos países em que emergiram partidos populistas radicais, marxistas ou comunistas, os conflitos sociais se tornaram agudos; países como Peru, Bolívia e Argentina sofreram alternâncias de poder entre oligarcas conservadores e populistas radicais. Em nenhum dos países em que partidos populistas radicais chegaram ao poder houve redistribuição total de terras e uma subsequente garantia de direitos de propriedade como aconteceu no Japão, na Coreia do Sul e em Taiwan depois da Segunda Guerra Mundial.

A América Latina passou por muitas das chamadas transições pactuadas, nas quais um grupo de elite negocia um conjunto de regras para a partilha do poder tomado de um dirigente autoritário. Isto aconteceu na Venezuela com o Pacto de Punto Fijo (1958) e na Colômbia com o Acordo de la Frente Nacional (1957). As transições pactuadas têm sido elogiadas por alguns cientistas sociais como maneira eficaz para sair de uma ditadura.[10] Mas levam oculta uma bomba-relógio: se as elites que engendraram o pacto não forem suficientemente flexíveis para incorporar novos agentes sociais ou mudar as regras em resposta a mudanças nas condições, estarão se arriscando a perder o controle à medida que surgem novas forças fora dos termos de referência do pacto original. A Venezuela e a Colômbia, que evitaram a crise da dívida e os conflitos sociais que assolaram Argentina, México e Brasil durante os anos 1980, tiveram seus sistemas políticos rompidos nos anos 1990 quando novos agentes tentaram forçar caminho para dentro do poder.

Os capítulos de Roett e González e de Fukuyama levantam a questão de se a concepção específica das instituições na região explica o fraco desempenho político e econômico dos países de lá. A resposta é sim, mas até certo ponto. Uruguai e Colômbia ligaram seus movimentos trabalhistas a partidos de elite existentes, ao passo que Venezuela e México transformaram seus movimentos em partidos amplos e inclusivos. Os países que seguiram qualquer desses caminhos escaparam dos conflitos políticos agudos de países como Argentina, Bolívia e Peru.

Existem outros aspectos nos quais a concepção das instituições políticas faz diferença. O presidencialismo latino-americano tem sido amplamente criticado na literatura acadêmica; a natureza de "o vencedor leva tudo", inerente aos sistemas presidenciais, conduz a presidentes minoritários com fraca legitimidade, como foi o caso de Salvador Allende no Chile em 1971, eleito por pouco mais de um terço dos eleitores chilenos. O federalismo mal concebido, no qual os estados podem incorrer em déficits orçamentários que com frequência são cobertos pelo governo federal, tem sido culpado pelos fracassos fiscais do Brasil e da Argentina. Por outro lado, os esforços bem concebidos para descentralizar o poder para o nível estadual e, ainda melhor, municipal, têm sido importantes para tornar os governos mais sensíveis e responsáveis.

Talvez o déficit institucional isolado mais importante que ocorre em quase todos os países latino-americanos esteja ligado a um fraco domínio da lei. Isto não inclui apenas os direitos de propriedade, mas também a segurança física contra a criminalidade e o acesso mais abrangente ao sistema legal, em particular para os pobres. Hernando de Soto documentou extensamente como a exclusão do sistema judiciário formal e o enorme volume de burocracia, a ineficiência e a corrupção arrastam um grande número de latino-americanos para o setor informal.[11] Lá eles fazem uso do capital social para operar negócios ou para ocupar terras, mas sem a proteção do Estado e suas leis. Isto leva a desigualdades em tratamento, enormes ineficiências e pouca legitimidade para os políticos e partidos que governam o sistema.

A última categoria de instituições diz respeito às regras informais e normativas que são necessárias para que as instituições formais funcionem de forma adequada. Em nenhum outro lugar isto é mais importante do que nos sistemas legais. O domínio da lei inclui uma série de instituições formais visíveis, é claro, como as leis escritas do país, seus sistemas policiais e de tribunais e o sistema administrativo que fica por trás do esforço pelo respeito às regras. Mas nenhum sistema judiciário pode funcionar sem o apoio de normas informais. Se os políticos estão dispostos a entortar regras para conseguir o que querem, se juízes e advogados aceitam rotineiramente suborno em troca de determinados resultados, se a polícia faz vista grossa quando crimes são cometidos ou os comete ela mesma, então nenhum sistema formal de regras e incentivos pode funcionar adequadamente.

O capítulo de Natalio Botana, apesar de focalizado na Argentina, mostrou como é crítica a estrutura normativa adequada. Muitos observadores notaram que, de todos os países da América Latina, a Argentina tem menos desculpas para ser subdesenvolvida.[12] O país está numa zona temperada com recursos naturais e terras agrícolas abundantes e é dotado de acesso a cursos d'água e, portanto, ao comércio internacional. Não começou como império escravagista e tem poucos dos conflitos étnicos que assolam os países andinos. A população imigrante da Argentina era quase inteiramente europeia e não muito diferente daqueles que se estabeleceram na América do Norte. Aqueles que vieram e se estabeleceram devem ter trazido consigo instituições europeias. Contudo, a Argentina tem a distinção de ter sido um dos países desenvolvidos do mundo, mais rica do que a Suíça, e ter hoje um PIB equivalente a apenas 7% do PIB suíço.

A discussão de Botana sobre cidadania fiscal explica pelo menos parte da razão para este resultado. Os cidadãos são motivados a pagar impostos quando acreditam que há uma ligação entre aquilo que pagam e os usos públicos em que essas receitas serão investidas. Embora a evasão fiscal ocorra em todos os países, inclusive nos Estados Unidos, seu nível é significativamente mais alto na Argentina, porque o contrato social básico que legitima a cidadania fiscal foi questionado. Os argentinos não confiam em sua moeda e não acreditam que seu governo faz bom uso do dinheiro deles. Esta é, de muitas maneiras, uma reação perfeitamente racional a um Estado que, em repetidas ocasiões, confiscou economias através de hiperinflação e/ou desvalorização, alocou mal receitas fiscais e desviou dinheiro público para fins privados. O domínio da lei tem sido mais interrompido na Argentina do que em qualquer outro país latino-americano entre 1950 e 1990, na forma de golpes militares e tentativas de politização do sistema judiciário, como destacou o capítulo de Domínguez. Esta prática continua até hoje, com presidentes eleitos tentando manipular a Suprema Corte para que esta aceite os candidatos por eles favorecidos. A Argentina simplesmente não tem uma ordem normativa que apoie a espécie de domínio da lei necessária à criação de uma sociedade plenamente moderna.

Desigualdade social

Se alguém perguntar por que as instituições são fracas na América Latina, seremos levados a um nível mais profundo de explicação, ligado a desigualdades e segmentações sociais. Como já vimos, James Robinson localizou historicamente as instituições falhas da América Latina nos impérios extrativistas e exploradores estabelecidos pelos colonizadores espanhóis, que deixaram grande parte da população fora do sistema político e sem possibilidade de criar instituições fortes para proteger seus direitos. Em contraste, os colonizadores da América britânica eram participantes políticos desde o início, com interesse próprio em manter uma ordem política democrática.

A segmentação social está na origem do fraco domínio da lei da Argentina. O golpe militar de 1930, que representou o primeiro grande rompimento da ordem constitucional argentina, ocorreu porque a oligarquia rural do país temia a ascensão de uma nova classe média urbana e das classes trabalhadoras. O solapamento do domínio da lei começou por cima, uma vez que a Suprema Corte foi forçada a endossar retroativamente a legalidade do golpe. A seguir, a repressão das forças populares abriu caminho para a ascensão do peronismo, o qual, uma vez no poder, mostrou tão pouco respeito pelas regras e leis quanto os oligarcas que substituiu. Diferenças entre classes que foram reduzidas pela inclusão política em países europeus como Grã-Bretanha e Suécia foram exacerbadas pelo sistema político argentino. Como salientou o capítulo de Fukuyama, nem mesmo as instituições mais bem concebidas reduzem conflitos sociais se estes são suficientemente profundos.

Quase todos os autores deste livro concordaram que a desigualdade social autoperpetuada é uma das mais importantes causas profundas da lacuna entre a América Latina e os Estados Unidos. A desigualdade pode ser medida de várias maneiras: pelo chamado coeficiente de Gini, que inclui uma relação entre as rendas dos segmentos mais rico e mais pobre da sociedade; pela porcentagem de crianças matriculadas em escolas e suas realizações educacionais reais; pela proporção de pessoas abaixo da linha de pobreza; ou pelas porcentagens da população com acesso ao sistema judiciário, aos serviços de saúde ou a serviços sociais. Em seu artigo, Jorge Domínguez salientou a disparidade em matrículas líquidas no ensino médio entre vários países latino-americanos e os Estados Unidos.

A desigualdade social afeta diretamente o desenvolvimento econômico, levando a uma carência de trabalhadores instruídos que possam competir numa economia cada vez mais globalizada. Grande parte da América Latina atingiu agora o status de "renda intermediária" nas classificações do Banco Mundial, o que significa que esses países têm rendas *per capita* na faixa de US$4.000 a US$5.000 em termos de poder de compra. O problema que eles enfrentam é como passar dessa posição para o nível seguinte, com rendas *per capita* na faixa de US$8.000 a US$10.000. Até agora, esse crescimento se baseou em exportações de *commodities*, manufaturas que exigem baixa qualificação, como têxteis, e trabalho de montagem (*maquiladoras*), e alguns produtos e serviços de alto preço provenientes de multinacionais latino-americanas cada vez mais competitivas. Embora as *commodities* devam continuar a constituir uma importante fonte de crescimento, será cada vez mais difícil para a América Latina competir com a Ásia em manufatura de baixa qualificação. Ao mesmo tempo, os países asiáticos estão subindo rapidamente pela cadeia de valor agregado, com China e Índia produzindo cada vez mais engenheiros e gerentes todos os anos. Maiores investimentos em qualificação e educação serão críticos para que a América Latina se mantenha em pé de igualdade com essa concorrência.

Como salientaram Przeworski e Curvale, os altos níveis de desigualdade no passado foram compatíveis com altas taxas de crescimento; como sugeriram eles, e Roett e González, o problema mais profundo gerado pela desigualdade é político e indireto. A desigualdade tira a legitimidade do sistema político, produz movimentos sociais e agentes políticos antissistêmicos e prepara o cenário para conflitos fortemente polarizados e lutas onde aquilo que alguns ganham é o que os outros perdem. Isto é o que tem acontecido em países andinos como Venezuela, Equador e Bolívia, em que políticos populistas vêm consolidando o poder executivo, demolindo instituições democráticas, revertendo reformas econômicas liberalizadoras e se empenhando em políticas sociais amplamente favorecidas pelos pobres, mas insustentáveis a longo prazo.

Porém, a maneira pela qual a desigualdade social desestabilizou a política andina desde os anos 1990 requer um exame mais cuidadoso, porque suas fontes precisas afetarão as políticas que poderão amenizar mais o problema. Na América Latina é comum falar da "exclusão social" dos pobres, e particularmente das comunidades indígenas. Mas de certa forma a recente instabilidade da região resulta do aumento da inclusão, a qual introduziu todo um novo conjunto de agentes sociais na política. Por exemplo, tem havido um crescimento substancial em realizações educacionais: a porcentagem de alunos matriculados no ensino médio aumentou de 12% em 1960 para 67% em 1996; no Peru, foi de 18 para 73% no mesmo período; e no Equador, subiu de 12 para 50% entre 1960 e 1994.[13] Isto foi acompanhado por grandes aumentos em participação eleitoral: no Peru, 45,3% da população votaram na eleição de 2001, em contraste com somente 14,9% em 1956; a Bolívia passou de 27,4% em 1960 para 35,4% em 2002.[14] As eleições de líderes populistas como Hugo Chávez na Venezuela e Evo Morales na Bolívia dificilmente teriam sido possíveis se as elites tivessem mantido o domínio do sistema político e se a exclusão política fosse uma realidade.

O problema enfrentado por esses países não é a exclusão em si, mas um caso clássico da síndrome de decadência política que Huntington descreveu em *Political Order in Changing Societies*.[15] Isto é, o próprio processo de modernização mobilizou novos agentes sociais, que fizeram sobre o sistema político exigências que superam sua capacidade institucional. Instituições públicas fracas – sistemas judiciários, polícia, escolas, serviços de saúde – não conseguem satisfazer as demandas sobre eles colocadas e criam um tremendo ceticismo, além da crença de que o sistema é controlado pelas elites e preconceituoso contra os pobres. A solução para o problema tem duas partes: primeira, construir a capacidade do Estado para prestar serviços sociais básicos de forma mais eficaz para a grande massa dos seus cidadãos e, segunda, incorporar esses novos agentes sociais à estrutura política democrática para que eles não desfaçam a institucionalização que já teve lugar.

O que fazer

É muito difícil fazer recomendações gerais para iniciativas que ajudarão a fechar a lacuna de desenvolvimento entre América Latina e Estados Unidos. A persistência dessa lacuna por quatrocentos anos sugere que ela não irá desaparecer tão cedo. Por outro lado, tem havido períodos em que a lacuna se fechou; portanto, há motivos para crer que ela possa se fechar novamente no futuro. Os capítulos deste livro sugeriram mudanças em quatro áreas: boas políticas econômicas, reforma institucional, atenção à política e, finalmente, aquilo que pode ser chamado de política social inteligente.

Boas políticas econômicas

Apesar de todas as críticas ao Consenso de Washington, que têm ocorrido desde meados da década de 1990, em toda a América Latina poucos desejam voltar aos velhos e maus dias da crise da dívida, com gastos governamentais fora de controle, hiperinflação, crises monetárias e recessão. Muito foi aprendido a este respeito; líderes esquerdistas como o presidente Luiz Inácio Lula da Silva no Brasil e Nestor Kirchner na Argentina têm, até agora, seguido políticas macroeconômicas prudentes. Hugo Chávez da Venezuela é uma exceção, denunciando a globalização, revertendo a integração com a América do Norte e tentando formar um bloco econômico alternativo de países esquerdistas de mentalidade semelhante. Ele conseguiu fazer isto a curto prazo porque os altos preços do petróleo elevaram as receitas do Estado, embora a petrolífera estatal PDVSA necessite urgentemente de investimentos e a infraestrutura venezuelana esteja desabando.

Embora o Consenso de Washington não tenha sido um artefato mágico que produziu automaticamente o crescimento sustentado, as alternativas a ele não são exatamente atraentes. Em outras partes do mundo os governos intervieram de forma mais ativa para gerar com sucesso o crescimento econômico, como no caso da política industrial do Japão, da Coreia do Sul e de Taiwan, ou pelo uso de taxas cambiais artificialmente reduzidas e de zonas de exportação, como na China e em algumas partes do sudeste da Ásia. Mas há condições políticas e institucionais muito específicas que fizeram com que essas políticas dessem certo, como a existência de uma elite politicamente protegida, de uma burocracia tecnocrática ou de governos capazes de controlar de forma implacável a política fiscal. De forma geral, tais condições não existiam na América Latina. Como alerta o *World Development Report* de 1997 do Banco Mundial, os governos precisam adequar a ambição de suas intervenções a suas capacidades de levá-las a cabo.[16]

O crescimento sustentado ainda é uma das maneiras mais eficazes de a América Latina reduzir a pobreza, e a crescente abertura da região ao comércio é um sinal positivo. Entre 2000 e 2006, as exportações de bens e serviços como porcentagem do PIB cresceu, para a região como um todo, de 20,4 para 24,4%, enquanto o comércio de mercadorias como porcentagem do PIB cresceu de 36,3 para 42,9%. Não só países como México e Chile estão mais ligados aos Estados Unidos através do Acordo de Livre Comércio das Américas (Nafta) e da Área de Livre Comércio das Américas (Alca), mas também a China e outras partes da Ásia oriental emergiram como enormes consumidoras de *commodities* latino-americanas. A taxa de crescimento da região subiu em todos os primeiros cinco anos do século XXI, atingindo 5,5% em 2006.[17]

Este número representa boas e más notícias. É claro que é muito melhor crescer do que ficar estagnado, mas praticamente todas as partes do mundo estavam crescendo naquele período e as taxas de crescimento latino-americanas permaneceram muito abaixo daquelas de outras regiões, como a Ásia oriental (cuja taxa de crescimento global em 2006 foi de 9,4%). Há claramente outros fatores detendo a região além da abertura ao comércio, como a qualidade das instituições, o ensino e o investimento em infraestrutura. Como indicaram os capítulos históricos deste livro, a América Latina também tem participado do crescimento global em outros períodos; a verdadeira pergunta para o futuro é como se sairá quando houver uma queda na economia global e os preços das *commodities* desmoronarem. Será que a luta por participação simplesmente voltará nesse ponto, levando a uma reversão dos ganhos recentes, ou há mudanças estruturais mais importantes ocorrendo sob a superfície que poderão reduzir alguns desses problemas? Aqui o copo está meio cheio: tem havido progressos em reformas institucionais e ganhos em igualdade, mas ainda existe muito trabalho a ser feito.

Reformas institucionais

Uma das fontes mais críticas da lacuna de desenvolvimento está nas fracas instituições latino-americanas; portanto, a eliminação da lacuna exigirá reformas institucionais substanciais. A este respeito, há mais boas notícias na região do que se costuma reconhecer. As reformas institucionais são incrementais e muitas vezes voam abaixo da tela do radar da grande imprensa.

Reformar um sistema de pensão ou mudar regras eleitorais não é uma coisa atraente para a maioria das pessoas, em comparação com mudanças políticas drásticas como a eleição de um novo presidente. Apesar de tudo, um novo estudo do Banco Interamericano de Desenvolvimento analisou reformas institucionais na região e notou que tem havido progressos substanciais em muitas áreas.[18] Entre elas estão política fiscal e o papel dos bancos centrais, descentralização e federalismo e reformas eleitorais.

Política fiscal e o papel dos bancos centrais

Talvez a mudança mais duradoura em toda a região diga respeito à capacidade institucional para gerenciar a política macroeconômica. Foi observado anteriormente que poucos países latino-americanos tentaram retornar às fracas políticas monetárias e fiscais das décadas de 1970 e 1980; isto tem sido corroborado por uma capacidade institucional muito maior, tanto por parte dos bancos centrais quanto por parte dos ministérios das finanças e pelas autoridades orçamentárias. A independência dos bancos centrais tem aumentado; o profissionalismo e os níveis de educação dos responsáveis pelas políticas econômicas são, de modo geral, muito mais altos do que há uma geração.

Descentralização e federalismo

Muitos países, entre eles Bolívia, Venezuela, Colômbia, Peru, Argentina e Brasil, realizaram reformas importantes para transferir responsabilidade e autoridade dos governos centrais para os governos municipais e estaduais. Em 1980, os prefeitos eram nomeados pelos governos centrais em todos os países da América Latina, com exceção de seis; hoje eles são eleitos localmente em quase toda parte.[19] A lógica disto é direta: o governo municipal está mais perto das pessoas a quem serve e, em princípio, deve ser mais fácil responsabilizá-lo pelo desempenho. Em muitos países isto levou a inovações e reformas políticas consideráveis. No estado brasileiro do Ceará, o governo municipal tem sido amplamente elogiado;[20] na Colômbia, muitos prefeitos têm usado seus gabinetes para lançar programas inovadores de combate à criminalidade e às drogas.

Também há uma desvantagem no federalismo mal concebido. Como mostrou o capítulo de Fukuyama, a capacidade dos estados no Brasil e na Argentina de incorrer em déficits fiscais e a politicagem que isso encorajava junto ao governo federal era uma das razões importantes pelas quais esses países não conseguiam manter a disciplina fiscal geral. Portanto, a mudança das regras de federalismo para forçar os estados a viver de acordo com fortes restrições orçamentárias é um meio importante de fazer com que os sistemas federais funcionem de forma adequada. A descentralização até o nível municipal com frequência funciona melhor do que a devolução do poder às grandes unidades como estados ou províncias.

Reformas eleitorais

Tem havido muitas reformas de sistemas eleitorais na América Latina, nem todas para melhor. Muitos presidentes latino-americanos, inclusive os do Peru, Argentina e Colômbia, têm usado muito capital político para poder concorrer a um segundo ou até mesmo terceiro mandato.

Embora haja muitas razões de princípios para se querer possibilitar segundos mandatos (não apenas para presidentes, mas também para legisladores, em países como Colômbia e México), o esforço para ampliar o mandato é, com frequência, uma questão de ambição pessoal. Outros tipos de reformas eleitorais foram mais importantes, como a eliminação, pelo México, de um complexo sistema concebido para preservar assentos para os partidos aliados do PRI, o partido do governo, ou o aumento do controle dos partidos políticos da Colômbia sobre o uso dos seus nomes com a reforma de 2005. Além disso, também houve reformas importantes nos processos, como o fortalecimento dos poderes do Instituto Eleitoral Federal do México para monitorar ou validar eleições.

Por outro lado, existem áreas importantes onde foram tentadas reformas, mas que até agora não produziram resultados dignos de nota. Uma área crítica é a reforma judicial, onde a falta de um forte domínio da lei constitui uma das maiores barreiras a um crescimento econômico mais rápido. Tem havido programas para reescrever os códigos jurídicos a fim de simplificá-los e esforços para elevar a capacidade técnica dos sistemas judiciais para limpar os arquivos e melhorar a eficiência por meio de melhor treinamento, do uso de tecnologia e assim por diante. Porém, de modo geral, os níveis de corrupção permanecem excessivamente altos em muitos países. Em um índice de domínio da lei publicado em um relatório do Banco Mundial em 2003, a Argentina obteve uma pontuação de −0,73, a Venezuela de −1,04, a Colômbia de −0,75, o Peru de −0,44 e o México −0,22, numa escala de −2,5 a 2,5 pontos. Essas pontuações colocam esses países na companhia do Azerbaijão, Quênia, Bangladesh, Djibouti, Etiópia e Líbano. O único grande país latino-americano a conseguir uma pontuação positiva foi o Chile.[21]

Uma segunda área em que o progresso tem sido lento é a da administração pública. A edição de 2004 do *World Development Indicators* documentou o tempo necessário para se obter a licença de funcionamento para uma pequena empresa em todo o mundo e, como indicou o capítulo de Jorge Domínguez, os países latino-americanos não obtêm muitos pontos nesta escala. Enquanto bastam de dois a quatro dias para se obter uma licença para iniciar uma pequena empresa na Austrália ou nos Estados Unidos, o mesmo registro requer 51 dias no México, 68 na Argentina e 152 dias no Brasil.[22] Os servidores públicos tendem a ser mal pagos e muitos não se sentem incentivados por esquemas de remuneração pelo desempenho.[23]

As reformas institucionais são lentas, meticulosas e incrementais. Como o combate aos problemas institucionais muitas vezes requer muito capital político, os governos devem escolher seus alvos cuidadosamente e elaborar uma estratégia para superar os obstáculos que esperam encontrar. Em alguns casos, é necessária alguma sorte: pode-se dizer que a reforma do sistema eleitoral federal do México aconteceu porque Ernesto Zedillo tornou-se inesperadamente o candidato do PRI depois do assassinato do candidato líder nas pesquisas. Existe uma ampla literatura sobre a economia política das reformas, o que sugere que a vontade política para mudar instituições muitas vezes só pode ser gerada na esteira de crises severas como hiperinflação, recessão ou instabilidade política. Porém, seja deliberadamente, por acidente ou por uma oportunidade imprevista, é muito importante o prosseguimento da agenda das reformas institucionais.

Atenção à política

As reformas institucionais são às vezes tratadas como se fossem questões técnicas de desenvolver os esquemas certos de incentivo ou as estruturas organizacionais em uma repartição pública. Mas as instituições são essencialmente políticas: elas servem a fins políticos e afetam destinos políticos. Sem vontade política elas não podem ser criadas nem reformadas e, em um clima político ruim, irão desabar. De certa maneira, compreender como deve ser uma boa instituição é muito mais fácil do que desenvolver uma estratégia política para realizar a reforma de uma instituição já existente. Os candidatos a reformadores que desprezam o trabalho sujo de obter votos, montar coalizões, fechar acordos e convencer públicos céticos raramente vão muito longe.

Um caso em questão é a reforma educacional, discutida a seguir de forma mais detalhada. A implantação de reformas sérias como a descentralização de sistemas escolares ou a criação de sistemas de remuneração por desempenho exigiram confrontos com os poderosos sindicatos dos professores em países como México e Argentina durante os anos 1990. Os governos em busca de reformas somente conseguiram seus objetivos porque os partidos que estavam no poder tiveram influência momentânea para forçar os sindicatos a aceitar o pacote de reformas. Mesmo assim, houve resistência considerável à implantação das novas políticas, que conseguiu invalidar grande parte dos objetivos das reformas.

A política populista surgida em meados dos anos 1990 se baseia no espírito empreendedor político e na venda de poucas ideias simples – como a acusação pela qual o "neoliberalismo" foi impingido à região pelos Estados Unidos e foi responsável pelo aumento da deterioração das condições na América Latina – de maneiras que tinham apelo para os eleitores. Não importa que essas ideias sejam erradas, se as razões pelas quais elas estão erradas não podem ser comunicadas ao público de forma clara e eficaz. Foram-se há muito os tempos em que pequenas elites podiam tomar decisões políticas importantes fora da vista e do escrutínio do público. Alguns dos presidentes americanos mais bem-sucedidos do século XX, como Franklin Roosevelt e Ronald Reagan, eram mais formadores de ideias e grandes comunicadores do que mestres em detalhes técnicos.

As ideias não surgem do vácuo. Elas precisam ser desenvolvidas por meio de pesquisa de políticas públicas, o que por sua vez requer investimentos em capital humano, instituições e pesquisas. Os Estados Unidos possuem muitas universidades, grupos de estudos, organizações de pesquisa e uma infraestrutura que apoia generosamente a criação de novas ideias sobre questões de políticas públicas. A América Latina tem feito importantes progressos nessa direção nos últimos anos, com a criação de uma rede de instituições em todo o continente e de um quadro crescente de pesquisadores bem treinados em políticas públicas. Dada a natureza local da maior parte dos problemas ligados a políticas, não existe alternativa a isto. Embora as ideias possam ser globais, as soluções são inevitavelmente de natureza local.

Políticas sociais inteligentes

Muitos capítulos deste livro enfatizaram o "defeito de nascimento" da desigualdade social na América Latina e sua perpetuação sob diferentes formas ao longo das gerações. É óbvio que não pode haver uma solução simples para um problema tão persistente; contudo, um conjunto de prescrições sobre políticas, para ter alguma utilidade, precisa delinear pelo menos algumas medidas que possam eliminar o problema. Elas estão obviamente no domínio da política social – em questões como saúde, educação, previdência social e outras áreas em que o Estado tem obrigação, não apenas de prover bens públicos, mas também, em alguma medida, de buscar soluções para as desigualdades sociais.

O problema é que é extremamente difícil implantar de forma correta as boas políticas sociais. De muitas maneiras, as revoluções de Reagan e Thatcher, que visavam reduzir o escopo do Estado, ocorreram porque o moderno estado de bem-estar social tornou-se grande demais e ineficiente. Hoje a Europa enfrenta uma crise de competitividade porque seus mercados de mão de obra estão sobrecarregados de regulamentações concebidas para proteger os trabalhadores, mas cujo efeito real é elevar os níveis de desemprego. Auxílios financeiros e subsídios passam a ser vistos como direitos adquiridos; criam riscos morais e desincentivos ao trabalho. Aquilo que é verdade para países ricos da Europa ocidental dificilmente o é para países mais pobres como Brasil e Argentina, que tentaram implantar medidas de proteção ao trabalhador ao estilo europeu nas décadas de 1940 e 1950, quando estavam em um nível de desenvolvimento muito inferior. Parte do Estado excessivamente grande que os reformadores neoliberais estavam tentando desmontar consistia precisamente em programas de bem-estar social que haviam se tornado excessivamente dispendiosos e/ou contraproducentes. O resultado foi que muitos reformadores a favor do mercado relutaram em abordar questões ligadas a reformas em políticas sociais, por considerá-las desculpas para reabrir oportunidades para manobras financeiras ilegais e outras formas de comportamento inadequado.

A educação dá uma boa ilustração da dificuldade para melhorar os resultados sociais e torná-los mais igualitários. Todos querem melhor educação para seus filhos e uma das maneiras mais diretas de igualar os resultados a longo prazo seria melhorar as oportunidades de educação para as crianças pobres. Muitos países asiáticos em rápido desenvolvimento têm investido fortemente em educação em todos os níveis e estimulado forças de trabalho altamente competitivas do mesmo nível daquelas do mundo desenvolvido. Assim, a alocação de mais recursos para a educação deve resolver, ao menos até certo ponto, o problema da desigualdade social.

Porém, o que em princípio deve funcionar é muito difícil de atingir na prática. O problema é que, em muitos países, inclusive nos Estados Unidos, existe uma correlação relativamente fraca entre mudanças em níveis de gastos em educação e melhorias nos resultados reais da educação.[24] Temos muita literatura sobre ciências sociais, desde o chamado Relatório Coleman dos anos 1960, mostrando que os fatores que mais afetam os resultados da educação são a família e os colegas, e não o tamanho da classe média, a remuneração dos professores, a existência de bibliotecas e assemelhados.[25] Michael Clemens aponta para um experimento ocorrido em 1992, quando a Suprema Corte de Nova Jersey decidiu que o Estado tinha de equalizar os gastos *per capita* com educação em todos os seus distritos escolares. Ao longo dos oito anos seguintes, cerca de US$25 bilhões foram realocados de distritos escolares ricos e de alto desempenho para distritos pobres; apesar desse enorme aumento de recursos, houve uma melhoria apenas marginal nos resultados educacionais para os pobres do estado.[26] A Constituição brasileira de 1988 determina que 25% do orçamento federal sejam gastos com educação;[27] contudo, a produtividade desses recursos é muito baixa em termos de resultados.

Existem muitas razões para esta falta de correlação entre gastos com educação e resultados educacionais. A mais importante está ligada àquilo que os economistas chamam de problemas de agência, isto é, o fato de os interesses das pessoas contratadas para dirigir um sistema escolar divergirem daquelas que as contrataram. Em muitos sistemas educacionais há muito estabelecidos os recursos são controlados por grupos de interesses bem defendidos como professores ou administradores educacionais. Salários mais altos para os professores e mais vagas são vistos como um direito para beneficiar os adultos, e não as crianças do sistema escolar. Aumentar simplesmente os salários dos professores ou reduzir a proporção de alunos por professor pode encorajar a entrada no sistema de mais e melhores professores, mas não necessariamente os incentiva a fazer seu trabalho de maneira mais eficaz. Foi este tipo de experiência que levou muitos reformadores a afirmar que os sindicatos de professores constituíam um sério obstáculo às reformas educacionais devido a seu obstinado desejo de proteger a posição e os privilégios dos seus membros. Em muitos países latino-americanos, o sindicato dos professores é o maior do país e muitas vezes um dos agentes políticos mais poderosos. Esses agentes têm estado fortemente comprometidos com a manutenção do *status quo* em políticas importantes como a participação de mercado do ensino privado, ensino público gratuito, segurança de emprego absoluta e preservação do escopo nacional da representação do sindicato.[28]

Devido a esta falta de correlação entre gastos e resultados e às dificuldades para se melhorar os sistemas públicos de educação, muitos especialistas em políticas públicas (muitos deles economistas) têm sugerido abordagens alternativas para melhorar os resultados. Muitas incorporam mecanismos semelhantes aos de mercado para imitar os incentivos existentes no setor privado, como certificados que permitam aos pais tirar seus filhos de escolas públicas de fraco desempenho ou licitações competitivas pelo direito de administrar escolas no sistema público.

A abordagem mais comum, com exceção de competições interescolares, é tentar estabelecer sistemas de remuneração por desempenho nos quais o salário dos professores e administradores esteja ligado a resultados educacionais mensuráveis. Porém, esquemas como estes sofrem uma feroz resistência por parte dos professores e administradores escolares. Esses esquemas individualizados de incentivo não ameaçam a solidariedade coletiva dos professores, mas são muito difíceis de administrar. Os educadores destacam, com razão, que é complicado quantificar resultados educacionais; os testes padronizados usados muitas vezes são imprecisos ou suas respostas podem ser descobertas por escolas ou estudantes. Muitos fatores contribuem para os resultados educacionais, dos quais o desempenho do professor é somente um; assim, é injusto penalizá-lo por resultados sobre os quais ele tem controle limitado. Em alguns casos, as escolas de melhor desempenho não são aquelas submetidas a uma disciplina semelhante à do mercado, mas aquelas com um alto grau de profissionalismo, idealismo e empenho.

Os Estados Unidos vêm tentando melhorar o desempenho do seu sistema educacional primário e secundário há pelo menos uma geração, com resultados longe de ser decisivos. Os liberais pediram mais recursos para o sistema público, ao passo que os conservadores pediram a introdução de mais incentivos ao estilo do mercado. Nem os recursos por si sós nem os incentivos sem recursos solucionarão o problema, mas é difícil determinar a mistura exata dos dois; também é difícil gerar um consenso político sobre a questão. O mesmo vale para qualquer esforço conjunto para melhorar os resultados educacionais na América Latina. Entretanto, isto não deve impedir que as pessoas abordem políticas sociais.

Tem havido na América Latina várias tentativas para melhorar os sistemas educacionais. O Chile tem sido líder na adoção de sistemas baseados no mercado; o país estabeleceu um sistema de certificados no qual as escolas privadas competem com as públicas pelos alunos e atualmente respondem por cerca de 40% do total de matrículas. A cidade de Bogotá adotou um sistema de licitações competitivas pela administração de escolas públicas. Em outros casos, as reformas educacionais foram abordadas por meio da descentralização, com o governo central devolvendo às prefeituras municipais o poder sobre a administração escolar. As autoridades locais trabalham melhor ou pior dependendo de como é organizado o sistema de transferências fiscais; se um governo local permanece dependente do governo central para seu financiamento, ou precisa renegociar constantemente os termos, seus incentivos para exigir melhor desempenho são enfraquecidos. Quatorze países na América Latina adotaram sistemas de avaliação e criaram novas instituições para realizar as avaliações das escolas.[29] Uma abordagem final tem sido atrelar a frequência escolar a pagamentos em dinheiro aos pobres, um sistema que começou no México e no Brasil e hoje se estendeu à Argentina, Chile, Colômbia, Equador, Honduras, Jamaica e Nicarágua. Esses sistemas têm tido bastante sucesso na elevação da frequência às aulas, mas seu efeito final sobre os resultados escolares não está claro. Mais uma vez, os aspectos específicos da concepção do programa são críticos e a maneira pela qual eles estruturam os incentivos afetará grandemente o impacto.[30]

Um estudo recente do Banco Interamericano de Desenvolvimento constatou que há duas espécies de reformas educacionais na América Latina, a primeira ampliando o acesso à educação mediante a construção de novas escolas e a matrícula de mais estudantes, e a segunda concentrada na melhoria da qualidade do sistema de ensino. O estudo concluiu que, embora haja um grande consenso a respeito da primeira meta (a qual responde pelo aumento de matrículas aqui citado), a segunda enfrenta um impasse entre os candidatos a reformadores e os sindicatos e outros interesses envolvidos. O estudo concluiu que "não ocorreu na região nem um único caso de alteração significativa em qualquer dessas políticas centrais [isto é, aquelas favorecidas pela elite governante do ensino] nos últimos quinze anos".[31]

Embora uma educação de melhor qualidade seja claramente essencial para melhorar a competitividade da América Latina e também um importante meio, a longo prazo, de eliminar a desigualdade social, outros programas sociais têm abordado de forma mais direta o problema da desigualdade. Os programas de transferência condicional de dinheiro (CCTs) foram introduzidos em meados dos anos 1990 no México com o nome de programa Progresa e posteriormente ampliados sob o título de Oportunidades. Esses programas oferecem transferências de dinheiro a famílias pobres sob a condição de que elas busquem assistência pré-natal (no caso de mulheres grávidas) ou ponham seus filhos na escola (para famílias com filhos pequenos). Os programas mexicanos foram concebidos com controles embutidos para testar sua eficácia e uma literatura empírica crescente indica que têm sido eficazes em suas metas declaradas de elevar a frequência escolar entre as crianças de famílias pobres. Em consequência do seu sucesso, os CCTs têm sido amplamente copiados em toda a região e hoje incluem a Red de Protección Social na Nicarágua, o Programa de Asignaciones

Familiares em Honduras e o Bolsa Família no Brasil. Este último atinge hoje cerca de 15 milhões de brasileiros pobres e responde por talvez 20% da queda do coeficiente de Gini do Brasil entre 1996 e 2005.

Os CCTs são somente uma parte da resposta ao problema da pobreza. Dependendo de como são implantados, não constituem necessariamente políticas sociais "inteligentes". Embora melhorem as taxas de frequência escolar, não está claro que elevem de fato as realizações educacionais. Colocar crianças pobres em escolas ruins não necessariamente as ajuda. Alguns têm argumentado a favor de se deixar de lado a condicionalidade dos CCTs, com base no raciocínio de que as famílias pobres devem saber por si mesmas como melhor utilizar essa renda marginal. O sucesso dos CCTs a longo prazo irá depender de os políticos evitarem a tentação de usá-los em proveito próprio, dando benefícios somente àqueles que provavelmente irão apoiá-los. Tem havido um esforço para transformar os CCTs em direitos universais, o que representa o risco de gerar grandes expectativas por subsídios financiados pelo governo. Se os CCTs evoluírem e se tornarem um imposto de renda negativo, que nível de financiamento de longo prazo será sustentável durante a próxima crise econômica?

Não é objetivo deste livro recomendar abordagens específicas à política social. Há muitos outros setores sociais que necessitam de atenção, inclusive serviços de saúde, sistemas de pensão, seguro desemprego e assim por diante. Cada país – na verdade, cada região e cidade dentro de cada país – terá provavelmente de experimentar diferentes iniciativas. Como se pode ver dos exemplos aqui citados, tem havido muitas observações mútuas e cópias de programas viáveis em toda a América Latina, o que ajuda a generalizar os resultados da experimentação descentralizada. Também há grandes partes da região intocadas por inovações ou ainda sob a influência de sistemas falhos de apoio social do passado.

A questão aqui é um pouco diferente: para que a América Latina consiga eliminar a lacuna em relação aos Estados Unidos, ela precisará prestar atenção à criação de políticas sociais inteligentes. Isto deve se dar não por um retorno aos programas de direitos esclerosantes do passado, mas pela criação de sistemas que maximizem os incentivos dos pobres para que ajudem a si mesmos. As chamadas reformas de primeira geração do final dos anos 1980 e início dos anos 1990 concentraram-se em mudanças de políticas como privatização e redução de tarifas. A segunda geração mudou para reformas institucionais da administração pública, dos sistemas judiciários e assemelhados. A atenção renovada às políticas sociais constitui uma terceira geração de reformas que está em andamento, mesmo antes de concluídas as agendas das duas primeiras ondas.

Por razões compreensíveis, os reformadores da primeira geração eram cautelosos em relação a qualquer ênfase em novos programas sociais, pois haviam sido os programas sociais do passado os criadores dos setores inchados do Estado que eles estavam tentando disciplinar. Alguns argumentaram que o rápido crescimento econômico iria por si só reduzir muitos problemas sociais ao criar novas oportunidades de mobilidade ascendente para os pobres. Mas há duas razões para se levar a sério esta agenda, uma estrutural e outra política.

A razão estrutural está ligada à análise apresentada neste livro. O desenvolvimento de instituições políticas formais democráticas e o crescimento econômico de longo prazo (embora a uma taxa mais baixa que a dos Estados Unidos) causaram muitas mudanças positivas para a América Latina. Mas a hierarquia social subjacente da região continua a se reafirmar de muitas maneiras, da falta de uma força de trabalho bem instruída e competitiva às políticas populistas que ameaçam a estabilidade política e as boas políticas em vários países. Sem um esforço para resolver este problema subjacente, podemos esperar que a lacuna se reproduzirá indefinidamente no futuro.

A segunda razão é francamente política. Os políticos populistas como Hugo Chávez na Venezuela e Andrés Manuel López Obrador no México são populares precisamente porque são considerados preocupados com os pobres e defensores de políticas criadas para ajudá-los. O problema é que as políticas a favor dos pobres por eles implantadas não são do tipo inteligente que incentiva a autoajuda, mas políticas que aumentam a dependência dos pobres em relação ao Estado. (De fato, esta é uma das razões pelas quais os políticos gostam de promover esses programas.) A Venezuela pode sustentar tais políticas, devido à elevação dos preços da energia no início do século XXI. Países menos afortunados enfrentarão restrições fiscais em pouco tempo e passarão pela tentação de voltar às políticas macroeconômicas irresponsáveis do passado. O problema do populismo não é que ele cuida das pessoas, mas que oferece soluções de curto prazo que na verdade pioram as perspectivas a longo prazo dos pobres.

Portanto, é responsabilidade de qualquer pessoa seriamente interessada em eliminar a lacuna entre América Latina e Estados Unidos formular uma agenda séria de políticas, que destine recursos substanciais para os problemas de saúde, educação e bem-estar social, mas de uma maneira que produza resultados reais. Para descobrir o que funciona nesta área essa pessoa terá que se tornar aquilo que William Easterly chama de "buscadora", isto é, uma empreendedora de políticas sociais disposta a experimentar novas abordagens, aprender com os outros e, mais importante, abandonar iniciativas que não estejam dando resultados.[32]

Notas

1. Jared Diamond, *Guns, Germs, and Steel: The Fates of Human Societies* (Nova York: Norton, 1997).
2. Jeffrey Sachs, *The End of Poverty: Economic Possibilities for Our Time* (Nova York: Penguin, 2005).
3. Veja a discussão desta teoria em William R. Easterly, *The White Man's Burden: Why the West's Efforts to Aid the Rest Have Done So Much Ill and So Little Good* (Nova York: Penguin, 2006).
4. Samuel P. Huntington, *The Third Wave: Democratization in the Late Twentieth Century* (Oklahoma City: University of Oklahoma Press, 1991).
5. Veja John Williamson, *The Political Economy of Policy Reform* (Washington, DC: Institute for International Economics, 1994).
6. Veja John Williamson e Pedro-Pablo Kuczynski, *After the Washington Consensus: Restarting Growth and Reform in Latin America* (Washington, DC: Institute for International Economics, 2003).
7. Alice H. Amsden, *Asia's Next Giant: South Korea and Late Industrialization* (Nova York: Oxford University Press, 1989).
8. Veja Dani Rodrik, *Where Did All the Growth Go? External Shocks, Social Conflict and Growth Collapses* (Londres: Centre for Economic Policy Research, 1998).
9. Veja, por exemplo, Daron Acemoglu e James A. Robinson, "The Colonial Origins of Comparative Development: An Empirical Investigation", *American Economic Review* 91, nº 5 (2001): 1369-1401; Daron Acemoglu e James A. Robinson, *Economic Origins of Dictatorship and Democracy: Economic and Political Origins* (Cambridge: Cambridge University Press, 2005).
10. Philippe C. Schmitter e Guillermo O'Donnell, *Transitions from Authoritarian Rule: Tentative Conclusions about Uncertain Democracies* (Baltimore, MD: Johns Hopkins University Press, 1986).
11. Hernando de Soto, *The Mystery of Capital: Why Capitalism Triumphs in the West and Fails Everywhere Else* (Londres: Bantam, 2000).
12. Veja por exemplo V. S. Naipaul, *The Return of Eva Peron* (Nova York: Vintage, 1981).
13. Scott Mainwaring, "The Crisis of Representation in the Andes", *Journal of Democracy* 17, nº 3 (2006): 13-27.
14. Idem, p. 19.
15. Samuel P. Huntington, *Political Order in Changing Societies* (New Haven, CT: Yale University Press, 2006).
16. Banco Mundial, *World Development Report: The State in a Changing World* (Oxford: Oxford University Press, 1997).

17. Fundo Monetário Internacional, "Latin America Sees Continued Growth", *IMF Survey Magazine: Countries and Regions,* 23 de abril de 2007. Disponível em http://www.imf.org/external/pubs/ft/survey/so/2007/CAR057C.htm.
18. Eduardo Lora, org., *The State of State Reform in Latin America* (Stanford, CA: Stanford University Press, 2006).
19. Robert Daughters e Leslie Harper, "Fiscal and Decentralization Reforms", em idem.
20. Judith Tendler, *Good Government in the Tropics* (Baltimore, MD: Johns Hopkins University Press, 1997).
21. Daniel Kaufmann, Art Kraay e Massimo Mastruzzi, *Governance Matters III: Governance Indicators for 1996-2002,* World Bank Policy Research Working Paper 3106 (Washington, DC: World Bank, 2003). Disponível em http://www.worldbank.org/wbi/governance/pubs/govmatters2001.htm.
22. Banco Mundial, *World Development Indicators 2004* (Washington, DC: World Bank, 2004). Veja também Banco Mundial, *Doing Business in 2006: Creating Jobs* (Washington, DC: World Bank/IFC, 2006).
23. Veja Koldo Echebarría e Juan Carlos Cortázar, "Las reformas de la administración y el empleo públicos en América Latina", em Lora, *The State of State Reform.*
24. Veja a discussão em Ernesto Stein e Mariano Tommasi, orgs., *The Politics of Policies: Economic and Social Progress in Latin America, 2006 Report* (Washington, DC: Inter-American Development Bank, 2005).
25. James S. Coleman, *Equality of Educational Opportunity* (Washington, DC: U.S. Department of Health, Education, and Welfare, 1966).
26. Michael Clemens, "A Skeptic's Look at Two New Proposals to Fund the Millenium Development Goals", estudo inédito, Center for Global Development, Washington, DC, 2006, p. 5.
27. *Mandatory Funding for Early Childhood Education: A Proposal in Brazil,* Policy Brief on Early Childhood 17 (Paris: Unesco, outubro de 2003).
28. Veja Juan Carlos Navarro, "Two Kinds of Education Politics", em Stein e Tommasi, *The Politics of Policies,* pp. 221-242.
29. Juan Carlos Navarro, "Las reformas educativas como reformas del estado: América Latina en las dos últimas décadas", em Lora, *The State of State Reform.*
30. Carmelo Mesa-Lago e Gustavo Márquez, "Las reformas de los sistemas de pensiones y asistencia social", em Lora, *The State of State Reform.*
31. Stein e Tommasi, *The Politics of Policies,* p. 223.
32. Easterly, *The White Man's Burden.*

Colaboradores

Natalio R. Botana é professor emérito na Universidad Torcuato Di Tella. É membro de duas academias nacionais na Argentina. Entre suas publicações mais importantes estão *El Orden Conservador: La política argentina entre 1880 y 1916* (6ª ed., 1998); *La tradición republicana: Alberdi, Sarmiento y las ideas políticas de su tiempo* (2ª ed., 1997); e *El siglo de la libertad y el miedo* (2ª ed., 2001).

Carolina Curvale é candidata ao doutoramento no Departamento de Ciência Política da Universidade de Nova York. Obteve seu mestrado na mesma instituição e concluiu seus estudos de graduação na Universidade San Andrés, na Argentina. Sua tese de doutoramento concentra-se em evidências empíricas do impacto da participação política na estabilidade política na América Latina nos séculos XIX e XX.

Jorge I. Domínguez é vice-reitor para assuntos internacionais da Universidade de Harvard, presidente do conselho da Harvard Academy for International and Area Studies, e professor de Políticas Mexicanas e Latino-americanas do Harvard Department of Government. Entre suas publicações mais recentes estão *Cuba hoy: Analizando su pasado, imaginando su futuro* (2006); e, como coorganizador com B.K. Kim, *Between Compliance and Conflict: East Asia, Latin America, and the "New" Pax Americana* (2005).

Francis Fukuyama é diretor do International Development Program e professor de Economia Política Internacional na Escola de Estudos Internacionais Avançados Paul H. Nitze da Universidade Johns Hopkins. Entre suas obras mais importantes estão *O fim da história e o último homem* (1992); *A construção de Estados: Governo e organização no século XXI* (2004); e *O dilema americano: Democracia, poder e o legado do neoconservadorismo* (2006).

Francisco E. González é o professor assistente de Riordan Roett, de Estudos Latino-americanos na Escola de Estudos Internacionais Avançados Paul H. Nitze da Universidade Johns Hopkins. Sua publicação mais recente é *Dual Transitions from Authoritarian Rule: Institu-*

tionalized Regimes in Chile and Mexico, 1970-2000 (2008); outros trabalhos foram publicados em periódicos acadêmicos como o *British Journal of Political Science, European Review of Latin American and Caribbean Studies, Development in Practice* e *Quorum*.

Tulio Halperin Donghi é professor emérito de história latino-americana na Universidade da Califórnia, em Berkeley. Entre suas mais recentes publicações estão *Argentina en el callejón* (2ª ed., 1995); *Ensayos de Historiografia* (1996); *Vida y muerte de la República verdadera* (1999); e *La Argentina y la tormienta del mundo: Ideas y ideologías entre 1930 y 1945* (2003).

Enrique Krauze é membro da Academia Mexicana de História e diretor da revista *Letras Libres*. Seus trabalhos sobre a história mexicana foram reunidos em 1997 sob o título de *Mexico: Biography of Power*. Entre suas obras sobre a política mexicana estão *Por una democracia sin adjetivos* (1986); *Textos heréticos* (1992); *Tiempo contado* (1996) e *Tarea política* (2000).

Adam Przeworski é professor de política na Universidade de New York. Recebeu o prêmio Woodrow Wilson em 2001. Entre suas publicações recentes estão *States and Markets: A Primer in Political Economy* (2003); "The Last Instance: Are Institutions the Primary Cause of Economic Development?", *European Archives of Sociology* (2004); e "Institutions Matter?", *Government and Opposition* (2004).

James A. Robinson é professor de governo no Instituto de Ciência Social Quantitativa, Departamento de Governo, Universidade de Harvard. Entre suas publicações mais recentes estão *Economic Origins of Dictatorship and Democracy* (2006), com Daron Acemoglu; e *Economía colombiana del siglo XX: Un análisis cuantitativo*, coorganizado com Miguel Urrutia (2007), a ser publicado em inglês sob o título *The Colombian Economy in the 20th Century: A Quantitative Analysis*.

Riordan Roett é professor e diretor do Programa de Estudos Latino-americanos e Estudos do Hemisfério Ocidental da Escola de Estudos Internacionais Avançados Paul H. Nitze da Universidade Johns Hopkins. Entre suas publicações recentes estão *Brazil: Politics in a Patrimonial Society* (5ª ed., 1999); *Post-Stabilization Politics in Latin America: Competition, Transition, Collapse*, coorganizado com Carol Wise (2003); *Mexico's Democracy at Work: Political and Economic Dynamics*, coorganizado com Russell Crandall e Guadalupe Paz (2005); *The Andes in Focus: Security, Democracy and Economic Reform*, coorganizado com Russell Crandall e Guadalupe Paz (2005) e *China's Expansion into the Western Hemisphere: Implications for Latin America and the United States*, coorganizado com Guadalupe Paz (2008).

Este livro foi impresso na Editora JPA Ltda.,
Av. Brasil, 10.600 – Rio de Janeiro – RJ,
para a Editora Rocco Ltda.